时代
大工作实务
列 丛 书

U0963480

人大常委会组成人员手册

RENDA CHANGWEIHUI ZUCHENG RENYUAN SHOUCE

王云奇 主编

中国民主法制出版社

图书在版编目(CIP)数据

人大常委会组成人员手册/王云奇主编.—北京:
中国民主法制出版社,2021.9

ISBN 978-7-5162-2691-9

Ⅰ.①人… Ⅱ.①王… Ⅲ.①全国人民代表大会常务委员会—学习参考资料 Ⅳ.①D622

中国版本图书馆 CIP 数据核字(2021)第 213799 号

图书出品人:刘海涛
选题策划:胡天焰
责任编辑:胡天焰

书名/**人大常委会组成人员手册**
作者/王云奇 主编

出版·发行/中国民主法制出版社
地址/北京市丰台区右安门外玉林里 7 号(100069)
电话/(010)63055259(总编室) 83910658 63056573(人大系统发行)
传真/(010)63055259
http:// www. npcpub. com
E-mail:mzfz@ npcpub. com
开本/16 开 710 毫米×1000 毫米
印张/30. 5 **字数**/472 千字
版本/2021 年 11 月第 1 版 2022 年 12 月第 5 次印刷
印刷/三河市宏图印务有限公司

书号/书号/ISBN 978-7-5162-2691-9
定价/68. 00 元

编委会名单

沉甸甸的责任　金灿灿的事业

——《人大常委会组成人员手册》自序

1998年，将近知天命之年的我当选为黑龙江省第九届人民代表大会代表。2003年、2008年，连续当选为省第十届、第十一届人大代表。并且，还当选为省第十一届人大常委会委员。在红旗招展、花团锦簇的会场里，在前呼后拥、送往迎来的视察中，在畅所欲言、审议询问的交流中，我感受到了这一岗位的神圣与光荣、责任与使命、困惑与纠结。

地方人大常委会组成人员责任重大，应当自觉履职。人大代表，不论是哪一级代表，都是光荣的称号。物以稀为贵，人以出类拔萃为美。每届全国人大代表总名额不超过3000名，每个省级单位的人大代表总名额不超过1000名，每个设区的市级单位的人大代表总名额不超过650名，每个县级单位的人大代表总名额不超过450名，每个乡级单位的人大代表总名额不超过160名，平均几百人直至几万人以上才能选一人。这是实实在在的百里挑一、千里挑一、万里挑一，是优中选优。代表法为代表执行代表职务的保障作出了专章规定，从人身安全、发言表决到履职时间、经济保障，从组织保障到个人支持，从履职学习到信息提供等，均作出了翔实而明确的规定。可以说，在我们国家，这是最高的代表待遇，充分体现了人民当家作主的社会主义制度的优越性，其他任何组织、机构的代表都不享有这样法定的履职保障权。"人民选我当代表，我当代表为人民"不是一个空洞的口号，而是有实实在在的内容。肩负人民的重托，成为国家权力机关的组成人员，不能仅满足于获得荣誉，而是要出以公心，为人民行使权力，爱岗敬业，履职尽责。人大常委会组成人员是从本级人大代表中选出的"常务代表"，比其他代表又多了一份责任，这就是人代会闭会期间的法定职责。地方人大常委会依据宪法和地方组织法的规定行使职权，这份职权是人民给的，代表的是国家利益，因此也是每位组成人员必须履行的义务。实践中，我们看到，个别组成人员要“名分”时不遗余力，志在必得；当选后却占位不作为，不按时出席法定的人大常委会会议履行义务，动辄迟到、早退、缺席，即使出席会议也是心不在焉，敷衍了事。还有个别组成人员用“人大”这块金字招牌，为个人谋取私利，为自己的违法行为寻求保护。这种人虽然不多，但是对人大常委会的工作是一种消极、一种障碍、一种亵渎。解决的办法，或教育其端正态度，不负人民重托，同一班人共同奋斗；或依法把他们从人大常委会组成人员的位置上请出去，把胜任的人选请进来。

地方人大常委会组成人员集体行使职权，应当具备民主意识。我们国家，不论是执政党，还是国家政权机关，都实行民主集中制的组织原则。他们在具体执行过程中，又因各自的特殊性而有所区别。党委会注重在实行民主集中制中发挥班长的“弹钢琴”作用，政府注重在实行民主集中制中落实首长负责制。人大常委会实行民主集中制的突出特点是坚持集体领导，集体有权，开会方能行使权力。并且，人大常委会的实体权力由宪法、法律确定，不能转让。主任会议、专门委员会会议、工作机构、办事机构都不能行使依法属于人大及其常委会的立法权、监督权、人事选举任免权、重大事项决定权等。有个别从政府转到人大常委会工作岗位的同志，开始往往不习惯，为曾经有过的“一锤定音”引为自豪和骄傲，为自己说了不算而苦恼和悲哀，试图越过常委会，由主任会议等内设机构行使常委会的实体权力。比如，闭会期间对人大代表采取强制措施的许可，由主任会议决定；对规范性文件的处理，由专门委员会或工作机构决定；授权人大常委会派出的地区人大工作机构行使监督权等。表面看，提高了工作效率，实际上却损害了法治的权威。人大常委会的实体权力只能由人大常委会行使，而且只能依法集体行使，个人或者少数人不能决定重大问题。常委会主任同其他组成人员一样，都是一人一票的表决权，最终的表决结果取决于多数组成人员的意志。人大常委会组成人员工作要做到一丝不苟，并非易事。遇到事情紧迫的时候，主要领导要求严厉的时候，舆论高度关注的时候，如何坚持集体行使职权，对所有的人大常委会组成人员都是一个考验。

地方人大常委会组成人员出席会议，应当按程序办事。宪法、法律为地方人大常委会设定的工作程序，是法律体系的组成部分。程序违法同样是违法，那种把程序看成是方法问题，可以随意变通的观念，同样是有法不依的错误倾向。主任会议是一个管理常委会程序运转的总开关。随便查阅一份人大常委会机关的文书档案,我们会发现,主任会议的会议纪要数量最多。这是因为,本级人大常委会会议开会期间、闭会期间的程序,几乎都需要主任会议先行安排;每次常委会的议题、日程都需要主任会议作出明确的安排;会议中间、活动中间发生变化,需要调整原定日程,仍然需要主任会议确定。对不属于本级人大常委会职权范围内的事项,不能越位安排纳入人大常委会的会议日程;对属于本级人大常委会职权范围内的事项,不能应当安排却不安排,造成人大常委会履职的缺位;对于进入人大常委会会议程序的事项,不论发生什么棘手问题,都应当依照法定程序运作到最后,而不能不了了之、没有下文。以地方立法为例,一件法规案一旦进入了人大常委会的会议日程,会有通过、否决、搁置三种结果。不论是哪一种结果,都应当依据法定程序运行全过程,给人们一个确定的结果。再如,人大常委会会议听取和审议"一府一委两院"的专项工作报告,必须按照监督法确立的监督程序运作,不能由哪位组成人员"冒叫一声"就草率列入会议日程,也不能听完报告不经审议就草草了事。正确程序是,不但要向报告人书面反馈常委会组成人员的审议意见,由报告人研究处理答复,而且还可以作出相关决定、决议,由报告人加以落实;对答复不满的,可以跟踪问效,责成报告人再次报告,直至多数常委会组成人员满意为止。这就是人们常说的"一本经念到底,一件事抓出头"。

地方人大常委会组成人员履职尽责,应当努力提高自身职业素养。党的十八届四中全会通过的《中共中央关于全面推进依法治国若干重大问题的决定》强调:"全面推进依法治国,必须大力提高法治工作队伍思想政治素质、业务工作能力、职业道德水准,着力建设一支忠于党、忠于国家、忠于人民、忠于法律的社会主义法治工作队伍,为加快建设社会主义法治国家提供强有力的组织和人才保障。"地方人大常委会组成人员作为领导班子成员,要带领正规化、专业化、职业化的法治专门队伍前进,首先自己要学会善于运用法治思维和法治方式开展工作。必须看到,依宪治国、依法治国,国家权力机关要率先垂范。人大常委会所做的一切,都要有法可依。法治理念、法律水准对组成人员履职至关重要,以其昏昏使人昭昭是行不通的,最终是要被时代淘汰的。现在,地方各级人大常委会机关聚集了一大批具有较高职业素养和专业水平的法治人才,正在为我们的地方人大常委会组成人员提供高质量、高水准的服务工作。如果处于领导者位置的地方人大常委会组成人员不具备起码的职业素养,不仅不能很好地完成人民的重托,也不能同机关的法治服务队伍与时俱进。不会说人大话，不会办人大事，此类现象在地方人大常委会组成人员身上时有发生。近几年，各地“两会”（人代会、政协会）期间，网上总有人给代表、委员的雷言雷语爆料，这实际上是舆论监督的一种新形式，对我们人大工作提出了新要求。要改变职业素养不适应的现状，需要长期的多方面的努力，首先就要从正在履职的地方人大常委会组成人员自身做起。人大代表履职学习，作为“常务代表”的人大常委会组成人员要带头学习；地方人大常委会组成人员履职学习，主任会议成员要带头学习；主任会议成员履职学习，主任要带头学习。

我在人大工作多年，一直为提高地方人大常委会组成人员的素质奔走呼号。当我告别人大常委会机关工作岗位的时候，还在呼吁加强地方人大常委会组成人员的履职学习。于是，我组织编写了这本普及人大常识的读本，献给继续工作在地方人大常委会岗位上的同志们，献给尽心尽力为地方人大常委会服务的人大工作者们！

人大学问博大精深，人大工作正在创新发展。能力所限，书中错误纰漏肯定不少。恳请专家学者和同行不吝指正。

王云奇

2015 年岁末于霜天书屋

目录

常用知识篇

会议篇

选举任免篇

人大代表篇

立法篇

监督篇

常用知识篇

人民代表大会制度

人民代表大会制度的形成

在中国建立什么样的政治制度，是近代以来中国人民面临的一个历史性课题。为解决这一历史性课题，中国人民进行了艰辛探索。那个时代，为了挽救民族危亡、实现民族振兴，中国人民和无数仁人志士孜孜不倦寻找着适合国情的政治制度模式。辛亥革命之前，太平天国运动、洋务运动、戊戌变法、义和团运动、清末新政等都未能取得成功。辛亥革命之后，中国尝试过君主立宪制、帝制复辟、议会制、多党制、总统制等各种形式，各种政治势力及其代表人物纷纷登场，都没能找到正确答案，中国依然是山河破碎、积贫积弱，列强依然在中国横行霸道、攫取利益，中国人民依然生活在苦难和屈辱之中。事实证明，在不触动旧的社会根基的前提下，无论是各种名目的改良主义、旧式农民战争、资产阶级革命派领导的民主主义革命，还是照搬西方政治制度模式的各种方案，都不能完成中华民族救亡图存和反帝反封建的历史任务，都不能让中国的政局和社会稳定下来，也就更谈不上为中国实现国家富强、人民幸福提供制度保障。

在中国人民奋力前行的伟大斗争中，中国共产党诞生了。自成立之日起，中国共产党就以实现中国人民当家作主和中华民族伟大复兴为己任。国家政权应该怎样组织？国家应该怎样治理？这是一个关系国家前途、人民命运的根本性问题。经过实践探索和理论思考，中国共产党人找到了答案。1940 年 1 月，毛泽东同志在《新民主主义论》中，第一次从理论上系统论述了人民代表大会制度。他说，要建立民主集中制基础上的人民代表大会制度。毛泽东认为，通过“实行无男女、信仰、财产、教育等差别的真正普遍平等的选举制”,通过“采取全国人民代表大会、省人民代表大会、县人民代表大会、区人民代表大会直到乡人民代表大会的系统,并由各级代表大会选举政府”,这才适合于各革命阶级在国家中的地位,适合于新民主主义精神。“如果没有真正的民主制度,就不能达到这个目的,就叫作政体和国体不相适应。”1945 年 4 月,毛泽东同志在党的七大上作政治报告,再一次阐释了这一构想。他说,新民主主义的政权组织,应该采取民主集中制,由各级人民代表大会决定大政方针,选举政府。只有这个制度,才能既表现广泛的民主,使各级人民代表大会有高度的权力,又能集中处理国事,使各级政府能集中地处理被各级人民代表大会所委托的一切事务,并保障人民的一切必要的民主活动。1948 年 1 月,毛泽东在《关于目前党的政策中的几个重要问题》一文中指出,人民大众组成的“中华人民共和国”,其权力机关是“各级人民代表大会”,并通过各级人民代表大会,选举各级政府。1949 年 8 月 14 日,刘少奇从苏联动身回国。途经沈阳,他在中共中央东北局干部会议上讲话时旗帜鲜明地指出:“建立人民民主专政有它的内容,有它的形式,只有人民代表会才能充分表现出人民民主专政的内容。”

1948 年 8 月,在石家庄召开了华北临时人民代表大会,由它选举产生了华北人民政府委员会。这标志着人民代表大会制度的构想已在中国大地上开花结果,使中国政权组织形式的建设进入了一个新的发展阶段。1949 年 9 月,经过中国共产党、各民主党派、各界人士共同协商,制定的具有临时宪法作用的《中国人民政治协商会议共同纲领》,把人民代表大会制度确定为新中国的政体,这是从法律上第一次规定了人民代表大会制度。

1954 年 9 月 15 日,第一届全国人民代表大会第一次会议召开,标志着人民代表大会制度从中央到地方在实践上系统建立起来。刘少奇同志在关于宪法草案的报告中指出,人民代表大会制度所以能够成为我国的适宜的政治制度,就是因为它能够便利人民行使自己的权力,能够便利人民群众经过这样的政治组织参加国家的管理,从而得以充分发挥人民群众的积极性和创造性。刘少奇指出,“我们国家的大事不是由一个人或少数几个人来决定的。人民代表大会制既规定为国家的根本政治制度,一切重大问题就都应当经过人民代表大会讨论,并作出决定”,“我国的人民代表大会制度就是这样能够对重大问题作出决定并能够监督其实施的国家权力机关”。

人民代表大会制度是马克思列宁主义基本原理同中国具体实际相结合的产物,是中国人民在中国共产党的领导下,在创建人民政权的过程中不断发展、完善、具有中国特色的社会主义新型政治制度,在中国政治发展史乃至世界政治发展史上都是具有划时代意义的。

人民代表大会制度的基本内容

人民代表大会制度是中国特色社会主义制度的重要组成部分。人民代表大会制度是坚持党的领导、人民当家作主、依法治国有机统一的根本政治制度安排,是支撑中国国家治理体系和治理能力的根本政治制度。这一制度的核心是保证国家的一切权力属于人民,人民通过人民代表大会这一组织形式参与国家事务的管理,行使当家作主的权力。我国人民代表大会制度先后由共同纲领和宪法所确认。

人民代表大会制度基本内容包括:

(一)人民与国家政权的关系。“中华人民共和国的一切权力属于人民。”人民是国家的主人,人民当家作主。这是人大制度的核心,涉及国家权力的归属问题和国家权力的来源问题。宪法第二条规定,全国人大和地方各级人大是人民行使国家权力的机关。人民不是直接行使权力,而是通过选举产生各级人大代表组成人民代表大会来行使。这就有一个选民与人大代表的关系,同时还派生出人大代表与原选区、原选举单位的关系。各级人大由人大代表组成,其常委会由常委会组成人员组成。宪法第三条第二款规定:“全国人民代表大会和地方各级人民代表大会都由民主选举产生,对人民负责,受人民监督。”保证人大代表人民利益,按照人民意志行使国家权力。

(二)人大与人民政府、监察委员会、人民法院、人民检察院(以下简称“一府一委两院”)的关系,是产生和被产生、议决和执行、监督和被监督的关系。就是人大选举组成“一府一委两院”,“一府一委两院”向人大负责;人大审议决定,“一府一委两院”执行;人大监督“一府一委两院”,“一府一委两院”接受人大的监督。人大执掌的国家的根本政治权力是其他国家权力的直接源泉。

(三)中央与地方的关系。我们的国家形式是一个比较特殊的单一制共和国。在中央统一领导下,充分发挥中央和地方两级的积极性。全国人大和地方人大根据法律规定的职权,分别审议决定全国的大政方针和本地区的部署安排,上下级人大是法律监督关系和工作指导联系关系。国家在中央统一领导下,即在国家法制、计划和重大问题决策上保证中央统一领导的前提下,本着充分发挥地方主动性、积极性的原则,保证地方享有充分的自主权。在少数民族聚居的地方实行民族区域自治。我国有5个自治区、30个自治州、100多个自治县(旗)。宪法第四条第三款规定:"各少数民族聚居的地方实行区域自治,设立自治机关,行使自治权。各民族自治地方都是中华人民共和国不可分离的部分。"既保证少数民族管理地方国家事务的权力,又维护民族团结和国家统一。在国家主权统一的前提下,香港、澳门按全国人大通过的各自的基本法建立特别行政区地方国家机构,进行自治管理,实行"一国两制"。在这种情况下,我国成为具有中国特色的单一制共和国。

(四)民主集中制。在各级人大,实行合议制,按程序运转。人民代表大会及其常委会和专门委员会都实行民主集中制的原则,集体行使职权,集体决定问题。"集体有权,个人有责""每人一票,每票价值相等""尊重多数,保护少数"。在立法和重大事项决策上,要充分发扬民主,集中人民的意志,作出正确的决定,使决策民主化、科学化,体现人民的根本利益,体现党和国家的意图。人民通过国家权力机关作出的决议、决定,制定的法律、法规,执行机关要建立严格的责任制,迅速有效地贯彻执行,确保人民意志的实现。人大代表基本上是兼职的,在人民代表大会闭会期间,为了保证人民代表大会的工作,设立了常委会。常委会的组成人员,就是代表中选举产生的"常务代表"。同样都是代表,无外乎是代表中产生的"常务代表",这就明确了常委会要向代表大会负责。人民政府实行首长负责制,也必须坚持民主集中制原则,重大问题的决定必须经政府常务会议或者全体会议讨论决定。监察委员会、法院、检察院的运行虽各有特点,但都必须坚持民主集中制。

人民代表大会制度的性质

人民代表大会制度是我国人民民主专政国家政权的组织形式,是中国的根本政治制度。(1)人民代表大会制度是我国人民民主专政的实现形式。在我国,无论是在人民内部实行民主,还是对敌人实施专政,都是通过人民代表大会制度来实现的。也就是说,人民代表大会制度全面直接地体现了我国人民民主专政的国家性质,反映了工人阶级在国家中的领导地位和广大人民在国家政权中的主人翁地位。没有它,人民民主专政便无法实现;没有它,人民当家作主、管理国家事务就只能是一句空话。(2)人民代表大会制度是国家的其他各项具体政治制度的源泉。人民代表大会制度是政权组织制度,决定其他具体制度。如立法制度、行政制度、监察制度、司法制度、军事制度、政党制度等,都是人民代表大会立法确立的。任何政治制度,只有通过人民代表大会立法,或经过它的批准,或由它所授权的机关批准,予以确认,才能生效,才能发挥应有的作用。在众多的政治制度组成的国家政治制度体系中,每一个政治制度都有其特定的具体内容,都只能反映我们国家政治生活的某一方面、某一个局部。只有人民代表大会制度,才能反映我们国家政治生活的全貌,涵盖国家政治生活的全部内容。(3)人民代表大会制度是我国政治力量的源泉。全面、直接反映国家本质,从根本上实现人民当家作主的权力。人民代表大会制度是人民当家作主的重要途径和最高实现形式。权力机关的权力是人民授予的,必须反映人民的意志。"一府一委两院"的权力是人大授予的,必须按人民的意志依法办事。权力机关在国家机构中处于主导的、全权的地位,任何其他国家机关的权力都不能凌驾于人民代表大会之上。

人民代表大会制度的特点

人民代表大会制度的特点主要有:

(一)中国共产党的领导

中国共产党的领导地位,是我们党团结带领中国人民在长期革命、建设、改革实践中形成的,是历史的选择、人民的选择。没有中国共产党,就没有新中国,就没有中国特色社会主义。2018 年 3 月,十三届全国人大一次会议通过宪法修正案,明确将"中国共产党领导是中国特色社会主义最本质的特征"载入我国宪法第一章总纲第一条。中国共产党的领导和执政,就是支持和保证人民实现当家作主,其主要实现途径和制度载体就是人民代表大会制度。

人民代表大会制度是我们党实施对国家和社会领导的重要制度载体。党通过人民代表大会制度,在国家政治、经济、社会生活中充分发挥总揽全局、协调各方的领导核心作用,领导人民有效治理国家。在人民代表大会制度运行中,各级人大及其常委会坚持党的领导,依法行使职权,保证党的基本理论、基本路线、基本方略和各项决策部署在国家工作中得到全面贯彻和有效执行,保证党的主张通过法定程序成为国家意志,保证党组织推荐的人选通过法定程序成为国家政权机关的领导人员,保证党通过国家政权机关实施对国家和社会的领导。人民代表大会制度的成功实践,有效维护了党的全面领导,特别是党中央的集中统一领导,有效保证了中国人民当家作主,有效维护了宪法法律权威,有效维护了民族团结和国家统一,有效动员和凝聚起了各族人民的力量,为实现党和国家发展目标而奋斗。

我们深刻地认识到,没有中国共产党,就没有新中国,就没有实现中国人民当家作主的人民代表大会制度;坚持党的领导是人民代表大会制度的本质要求和最大优势,是人民代表大会制度60多年来取得巨大成功的最重要原因。

(二)保障人民当家作主

中华人民共和国是人民当家作主的社会主义国家,人民代表大会制度是人民当家作主的重要途径和最高实现形式。这个制度安排保障人民依法实行民主选举、民主协商、民主决策、民主管理、民主监督;保障人民享有宪法和法律规定的广泛的民主自由和权利;保障人民依照法律规定,通过各种途径和形式,管理国家事务,管理经济和文化事业,管理社会事务。在这个制度安排下,人民通过普遍的民主选举,产生自己的代表,组成各级人民代表大会,各级人民代表大会都对人民负责、受人民监督;其他国家机关都由同级人民代表大会产生,对人大负责、受人大监督,这些国家机关的权力都来自人民代表大会,追根溯源,都来自人民。

我国的选举制度和代表制度,体现了人民当家作主、国家一切权力属于人民的原则和理念。我国的人民代表大会共有5级,即全国人大、省级(省、自治区、直辖市)人大、设区的市级(自治州)人大、县级(县、自治县、不设区的市、市辖区)人大、乡级(乡、民族乡、镇)人大。其中,县、乡两级人大代表由本行政区选民直接选举产生,省级人大代表、设区的市级人大代表由下一级人民代表大会选举产生。5级人大代表总数约260多万人(全国人大代表2980人,省级人大代表2万余人,地市级人大代表11万余人,县级人大代表59万余人,乡级人大代表188万余人),直接选举产生的代表占代表总数的95%。全国人大代表由各省、自治区、直辖市、特别行政区和解放军分别选举产生。人大代表体现了广泛的代表性和坚实的民意基础。以十三届全国人大为例,全国人大代表2980人,在选出的代表中,少数民族代表438名,占代表总数的14.70%,全国55个少数民族都有本民族的代表;归侨代表39名;妇女代表742名,占代表总数的24.90%,与十二届相比提高了1.5个百分点;一线工人、农民代表468名(其中有45名农民工代表),占代表总数的15.70%,提高了2.28个百分点;专业技术人员代表613名,占代表总数的

20.57%，提高了0.15个百分点。总体来看，第十三届全国人大代表具有广泛的代表性，保证了各地区、各民族、各方面都有适当数量代表的要求。

（三）推进全面依法治国

法治是国家治理体系和治理能力的重要依托。我们党把依法治国确定为党领导人民治理国家的基本方略，把依法执政确定为党治国理政的基本方式。1999年宪法修正案明确将“中华人民共和国实行依法治国，建设社会主义法治国家”写入宪法。党的十八大以来，以习近平同志为核心的党中央把依法治国纳入“四个全面”战略布局，坚定不移走中国特色社会主义法治道路，建设中国特色社会主义法治体系，推动社会主义法治国家建设进入“快车道”，取得历史性成就。党的十九大把坚持全面依法治国确定为新时代坚持和发展中国特色社会主义的基本方略之一，作出成立中央全面依法治国领导小组的重大决策，对深化依法治国实践作出新的部署、提出新的要求。

人民代表大会制度为依法治国提供了有效可靠的制度依托。全面推进依法治国，必须坚持立法先行，发挥立法的引领和推动作用。按照我国的立法体制，全国人大及其常委会行使国家立法权，修改宪法，制定和修改法律，作出有关法律问题的决定；国务院依法制定行政法规；国家监察委员会制定监察法规；省、自治区、直辖市和设区的市的人大及其常委会依法制定地方性法规。经过各方面坚持不懈努力，以宪法为核心的中国特色社会主义法律体系形成并不断完善，保证了国家和社会生活的各个方面有法可依。全面推进依法治国，必须加强宪法和法律实施，维护社会主义法治的统一、尊严、权威。全国人大及其常委会负有监督宪法和法律实施的重大职责，地方各级人大及其常委会在本行政区域内保证宪法、法律、行政法规和上级人大及其常委会决议的遵守和执行。各级人大及其常委会通过开展执法检查、听取审议有关国家机关工作报告等，促进各国家机关依照宪法法律行使权力、履行职责，确保宪法、法律、法规得到有效贯彻实施。

（四）实行民主集中制

我国宪法规定：“国家机构实行民主集中制的原则。”民主集中制是国家机关的组织和活动的基本原则。按照这一原则，在国家机构设置上，各级人民代表大会是国家权力机关，各级人民政府是国家行政机关，各级监察委员会、人民法院、人民检察院是国家监察机关、审判机关和法律监督机关；在国家机构产生上，人民代表大会通过民主选举产生，其他国家机关都由人大产生，对人大负责、受人大监督；在国家权力配置上，人大统一行使国家权力，行政、监察、审判、检察等职权分别由政府、监察委员会、法院、检察院行使。在党的领导下，各国家机关合理分工，密切协作，高效运转，形成整体工作合力，既可以避免权力过分集中，又可以使国家各项工作协调顺畅地进行，保证了各项事业顺利推进。

民主集中制的原则也体现在中央和地方的关系上。我国宪法明确规定："中华人民共和国是全国各族人民共同缔造的统一的多民族国家""中央和地方的国家机构职权的划分，遵循在中央的统一领导下，充分发挥地方的主动性、积极性的原则。"这确立了我国在国家结构上实行单一制，而不是联邦制。我国在实行单一制的同时，还实行两个具有特色的制度：一个是民族区域自治制度，各少数民族聚居的地方，在中央统一领导下，实行民族区域自治，设立自治机关，自治机关除行使其他同级地方人大和政府的职权外，同时行使自治权；另一个是特别行政区制度，香港、澳门特别行政区在"一国"的前提下，根据宪法和基本法规定享有高度的自治权。

民主集中制还是国家权力机关的活动准则。人大行使职权，是按照民主集中制，严格依法按程序办事，集体行使职权、集体决定问题。表决中，代表、委员都是一人一票，少数服从多数，"集体有权、个人无权"。会议表决议案，须全体组成人员的过半数通过。正是由于贯彻了民主集中制原则，才保证了人大制定的法律法规和作出的决议决定符合实际，具有合法性和权威性。

人民代表大会制度建立60多年来，在党和国家事业发展的历史进程中展现出巨大的政治优势和组织功效。实践充分证明，人民代表大会制度是一套有效保证能干事、干好事、干成事的政治制度。

人民代表大会制度与宪法的关系

人民代表大会制度是我国宪法产生和发挥作用的前提条件，是宪法成为国家根本大法的主要因素。(1)宪法在国家的法律体系中居于根本法的地位，宪法之所以处于根本法的地位，其主要因素之一，就是宪法规定了国家的根本制度和根本任务。这里所说的根本制度就是国家制度和社会制度的基本原则，它包括国家性质、政权组织形式、国家结构形式和社会经济制度等涉及国家全局的根本性问题。这些具体的内容除社会经济制度外，构成了人民代表大会制度的内涵，而社会经济制度又是人民代表大会制度这一国家根本政治制度赖以建立的基础。至于其他一般的法律则是在符合国家根本制度的基础上为促进国家根本任务的完成而规定的某一方面或涉及某几个方面的具体问题的制度。(2)全国人大及其常委会对宪法实施的监督是维护宪法的权威和尊严的必要手段。宪法规定,全国人民代表大会行使监督宪法实施的职权;全国人民代表大会常务委员会行使解释宪法、监督宪法实施的职权。同时,根据宪法的规定,在国家权力机关和国家行政机关的内部以及它们相互之间的关系方面形成了一套纵横交错的监督网络,以保证权力机关制定的法律、地方性法规和行政机关制定的行政法规、规章等的合宪性。(3)全国人民代表大会的主要职权之一是修改宪法,这就不断地促进了宪法的发展和完善。

宪法是人民代表大会制度得以完善和发展的基本依据和保障:(1)改革作用。宪法作为最高法随形势的变化而变化,对人民代表大会制度的运行方式起着改革的作用。(2)确认作用。用宪法规定国家权力的归属,以表明社会各阶级在国家中的地位,达到巩固国家权力的目的。(3)规范作用。由于宪法确认了我国政权的社会主义性质,规定了实现国家权力的形式即人民代表大会制度的政权组织形式,这就使得人民当家作主的国家权力得以真正的实现和巩固。同时,宪法规定了包括国家元首在内的整个国家机关体系的权限范围及其相互之间的关系,这就为国家权力的运行铺设了轨道,凡属超越这条轨道运用国家权力的行为都是违宪行为,都应予以取缔。这就维护了全国人民代表大会权力的全权性、最高性的地位,并使这种权力的巩固在根本法里加以规范。

中国人民政治协商会议第一届全体会议

1949年9月21日至30日,中国人民政治协商会议第一届全体会议在北平(今北京)中南海怀仁堂隆重举行。参加会议的有中国共产党、各民主党派、各人民团体、各地区、人民解放军、各少数民族、国外华侨及其他爱国分子的代表,共662名。大会由毛泽东、朱德、李济深、沈钧儒、郭沫若担任执行主席。大会选出主席团89人和大会秘书长林伯渠。毛泽东致开幕词,指出:与三年前的政治协商会议不同,“现在的中国人民政治协商会议是在完全新的基础之上召开的,它具有代表全国人民的性质,它获得全国人民的信任和拥护。因此,中国人民政治协商会议宣布自己执行全国人民代表大会的职权”。9月29日,政协全体会议在充分酝酿讨论的基础上,一致通过了本次会议最重要的文件——《中国人民政治协商会议共同纲领》。这是一部立足中国实际、切合人民需要的行动纲领，是具有临时宪法性质的人民大宪章。9月30日，政协全体会议进行了各项选举。首先是政协全国委员会的选举，采用协议选举的方式，即整个名单付诸表决。全体代表一致通过了经事先协商确定的，由毛泽东、周恩来、李济深、沈钧儒、郭沫若、陈叔通等180人组成的第一届政协全国委员会名单。接下来，中央人民政府委员会的选举，是采用无记名联记的方式进行投票，即在选举时有权舍弃名单中之任何一人或若干人而另选他人。选举结果，毛泽东当选为中央人民政府主席，朱德、刘少奇、宋庆龄、李济深、张澜、高岗当选为副主席，陈毅等56人当选为委员，他们共同组成中央人民政府委员会。当天，政协全体会议在通过《中国人民政治协商会议第一届全体会议宣言》后宣告闭幕。至此，中国人民政治协商会议第一届全体会议圆满完成了光荣而艰巨的建国使命，公开宣告了旧中国的灭亡和新中国的诞生，“中国的历史，从此开辟了一个新的时代”。

中国人民政治协商会议第一届全体会议的召开，特别是《中国人民政治协商会议共同纲领》和《中国人民政治协商会议组织法》《中华人民共和国中央人民政府组织法》的通过，不但初步奠定了新中国的政治基础，而且确立了人民代表大会制度的法律地位。

共同纲领第一章“总纲”第一条明确规定：“中华人民共和国为新民主主义即人民民主主义的国家，实行工人阶级领导的、以工农联盟为基础的、团结各民主阶级和国内各民族的人民民主专政，反对帝国主义、封建主义和官僚资本主义，为中国的独立、民主、和平、统一和富强而奋斗。”与人民民主专政的国体相适应，共同纲领明确规定了新中国的政体是人民代表大会制度：“中华人民共和国的国家政权属于人民。人民行使国家政权的机关为各级人民代表大会和各级人民政府。各级人民代表大会由人民用普选方法产生之。各级人民代表大会选举各级人民政府。各级人民代表大会闭会期间，各级人民政府为行使各级政权的机关。”“国家最高政权机关为全国人民代表大会。全国人民代表大会闭会期间，中央人民政府为行使国家政权的最高机关。”“各级政权机关一律实行民主集中制。其主要原则为：人民代表大会向人民负责并报告工作。人民政府委员会向人民代表大会负责并报告工作。”由此可见，共同纲领确立了人民代表大会制度作为我国根本政治制度的法律地位。

第一次普选

1953年1月，中央人民政府委员会决定实行普选，召开由人民普选产生的地方各级人民代表大会，并在此基础上召开全国人民代表大会。1953年2月，中央人民政府委员会通过了《中华人民共和国全国人民代表大会及地方各级人民代表大会选举法》，成立了以刘少奇为主席的中央选举委员会。根据这个选举法，地方选举工作于1953年3月开始，1954年5月完成。据1953年6月30日的人口普查，全国人口总数为601912371人，其中登记选民为323809684人，占有选举权的18周岁以上人口总数的97.18%。参加投票的选民达2.78亿人，占登记选民总数的85.88%。选出基层人大代表566.9万人。这次全国基层选举是中华人民共和国成立后的第一次，在选举中普遍进行了人口普查和选民登记，群众通过各种方式对基层国家行政机关和国家干部进行了严格的考察和评议，广大干部受到一次深刻的民主教育，为我国人民代表大会制度的正式确立和施行奠定了坚实的政治基础和社会基础。

第一届全国人民代表大会第一次会议

1952年12月24日，周恩来在政协全国委员会常委会（扩大的）第四十三次会议上，代表中国共产党提出了召开全国和地方各级人民代表大会的建议。1953年1月13日，中央人民政府委员会作出了关于召开全国及地方各级人民代表大会的决议，决定成立以毛泽东为主席的宪法起草委员会。同年2月11日，中央人民政府委员会第二十二次会议通过了第一部《全国人民代表大会及地方各级人民代表大会选举法》。1953年至1954年春，全国开展第一次普选，选出了560万基层人民代表大会的代表。在此基础上逐级召开乡、县、省（市）人民代表大会，选举产生地方各级国家机关，同时还选出了1226名全国人大代表。中华人民共和国第一届全国人民代表大会第一次会议，于1954年9月15日在北京召开。毛泽东主席致开幕词，刘少奇作关于宪法草案的报告，周恩来作政府工作报告。会议表决通过了我国历史上第一部社会主义性质的宪法——《中华人民共和国宪法》。会议还通过了《全国人民代表大会组织法》《国务院组织法》《人民法院组织法》《人民检察院组织法》《地方各级人民代表大会和地方各级人民委员会组织法》等多项法律。大会选举毛泽东为中华人民共和国主席，朱德为副主席；刘少奇为第一届全国人民代表大会常务委员会委员长，宋庆龄、林伯渠、李济深、张澜、罗荣桓、沈钧儒、郭沫若、黄炎培、彭真、李维汉、陈叔通、达赖喇嘛·丹增嘉措、赛福鼎·艾则孜为副委员长；董必武为最高人民法院院长，张鼎丞为最高人民检察院检察长。按照宪法的规定，大会根据中华人民共和国主席毛泽东的提名，决定周恩来为国务院总理。全国人民代表大会第一次会议的召开，标志着人民代表大会制度在全国范围内确立。

习近平总书记关于坚持和完善人民代表大会制度的重要思想

党的十八大以来，以习近平同志为核心的党中央高度重视、全面加强党对人大工作的领导，推动人大工作取得历史性成就。习近平总书记就坚持和完善人民代表大会制度、发展社会主义民主政治发表一系列重要论述，拓展了人民代表大会制度的科学内涵、基本特征和本质要求，标志着我们党对人民代表大会制度的规律性认识达到了一个新的高度。习近平总书记关于坚持和完善人民代表大会制度的重要思想，是习近平新时代中国特色社会主义思想的重要组成部分，科学阐述了国家根本政治制度的历史必然、特点优势、实践要求，明确提出了做好新时代人大工作的重大原则、思路举措、重点任务，我们要全面学习领会。

第一，坚持中国共产党的领导。党政军民学，东西南北中，党是领导一切的，是最高政治领导力量。必须坚持党总揽全局、协调各方的领导核心作用，维护党中央权威和集中统一领导，通过人民代表大会制度，保证党的路线方针政策和决策部署在国家工作中得到全面贯彻和有效执行，使党的主张通过法定程序成为国家意志，使党组织推荐的人选通过法定程序成为国家政权机关的领导人员，保证党领导人民有效治理国家。

第二，坚持走中国特色社会主义政治发展道路。这条道路是近代以来中国人民长期奋斗历史逻辑、理论逻辑、实践逻辑的必然结果，是坚持党的本质属性、践行党的根本宗旨的必然要求。坚持正确的政治发展道路是关系根本、关系全局的重大问题。我们需要借鉴人类政治文明的有益成果，但绝不照搬西方政治制度模式，绝不放弃我国社会主义政治制度的根本。

第三，坚持和完善人民代表大会制度。人民代表大会制度是坚持党的领导、人民当家作主、依法治国有机统一的根本政治制度安排，支撑中国国家治理体系和治理能力，集中体现社会主义民主政治的特点和优势。必须长期坚持、全面贯彻、不断发展人民代表大会制度，充分发挥国家根本政治制度作用，通过人民代表大会制度牢牢把国家和民族前途命运掌握在人民手中。

第四，坚持人民当家作主。人民当家作主是我们党矢志不渝的奋斗目标。发展社会主义民主政治就是要体现人民意志、保障人民权益、激发人民创造活力，用制度体系保证人民当家作主。必须坚持国家一切权力属于人民，坚持人民主体地位，支持和保证人民通过人民代表大会行使国家权力，发展更加广泛、更加充分、更加健全的人民民主，不断解决好人民最关心最直接最现实的利益问题。

第五，坚持全面依法治国。坚定不移走中国特色社会主义法治道路，建设中国特色社会主义法治体系，建设社会主义法治国家。通过人民代表大会制度，弘扬社会主义法治精神，依照人民代表大会及其常委会制定的法律法规来展开和推进国家各项事业和各项工作，保证人民平等参与、平等发展权利，维护社会公平正义，尊重和保障人权，实现国家各项工作法治化。

第六，坚持民主集中制。民主集中制是中国国家组织形式和活动方式的基本原则。坚持人民代表大会统一行使国家权力，实行决策权、执行权、监督权既有合理分工又有相互协调，保证国家机关依照法定权限和程序行使职权、履行职责，坚持在党中央统一领导下，充分发挥地方主动性和积极性，保证国家统一高效组织推进各项事业。

第七，坚持全面贯彻实施宪法。坚持依法治国首先要坚持依宪治国，坚持依法执政首先要坚持依宪执政。全面贯彻实施宪法是建设社会主义法治国家的首要任务和基础性工作。必须把宣传和树立宪法权威作为全面推进依法治国的重大事项抓紧抓好，健全宪法实施监督机制和程序，把全面贯彻实施宪法提高到一个新水平。

第八，坚持以良法促进发展、保障善治。完善以宪法为核心的中国特色社会主义法律体系，把发展改革决策同立法决策更好结合起来，加强重要领域立法，确保国家发展、重大改革于法有据。抓住提高立法质量这个关键，推进科学立法、民主立法、依法立法，遵循和把握立法规律，使每一项立法都符合宪法精神、反映人民意志、得到人民拥护。

第九，坚持正确监督、有效监督。人民代表大会制度的重要原则和制度设计的基本要求，就是任何国家机关及其工作人员的权力都要受到制约和监督。在我们的政治体制中，人大就是要对“一府两院”起监督作用。人大要把宪法法律赋予的监督权用起来，坚持监督和支持相结合，确保法律法规得到有效实施，确保党中央重大决策部署贯彻落实。

第十，坚持民有所呼、我有所应。各级国家机关加强同人大代表的联系、加强同人民群众的联系，是实行人民代表大会制度的内在要求，是人民对自己选举和委派代表的基本要求。要紧紧抓住人民代表大会这一主要民主渠道，把加强同人大代表和人民群众的联系作为对人民负责、受人民监督的重要内容，虚心听取人大代表、人民群众意见和建议，积极回应社会关切，自觉接受人民监督。

上面列举的十个方面，是习近平总书记关于坚持和完善人民代表大会制度的重要思想的主要内容。总书记关于人大制度和人大工作的重要论述还有很多，并且在不断丰富发展、与时俱进。我们要全面、持续、深入地学习领会总书记关于坚持和完善人民代表大会制度的重要思想，自觉用以指导和推进新时代人大工作。

——摘自《栗战书委员长在深入学习贯彻习近平总书记关于坚持和完善人民代表大会制度的重要思想交流会上的讲话》（2018 年 9 月 26 日）

宪法及宪法相关法

中华人民共和国宪法

中华人民共和国的成立，开辟了中国人民当家作主的历史新纪元。1949 年 9 月，在新中国成立前夕，中国人民政治协商会议第一届全体会议通过了具有临时宪法作用的《中国人民政治协商会议共同纲领》和《中华人民共和国中央人民政府组织法》。1954 年 9 月，第一届全国人民代表大会第一次会议通过了《中华人民共和国宪法》。1954 年宪法是新中国第一部宪法，它确认了近代 100 多年来中国人民为反对内外敌人、争取民族独立和人民自由幸福进行的英勇斗争和中国共产党领导中国人民夺取新民主主义革命胜利、掌握国家权力的伟大历史变革，确立了中国人民当家作主新型国家制度的基本架构、根本原则和活动准则。

在"文革"后期，我国修改制定了一部宪法，即 1975 年宪法。这是一部存在严重问题的宪法。粉碎"四人帮"之后，我国又修改制定了一部宪法，即 1978 年宪法。这部宪法虽然有一些新变化，但仍存在许多明显的缺陷和局限。1979 年和 1980 年，五届全国人大二次会议和三次会议曾经对 1978 年宪法作过两次修改。总的看，1975 年宪法和 1978 年宪法，都是改革开放之前那个特定时期的产物。

1978 年 12 月，党的十一届三中全会实现历史性转折，拨乱反正，开启了改革开放历史新时期，并确立了发展社会主义民主、健全社会主义法制的基本方针。1982 年 12 月 4 日由五届全国人大五次会议通过了现行宪法，也称 1982 年宪法。1982 年宪法确立的许多重要制度和原则，都源于 1954 年宪法和 1949 年《共同纲领》，是在新的历史条件下对它们的继承、完善和发展。

1982年宪法公布施行后,根据我国改革开放和社会主义现代化建设的实践和发展,在党中央领导下,全国人大分别于1988年、1993年、1999年、2004年和2018年,先后5次对1982年宪法的个别条款和部分内容作出必要的,也是十分重要的修正,先后通过52条修正案。5次宪法修改,体现和反映了中国共产党领导全国各族人民进行改革开放和社会主义现代化建设的成功经验,体现和反映了中国特色社会主义道路、理论、制度、文化的发展成果。通过宪法修改,我国宪法在中国特色社会主义伟大实践中紧跟时代步伐,不断与时俱进、完善发展。

一、从宪法调整的内容看,宪法是根本大法

"根本法",是指宪法"规定了国家的根本制度和根本任务"。1954年6月14日毛泽东同志在中央人民政府委员会第三十次会议上《关于中华人民共和国宪法草案》的讲话中指出:"一个团体要有一个章程,一个国家也要有一个章程,宪法就是一个总章程,是根本大法。"中共十八届四中全会审议通过的《中共中央关于全面推进依法治国若干重大问题的决定》指出:"宪法是党和人民意志的集中体现,是通过科学民主程序形成的根本法。"一般的法律内容只涉及社会生活的某一方面、某一领域。刑法调整的是犯罪和刑罚问题,婚姻法调整的是婚姻家庭问题,立法法调整的是立法问题。宪法的内容则是涉及国家和社会生活的根本问题,规定的是国家的根本制度和根本任务、公民的基本权利和义务,调整的是国家机关和公民的权利义务关系,国家机关之间的权利义务关系,中央与地方的关系等。国家的根本制度包括国体、政体、国家结构形式和基本社会制度等带有全局性、根本性的问题。如"中华人民共和国是工人阶级领导的、以工农联盟为基础的人民民主专政的社会主义国家。社会主义制度是中华人民共和国的根本制度"。

二、从法的效力看,宪法具有最高的法律效力

所谓"最高法",是指宪法"具有最高的法律效力"。宪法和法律都是由国家强制力保证实施的行为规范,但宪法作为国家的根本法,其效力高于其他所有法律规范,包括法律、行政法规、监察法规、地方性法规、自治条例、单行条例、规章。宪法是制定法律的依据,其他法律规范与宪法相抵触,一律无效。

三、从宪法修改的程序看,宪法要求特别严格

同制定和修改法律的程序不同。宪法第六十四条规定:"宪法的修改,由全国人民代表大会常务委员会或者五分之一以上的全国人民代表大会代表提议,并由全国人民代表大会以全体代表的三分之二以上的多数通过。法律和其他议案由全国人民代表大会以全体代表的过半数通过。”

四、从宪法的制定与修改实践看,宪法是党和人民意志的集中体现

习惯上说新中国有四部宪法。在宪法制定之前,还有相当于临时宪法的《中国人民政治协商会议共同纲领》。中华人民共和国成立前夕,1949 年 9 月 29 日,中国人民政治协商会议第一届全体会议通过的《中国人民政治协商会议共同纲领》“宣告中华人民共和国的成立,组织人民自己的中央政府。”

新中国成立以来,党的历次代表大会确定的重大方针政策都在宪法中有充分体现。

1954 年宪法。1954 年 9 月 20 日第一届全国人民代表大会通过《中华人民共和国宪法》。该宪法分为序言、共 4 章 106 条,约 9000 字。1954 年 9 月 15 日,刘少奇代表宪法起草委员会向大会作关于宪法草案的报告。报告的第一句话是:“制定中华人民共和国宪法,在我国国家生活中,是一件具有重大历史意义的事情。我国的第一届全国人民代表大会第一次会议的首要任务,就是制定我国的宪法。”报告还指出:“我们制定的宪法当然只能是人民民主的宪法。这是属于社会主义类型的宪法,而不是属于资产阶级类型的宪法。”针对当时有人主张建立资产阶级共和国的论调,报告一针见血地指出:“中国资产阶级既然没有能力领导人民战胜外国帝国主义和本国反动派的联合力量,它就不可能使中国变为资产阶级共和国,也就不可能使中国出现资产阶级性质的宪法。”“工人阶级领导的、以工农联盟为基础的人民共和国的宪法,这就是现在我们所要制定的宪法。”

1975 年宪法。1975 年 1 月 17 日第四届全国人民代表大会第一次会议通过。条文从 106 条减为 30 条,约 4000 字。这部宪法保留了 1954 年宪法的结构和框架,即序言和总纲、国家机构、公民的基本权利和义务、国旗国徽首都,共 4 章。受“文化大革命”的极“左”思想的影响,加进了若干极“左”的内容,有严重缺陷,带有深深的“文化大革命”烙印。如删去了 1954 年宪法原有的许多正确的规定,写进了自 1957 年反右斗争扩大化到“文化大革命”期间许多错误的东西。这部宪法实施时间不足三年零两个月。

1978 年宪法。1978 年 3 月 5 日第五届全国人民代表大会第一次会议通过。共 60 条,约 7000 字。这部宪法是在粉碎江青反革命集团不久修订的,部分纠正了 1975 年宪法的极“左”思想和不符合客观实际情况的规定,适应了当时的急迫需要。但对“文化大革命”的极“左”思想清理不够彻底，保留了若干错误内容和不符合实际情况的条文。如继续肯定“文化大革命”，仍然把阶级斗争作为国家的基本路线，继续坚持无产阶级专政下继续革命的理论，继续把农村人民公社和革命委员会作为地方政权的组织形式，继续肯定“四大”（大鸣、大放、大辩论、大字报）的公民权利等。这是一部力图恢复1954年宪法但又没有完全摆脱1975年宪法的过渡性宪法。

1982年宪法。1982年12月4日第五届全国人民代表大会第五次会议通过，是现行有效的宪法。共138条，约2万字。1982年11月26日，彭真代表宪法修改委员会向大会作《关于中华人民共和国宪法修改草案的报告》。这部宪法实际上是1954年宪法的继承和发展，恢复国家主席一节，增加中央军事委员会一节。摒弃了1954年宪法的陈旧内容，剔除了1975年宪法、1978年宪法的“左”倾错误和表述缺陷，完整表述了四项基本原则作为国家的指导思想，把现代化建设蓝图作为根本任务，系统规定了公民的基本权利和义务，国家的政治制度和政权机构、经济制度、精神文明建设的方针政策。为改革开放和现代化建设提供了宪法保障。

1982年以来，随着我国政治、经济、文化等方面的历史性变化，先后对现行宪法进行了五次修正。（1）1988年宪法修正案。根据党的十三大精神，首次确认土地使用权商品化。第十条第四款规定“土地的使用权可以依照法律的规定转让”。（2）1993年宪法修正案。根据党的十四大精神，肯定社会主义市场经济法律地位。将宪法第十五条“国家在社会主义公有制基础上实行计划经济”修改为“国家实行社会主义市场经济”。（3）1999年宪法修正案。根据党的十五大精神，用根本法确定依法治国基本方略。把党的十五大提出的“依法治国，建设社会主义法治国家”的治国方略写入宪法第五条，标志着我国社会主义法治建设又迈上一个新台阶。这充分表明宪法是实行依法治国的前提。依法治国是在宪法下的依法治国，社会主义法治国家也是以尊重宪法的权威为核心的法治国家。没有宪法，就不可能有法治；不实施宪法，也就不可能建设社会主义法治国家。所以，依法治国的核心是依宪治国。（4）2004年宪法修正案。根据党的十六大精神，写入了若干直接关乎人民群众切身利益的内容。如第十三条的修改包括：“公民的合法的私有财产不受侵犯。”“国家依照法律规定保护公民的私有财产权和继承权。”“国家为了公共利益的需要，可以依照法律的规定对公民的私有财产实行征收或者征用并给予补偿。”（5）2018年宪法修正案。根据党的十九大精神，

2018年3月11日,十三届全国人大一次会议通过第五个《中华人民共和国宪法修正案》。这次修宪的主要目的,是要把党的十九大确定的重大理论观点和重大方针政策,特别是习近平新时代中国特色社会主义思想载入国家根本法,体现党和国家事业发展的新成就、新经验、新要求,在总体保持宪法连续性、稳定性、权威性的基础上推动宪法与时俱进、完善发展,为新时代坚持和发展中国特色社会主义、实现"两个一百年"奋斗目标和中华民族伟大复兴的中国梦提供有力宪法保障。宪法修正案共21条,主要有以下12个方面内容。(一)确立科学发展观、习近平新时代中国特色社会主义思想在国家政治和社会生活中的指导地位。(二)调整充实中国特色社会主义事业总体布局和第二个百年奋斗目标的内容。(三)完善依法治国和宪法实施举措。(四)充实完善我国革命和建设发展历程的内容。(五)充实完善爱国统一战线和民族关系的内容。(六)充实和平外交政策方面的内容。(七)充实坚持和加强中国共产党全面领导的内容。(八)增加倡导社会主义核心价值观的内容。(九)修改国家主席任职方面的有关规定。(十)增加设区的市制定地方性法规的规定。(十一)增加有关监察委员会的各项规定。(十二)修改全国人大专门委员会的有关规定。

经过5次修正,我国宪法现在共有1个序言、4章、143条。其结构为:序言,共13个自然段;第一章总纲,共32条;第二章公民的基本权利和义务,共24条;第三章国家机构,共8节、84条;第四章国旗、国歌、国徽、首都,共3条。概括起来,宪法规定了五个方面具有根本性、全局性、稳定性、长期性的重要内容。一是国家的领导力量、指导思想、根本任务、发展道路和奋斗目标;二是社会主义根本制度;三是人民代表大会制度;四是国家大政方针;五是公民基本权利和义务。

改革开放40多年来的实践充分证明,我国宪法有力坚持了中国共产党领导,有力保障了人民当家作主,有力促进了改革开放和社会主义现代化建设,有力推动了社会主义法治国家建设进程,有力维护了国家统一、民族团结、社会稳定,是符合国情、符合实际、符合时代发展要求的好宪法。

五、从宪法的实施看,宪法是全社会必须严格遵守的最高行为准则

宪法序言最后一段强调:"本宪法以法律的形式确认了中国各族人民奋斗的成果,规定了国家的根本制度和根本任务,是国家的根本法,具有最高的法律效力。全国各族人民、一切国家机关和武装力量、各政党和各社会团体、各企业事业组织,都必须以宪法为根本的活动准则,并且负有维护宪法尊严、保证宪法实施的职责。”宪法的生命在于实施，宪法的权威也在于实施。维护宪法权威，就是维护党和人民共同意志的权威。捍卫宪法尊严，就是捍卫党和人民共同意志的尊严。保证宪法实施，就是保证人民根本利益的实现。不实施，只能停留在政治口号和文本层面上，不能真正发挥作用。另一方面，不能把宪法束之高阁弃之不用。宪法的精神、原则是普遍适用的。政党、组织、公民都有维护宪法尊严、保证宪法实施的职责。每个公民都有同违宪行为作斗争的义务。

选举法

全称《中华人民共和国全国人民代表大会和地方各级人民代表大会选举法》。1979 年 7 月 1 日第五届全国人民代表大会第二次会议通过。1982 年 12 月、1986 年 12 月、1995 年 2 月、2004 年 10 月、2010 年 3 月、2015 年 8 月、2020 年 10 月先后进了修改完善。

选举法是根据宪法制定的关于全国人民代表大会代表和地方各级人民代表大会代表选举产生程序的基本法律，是换届选举和人大工作的重要法律依据。选举法规定的选举原则适用于全国人民代表大会和地方各级包括省、自治区、直辖市；设区的市、自治州；县、自治县、不设区的市、市辖区；乡、民族乡、镇人民代表大会代表的选举。选举法主要对地方各级人大代表名额，全国人大代表名额，各少数民族的选举，选区划分，选民登记，代表候选人的提出，选举程序，对代表的监督、罢免和补选，对破坏选举的制裁等作出了具体规定。

1979 年颁布的选举法在 1953 年选举法的基础上作了重要改进，主要包括将直接选举从乡、镇、市辖区和不设区的市扩大到县和自治县，由等额选举改为差额选举并规定了差额的幅度；赋予选民和代表提名代表候选人的权利；实行无记名投票；可以采取一定形式宣传代表候选人；规范选区划分；增加了对代表的罢免和补选的规定；规定了各少数民族都应有代表参加全国人民代表大会等。1982 年修改，将可以采用一定形式宣传代表候选人改为在选民小组会上介绍候选人。1986 年修改“两法”，在减少代表名额、简化选民登记手续、保障选民提名权、实行差额选举、充分介绍候选人、简化当选计票方式等选举程序上作了改进。1995 年修改，规定了“差额选举，等额提名制”；代表酝酿提名时间不得少于两天；恢复了间接选举中代表候选人的预选制度；选民和代表联合提名的候选人与组织上提名的候选人有同等的权利;规定了对罢免代表的具体程序;增设了代表辞职的具体条款等。2004年修改,主要包括对省级人大代表名额的核定基数、预选程序、介绍候选人和选民见面、罢免县级人大代表的联名人数、对破坏选举的制裁等内容。2010年修改,按照“三个平等”的原则,根据我国经济社会发展实际,实行城乡按相同人口比例选举人大代表,同时对完善选举机构的职责、代表候选人的提名和介绍制度、保障选民和代表的选举权等也作了修改。2015年修改,对代表资格审查、代表当选等内容作出了新的修改。2020年修改,对适当增加县乡人大代表名额作了明确规定。

代表法

全称《中华人民共和国全国人民代表大会和地方各级人民代表大会代表法》。1992年制定的代表法共有6章、44条。6章分别是:总则、代表在本级人民代表大会会议期间的工作、代表在本级人民代表大会闭会期间的活动、代表执行职务的保障、停止执行代表职务和代表资格终止、附则。具体规定了人大代表的权利、义务以及对代表履职的保障和监督,很多内容是按照当时的宪法、选举法、全国人大组织法和地方组织法等有关法律梳理汇总拟定的,同时也作了一些创新性的规定。比如,明确代表在会议期间、闭会期间的活动,都是执行代表职务;将“两高”纳入接受代表质询的范围;对代表闭会期间的活动作了较为系统的规定;详细规定代表履职保障措施;等等。代表法是保障和规范各级人大代表履行职责的重要基础性法律。20多年来,为适应人大制度和代表工作完善发展的需要,代表法先后于2009年、2010年、2015年进行了三次修改完善。

第一次:2009年修改代表法。这次修改主要是将之前依照治安管理处罚条例规定处罚的条文,修改为适用治安管理处罚法规定处罚。这次修改并未涉及代表制度和代表工作的具体内容。第二次:2010年修改代表法。这次修改贯彻落实党的十七大精神,针对代表工作中出现的新情况新问题,总结2005年中央9号文件实施经验,在广泛征求意见、反复审议修改的基础上,将9号文件精神和行之有效的举措办法以法律的形式确定下来。主要修改内容有4个方面:一是进一步明确代表的权利和义务。规定代表享有七个方面权利,履行七个方面义务。二是进一步细化代表的履职规范。如不能出席会议要请假,会前要听取群众意见建议、做好准备,审议发言要围绕会议议题、遵守议事规则,提出建议应明确具体、反映实际情况和问题,闭会期间活动以集体活动为主、以代表小组活动为基本形式。三是进一步加强对代表履职的保障。如保障代表知情知政,强化代表履职学习,加强建议办理工作,明确对代表形成的有关报告的处理和反馈,加强代表履职的物质保障和组织服务保障。四是进一步强化对代表的监督。代表要经常听取群众意见、回答询问,直选代表要向选民报告履职情况,正确处理从事个人职业活动与执行代表职务的关系,丧失行为能力的代表资格终止。第三次:2015 年修改代表法。2015 年 6 月,中共中央转发《中共全国人大常委会党组关于加强县乡人大工作和建设的若干意见》,即 2015 年中央 18 号文件。这是新形势下党中央加强人大工作和建设、推进社会主义民主法治建设的重要举措。为贯彻落实党中央重要指示精神,健全地方人大特别是县乡人大组织制度和运行机制,完善选举制度和代表制度,2015 年 8 月,十二届全国人大常委会第十六次会议通过了关于修改地方组织法、选举法、代表法的决定。这次修改代表法涉及 10 个条文,主要内容包括:(1)增加规定县级人大代表列席专门委员会会议;(2)增加规定乡镇人大代表根据乡镇人大主席团的安排开展视察、调研等活动,参加本级人大主席团组织的执法检查和其他活动;(3)增加规定代表建议办理情况的报告应当予以公开;(4)增加规定县级人大常委会和乡镇人大主席团应当定期组织本级代表向原选区选民报告履职情况。

代表法是各级人大代表履行职责的基本法律,对代表的权利义务、代表的利益身份、代表参加行使国家权力的方式、代表与国家机关的关系等方面作了明确的规定。代表法与其他相关法律如选举法、地方组织法、全国人大组织法、全国人大议事规则、全国人大常委会议事规则相互补充、相互联系,对完善我国的人大代表制度,明确代表的权利和义务,规范和保障代表执行代表职务,促进代表积极主动地开展代表工作和代表活动,努力为人民服务,发挥了推动作用。

地方组织法

全称《中华人民共和国地方各级人民代表大会和地方各级人民政府组织法》。共 5 章 69 条。1979 年 7 月 1 日第五届全国人民代表大会第二次会议通过。1982 年 12 月、1986 年 12 月、1995 年 2 月、2004 年 10 月、2015 年 8 月、2022 年 3 月进行了六次修改。最新修改的地方组织法共五章九十条。

1982 年的修改共有九处,其中涉及地方人民代表大会制度的有六处。这些修改主要涉及三个问题。第一,统一了行政层级的名称,并规定了各级人民代表大会的任期。规定县级以上的人民代表大会每届任期五年,县和乡镇层次的人民代表大会每届任期三年。第二,进一步明确了地方国家政权的结构以及各个国家机关之间的关系。第三,调整了地方国家机关首长和人大常委会组成人员的选举方式。1986 年的修改,第一,更为充分地体现了下放权力,充分发挥地方积极性的立法原则。第二,对于选举的规定更为细致。如明确各级人大是“选举”而非“决定”各级政府正副首长;规定“十人以上代表”可以联合提名需要选举的职位人选等。第三,进一步维护了代表的权利。如增加规定“地方各级人民代表大会代表、常务委员会组成人员,在人民代表大会和常务委员会会议上的发言和表决,不受法律追究”。第四,进一步完善了地方各级人民代表大会的工作机制和内部组织。1995 年的修改,第一,统一了县级以上地方各级人民代表大会的任期。原来每届任期三年的“县、自治县、市、市辖区”改为任期五年。第二,完善了地方各级人民代表大会的职权。如县级以上地方各级人民代表大会的职权增加了“环境和资源保护”“保护各种经济组织的合法权益”的内容。而乡镇级人民代表大会则增加了“选举本级人民代表大会主席、副主席”的职权。第三,明确了乡镇人民代表大会的地位,并对其组成作了更为具体的规定。第四,完善了选举制度。如规定,省级需要 30 人以上书面联名,设区的市和自治州需要 20 人以上书面联名,县级和乡镇只需要 10 人以上书面联名可以提出候选人。第五,对质询权和特定问题调查权的行使有了更为明确的规定。第六,对于地方各级人民代表大会常务委员会的组成作了更细致的规定。2004 年的修改,只有四条内容,其中三条涉及地方人大制度,一是把地方各级人民代表大会每届任期统一为五年;二是将县级以上地方各级人大常委会“补充任命”专门委员会的个别副主任委员和部分委员修改为“任免”;三是再次增加了地方人大常委会组成人员的法定人数。“设区的市、自治州”从 13—35 人标准提高到 19—41 人标准,“人口超过八百万的设区的市”从不超过 45 人提高到不超过 51 人。“县、自治县、不设区的市、市辖区”从 11—23 人提高到 15—27 人,人口超过 100 万的从 29 人提高到 35 人。2015 年的修改,一是明确乡镇人大主席团在闭会期间的职责,增加规定,乡镇人大主席团每年选择若干关系本地区群众切身利益、群众普遍关注的问题,有计划地安排代表听取和讨论本级人民政府的专项工作报告,对法律、法规实施情况进行检查,开展视察、调研等活动;听取和反映代表和群众对本级人民政府工作的建议、批评和意见。二是增加县级人大常委会组成人员名额,从

15—27人,修改为15—35人,人口超过100万的,从不超过35人修改为不超过45人。三是增加规定,县级人大根据需要可以设法制委员会、财政经济委员会等专门委员会。四是增加规定,市辖区、不设区的市的人大常委会可以在街道设立工作机构,负责联系辖区内的人大代表,组织代表开展活动,反映代表和群众的建议、批评和意见,办理本级人大常委会交办的监督、选举以及其他工作。2022年的修改,由原先的五章六十九条增加为五章九十条,进一步完善了这部法律。一是规范了地方人大专委会、常委会工作机构设置,具体表述为省、设区的市两级人大根据需要,可以设法制委员会、财政经济委员会、教育科学文化卫生委员会、环境与资源保护委员会、社会建设委员会和其他需要设立的委员会;县、自治县、不设区的市、市辖区的人大根据需要可以设立法制委员会、财政经济委员会等专门委员会;省、设区的市两级人大常委会组成人员名额的上下限和最高限分别增加10名。二是完善乡镇街道基层公共管理等职权。三是强调地方人大和政府要依法履职。四是补充完善地方政府组织和工作机制。

地方组织法是根据宪法制定的关于我国政权的组织、产生、职权和工作程序的基本法律,是地方政权建设和人大工作的重要法律依据。地方组织法对我国地方政权的设置、性质,地方人大的选举方式、任期、职权,地方人大会议的召集、主持、议案表决等作出若干规定;对县级以上的地方各级人大常委会的设立、性质、组成、任期、职权,会议的召集,议案的提出与处理程序,工作机构、派出机构等作出规定;对地方各级人民政府的性质、组成、任期、职权、工作制度、机构设置等作出规定。

立法法

全称《中华人民共和国立法法》。共6章105条。2000年3月15日第九届全国人民代表大会第三次会议通过。根据2015年3月15日第十二届全国人民代表大会第三次会议《关于修改〈中华人民共和国立法法〉的决定》修正。

立法法是根据宪法制定的关于国家立法制度的基本法律,是管法的法。立法是国家的重要政治活动。立法法对规范立法活动,健全国家立法制度,提高立法质量,完善中国特色社会主义法律体系,发挥立法的引领和推动作用,保障和发展社会主义民主,全面推进依法治国,建设社会主义法治国家,有着重要意义。立法法对法律、行政法规、地方性法规、自治条例和单行条例、规章的立法主体、立法权限、立法程序、适用与备案审查等事项,都作出了具体明确的规定。

监督法

全称《中华人民共和国各级人民代表大会常务委员会监督法》。共9章48条。2006年8月27日第十届全国人民代表大会常务委员会第二十三次会议通过。

监督法是根据宪法制定的关于各级人大常委会行使监督职权制度的重要法律。监督法对人大常委会行使监督职权作出了规范化、制度化的规定,具有很强的针对性、可操作性。监督法的实施,对于发展社会主义民主政治,完善人民代表大会制度,保证人大常委会依法加强监督工作,促进严格执法、公正司法,全面推进依法治国,维护广大人民的根本利益,具有重大意义。监督法对人大常委会行使监督职权的原则、内容、方式、程序等事项作出了规定,是人大常委会行使监督职权的主要法律依据。

人大机构与人大工作

人民代表大会

人民代表大会是各级人民代表大会会议的名称，是各级国家权力机关的名称。性质是国家权力机关。包括：全国人民代表大会；省、自治区、直辖市的人民代表大会；设区的市、自治州的人民代表大会；县、自治县、不设区的市、市辖区的人民代表大会；乡、民族乡、镇的人民代表大会。全国人民代表大会是最高国家权力机关，地方各级人民代表大会是地方国家权力机关。

全国人民代表大会代表全国人民在全国范围内，全面行使国家权力。地方各级人民代表大会是地方国家权力机关，在所辖行政区域内代表人民，全面依法行使地区国家权力。实际使用范围上有广义和狭义之分。广义上包括代表大会全体会议和由它产生的常委会、专门委员会、主席团。一般用于讲人大与外部的关系时用广义。狭义上特指全体会议本身，不包括常委会、专门委员会、主席团。一般用于讲人大的内部关系，如人大与人大常委会的关系。

全国人民代表大会职权

全国人民代表大会是最高国家权力机关。根据宪法的规定，全国人民代表大会主要职权有：(1)修改宪法；(2)监督宪法的实施；(3)制定和修改刑事、民事、国家机构的和其他的基本法律；(4)选举中华人民共和国主席、副主席；(5)根据中华人民共和国主席的提名，决定国务院总理的人选；根据国务院总理的提名，决定国务院副总理、国务委员、各部部长、各委员会主任、审计长、秘书长的人选;(6)选举中央军事委员会主席;根据中央军事委员会主席的提名,决定中央军事委员会其他组成人员的人选;(7)选举国家监察委员会主任;(8)选举最高人民法院院长;(9)选举最高人民检察院检察长;(10)审查和批准国民经济和社会发展计划和计划执行情况的报告;(11)审查和批准国家的预算和预算执行情况的报告;(12)改变或者撤销全国人民代表大会常务委员会不适当的决定;(13)批准省、自治区和直辖市的建置;(14)决定特别行政区的设立及其制度;(15)决定战争和和平的问题;(16)应当由最高国家权力机关行使的其他职权。

全国人民代表大会有权罢免下列人员:(1)中华人民共和国主席、副主席;(2)国务院总理、副总理、国务委员、各部部长、各委员会主任、审计长、秘书长;(3)中央军事委员会主席和中央军事委员会其他组成人员;(4)国家监察委员会主任;(5)最高人民法院院长;(6)最高人民检察院检察长。

全国人民代表大会常务委员会职权

根据宪法规定,全国人民代表大会常务委员会的职权有:(1)解释宪法,监督宪法的实施;(2)制定和修改除应当由全国人民代表大会制定的法律以外的其他法律;(3)在全国人民代表大会闭会期间,对全国人民代表大会制定的法律进行部分补充和修改,但是不得同该法律的基本原则相抵触;(4)解释法律;(5)在全国人民代表大会闭会期间,审查和批准国民经济和社会发展计划、国家预算在执行过程中所必须作的部分调整方案;(6)监督国务院、中央军事委员会、国家监察委员会、最高人民法院和最高人民检察院的工作;(7)撤销国务院制定的同宪法、法律相抵触的行政法规、决定和命令;(8)撤销省、自治区、直辖市国家权力机关制定的同宪法、法律和行政法规相抵触的地方性法规和决议;(9)在全国人民代表大会闭会期间,根据国务院总理的提名,决定部长、委员会主任、审计长、秘书长的人选;(10)在全国人民代表大会闭会期间,根据中央军事委员会主席的提名,决定中央军事委员会其他组成人员的人选;(11)根据国家监察委员会主任的提请,任免国家监察委员会副主任、委员;(12)根据最高人民法院院长的提请,任免最高人民法院副院长、审判员、审判委员会委员和军事法院院长;(13)根据最高人民检察院检察长的提请,任免最高人民检察院副检察长、检察员、检察委员会委员和军事检察院检察长,并且批准省、自治区、直辖市的人民检察院检察长的任免;(14)决定驻外全权代表的任免;(15)决定同外国缔结的条约和重要协定的批准和废除;(16)规定军人和外交人员的衔级制度和其他专门衔级制度;(17)规定和决定授予国家的勋章和荣誉称号;(18)决定特赦;(19)在全国人民代表大会闭会期间,如果遇到国家遭受武装侵犯或者必须履行国际间共同防止侵略的条约的情况,决定战争状态的宣布;(20)决定全国总动员或者局部动员;(21)决定全国或者个别省、自治区、直辖市进入紧急状态;(22)全国人民代表大会授予的其他职权。

全国人民代表大会常务委员会组成人员

全国人民代表大会常务委员会组成人员由委员长、副委员长若干人、秘书长、委员若干人组成。全国人民代表大会常务委员会组成人员中,应当有适当名额的少数民族代表。全国人民代表大会选举并有权罢免全国人民代表大会常务委员会的组成人员。

全国人民代表大会常务委员会的组成人员不得担任国家行政机关、监察机关、审判机关和检察机关的职务。全国人民代表大会常务委员会每届任期同全国人民代表大会每届任期相同,它行使职权到下届全国人民代表大会选出新的常务委员会为止。委员长、副委员长连续任职不得超过两届。

全国人民代表大会常务委员会组成人员,有权依照法律规定的程序提出属于全国人民代表大会常务委员会职权范围内的议案。全国人民代表大会常务委员会组成人员在常务委员会开会期间,有权依照法律规定的程序提出对国务院或者国务院各部、各委员会的质询案。受质询的机关必须负责答复。

县级以上的地方各级人民代表大会职权

根据地方组织法等法律的规定,县级以上的地方各级人民代表大会行使下列职权:(1)在本行政区域内,保证宪法、法律、行政法规和上级人民代表大会及其常务委员会决议的遵守和执行,保证国家计划和国家预算的执行;(2)审查和批准本行政区域内的国民经济和社会发展规划纲要、计划和预算及其执行情况的报告,审查监督政府债务,监督本级人民政府对国有资产的管理;(3)讨论、决定本行政区域内的政治、经济、教育、科学、文化、卫生、生态环境保护、自然资源、城乡建设、民政、社会保障、民族等工作的重大事项和项目;(4)选举本级人民代表大会常务委员会的组成人员;(5)选举省长、副省长,自治区主席、副主席,市长、副市长,州长、副州长,县长、副县长,区长、副区长；(6)选举本级监察委员会主任、人民法院院长和人民检察院检察长；选出的人民检察院检察长，须报经上一级人民检察院检察长提请该级人民代表大会常务委员会批准；(7)选举上一级人民代表大会代表；(8)听取和审议本级人民代表大会常务委员会的工作报告；(9)听取和审议本级人民政府和人民法院、人民检察院的工作报告；(10)改变或者撤销本级人民代表大会常务委员会的不适当的决议；(11)撤销本级人民政府的不适当的决定和命令；(12)保护社会主义的全民所有的财产和劳动群众集体所有的财产，保护公民私人所有的合法财产，维护社会秩序，保障公民的人身权利、民主权利和其他权利；(13)保护各种经济组织的合法权益；(14)铸牢中华民族共同体意识，促进各民族广泛交往交流交融，保障少数民族的合法权利和利益；(15)保障宪法和法律赋予妇女的男女平等、同工同酬和婚姻自由等各项权利。

省、自治区、直辖市的人民代表大会根据本行政区域的具体情况和实际需要，在不同宪法、法律、行政法规相抵触的前提下，可以制定和颁布地方性法规，报全国人民代表大会常务委员会和国务院备案。

设区的市、自治州的人民代表大会根据本行政区域的具体情况和实际需要，在不同宪法、法律、行政法规和本省、自治区的地方性法规相抵触的前提下，可以依照法律规定的权限制定地方性法规，报省、自治区的人民代表大会常务委员会批准后施行，并由省、自治区的人民代表大会常务委员会报全国人民代表大会常务委员会和国务院备案。

省、自治区、直辖市以及设区的市、自治州的人民代表大会根据区域协调发展的需要，可以开展协同立法。

地方各级人民代表大会常务委员会职权

根据地方组织法等法律规定，地方各级人民代表大会常务委员会职权有：(1)在本行政区域内，保证宪法、法律、行政法规和上级人民代表大会及其常务委员会决议的遵守和执行；(2)领导或者主持本级人民代表大会代表的选举；(3)召集本级人民代表大会会议；(4)讨论、决定本行政区域内的政治、经济、教育、科学、文化、卫生、生态环境保护、自然资源、城乡建设、民政、社会保障、民族等工作的重大事项和项目；(5)根据本级人民政府的建议，审查和批准本行政区域内的国民经济和社会发展规划纲要、计划和本级预算的调整方案；(6)监督本行政区域内的国民经济和社会发展规划纲要、计划和预算的执行，审查和批准本级决算，监督审计查出问题整改情况，审查监督政府债务；(7)监督本级人民政府、监察委员会、人民法院和人民检察院的工作，听取和审议有关专项工作报告，组织执法检查，开展专题询问等；联系本级人民代表大会代表，受理人民群众对上述机关和国家工作人员的申诉和意见；(8)监督本级人民政府对国有资产的管理，听取和审议本级人民政府关于国有资产管理情况的报告；(9)听取和审议本级人民政府关于年度环境状况和环境保护目标完成情况的报告；(10)听取和审议备案审查工作情况报告；(11)撤销下一级人民代表大会及其常务委员会的不适当的决议；(12)撤销本级人民政府的不适当的决定和命令；(13)在本级人民代表大会闭会期间，决定副省长、自治区副主席、副市长、副州长、副县长、副区长的个别任免；在省长、自治区主席、市长、州长、县长、区长和监察委员会主任、人民法院院长、人民检察院检察长因故不能担任职务的时候，根据主任会议的提名，从本级人民政府、监察委员会、人民法院、人民检察院副职领导人员中决定代理的人选；决定代理检察长，须报上一级人民检察院和人民代表大会常务委员会备案；(14)根据省长、自治区主席、市长、州长、县长、区长的提名，决定本级人民政府秘书长、厅长、局长、委员会主任、科长的任免，报上一级人民政府备案(15)根据监察委员会主任的提名，任免监察委员会副主任、委员；(16)按照人民法院组织法和人民检察院组织法的规定，任免人民法院副院长、庭长、副庭长、审判委员会委员、审判员，任免人民检察院副检察长、检察委员会委员、检察员，批准任免下一级人民检察院检察长；省、自治区、直辖市的人民代表大会常务委员会根据主任会议的提名，决定在省、自治区内按地区设立的和在直辖市内设立的中级人民法院院长的任免，根据省、自治区、直辖市的人民检察院检察长的提名，决定人民检察院分院检察长的任免；(17)在本级人民代表大会闭会期间，决定撤销个别副省长、自治区副主席、副市长、副州长、副县长、副区长的职务；决定撤销由它任命的本级人民政府其他组成人员和监察委员会副主任、委员，人民法院副院长、庭长、副庭长、审判委员会委员、审判员，人民检察院副检察长、检察委员会委员、检察员，中级人民法院院长，人民检察院分院检察长的职务；(18)在本级人民代表大会闭会期间，补选上一级人民代表大会出缺的代表和罢免个别代表。

常务委员会讨论前款第四项规定的本行政区域内的重大事项和项目，可以作出决定或者决议，也可以将有关意见、建议送有关地方国家机关或者单位研究办理。有关办理情况应当及时向常务委员会报告。

省、自治区、直辖市的人民代表大会常务委员会在本级人民代表大会闭会期间，根据本行政区域的具体情况和实际需要，在不同宪法、法律、行政法规相抵触的前提下，可以制定和颁布地方性法规，报全国人民代表大会常务委员会和国务院备案。

设区的市、自治州的人民代表大会常务委员会在本级人民代表大会闭会期间，根据本行政区域的具体情况和实际需要，在不同宪法、法律、行政法规和本省、自治区的地方性法规相抵触的前提下，可以依照法律规定的权限制定地方性法规，报省、自治区的人民代表大会常务委员会批准后施行，并由省、自治区的人民代表大会常务委员会报全国人民代表大会常务委员会和国务院备案。

省、自治区、直辖市以及设区的市、自治州的人民代表大会常务委员会根据区域协调发展的需要，可以开展协同立法。

地方人大常委会的设立和任期

根据宪法和地方组织法的规定，县级以上地方各级人大设立常委会。县级以上的地方各级人大常委会是本级人大的常设机关，对本级人大负责并报告工作。

县级以上地方各级人大常委会作为本级国家权力机关的常设机关，其主要特点：(1)地方各级人大常委会具有地方国家权力机关的性质。在本级人大闭会期间，人大常委会行使本级国家权力机关的部分职权，经常性地发挥地方国家权力机关的作用。(2)地方各级人大常委会具有经常性的工作。地方各级人大常委会每两个月要召开一次常委会会议，依法行使地方立法、监督“一府一委两院”工作、审议决定本行政区域内的重大事项和对本级国家机关组成人员的人事任免等职权。为行使好职权，要经常组织开展一系列的活动，如主持本级人大的选举，指导县级以下的直接选举，组织代表视察、调查和执法检查等。

县级以上的地方各级人大常委会的任期和行使职权的时限。根据法律规定，地方各级人大常委会每届任期同本级人大每届任期相同，因为，人大常委会作为本级人大的常设机关，其任期与本级人大的任期一致。但地方人大常委会行使职权的具体时间与本级人大不完全一致，人大行使职权的期限从本届人大第一次会议召开时开始至下一届人大第一次会议召开时终止。而在每届人大第一次会议召开时，本届的人大常委会尚未产生，所以地方人大常委会行使职权的时间是从每届人大第一次会议选举产生人大常委会开始至下届人大选举产生新的人大常委会时终止。

地方人大常委会的组成和名额的确定

根据地方组织法的规定,地方各级人大常委会的组成,分为两种情况:(1)省、自治区、直辖市、自治州、设区的市的人大常委会由主任、副主任若干人、秘书长、委员若干人组成;(2)县、自治县、不设区的市、市辖区的人大常委会由主任、副主任若干人和委员若干人组成,不设秘书长。

地方各级人大常委会组成人员的条件为:(1)地方各级人大常委会组成人员必须是本级人大代表。按照法律规定,县级以上地方各级人大常委会的组成人员,必须由本级人大在本级人大代表中选举产生,如果不是本级人大代表,不能被选为本级人大常委会的组成人员。(2)地方各级人大常委会组成人员不得兼任国家行政机关、监察机关、审判机关和检察机关的职务。按照全国人大常委会对相关问题的法律解答,国家行政机关、监察机关、审判机关和检察机关的职务的范围为各级国家行政机关、监察机关、审判机关和检察机关中的全体干部,包括这些机关的巡视员、调研员、顾问;同时,也包括具有国家行政管理职能的机关,如电力局、海关、中国银行等。如果已经担任行政机关、监察机关、审判机关和检察机关的职务,必须辞去其中一个职务。

县级以上地方各级人大常委会组成人员的具体名额,在每届换届前由省级人大及其常委会依法确认。确定地方各级人大常委会组成人员名额,须把握几个问题:(1)地方各级人大常委会组成人员产生方式的名额范围。县级以上地方各级人大常委会组成人员与同级党委常委会的产生方式和职务之间关系有所不同。一是选举产生方式有所不同。县级以上地方各级党委常委会委员、书记、副书记,是逐级选举产生,即同级党员代表大会选举产生同级党的委员会委员、候补委员,由同级党的委员会选举产生同级党的常委会委员、书记、副书记。而县级以上地方各级人大常委会的主任、副主任、秘书长和委员,是在代表大会上同时分别选举产生。二是各项职务之间的关系有所不同。县级以上地方各级党委书记、副书记、常委会委员必须是同级党的委员会委员。而省和设区的市级人大常委会的四项职务,即主任、副主任、秘书长和委员,县级人大常委会的三项职务,即主任、副主任和委员,都是人大常委会的组成人员,法律只规定常委会组成人员从代表中选举产生,没有要求必须逐级选举产生,所以,人大常委会组成人员的各项职务原则上没有交叉。实践中,由于工作需要或没有合适的人选,个别省或设区的市级人大常委会的秘书长由副主任兼任。(2)县级以上地方各级人大常委会组成人员名额的确定。根据地方组织法的规定,省级每届人大常委会组成人员的名额,由省级人民代表大会按人口数,在本届人民代表大会的最后一次会议上依法作出关于确定下一届人大常委会组成人员名额的决定;设区的市和县级每届人大常委会组成人员的名额,由省级人大常委会按各地具体的人口数,在设区的市和县(市、区)换届前依法作出关于确定所属市、县(市、区)新一届人大常委会组成人员名额的决定。每届人大常委会组成人员的名额一经确定,在本届人大任期内不再变动。(3)县级以上地方各级人大常委会组成人员的名额幅度。根据各地人口不同,法律规定地方各级人大常委会组成人员的名额有一定幅度,并且各级人大常委会组成人员的名额幅度也不一样。这主要体现了实事求是和工作需要的原则。地方各级人大常委会组成人员的名额为:省级 45 人至 75 人,人口超过 8000 万的省不超过 95 人;设区的市级 29 人至 51 人,人口超过 800 万的设区的市不超过 61 人;县级 15 人至 35 人,人口超过 100 万的不超过 45 人。

乡、民族乡、镇的人民代表大会职权

根据地方组织法的规定,乡、民族乡、镇的人民代表大会职权有:(1)在本行政区域内,保证宪法、法律、行政法规和上级人民代表大会及其常务委员会决议的遵守和执行;(2)在职权范围内通过和发布决议;(3)根据国家计划,决定本行政区域内的经济、文化事业和公共事业的建设计划和项目;(4)审查和批准本行政区域内的预算和预算执行情况的报告,监督本级预算的执行,审查和批准本级预算的调整方案,审查和批准本级决算;(5)决定本行政区域内的民政工作的实施计划;(6)选举本级人民代表大会主席、副主席;(7)选举乡长、副乡长,镇长、副镇长;(8)听取和审议乡、民族乡、镇的人民政府的工作报告;(9)听取和审议乡、民族乡、镇的人民代表大会主席团的工作报告;(10)撤销乡、民族乡、镇的人民政府的不适当的决定和命令;(11)保护社会主义的全民所有的财产和劳动群众集体所有的财产,保护公民私人所有的合法财产,维护社会秩序,保障公民的人身权利、民主权利和其他权利;(12)保护各种经济组织的合法权益;(13)铸牢中华民族共同体意识,促进各民族广泛交往交流交融,保障少数民族的合法权利和利益;(14)保障宪法和法律赋予妇女的男女平等、同工同酬和婚姻自由等各项权利。

少数民族聚居的乡、民族乡、镇的人民代表大会在行使职权的时候,可以依照法律规定的权限采取适合民族特点的具体措施。

县以上地方各级人大专门委员会

根据地方组织法的规定，省和设区的市级人民代表大会根据需要，可以设法制委员会、财政经济委员会、教育科学文化卫生委员会、环境与资源保护委员会、社会建设委员会和其他需要设立的委员会。

县、自治县、不设区的市、市辖区的人民代表大会根据需要，可以设法制委员会、财政经济委员会等专门委员会。

地方人大专门委员会受本级人大领导；在大会闭会期间，受本级人大常委会领导。

一、专门委员会的性质

专门委员会是本级人大的常设工作机关。但专门委员会与常委会的性质和职权都有很大的不同。常委会在大会闭会期间行使本级权力机关的部分职权，专门委员会只能协助人大及其常委会行使职权，没有实体性权力。

二、专门委员会组成人员及其任免

各专门委员会设主任委员、副主任委员和委员。其组成人员的人选由本级人大会议主席团在本级人大代表中提名，大会表决通过。大会表决通过专门委员会成员，可以对所有专门委员会成员一并表决，也可以对各专门委员会成员逐一进行表决，一般采取举手表决的方式。在大会闭会期间，人大常委会可以任免个别副主任委员和部分委员，由主任会议提名，常委会会议表决通过。人大常委会不能任命主任委员。

三、专门委员会职责

根据地方组织法的规定，专门委员会的主要职责：一是根据大会主席团或者常委会主任会议的交付，研究、审议有关议案，提出审议结果报告或者审议意见；二是研究、拟订有关议案，向本级人大或者常委会提出；三是对属于本级人大及其常委会职权范围内同本委员会有关的问题进行调查研究，向本级人大或者常委会提出建议。有两个专门委员会的职责和工作需要专门说明一下。一是有地方立法权的人大的法制委员会，承担统一审议的职责。立法法第七十七条作出明确规定。二是财政经济委员会对计划、预算进行审查并提出审查结果报告的职责。地方组织法虽然没有明确规定，但是根据全国人大有关决定的精神和多年来的实践，地方人大财经委对本地区计划草案和计划执行情况的报告、预算草案和预算执行情况的报告进行审查并提出审查结果的报告，已经形成了比较确定的做法。修改后的预算法第四十四条、第四十九条已经作出明确规定。

根据代表法的规定,省和设区的市、县级人大代表可以应邀列席本级人大专门委员会会议。

地方各级人大常委会的工作机构和办事机构

依据地方组织法的规定,地方各级人大常委会根据工作需要,设立工作机构和办事机构。

人大常委会的工作机构。主要有两类:一类是办公厅或办公室,另一类是按照专业分工设置的工作委员会或工作室。这些本级人大常委会的工作机构,是为人大及其常委会、各专门委员会、常委会组成人员及人大代表行使职权、履行义务、发挥作用提供服务。人大常委会工作机构的职责:一是为会议提供服务。主要包括本级人大会议、常委会会议、主任会议、专门委员会会议。主要工作任务是发送会议通知,准备会议相关的材料,为会议审议提供必要的参考资料,起草会议的议程草案,做好会议记录,安排会务和生活服务等。二是为常委会日常工作提供服务。主要包括负责联系代表,组织代表开展调查、视察和执法检查活动,处理代表和常委会组成人员提出的议案及建议、批评和意见,接待人民群众的来信来访,同时为人大及其常委会组成人员的工作、生活提供一切必要的物质条件等。三是为人大及其常委会组成人员研究、咨询提供服务。主要包括围绕人大制度建设和履行人大及其常委会职责进行调查研究、理论研究,发现问题,提出解决问题的办法,为人大及其常委会决定问题提供信息和参考等。

地区人大工作机构、街道人大工作机构。根据宪法和地方组织法的规定,省、自治区下设的地区,还有市辖区、不设区的市下设的街道,不是一级政权,所以,也不设立人大。为了加强省、自治区人大常委会与各地区所辖的县级人大常委会的联系,便于基层人大工作开展,依据地方组织法的规定,省、自治区的人民代表大会常务委员会可以在地区设立工作机构。市辖区、不设区的市的人民代表大会常务委员会可以在街道设立工作机构。工作机构负责联系街道辖区内的人民代表大会代表,组织代表开展活动,反映代表和群众的建议、批评和意见,办理常务委员会交办的监督、选举以及其他工作,并向常务委员会报告工作。地区、街道人大工作机构的组成人员不限于人大代表。

人大常委会主任

人大常委会主任是县级(含县级)以上地方人民代表大会、人大常委会、人大常委会主任会议的组成人员,负责召集、主持人大常委会会议和人大常委会主任会议。

根据地方组织法、代表法、监察法等法律以及人大工作的实际做法,人大常委会主任在本级人大会议期间的主要工作有:(1)出席本级人民代表大会会议,依法行使代表的职权。(2)参加大会全体会议、小组会议,审议列入大会议程的各项议案和报告。(3)依照法定程序向本级人民代表大会提出属于本级人民代表大会职权范围内的议案。(4)参加本级人民代表大会的各项选举。(5)在审议议案和报告时,可以向本级有关国家机关提出询问。(6)有权依照法定程序提出对本级人民政府及其所属部门,监察委员会、人民法院、人民检察院的质询案。(7)有权依照法定程序提出对本级人大常委会组成人员,人民政府组成人员,监察委员会主任,人民法院院长,人民检察院检察长的罢免案。(8)有权依法提议组织关于特定问题的调查委员会。(9)参加本级人民代表大会表决,可以投赞成票,可以投反对票,也可以弃权。(10)有权向本级人民代表大会提出对各方面工作的建议、批评和意见。

在本级人民代表大会闭会期间的主要工作有:(1)召集、主持人大常委会会议及人大常委会主任会议。(2)参与筹备每年一次的人民代表大会会议。(3)参与组织或参加代表检查本级"一府一委两院"执行宪法、法律、法规,以及上级人民代表大会及其常务委员会和本级人民代表大会决议、决定的情况。(4)参与组织或参加代表学习和宣传宪法、法律、法规。(5)联系本级人民代表大会代表,参与组织或参加代表视察、执法检查、调查研究等活动。(6)参加听取本级"一府一委两院"的工作汇报。(7)参与组织检查、督促本级"一府一委两院"和有关组织办理代表书面提出的建议、批评和意见的工作。(8)听取和反映代表和群众的意见和建议,受理人民群众来信来访。(9)受上一级人民代表大会及其常务委员会的委托,参与联系在本行政区域内的上级人民代表大会代表。(10)参与筹备、组织换届选举工作。(11)依照法律规定的程序提议临时召集本级人民代表大会会议。(12)根据本级人民代表大会或者本级人大常委会的决定,参加关于特定问题的调查委员会。等等。

人大常委会主任责任重大,要有较高的政治素质和较强的法律意识,还应具备以下几方面的能力:(1)决策能力。常委会主任要集思广益,审时度势,认真学习宪法、法律、法规和党的路线、方针、政策,深入搞好调查研究,善于从宏观上考虑问题,注重抓大事,集中精力解决那些事关改革、发展和稳定大局的重要问题,使决策具有全局性、战略性、超前性。(2)创新能力。要不断解放思想,以开拓创新的精神,做好人大工作。在上情与下情、整体与局部、宏观与微观、继承与发展的最佳结合上,创造性地贯彻执行国家的法律、法规和党的方针政策。(3)协调能力。具有协调内外上下、联系四方的本领。(4)自律能力。自己首先要以身作则,率先垂范,言行一致,不断提高廉洁自律的约束能力,自觉把自己置于党组织的监督之下,置于人大代表和广大人民群众的监督之下,置于社会的监督之下。(5)号召能力。

人大常委会主任应当处理好的几种关系

人大常委会主任应当处理好的关系主要有:(1)处理好与同级党委的关系。中国共产党是执政党,党委与人大常委会是政治上的领导与被领导关系。坚持和依靠党的领导是人大工作必须遵循的原则。首先,在指导思想上要牢固确立党的观念,自觉置人大工作于党的领导之下。其次,在工作方法上要注意将党委的主张和群众的意愿有机结合,通过召开人代会作出决议、决定,通过走访代表,开展法律监督和工作监督等形式,来实现党的意图、主张。(2)处理好与“一府一委两院”的关系。人大及其常委会与“一府一委两院”的关系是决定与执行、监督与被监督的关系。“一府一委两院”必须认真贯彻执行人大及其常委会所作出的决议、决定,并自觉接受其监督;人大及其常委会必须加强对“一府一委两院”的监督,处理好在对其实施监督中的“制约、支持和促进”三者之间的关系。(3)处理好与本级人大代表的关系。人大代表是同级国家权力机关的组成人员,代表工作是人大常委会工作的基础。因此,要积极组织和引导常委会组成人员和常委会机关干部,密切联系代表,紧紧依靠代表,通过热情周到的服务,最大限度地调动代表履行职责的积极性、主动性和创造性。(4)处理好与上下级人大常委会的关系。上级人大常委会与下级人大常委会主要是指导关系、联系关系。人大常委会主任、副主任应当加强与上下级人大常委会之间的经常来往,密切合作,促进相互间工作的开展。(5)处理好同主任会议的关系。既要积极履行职责,充分发挥召集人、主持人的作用,又要尊重主任会议其他成员的意见,遇事多商量,取长补短,形成工作合力。

人大常委会主任与人大专门委员会主任委员、人大常委会工作机构主任的关系

根据地方组织法的规定,人大常委会主任、副主任与人大专门委员会主任委员、副主任委员都是由本级人民代表大会代表通过选举产生。主要区别是:(1)名称不同。前者是人大常委会主任、副主任;后者是人大专门委员会主任委员、副主任委员。(2)所任职的机构不同。前者是本级人民代表大会的常设机关,后者是人民代表大会的常设工作机构。(3)职责不同。人大常委会主任主持人大常委会会议和主任会议;人大专门委员会主任委员主持专门委员会会议。

人大常委会工作机构的主任与人大常委会主任、人大专门委员会主任委员的主要区别是:(1)人大常委会工作机构主任所任职的机构是工作机构(为人大常委会行使权力提供服务),隶属于本级人大常委会。(2)人大常委会工作机构主任是由任命产生的,不实行选任制,不实行任期制。(3)对人大常委会工作机构主任的人事管理参照国家公务员管理制度。

人大工作

人民代表大会工作的简称。人民代表大会工作是指全国和地方各级人民代表大会及其常设机关、各级人民代表大会代表和人民代表大会常设机关组成人员、人民代表大会常设机关工作机构及其工作人员依照宪法和法律所从事的活动。其工作任务和目的旨在坚持和发展中国特色社会主义,推进国家治理体系和治理能力现代化,全力推进法治中国建设,开创中国特色社会主义事业新局面。人民代表大会工作包括:全国和地方各级人民代表大会及其常务委员会依法行使职权的工作;全国和地方各级人民代表大会代表、人民代表大会常务委员会和专门委员会组成人员在会议期间的工作和闭会期间的活动;全国和地方各级人民代表大会常务委员会的工作机构和工作人员的服务工作。

人大工作原则

人大工作原则主要有:(1)坚持中国共产党领导。全国和地方各级人民代表大会及其常设机关,必须坚持在中国共产党的领导下开展工作和活动。

(2)坚持以人民为中心。代表广大人民群众的根本利益,一切服从人民利益和意志,全心全意为人民服务。(3)坚持依法治国。依法治国,建设社会主义法治国家,是我国社会主义现代化建设的基本目标和基本原则,是一项基本的治国方略。人民代表大会工作作为行使国家立法和法律监督等权力的工作,必须坚持依法治国这一基本方略。(4)坚持全面深化改革。改革开放只有进行时没有完成时。改革是大势所趋,人心所向。人大工作要把握改革正确方向,扎实推进各项改革,为实现中华民族伟大复兴的中国梦贡献力量。(5)坚持民主集中制。民主集中制是人民代表大会组织和活动的根本原则。在人民代表大会工作中,坚持民主集中制原则,有利于充分发扬人民民主,统一集中行使国家权力,调动中央和地方两个积极性,真正实现人民当家作主。

人大工作规则

人大工作规则主要有:(1)人大代表平等规则。一是人大代表之间的地位平等。各级人大代表,不分民族、性别、职业、宗教信仰、教育程度、财产状况、居住年限、社会地位,都是国家权力机关的组成人员,法律地位是平等的。二是人大代表之间的权利平等。各级人大代表,在本级人民代表大会的工作和活动中,依法享有审议会议报告、议案,提出议案,提名推荐候选人,对选举和议案的表决,对各方面的工作提出建议、批评和意见等各项平等权利。闭会期间参加各种代表活动和列席有关会议,享有必要的司法、时间、经济、物资和组织等保障。三是人大代表之间的义务平等。所有的人大代表都应出席本级人民代表大会会议,遵守人民代表大会议事规则,代表人民的意志和利益参与行使国家权力,模范地遵守和宣传宪法和法律,协助宪法和法律实施;保守国家秘密;与原选区选民或者原选举单位和人民群众保持密切联系,听取和反映他们的意见和要求,并接受原选举单位和选民的监督;积极参加闭会期间的代表活动,努力为人民服务等义务。(2)一人一票规则。每一选民在一个选举中只有一个投票权;每个人民代表大会代表和人民代表大会常务委员会组成人员,在人民代表大会会议上和人民代表大会常务委员会会议上,对每一项议案、决议或决定的表决,对每一项选举、任免、决定任命中只有一个投票权。一人一票具有同等的法律效力,每个选民、每个人大代表和人大常委会组成人员所投的票在总票数中所占的比率和效力是相同的。一人一票不存在有不受法律约束的特权,在每人一次只有一票的选举或表决的过程中,选民、人大代表和人大常委会组成人员,既要依法行使权利,又要自觉履行义务,遵守法律面前人人平等的原则,不准有任何超越法律允许范围的特殊权利。(3)法定人数规则。一是各级人民代表大会代表的名额由法律根据每一位代表所代表一定数量的人口的原则作出规定。二是各级人民代表大会及其常务委员会召开会议或临时会议必须达到法律所规定的人数,如果没有达到法定人数,就不能召开会议。三是有立法权的各级人民代表大会及其常务委员会通过法律、法规和决议、决定等以全体组成人员过半数通过。宪法修正案必须由全国人民代表大会2/3以上的代表通过。四是各级人民代表大会及其常务委员会进行选举、任免、决定,通过人民代表大会常务委员会、专门委员会的组成人员和国家机关领导人员、组成人员以全体代表或组成人员过半数通过。五是代表推荐国家权力机关的常设机关、行政机关、监察机关、审判机关、检察机关的领导人员和组成人员候选人,必须达到法律规定的人数。六是推荐各级人民代表大会代表候选人,必须达到法律规定的人数。七是各级人民代表大会及其常务委员会组成人员提出议案、罢免案、质询案等都必须达到法律规定的人数。八是组织特定问题调查委员会,全国和县级以上地方人民代表大会主席团、3个以上的代表团或者1/10以上的代表书面联名,可以提议组织关于特定问题的调查委员会;主任会议或者1/5以上的常务委员会组成人员书面联名,可以向本级人民代表大会常务委员会提议组织关于特定问题的调查委员会。(4)法定时间规则。一是全国人民代表大会和县级以上的地方各级人民代表大会每届任期同它的常务委员会每届任期相同,行使职权到召开下届人民代表大会和选出新的人大常务委员会为止。全国人民代表大会常务委员会和县级以上的地方各级人民代表大会常务委员会组成人员,国家主席、副主席,国务院和地方国家行政机关及其组成人员、国家监察委员会主任和地方各级监察委员会主任、最高人民法院院长和地方人民法院院长,最高人民检察院检察长和地方人民检察院检察长每届任期同本级人民代表大会的每届任期相同。中央军事委员会每届任期同全国人民代表大会每届任期相同。委员长、副委员长,国务院总理、副总理、国务委员,连续任职不得超过两届。二是全国和地方各级人民代表大会会议每年举行一次,人民代表大会常务委员会认为必要,或者有1/5以上的人大代表提议,可以临时召集人民代表大会会议。全国和县级以上地方各级人民代表大会常务委员会会议每两个月至少举行一次。三是在人民代表大会的选举工作中,选民名单应在选举日的20日前公布,在直接选举中,本选区选民、各政党和人民团体提名推荐的人大代表候选人，要在选举日的15日前公布。正式代表候选人的名单，在选举日的5日前公布。在换届选举中，县级以上的地方各级人民代表大会选举本级国家机关的领导人员时，提名、酝酿候选人的时间不得少于两天。四是全国和地方各级人民代表大会代表在人民代表大会全体会议上的发言次数和时间要求，主席团成员和代表团团长或代表团推选的代表在主席团每次会议上的发言的次数和时间要求，在人民代表大会议事规则里作了具体规定。在全国和县级以上地方各级人民代表大会常务委员会会议期间，组成人员和列席会议的人员在全体会议上的发言、在联组会上的发言次数和时间，在常务委员会的议事规则中，也都作出了明确规定。五是在各级人民代表大会会议上，大会主席团都规定了议案、建议提出的截止日期。人大代表向大会提出的对各方面工作的建议、批评和意见，由人大常委会办事机构交有关机关组织研究处理，并负责在大会闭会之日起3个月，至迟不超过6个月，予以答复。六是人大代表在本级人民代表大会闭会期间，参加由本级人民代表大会或者其常务委员会安排的代表活动，原选区或原选举单位及有关部门必须提供时间保证。(5)少数服从多数规则。全国各级人民代表大会及其常设机关行使职权和决定问题，实行在充分发扬民主的基础上，服从超过法定人数的较多数组成人员意志的规则。在通过法律法规、作出决议决定、进行选举任免时，在任何情况下都不能个人说了算，而必须以超过法定人数的较多数组成人员的意见为准。

人大工作基本程序

人大工作基本程序包括：(1)由具备宪法和法律规定的提案主体资格的国家机关或人员向人民代表大会或人大常委会提出属于其职权范围的议案。(2)议案经过人民代表大会主席团或者人大常委会委员长(主任)会议审查，符合法律规定要求的，由大会主席团或者委员长(主任)会议决定列入人民代表大会会议或者人大常委会会议议程。(3)在人民代表大会会议或者人大常委会会议期间，由人大代表或者常委会组成人员对议案进行审议，分析论证议案是否具有合法性、必要性和可行性，发表各自意见。对正确的有价值的意见，要予以采纳，对议案进行相应的修改。(4)议案经过审议修改完善后，交付全体会议进行表决，即由人大代表或常委会组成人员对议案进行赞成、反对或弃权的表态，赞成票过半数为得到通过。(5)将通过的决议、决定或法律、法规以最有权威的国家机关的名义，在固定的国家公开出版物上发布。

党对人大工作的领导

党与人大的联系与区别

坚持党的领导同坚持人大依法行使职权是我国社会主义政权建设的两个重要方面，是辩证统一的，缺一不可的。二者有联系也有区别。区别：(1)性质不同。党是工人阶级的先锋队，是中国人民和中华民族的先锋队，是靠崇高的理想、自觉的纪律、严密的组织系统自愿组织起来的政治组织。作为国家权力机关的人大则不同，它是国家机器的重要组成部分。(2)职能不同。党的职能主要在于确定国家的发展方向，确定路线和发展目标，决定大政方针；人大则是通过法定程序，把党的正确主张、路线、政策具体化、规范化和法律化。(3)工作方式不同。党的决定和纪律约束力只适用于党内，对党的各级组织和每个党员有约束力。人大的工作方式则不同，主要是通过法律手段，以强制的力量对国家政治、经济和社会生活的各个方面，对各种社会组织和全体公民实施管理。

坚持党对人大工作的全面领导

办好中国的事情，关键在党。习近平总书记指出："我们治国理政的本根，就是中国共产党领导和社会主义制度。"2018 年宪法修正案把"中国共产党领导是中国特色社会主义最本质的特征"写入宪法总纲第一条，体现了党的领导是宪法确认和保障的最高原则。中国共产党领导是中国特色社会主义最本质的特征，是中国特色社会主义制度的最大优势，是我们同西方资本主义国家最大的区别。我们开展任何工作，都要有利于维护党的领导，有利于维护党的执政地位,有利于维护党和国家长治久安。在这个问题上,我们要像习近平总书记要求的那样:“脑子要特别清醒、眼睛要特别明亮、立场要特别坚定,绝不能有任何含糊和动摇。”

一是加强党对人大工作的领导。习近平总书记指出:“坚持和完善人民代表大会制度,必须毫不动摇坚持中国共产党的领导。”中国共产党的领导,是理论逻辑、现实逻辑、历史逻辑的有机统一。党的十八大以来,以习近平同志为核心的党中央充分发挥党总揽全局、协调各方的领导核心作用,全面加强了党对人大工作和建设的领导。自2015年1月开始,习近平总书记连续4年主持召开中央政治局常委会会议,听取全国人大常委会党组工作汇报。这是坚持党中央集中统一领导、坚决维护党中央权威的制度性安排,并已载入党的十八届六中全会通过的《关于新形势下党内政治生活的若干准则》。总书记在首都各界纪念现行宪法公布施行30周年大会、全国人民代表大会成立60周年大会、中国共产党成立95周年大会、党的十九大等多个重要场合发表重要讲话、作出重要指示;党的十八大和十八届三中、四中、五中、六中全会,党的十九大和十九届二中、三中、四中全会都对加强和改进人大工作作出重大部署、提出明确要求;党中央多次研究人大立法、监督等工作中的重大问题和重要事项,作出部署安排,提出明确要求,出台一系列有关人大工作和建设的重要指导性文件。这些重要讲话、重要论述和重大部署,指引和推动人大制度和人大工作与时俱进、完善发展,为新时代坚持和完善中国特色社会主义提供了更加坚实的制度保障。

二是人大要紧紧围绕党中央决策部署依法行使职权。在人民代表大会制度运行中,各级人大及其常委会坚持党的领导,依法行使职权,保证党的基本理论、基本路线、基本方略和各项决策部署在国家工作中得到全面贯彻和有效执行,保证党的主张通过法定程序成为国家意志,保证党组织推荐的人选通过法定程序成为国家政权机关的领导人员,保证党通过国家政权机关实施对国家和社会的领导。

三是把坚持党的领导体现在人大工作各方面和全过程。栗战书委员长多次强调:人大及其常委会是在党领导下的重要政治机关,必须坚持党的领导这个重大政治原则。在人大工作中坚持党的领导是全方位、全过程、无条件的,也是具体的、现实的。很重要的一点,就是坚持向党请示报告的制度,这主要体现在人大常委会党组每年向党委报告工作;重要的立法项目、立法中的重大问题、监督工作中的重要事项等,都及时向党委请示;人大及其常委会召开会议情况和常委会党组工作、学习情况，都及时向党委报告。实践证明，只有经常地、主动地、及时地向党委请示报告，才能确保人大工作始终沿着正确的方向前进；只有与以习近平同志为核心的党中央保持高度一致，才能真正做好人大的各项工作。在党的领导下，人大及其常委会认真履行职责，扎实工作，确保党的主张通过法定程序成为国家意志，确保党组织推荐的人选通过法定程序成为国家政权机关的领导人员，确保党通过国家政权机关实施对国家和社会的领导。

人民代表大会会议临时党组织

各级人民代表大会举行会议期间成立中国共产党临时党组织。根据中共中央〔1990〕2号文件“人民代表大会开会期间，大会主席团和各代表团应成立临时党组织，在同级党委领导下进行工作”的规定，各级人民代表大会开会期间，大会主席团应成立临时党组织。为了保证中国共产党的决策在人民代表大会上的有效实施和人民代表大会会议的顺利进行，各级人民代表大会举行会议期间，均成立大会党的领导小组，以加强党对人民代表大会会议的领导。全国人民代表大会党的领导小组由党中央主要领导、中组部部长、全国人大常委会党组成员组成；地方人民代表大会党的领导小组由地方党委主要领导、组织部长、人大常委会党组成员组成。同时各代表团成立临时党支部，临时党支部由代表团中党员代表组成，由代表团全体党员大会选举产生党支部书记、副书记。临时党支部划分若干党小组。人民代表大会会议党的领导小组的职责：加强执政党对人民代表大会会议的领导，使中国共产党的决策在人民代表大会上有效实施，保证人民代表大会会议的顺利进行；宣传贯彻党的干部路线，向大会人大代表中的党员介绍中共中央（地方党委）的人事安排方案，贯彻中央（党委）的意图；向中央（党委）反映人大代表的意见和建议；讨论决定会议期间临时发生的其他重大事项。人民代表大会会议闭幕后，该临时党组织自行取消。

人民代表大会会议党员代表负责人会议

人民代表大会会议开幕前，召开各代表团党员负责人会议。全国人民代表大会以中共全国人大常委会党组名义印发会议通知。全国人大常委会党组书记主持会议，中共中央总书记作重要讲话。参加人员：中共中央政治局常委,中共全国人大常委会党组成员、大会副秘书长,省(自治区、直辖市)党委书记和人大常委会主任、省长(自治区主席、市长)、代表团的党员负责人等。地方人民代表大会一般在会前也召开党员负责人会议或党员代表会议,党委书记就党员代表应当起到的模范作用,保证开好本次会议的有关问题等作讲话。

中国共产党人民代表大会常务委员会党组

中华人民共和国成立以后,中国共产党走上执政地位,为了有效实施党对非党组织的领导机关工作的全面领导,逐步在非党组织的领导机关中设立了党的领导组织——党组,并对其组织的任务在党的章程中作了规定。根据《中国共产党章程》关于“在中央和地方国家机关、人民团体、经济组织、文化组织或其他非党组织的领导机关中,可以成立党组”的规定,全国人大常委会和地方各级人大常委会设立党组。全国人大常委会党组由党中央批准,县级以上地方各级人大常委会党组由同级地方党委批准。人大常委会党组必须服从批准其成立的党的委员会的领导。人大常委会党组设书记1人、副书记1至2人、党组成员若干人,一般由党员委员长、副委员长、秘书长或党员主任、副主任、秘书长担任。人大常委会党组书记、副书记、成员由批准其成立的党的委员会任免。人大常委会党组的任务主要是负责在人大常委会实现党的路线、方针、政策,团结非党干部和群众,完成党和国家交给的任务,指导机关和直属单位党组织的工作。其主要职责包括:(1)负责在全国和县级以上地方各级人大常委会实现党的路线、方针、政策,研究制定贯彻执行党中央、上级党委和批准其成立的地方党委决议、决定的措施。(2)通过党组的工作,引导人大常委会组成人员中的党员在重大原则问题上同党中央或地方党委保持一致,把党中央对国家或地方党委对本行政区内重大问题的决策和主张,通过法定程序变成国家意志,以确保各级人大常委会有效地行使国家权力机关的职权。(3)讨论和决定人大常委会和机关重大问题。(4)负责人大常委会和机关的思想政治工作和精神文明建设,用习近平新时代中国特色社会主义思想武装党员、干部和群众头脑,引导在国家政权组织中任职的党员增强“四个意识”,坚定“四个自信”,做到“两个维护”。坚持和完善人民代表大会制度,推进社会主义民主法治建设,围绕党中央或地方党委中心工作,开展好新时代人大工作。(5)按照干部管理权限和规定的程序,负责人大常委会工作机构和办事机构干部的推荐、提名、任免、奖惩和管理。(6)指导人大常委会机关和直属单位党组织的党的建设工作。(7)组织机关干部职工为人大代表和常委会有效履行职权提供服务。(8)团结非党干部群众,同人大常委会组成人员中的党外人士合作共事,完成党和国家交给的任务。人大常委会党组工作必须坚持民主集中制,实行集体领导和个人分工负责相结合制度。党组成员要根据集体的决定和分工,履行自己的职责。同时,党组成员要以普通党员身份参加所在党支部的组织生活,履行党员义务,接受党员监督。

人大常委会党组是人大常委会的领导核心,但不是直接领导人大常委会的一级机关。党组对于人大常委会的工作,通过提出建议,讨论、协商,争取人大常委会组成人员采纳党组的建议,使党组的建议成为人大常委会的决议。在人大常委会的组成人员中,除中共党员外,还有各民主党派、无党派民主人士的代表,所以党组不能把自己的意志强加于人大常委会的组成人员,党组也不能包办代替人大常委会的工作。

中国共产党人民代表大会常务委员会机关委员会

根据《中国共产党章程》关于在基层单位成立党的基层组织的规定和《中国共产党和国家机关基层组织工作条例》的规定,在全国人大常委会和地方各级人大常委会机关成立党的基层委员会(简称机关党委)。成立人大常委会机关党委必须通过机关党员大会直接选举或党员代表大会间接选举产生,由党的中央或者地方委员会派出的代表机关批准。全国人大常委会机关党委,由中共中央国家机关工作委员会批准;地方各级人大常委会机关党委,分别由党的省、自治区、直辖市和自治州、设区的市直属机关工作委员会批准。机关党委设书记、副书记和委员若干名,书记一般由人大常委会秘书长或主管机关工作的党员行政负责人兼任,副书记一般由党员干部专职担任,委员一般都为兼职。人大常委会机关党委接受上级机关党工委的领导,同时接受本级人大常委会党组(人大常委会机关党组)的工作指导。国家权力机关是国家机关的核心,人大常委会机关党委作为国家权力机关中党的组织,它的职能是按照党的隶属关系,履行党章规定的基层党组织的责任,对机关及所属单位党的建设实施领导和指导,对机关各项工作起监督保障作用。主要职责包括:(1)组织党员用习近平新时代中国特色社会主义思想武装头脑,认真学习、宣传和贯彻党和国家的路线、方针、政策及上级党委的决议。(2)组织学习人民代表大会制度理论,学习法律知识和其他知识。

(3)提出制定本单位党的建设规划,按照党的隶属关系,对机关直属单位党委(总支、支部)实施领导;负责审批所属党委、总支、支部委员会成员;发展党员。(4)负责指导所属基层党组织的思想建设、组织建设和作风建设。抓好党员管理教育工作;根据形势和任务的要求,结合本单位实际,做好所属单位职工的思想政治工作;完善党内民主制度,严格党组织生活;对党员进行奖励和处分。(5)支持和配合行政领导完成人大常委会各项业务工作和行政工作。通过发挥党支部的战斗堡垒作用和党员的先锋模范作用,促进机关建设和精神文明建设,为人大常委会履行职权,为人大代表工作创造高质量、高效率的服务和环境。(6)实施对机关党的纪律检查委员会的领导。发挥监督作用,抓好领导班子的勤政廉政建设;指导所属基层党组织实施对党员特别是党员领导干部的有效监督,及时向上级工委反映领导班子及领导干部的有关情况。(7)积极协助组织人事部门做好机关干部考核、民主评议和任用工作。(8)做好党的统战工作。(9)对本单位群团组织实施领导,支持他们独立负责地开展工作。(10)完成党的上级工委的工作部署,承担上级党组织交办的其他任务。机关党委专职副书记列席本级人大常委会党组以及本机关召开的有关研究贯彻落实党和国家重要方针、政策和指示,制订工作计划和讨论决定重大问题的会议,必要时可列席人大常委会会议。

中国共产党人民代表大会常务委员会机关纪律检查委员会

根据《中国共产党章程》关于党的纪律检查委员会的规定,在全国人大常委会和地方各级人大常委会机关可视实际情况成立基层纪律检查委员会(以下简称机关纪委)。成立人大常委会机关纪委必须通过本机关党员大会直接选举或党员代表大会间接选举产生,由党的中央或者地方委员会派出的代表机关批准。全国人大常委会机关纪委,由中央国家机关党的工作委员会批准;地方各级人大常委会机关纪委,分别由各级党的地方直属机关工作委员会批准。人大常委会机关纪委接受上级机关纪工委和同级机关党委的领导,同时接受本级常委会党组(机关党组)的工作指导。主要职责包括:(1)维护党的章程和其他党内法规。检查党的路线、方针、政策和决议的执行情况;检查人大常委会党组、机关党委的决定执行情况。(2)协助机关党委加强党的作风建设、领导班子和领导干部的廉政建设。对党员进行党性、党风、党纪教育;开展拒腐防变警示教育,提高党组织和党员反腐蚀能力。(3)监督人大常委会机关党组织和党员干部在参与立法、监督、决定大事、任免等主要工作中的行为,防止以权谋私和不公平现象发生;监督机关党员在各项工作中廉洁自律。(4)对机关组织人事部门的干部考核、录用、竞岗、提拔实行动态监督;对机关管钱、管物部门适时监督并督促审计,提出意见和建议。(5)接待和受理机关党组织和党员的申诉、控告;接待机关及外界群众对本机关党组织和党员情况的来访,倾听群众意见。(6)检查和处理涉及本机关党组织和党员的信访案件和举报案件,及时处理违反党纪的行为。(7)向同级党委和上级纪委报告党内监督工作情况,提出建议。(8)对所属单位成立纪律检查委员会的,协同组织部门对其领导成员进行考察了解,提出任免、调整的审核意见,并领导他们的工作。

机关纪检组

中国共产党的纪律检查领导机关向人大常委会机关派出的党的纪检机构。纪检组由委派它的党的纪律检查机关领导,并任命纪检组组长。机关纪检组的职责:(1)维护党的章程和其他党内法规。检查驻在机关党的路线、方针、政策和决议的执行情况;党的纪检方针执行情况和上级纪委决议、决定落实情况;遵守国家法律、法规情况。(2)协助人大常委会党组加强党的作风建设、领导班子和领导干部的廉政、勤政建设。对党员领导干部进行党性、党风、党纪教育。(3)负责对驻在机关的党组织和党员领导干部实施党内监督。监督人大常委会机关党组织和党员领导干部依法履行职责;监督人大常委会机关党组织贯彻执行民主集中制;监督人大党组织选拔任用干部工作;监督人大机关党组织和党员领导干部遵守党的政治、组织、经济、外事等纪律。(4)接待和受理驻在机关党组织、党员的申诉、控告;接待和受理机关及外界群众对本机关党组织、党员问题的信访和来访;初步检查和核实涉及本机关党组织和党员领导干部的举报案件,及时处理违反党纪和法纪的行为,开展反腐败工作。(5)负责向委派他的党的纪律检查机关报告工作,承办委派的纪律检查机关交办的其他事项。机关纪检组按照上级纪委的要求,于驻在机关设立纪检办事机构,配备工作人员(机构、编制和干部职数单列)。纪检组长一般不在驻在单位产生;其他干部的招考、录用、调入调出、教育培训、任免晋升、考核奖励等由纪检组负责并征求驻在人大常委会党组的意见;其档案管理由委派他的纪律检查机关负责。纪检组组长任驻在机关的党组成员,并参加有关的行政领导会议,掌握了解情况;其工作总结向委派他的纪检机关递交并述职述廉。派驻干部参加驻在机关的基层党组织,并按时过组织生活。

地方人大常委会机关党员大会

地方人大常委会机关全体党员参加的会议。参加机关党员大会的党员应当是党组织关系在本人大常委会机关党委的党员，包括机关行政和所属事业单位的干部、职工以及离退休人员中的党员以及专门委员会驻会委员中的党员。机关党员大会除有选举任务要求必须达到法定人数方可举行外，一般没有出席人数限定，但是也应当争取大多数党员参加。机关党员大会不定期召开，不排列次数。机关党员大会一般由机关党委组织并召集。有下列情况时，可召开党员大会：机关党委换届选举，党员听取和审议各项工作报告并投票选举的；讨论本级党组织及本级党组织职权范围内的重大事项作出决议，需通过党员大会表决的；机关党委举办的党课，要求全体党员受教育的；按照中央和地方党委要求，集中开展全党教育活动，召开党员动员会的；党员奖励要搞大会表彰的；发生其他重大事项，需要全党总动员的。

驻会人员的党组织关系和活动

常驻人大常委会，但行政关系不在人大常委会机关的常委会组成人员和人大专门委员会组成人员中党员的党组织隶属关系与参加人大常委会机关党的活动的办法。根据我党的相关规定：党员因工作单位发生变化，外出学习或工作时间较长(6个月以上)且地点比较固定的，应转移党员正式组织关系。党员在党组织中的隶属关系发生变化后，应在转入单位党组织参加党的组织生活，交纳党费等。各级人大常委会的驻会人员一般在人大工作5年左右，其党员的正式党组织关系应在到会后及时转入人大常委会机关党委，并参加所在人大专门委员会或人大常委会工作机构党支部的组织生活，交纳党费；参加人大常委会机关党委和党支部组织的各项活动；行使党员的权利和义务，发挥党员的先锋模范作用；接受人大各级党组织对党员的教育、监督和管理。

地方党委人大工作会议

地方党委召开的专门研究解决人大工作和建设问题的会议。地方党委人大工作会议是党委改善和加强对人大工作领导的一种重要途径和形式。

会议的宗旨和内容主要是贯彻落实党的路线、方针和政策，研究探讨在新形势下党委如何坚持和完善人民代表大会制度，加强和改善对地方人大工作的领导，充分发挥地方国家权力机关的作用问题。会前，本级人大常委会受党委委托组织调查组，深入辖区调查了解人大工作的现状和存在的问题，提出解决问题的建议和意见。参加会议的人员主要有本级党委、人大常委会、政府、监察委员会、法院和检察院的负责人，所辖地区下级党委和人大常委会负责人，本级部委办等直属机关负责人等。会议主要议题：(1)本地区党委书记作主题报告，总结党委领导人大工作的情况和经验，对党委进一步加强对人大工作的领导提出要求。本地区人大常委会主任向会议作工作报告，报告过去阶段人大工作开展的基本情况，提出和明确在党委的领导下今后一个时期人大工作的基本思路和工作任务。政府、监察委员会、法院、检察院负责人就增强民主法制意识，自觉接受人大监督，坚持依法行政、依法监察、公正司法作大会发言。(2)会议参加人员讨论报告，提出意见建议。(3)有关下级党委、人大常委会、政府、监察委员会、法院和检察院负责人，就党委领导人大工作，人大工作坚持和依靠党委领导，“一府一委两院”自觉接受人大监督等问题，进行典型经验交流。会议结束时，由党委有关负责人作会议总结，对贯彻落实会议精神提出要求。会议根据形势的需要，在必要时还作出地方党委加强人大工作的意见或决定。地方党委人大工作会议，是党委改善和加强对人大工作领导的一种富有成效的会议形式，它能够比较集中地解决人大工作中迫切需要解决的一些问题。会议一般在每届人大常委会期间召开一次。

地方党委领导人大工作的基本经验

宪法明确规定“中国共产党领导是中国特色社会主义最本质的特征”，明确规定“中国各族人民将继续在中国共产党领导下，在马克思列宁主义、毛泽东思想、邓小平理论、‘三个代表’重要思想、科学发展观、习近平新时代中国特色社会主义思想指引下，坚持人民民主专政，坚持社会主义道路，坚持改革开放，不断完善社会主义的各项制度，发展社会主义市场经济，发展社会主义民主，健全社会主义法治，贯彻新发展理念，自力更生，艰苦奋斗，逐步实现工业、农业、国防和科学技术的现代化，推动物质文明、政治文明、精神文明、社会文明、生态文明协调发展，把我国建设成为富强民主文明和谐美丽的社会主义现代化强国，实现中华民族伟大复兴”。中国共产党是执政党,党的执政地位是通过党对国家政权机关的领导来实现的。在新的历史时期,党必须改善和加强对人大工作的领导,这是我们党的任务和在国家政治生活中的领导地位决定的。党的十一届三中全会以来,党中央反复强调在以经济建设为中心的同时,必须坚持和完善人民代表大会制度,加强社会主义民主政治建设,全面深化改革,推进国家治理体系和治理能力现代化,理顺党与人大、政府、监察机关、司法机关的关系。在党中央领导下,地方各级党委在领导人大工作的过程中创造和积累了很多经验。主要做法是:(1)充分认识人民代表大会制度是我国的根本政治制度,是党领导人民当家作主的根本途径和最好实现形式,是党对国家事务实施领导的一大特色和政治优势。实践中,把人大工作纳入重要议事日程,坚持党委和人大经常性的工作联系;定期听取人大常委会党组汇报,讨论研究人大工作;人大常委会有关副主任列席党委常委会会议;适时召开党委人大工作会议,重视解决人大工作和建设中存在的问题;根据形势和任务的需要,作出有关加强人大工作的决议、决定。(2)正确处理坚持党的领导与发挥人大作用的关系,加强和改善党对人大工作的领导。党对国家事务领导的核心内容是组织和支持人民当家作主。增强对加强党的领导与发挥人大作用一致性的认识,充分发挥人大的职能作用。(3)尊重人大的法律地位,支持人大行使好各项职权。实践中,积极支持人大行使好立法权,使地方立法更好地贯彻党委的决策和主张。凡是应由人大决定的重大事项,都要经过人大审议,依法作出决议、决定。支持人大行使好人事任免权,通过人大落实好党的干部政策,选贤任能。支持人大依法开展对政府、监察委员会、法院、检察院的工作监督和法律监督,推动依法行政、依法监察和公正司法。(4)善于把党的主张通过法定程序转变成国家意志,充分发挥人大的职能作用。由于党同国家政权机关的性质、职能、组织形式和工作方式不同,党不能代替国家政权机关行使权力,直接向人民群众发号施令。实践中,既要善于通过人大了解群众的愿望和要求,集中群众的智慧,形成代表人民根本利益的正确主张;又要善于把党委对国家事务的重大决策和主张,采取由党委提出建议后,由“一府一委两院”依法提出议案、任免案等,或由人大常委会或专门委员会根据党委的决定提出议案,经过人民代表大会或常委会会议审议后制定地方性法规或作出决议、决定,使之成为对本行政区具有普遍约束力的行为规范。充分发挥人大机关党组织和党员在贯彻党的路线、方针和政策中的作用,保证党的决策和主张的权威性和贯彻执行。(5)注意协调人大与政府、监察委员会、法院、检察院的关系，树立和维护人大的权威。认识到人大是在党的领导下，为完成党的任务而工作的国家机关，树立和维护人大的权威，就是树立和维护党组织的权威。明确要求人大要依法行使职权，依法决定重大事项，依法开展监督，以自身的努力和工作实绩树立人大的权威。要求“一府一委两院”按照宪法和法律的规定，自觉接受人大的工作监督和法律监督。解决好人大在工作中与其他国家机关发生的矛盾和分歧，保证协调一致地工作。(6)关心和支持人大搞好自身建设，不断提高人大工作水平。明确搞好自身建设既是人大行使职权的基本条件，也是实现党的领导的重要保证。实践中，党委通过各种方式加强人大机关思想、组织、制度和作风建设。为人大常委会配备好领导班子；配齐配强常委会和专门委员会组成人员，形成合理的年龄、知识和专业结构；加强人大机关干部与党委、“一府一委两院”机关干部的双向交流，搞活人大干部队伍；帮助协调解决人大代表经费和办公经费，为人大行使职权创造更好的条件。(7)党组织和党员要在宪法法律范围内活动，自觉遵守人大制定的法律法规和决议决定。明确在宪法法律范围内活动既是党章对各级党组织和党员的要求，也是实施党的依法治国方略、建设社会主义法治国家的需要。法律法规和人大的决议决定，是党的意志和人民意志的集中统一体现，明确要求党组织和党员都要自觉遵守。实践中，克服以言代法、以权压法的现象，不断提高党对人大的领导的水平。

会议篇

人大会议制度

地方人大及其常委会会议特点

人民代表大会制度是我国的根本政治制度，是人民当家作主，行使管理国家权力的重要组织形式，是社会主义上层建筑的重要组成部分。根据国家的一切权力属于人民和民主集中制的原则，按照法律程序，由选民在民主选举的基础上产生各级人民代表大会代表，组成全国和地方各级人民代表大会。人民代表大会及其常委会行使职权的基本方式是举行会议，主要是人民代表大会会议、人大常委会会议、人大常委会主任会议，简称人大“三会”。县级以上地方各级人民代表大会及其常委会会议主要有三个独有的特点：一是人大及其常委会会议是权力机关依法召开的会议，是行使权力的主要形式。宪法和地方组织法规定了县级以上地方各级人民代表大会及其常委会拥有十多项职权，这些权力必须通过人民代表大会会议或常委会会议来行使，这是其他会议所没有的。二是人大及其常委会会议是按照法律规定举行，并且必须按法定的程序进行。地方组织法关于“代表大会每年举行一次”、关于“常委会会议每两个月至少举行一次”的规定，人民代表大会及其常委会的议事规则关于会议程序的规定等，都是法定的、不能违背的，这些法定程序也是其他会议没有的。三是人大及其常委会会议上通过的地方性法规，作出的决议、决定，通过的干部任免事项等，都具有法律效力，“一府一委两院”必须依照实施，这也是人大会议独有的特点。

人大及其常委会议事规则

全国和地方各级人民代表大会及其常委会工作议事活动必须依照宪法

和法律的规定,遵循以下规则:

一、法定时间规则

(一)关于国家机关及其组成人员任期。按照宪法、地方组织法的有关规定,全国人民代表大会和县级以上的地方各级人民代表大会每届任期同它的常务委员会每届任期相同,均为五年,上届人大及其常委会行使职权到召开下届人民代表大会和选出新的人大常委会为止;全国人大常委会和县以上各级人大常委会组成人员,国家主席、副主席,国务院和地方国家行政机关及其组成人员、国家监察委员会主任和地方监察委员会主任、最高人民法院院长和地方人民法院院长、最高人民检察院检察长和地方人民检察院检察长,每届任期同本级人民代表大会的每届任期相同;中央军事委员会每届任期也同全国人民代表大会每届任期相同。同时规定全国人大常委会委员长、副委员长,国务院总理、副总理、国务委员,连续任职不得超过两届。

(二)关于各级人民代表大会会议和它的常务委员会会议召开时间。全国和地方各级人民代表大会会议每年举行一次(《全国人民代表大会议事规则》规定,全国人民代表大会会议于每年第一季度举行),1/5 以上的人大代表提议,可以临时召集人民代表大会会议。全国和地方各级人大常委会会议每两个月至少举行一次。

(三)关于选举工作的时间要求。在人民代表大会的选举工作中,选民名单应在选举日的 20 日前公布;直接选举中,本选区选民、各政党和人民团体提名推荐的人大代表候选人,要在选举日的 15 日前公布;在换届选举中,县级以上的地方各级人民代表大会选举本级国家机关的领导人员时,提名、酝酿候选人的时间不得少于两天。

(四)关于国家权力机关组成人员在会议上发言时间。全国和县以上各级人民代表大会及其常务委员会在议事规则中,对代表在大会上发言,委员在常委会会议及其联组会上的发言,主席团成员在主席团会议上的发言次数和时间都作出了明确的规定。由于各级人大及其常委会会议的会期不同,所规定的时间也不统一,一般在常委会会议及其联组会上发言,第一次限定 10 分钟,第二次限定 5 分钟,经主持人同意也可适当延长。

(五)关于议案、建议提出截止日期及建议、批评和意见办理答复时限。在全国和地方各级人民代表大会会议上,大会主席团规定了议案、建议提出的截止日期;人大代表向大会提出的对各方面工作的建议、批评和意见,由人大常委会办事机构交有关部门研究处理,并负责在大会闭会之日起 3 个月，至迟不超过6个月内，予以答复。

（六）关于保障人大代表活动时间。人大代表在本级人民代表大会闭会期间，参加由本级人大或者其常委会组织的视察、调查、检查等活动，原选区或原选举单位及有关部门必须提供时间保证。

二、法定人数规则

（一）各级人民代表大会代表的名额，由法律根据每一位代表所代表的一定数量的人口作出规定。全国人民代表大会代表的名额不超过3000人。省、自治区、直辖市的代表名额基数为350名，省、自治区每15万人可以增加一名代表，直辖市每2.5万人可以增加一名代表；但是，代表总名额不得超过1000名。设区的市、自治州的代表名额基数为240名，每2.5万人可以增加1名代表；人口超过1000万的，代表总名额不得超过650名。不设区的市、市辖区、县、自治县的代表名额基数为120名，每5000人可以增加一名代表；人口超过165万的，代表总名额不得超过450名；人口不足5万的，代表总名额可以少于120名。乡、民族乡、镇的代表名额基数为40名，每1500人可以增加1名代表；但是，代表总名额不得超过160名；人口不足2000的，代表总名额可以少于40名。

（二）各级人大及其常委会召开会议必须达到法律规定的人数始得开会，未达到法定人数，不能举行会议。地方各级人民代表大会会议有2/3以上的代表出席，始得举行。各级人大常委会会议必须有过半数的组成人员参加，始得举行会议。

（三）各级人大及其常委会通过的法律、法规和决议、决定等必须以全体组成人员的过半数通过；宪法修正案必须由全国人民代表大会2/3以上的代表通过。

（四）各级人大及其常委会进行选举、任免、决定或通过人大常委会、专门委员会组成人员和国家机关领导人员、组成人员时，必须以全体代表或全体组成人员过半数通过。

（五）代表联名推荐国家权力机关的常设机关、行政机关、监察机关、审判机关、检察机关领导人员和组成人员候选人必须达到法律法规规定的人数。省、自治区、直辖市30名以上人大代表联名，设区的市20名以上人大代表联名，县、乡10名以上人大代表联名可以提出本级人大常委会组成人员、“一府一委两院”领导人员的候选人。不同选区的本级人大代表也可以联合提出候选人。

（六）推荐各级人民代表大会代表候选人，必须达到法律规定的人数。省、自治区、直辖市人大代表10人以上联名可以推荐全国人大代表候选人。设区的市、县级人大代表，10人以上联名可以推荐市和省人大代表候选人。

（七）各级人大及其常委会组成人员提出议案、罢免案、质询案等，必须达到法律规定的人数。如：在全国人民代表大会会议期间，一个代表团或30名以上代表联名，可以提出质询案；在地方各级人民代表大会会议期间，代表10人以上联名可以提出质询案。罢免案的提出规定为：全国人民代表大会会议上，必须由大会主席团、3个以上代表团或1/10以上代表联名，方可提出罢免案；在县级以上地方各级人民代表大会会议上，必须由大会主席团或常委会或1/10以上代表联名，方可提出罢免案；在乡镇人民代表大会会议上，大会主席团或1/5以上代表联名，可以提出罢免案；对于县级的人民代表大会代表，原选区选民50人以上联名，对于乡级的人民代表大会代表，原选区选民30人以上联名，可以向县级的人民代表大会常务委员会书面提出罢免要求。

（八）组织特定问题调查委员会。县级以上的地方各级人民代表大会主席团或者1/10以上代表书面联名，可以向本级人民代表大会提议组织关于特定问题的调查委员会，由主席团提请全体会议决定。主任会议或者1/5以上的常委会组成人员书面联名，可以向本级人大常委会提议组织关于特定问题的调查委员会。

三、一人一票规则

（一）每个选民在一次选举中只有一个投票权。即按选举法规定具有选举权的选民享有平等参选的权利，在每一届的直接选举和代表大会的代表选举中，只能填写并投一张选票。

（二）每个人大代表和人大常委会组成人员，在人代会或常委会会议上，对每项议案、决议或决定的表决，对每一项选举、任免、决定任命中只有一个投票权。

（三）一人一票具有同等的法律效力。即每个选民、每个人大代表和常委会组成人员所投的票在总票数中所占的比率和效力是相同的。

（四）一人一票不存有不受法律约束的特权。就是说，在每人一次只有一票的选举或表决过程中，作为选民、代表或常委会组成人员既要依法行使权利，又不允许有任何超越法律允许范围的特殊权利，也不允许存在特殊的选民、代表或常委会组成人员。这体现了在法律面前人人平等的原则。

四、少数服从多数的规则

各级人大及其常委会行使职权和决定问题,都是由集体决定。在充分发扬民主的基础上,以组成人员超过法定人数较多的组成人员意志来决定的。对一些重大事项、重大问题,有不同看法是正常的,不可能要求组成人员100%通过,也不应对多数组成人员不赞成的事项强求通过。必须坚持少数人的意志服从多数人的意志的原则作出决定。一经作出决定,允许少数人保留个人意见,但其在行动上,必须自觉地贯彻执行多数人作出的决定。

五、人大代表之间平等的规则

(一)人大代表之间的地位平等。各级人大代表,不分民族、性别、职业、宗教信仰、教育程度、财产状况、社会地位等,都是国家权力机关组成人员,代表人民行使权力,法律地位都是平等的。

(二)人大代表之间的权利是平等的。各级人大代表,在本级人大工作和活动中,依法享有审议权、表决权、提名权、选举权、质询权、提出罢免案权、发言表决免究权、人身特别保护权及闭会期间参加代表活动、列席有关会议等权利,这个权利是平等享受的。

(三)人大代表之间的义务平等。各级人大代表必须承担的法定责任和对国家、社会、人民应履行的义务是平等的。

会务工作的基本原则

所谓人大会务工作,是指在人民代表大会及其常务委员会的各种会议的筹备、举行、善后等过程中,有关机构及其工作人员所从事的具体组织服务工作。所谓会务工作的基本原则,是指会务工作应当遵守的指导思想和基本要求。概括起来,人大会务工作主要应当遵循以下几条基本原则:

一、依法操作原则

首先,会务工作人员在进行会务操作时,要具有强烈的法律意识。人大的会议与其他会议的显著区别是,人大的会议具有极强的法定性。人大的会议包括人民代表大会的会议和人大常委会的会议。人民代表大会的会议又包括预备会议、代表团会议、主席团会议和全体会议等;人大常委会的会议又可以分为分组会议和全体会议等。这些会议大都是法定的会议,有的是由法律规定,有的是由地方性法规规定。法律法规对这些会议召开的时间、参会人员、任务、开法、表决、会议结果的处理等均有明确具体的规定。如地方组织法规定,省人大常委会会议的参加人员是省人大常委会主任、副主任、秘书长、委员，会议的任务是审议决定省人大常委会职权范围内的事项，通过会议讨论决定问题，表决时遵循法定多数原则，会议的决定决议通过新闻媒体向社会公布。具有强烈的法律意识，是作为合格的人大常委会会务工作人员的前提条件。如果对所操作会议的相关法律规定不清楚，就无法筹备会议。例如，不了解主任会议的法定参会人员，就无法确定会场的规模、座次的安排，无法确定会议材料的数量等。

其次，会议内容的设定应当符合法律规定。人民代表大会及其常委会的职权范围是法定的。作为人民代表大会及其常委会的会议，其内容也必须遵循法律关于其职权范围的规定，既不能超出法定的职权范围，也不能不履行自己的职责。作为会务工作人员，对会议的内容和任务的确定没有决定权，但可以向有关方面和领导提出意见和建议。

再次，会议程序的安排应当符合法律的规定。人大及其常委会的工作程序性极强，人民代表大会及其常委会会议的基本和主要程序都是法律明确规定的。会前准备工作在安排会议的程序性事项时，会务工作人员一定要依照法律的规定，向有关领导机关和领导人员提出负责任的意见和建议。如有的地方召开人民代表大会会议，在安排代表联名提出政府领导人候选人和酝酿的时限时，违反法律的规定，大大少于法律规定的不得少于两天的时间，在人大代表中造成很坏的影响。

二、民主集中制原则

民主集中制原则既是我国国家政权组成的基本原则，也是人大及其常委会依法行使职权必须遵循的基本原则。这一基本原则同样适用于人大会务工作。邓小平同志反复强调，我们要坚持民主集中制，这是我们社会主义制度的一大优越性，这种体制能够保持大局稳定，集中力量办大事。干什么事情一下决心、一作决定，就立即执行，不受牵扯，即使出了问题，一声令下，改正得也很快。坚持民主集中制，必须严格执法、依程序办事，集体行使职权、集体决定问题。必须把民主基础上的集中和集中指导下的民主结合起来，努力形成既有集中又有民主，既有纪律又有自由，既有统一意志又有个人心情舒畅的生动活泼的政治气氛。在人大工作中坚持民主集中制，最重要的就是人大及其常委会主要通过会议形式，严格和依法按程序办事，集体行使职权，集体决定问题。无论是制定和修改法律法规，还是实行监督；无论是作出各种决定，还是审查批准重大事项；无论是选举国家机关领导成员，还是任命国家机关领导成员，只有按照法定的程序，在会上集体表决、集体通过、集体决定，才具有法律效力和体现人大机关的性质。人大代表、人大常委会组成人员，在表决过程中权力都是平等的，每个人都只有一票，按照多数人的意见作出决定。人大代表、人大常委会组成人员个人不能决定问题，不能行使人大及其常委会的权力，不能代表人大及其常委会进行监督。民主集中制原则在人大工作中的具体体现如下：

一是会议内容的确定需要遵循民主集中制原则。某种程度上说，开会是一种利用资源的活动，即利用一定的时间、地点、人员、精力、经费等资源研究解决特定的问题。那么，为了不浪费这些宝贵的资源，如何选择这些特定的问题、如何解决这些特定的问题，就需要集思广益，发动群众，以便把那些最迫切需要解决、最有解决条件的问题作为会议的议题。会议的议题和议程的确定，对会议的成功与否十分重要。一个问题是否被列入议题，列入本次会议议题还是列入下次会议议题，议题之间排列顺序如何，各项议题审议时间的安排等，都不是可以随意对待的。同样一项议题，安排在 9 点审议和安排在 11 点审议，其结果会是大不相同的，因为 9 点的时候，是人的精力最充沛的时间，11 点的时候，有的人已经疲惫，不能集中精力审议议题了。因此，在会议议题的确定以及议程的排列等方面，实行民主集中制是非常必要的。作为领导应当主动地、广泛地征求会务工作人员的意见和建议；作为会务工作人员，也应当积极地向领导提出自己的见解。遇到意见分歧，不能协调一致时，领导就应当合理地集中各种意见，妥善、合理地作出决策。只有严格按照民主集中制原则办事，才能保证人大制定的法律、法规、决定、决议符合最广大人民的根本利益，并且具有权威。

二是会议程序的确定要遵循民主集中制原则。人大工作程序性很强，地方人大制定一部地方性法规一般要经过三次审议，有的甚至更多，每次审议的重点和要求各有侧重，确定会议召开的时间、形式、顺序也都有明确的法定程序。每位代表或常委会组成人员，在会议上各抒己见，充分发表意见。遇有重大分歧，不急于表决，而是在充分协商的基础上，尽量统一认识，达成共识，然后才确定表决时间。这种程序性的要求，是人大坚持民主集中制原则的体现，必须在具体工作中准确把握。

三是处理人大与“一府一委两院”的关系要遵循民主集中制原则。人大制定法律法规，作出决定决议；“一府一委两院”依法行政、依法监察、公正司法。人大对“一府一委两院”进行监督。监督要依法进行，尽职尽责，切实做好。监督不能越俎代庖，更不能代替行政机关、监察机关、审判机关、检察机关行使职权。

四是具体会务工作需要遵循民主集中制原则。会务工作千头万绪。尤其是人民代表大会的会议，规模大、规格高、时间长，具体准备工作庞杂，责任重大，需要发挥每个工作人员的积极性才能把工作做好。这就需要充分发扬民主集中制的光荣传统，集思广益，充分调动每个会务工作人员的积极性。想到每一个细节，做好每一项工作，把困难想全面，把问题解决在会前。

三、知情原则

了解情况，心中有数。这是做好会务工作的基本条件。如果对会务工作的对象不了解或不十分了解，对会务工作的任务不明确，那就根本谈不上做好会务工作。所以，作为会务工作人员，在具体操作之前，要全面了解会务工作的对象，明确会务工作的具体任务。主要有：

一是要了解会议的类别和名称。是代表大会会议还是常委会会议；是主席团会议，还是委员长会议、主任会议；是代表团会议，还是分组会议等。因为，不同的会议，其与会人员、会议内容、会议程序等都不相同，会务工作的内容也是不同的。有的地方规定，如果是代表大会，则出席会议的人员是人大代表，会务工作人员应当在会议召开的一个月之前，将会议将要审议的法规案送到代表手中；如果是常委会会议，则出席会议的人员是常委会组成人员，会务工作人员须在会议召开的七日前将会议将要审议的法规案送到常委会组成人员手中。

二是要了解与会人员，包括出席人员和列席人员姓名、身份、人数等。准备会议文件的种类、内容、数量，安排出席人员和列席人员的座次，等等。

三是要了解会议的议题和议程，以便准备会议文件，通知相关人员，摆放出席和列席人员座次牌，切换会议场所等。

四是要了解会议的程序，准备为会议审议议题服务。如关于会议选举事项，会务工作人员就应当事先了解确定选举办法、明确参选人员、酝酿候选人、制作和分发选票、投票、计票、公布选举结果等选举程序，以便做好拟定选举办法草案、准备候选人名单、制作选票、摆放票箱等准备工作。

五是要了解会议的时间，确保各项会务准备工作及时完成，保证会议顺利召开。

六是要了解会议的地点，以便做好会前会场的布置和会议物品的摆放等工作。

四、服务原则

人大的会务工作应当为人大代表、人大常委会组成人员行使职权创造有利条件，提供优质服务。会务工作人员应当对自己工作的性质有清醒的认识，对自己的身份有合适的定位。会务工作是服务工作，是为会议的筹备、召开、善后提供服务的工作。会务工作人员是提供会议服务工作的主体，应当做到：要摆正自己与会议，与会议出席人员、列席人员的关系。会议、会议出席人员、会议列席人员是服务的对象，会务工作人员是服务的提供者，所以会务工作人员态度应当谦恭、和蔼、热情；要以会议为中心，一切为了会议，会务工作的服务对象是会议，所以会务工作人员应当想会议之所想，急会议之所急，把确保会议成功作为自己工作的出发点和落脚点。要做到会务工作分工明确、团结协作、服从统一指挥。分工是基础，没有分工就没有很好的秩序、个体化的工作标准和量化指标、清晰的责任；团结协作是促进，会议是一个统一协调的系统工程，会务工作也是一个系统工程，既需要科学、合理的分工，又需要紧密的合作，没有合作就不能整合会务工作的资源，就会影响整个会务工作的完成；服从统一指挥是保障，没有统一指挥就不能协调一致地开展会务工作，就会影响整个会务工作的质量。

五、效率原则

效率是做好每项工作的基本要求。人大会议召开的时间取决于很多因素，往往是确定召开会议后，很快就要举行，会议筹备时间一般都很紧迫，容不得拖拉和懈怠，这就要求会务工作具有很高的效率。一是要求会务工作成果准确。各项会务工作不能违法，不能出差错。前者是指要符合法律的规定。就会议文件来说，不但文件内容应当合法，文件形式也应当合法。如会议文件不能出错，候选人名单不能印错候选人的名字，装订文件不能夹带空白页，名牌的摆放不能错位等。二是会务工作要及时完成。会务工作人员头脑中要时刻保持时间观念，准确掌握会议开始和结束的时间、会议各项议题开始和结束的时间、会议各项活动开始和结束的时间，以会议的各项时间为标准，安排自己的服务工作，确定完成本职工作的时间，确保会议的如期正常举行。

六、适度公开与保密原则

各级人民代表大会是人民行使管理国家权力的机关。为保障人民对国家事务的知情权、参与权、选择权和监督权，人民代表大会及其常委会的大多数会议是公开举行的。大多数会务工作也应当是公开的，公开会务工作既可以使会务工作人员了解自己工作的内容、性质、标准、时限、与会议的关系,也可以方便社会各界对会议和会务工作的了解和监督,更可以借机宣传人民代表大会制度。会务工作公开,既包括会务工作内容的公开,也包括会务工作程序的公开。虽然会务工作原则上要求公开,但不是绝对的公开。按照保守国家秘密法规定,应当保密的事项不能公开,如涉及国家安全的事项;会议确定保密的事项不能公开,如代表大会期间的代表团党员负责人会议;一些严格限定使用范围的会议文件不能公开,如一些特殊的财政问题的文件;会议进行过程中的一些事务性事项不能公开,如涉及安全保卫的问题,有时是不宜公开的。作为会务工作人员,在从事会议准备工作中,经常接触到保密的问题,应当增强保密意识,自觉做好保密工作。

七、讲求实效原则

不论是人民代表大会会议,还是人大常委会会议,都是本行政区域内的综合性会议,都是讨论决定本行政区域的重大事项的会议。所以,会议应当是讲求实效的会议,而不是走形式的会议;应该是解决问题的会议,而不是华而不实的聚会。与此相联系,会务工作也应当把讲求实效作为一项重要原则。一是会议筹备工作的内容要简化实用,省略、裁并不实用的项目。一些内容相似的文件可以简化合并,文件的篇幅应当瘦身;一些长篇的文件,如政府工作报告、法院工作报告、检察院工作报告、人大常委会工作报告等可以建议在会前发给出席人员审阅,这样既可以节省会议的时间,又可以开会时集中时间审议、讨论、决定问题。二是会务筹备工作要节俭。会议能否成功,主要不是取决于出席人员的驻地是否豪华、乘坐的汽车是否舒适、会场是否气派、会议文件是否华丽,而是取决于会议的内容是否符合实际,会议的程序是否民主,是否集中了与会人员的智慧和意志,是否代表了最广大人民的最根本利益。会务工作人员应当秉持勤俭办会、务实办会的精神,摒弃铺张浪费的做法,努力达到花最少的钱,开最有效益的会的目标。

八、坚持党的领导原则

人大工作坚持正确的政治方向,就是要以马克思列宁主义、毛泽东思想、邓小平理论、“三个代表”重要思想、科学发展观、习近平新时代中国特色社会主义思想为指导,坚持正确的政治方向,坚持中国共产党的领导。这是做好人大工作的基本前提和根本保证。在人大会务工作中,要适应建设社会主义政治文明的需要,把坚持党的领导、人民当家作主和依法治国有机统一起来。一是正确处理党的领导与人大作为国家权力机关的关系。人民代表大会制度是在党的领导下建立的国家政权组织形式，人大工作要善于通过法定程序使党的主张成为国家意志，使党组织推荐的人选成为国家政权机关的领导人员，并对他们进行监督，从制度上、法律上保证党的路线、方针、政策的贯彻落实。二是正确处理党的领导与人民当家作主的关系。人民是国家和社会的主人，人民当家作主是社会主义民主政治的本质要求。中国共产党的宗旨是全心全意为人民服务，共产党执政就是领导、支持、保证人民当家作主，维护和实现最广大人民的根本利益。党的领导和人民当家作主在本质上是完全一致的，人民当家作主是党的领导的出发点和归宿。人大工作要在推进民主选举、民主决策、民主管理、民主监督，最广泛地动员和组织人民群众更充分地行使管理国家事务和社会事务、管理经济和文化事业的权利中，自觉坚持党的领导，更好地实现、维护和发展最广大人民的根本利益。三是正确处理党的领导与依法治国的关系。党领导人民制定宪法和法律，又领导人民贯彻实施宪法和法律，并坚持在宪法和法律范围内活动，依照宪法确立的国家权力运行方式来治理国家。坚持党的领导，是社会主义法治的根本要求，是党和国家的根本所在、命脉所在，是全国各族人民的利益所系、幸福所系，是全面推进依法治国的题中应有之义；党的领导和社会主义法治是一致的，社会主义法治必须坚持党的领导，党的领导必须依靠社会主义法治。宪法和法律是党的主张和人民意志的统一，在保护人民利益、促进经济发展、维护社会稳定、建设和谐社会等方面与党的目标是完全一致的。要把贯彻党的基本理论、基本路线、基本方略与认真学习宪法、严格遵守宪法、切实维护宪法尊严，保证宪法在全社会贯彻实施结合起来。既要通过宪法的贯彻实施体现党的意志，又要维护宪法和法律的尊严，牢固树立依法治国、依法执政的观念，坚决做到有法必依、执法必严、违法必究。人大作为肩负立法重任的权力机关，更应成为严格依法办事的模范。在整个会务工作中，宪法和法律有规定的，不能自行突破；宪法和法律未作规定的，不能自行其是。人大会务工作的创新，必须在宪法和法律的范围内进行。

会务工作的三个环节

一、会前准备工作环节

（一）确定会议的时间。

（二）确定会议的议程。

（三）确定会议的日程。

(四)及时发出会议通知。

(五)及时发出列席会议、旁听会议的通知。

(六)安排好代表大会和常委会会议前的主任会议。

(七)在会前召开新闻发布会。

(八)对拟在代表大会和常委会会议审议表决的重要议题应提前报同级党委审批。

(九)做好会议的各种材料的准备工作。

(十)提前安排好与会人员的食宿。

在这些准备工作中,最主要的是确定会议议程、日程、安排好主任会议和准备好会议材料这四项工作。

二、会议进行中的组织和协调工作环节

(一)组织安排好大会。安排好代表大会和常委会会议的大会是会议的重要方面,必须精心组织好。主要是三个方面的组织安排工作:(1)依照法定程序,准确地写好大会的会序,这是大会能否顺利进行的关键,会序要周到、严谨,不漏项,不违法,不互相脱节。(2)要安排好大会的发言人,提前通知,保证按时到会发言。(3)要保证出席会议的人数,特别是常委会会议。由于常委会组成人员的人数不多,不超过半数不能举行大会,尤其是在大会进行选举、投票表决时,人数要争取多一些,因为缺席一人就是多一张不赞成票,对到会的人数也要统计准确。

(二)组织安排好代表大会期间的主席团会议、常务主席会议、有关的专门委员会会议等。

(三)要安排好常委会例会期间的联组会议和主任会议。针对常委会会议审议的重要议题可以召开联组会或大会进行审议,组织部分在小组会发言水平较高的人员,也先后在联组会或大会上发言。实践证明,这个办法很好,不仅有利于组成人员之间交流情况和看法,而且有利于统一认识,提高对议题的审议深度。对于常委会例会期间组成人员的审议情况和提出的意见、建议,应在会议期间安排主任会议听取审议情况汇报,确定组成人员的意见是否被吸收,决定有些议题是否该提交大会审议通过,并确定下一次常委会例会的建议议题。

(四)要细致地做好代表大会的选举和常委会例会的干部任免的组织安排工作。

对代表大会的选举,在进行前需同大会组织组共同协商确定会序,做好选举的有关准备工作，特别要注意准备两套选票，以免选举无效仓促准备；对常委会例会上的干部任免，要注意准备好拟任人员的供职发言，准备好任命书等，确保每个环节不出漏洞。

（五）对会议期间代表或常委会组成人员提出的建议、批评和意见应及时给予反映。在代表大会上，代表的建议、意见可通过简报或情况反映等形式及时反馈给主席团和常务主席，以便于领导同志掌握情况作出决策。对于常委会会议上组成人员提出的建议和意见，有些可供直接修改有关的议案材料；对有关报告的意见则采取《常委会组成人员意见与建议》专题，反映给政府和有关部门；对重要的意见建议，将要求他们办理后将情况反馈给常委会组成人员。

（六）对于代表和常委会组成人员意见比较多的会议报告、决议、决定等，要在吸收意见、进行修改后，重新印发给代表或组成人员继续征询意见，以保证会议通过的文件或决议、决定的质量。

三、会议通过的法律法规、决议、决定的贯彻实施环节

（一）做好地方性法规的公布和备案工作。

（二）做好向党委报告情况的工作。

（三）定期或不定期地检查“一府一委两院”对人大及其常委会通过的地方性法规，作出的决议、决定的执行情况。

（四）根据需要有针对性地组织有关人大代表就地开展对某项地方性法规的实施情况的检查、视察、调查活动。

开好人大及其常委会会议，离不开这三个环节，每个环节之间又是互相联系的，把这些工作做好了，会议的质量就会有较大的提高。

人民代表大会会议

人民代表大会会议定位

依据全国人民代表大会组织法、全国人民代表大会议事规则的规定,全国人民代表大会会议每年举行一次。全国人民代表大会常务委员会认为必要,或者有五分之一以上的全国人民代表大会代表提议,可以召开全国人民代表大会临时会议。全国人民代表大会会议由全国人民代表大会常务委员会召集。

依据地方组织法的规定,地方各级人民代表大会会议每年至少举行一次。经过五分之一以上代表提议,可以临时召集本级人民代表大会会议。县级以上的地方各级人民代表大会会议由本级人民代表大会常务委员会召集。地方各级人民代表大会是地方国家权力机关,它和全国人民代表大会一起共同构成我们整个国家的权力组织体系。地方各级人民代表大会是各行政区域内的国家权力机关,它由选民或选民代表选出的代表组成,代表人民行使国家权力。地方各级人民代表大会的建立和健全,对于实现人民当家作主,使人民真正成为国家的主人,切实保障人民管理国家事务、管理本地区事务都有着重大的现实意义。

各级人民代表大会是通过召开会议的方式来行使职权的。为使各级人民代表大会真正行使国家权力机关的职权,并保证履行其职责,发挥其应有的作用,就必须从时间上保证其能按时召开会议,以便在开会期间讨论问题,提出建议,解决问题,因此法律规定了每年至少举行一次会议的原则。另外,为了在特殊情况下也能及时地召开临时性会议,商讨国是,同时规定了召开临时会议的决定条件,保证人民代表大会在一般情况下,与在临时需要的情况下,都能充分地、及时地召开会议行使职权。

由人民代表大会常务委员会召集本级人民代表大会会议。

县级以上地方各级人民代表大会常务委员会在两种情况下召集本级人民代表大会会议:

一是正常情况下召集会议,每年至少举行1次。

二是临时召集会议。人大常委会认为有必要,或者经过人民代表大会1/5以上代表的提议,可以在特殊情况下临时召集会议。

为了提高会议的效率,保证人民代表大会会议的顺利召开,在召集会议之前,应当做好召开会议的各项准备工作;作出关于召开人民代表大会会议的决定,包括召开大会的时间和议程草案等;将开会的日期和建议大会讨论的主要事项通知代表,以使代表有充分的准备。

县级以上的地方各级人民代表大会每届第一次会议,由上届本级人民代表大会常务委员会在本届人民代表大会代表选举后的两个月内负责召集。乡、民族乡、镇的人民代表大会每届第一次会议,由上次本级人民代表大会主席团在本届人民代表大会选举完成后两个月内负责召集。本届人民代表大会主席团由上次本级人民代表大会主席团主持选举产生。

会议筹备工作

一、作出召开代表大会会议的决定

全国人民代表大会会议于每年第一季度举行。由常务委员会在会议举行的一个月前,将开会日期和建议会议讨论的主要事项通知代表。

地方人民代表大会会议一般每年举行一次,多在1月或2月召开。会议的筹备工作一般从代表大会召开3个月前开始。

由常委会办事机构起草关于召开下一次人民代表大会会议时间的决定草案。

决定草案的内容包括:建议人民代表大会会议召开的时间、地点。

决定草案向常委会党组汇报;经同意后,以常委会党组的名义报党委。党委批准后,由人大常委会主任会议将决定草案列入常委会会议议程审议表决。

召开代表大会会议的决定经常委会会议通过后,通过新闻媒体向社会公布。

二、起草筹备方案

一般在人代会召开两个月前，由常委会办事机构起草会议筹备方案。

主要内容包括：

（一）会议召开的时间和地点。

（二）会议指导思想和主要任务。

（三）会议建议议题。

（四）会议日程安排。

（五）关于邀请人员、列席人员和旁听人员。

（六）组织领导和分工。

（七）会前的准备工作。

（八）生活安排。

筹备方案由常委会办事机构向常委会党组汇报。

三、就召开大会的重要事项向党委请示

根据常委会关于召开代表大会的决定，常委会办事机构就关于召开本级人民代表大会会议的有关事项，草拟向党委的请示，向常委会党组汇报并经同意后，以常委会党组名义上报党委。请示的内容主要包括：

（一）会议筹备方案。

（二）筹备工作中需要党委确定的有关事项，包括：(1)大会临时党组建议名单；(2)大会主席团和秘书长人选；(3)主席团常务主席人选；(4)大会执行主席分组名单；(5)大会副秘书长人选；(6)大会选举办法草案；(7)大会主席台就座人员安排意见；(8)会议日程安排明细。

四、制发会议通知

大会召开一个月前，常委会办事机构分别向下级人大常委会、人大工作委员会、驻军、直属机关的本级人大代表及有关部门发出通知。

（一）向各下级人大常委会、人大工作委员会、驻军发出关于召开本级人民代表大会会议的通知。告知开会日期和建议议程及关于召开本级人民代表大会有关事项要求，提出有关会前准备、代表团工作人员选配、组建代表团及组织代表报到等有关事项的要求。

（二）向直属机关的本级人大代表发出关于出席人民代表大会会议的通知，告知开会日期、报到地点、会议有关事项的要求。

（三）由人大常委会办事机构向本级党委办公厅、政府办公厅、政协办公厅、监察委员会、人民法院、人民检察院，向下级人大常委会、人大工作委员会、部分上级人大代表以及有关部门等发出关于列席人民代表大会会议的通知。

（四）向有关直属部门发出关于旁听人民代表大会会议的通知。请各有关部门提出旁听会议人员名单。

五、起草会议议程草案和日程草案

由常委会办事机构在大会召开一个月前起草会议议程草案和日程草案。议程草案经常委会主任会议同意后，提请大会会前的常委会会议审议。日程草案由常委会秘书长初审，报常委会主任或副主任审定后，提交大会第一次主席团会议通过。

六、提出各项建议名单草案

由常委会主任会议或有关专门委员会在大会召开一个月前，提出主席团和秘书长名单草案、大会主席团常务主席名单草案、大会执行主席分组名单草案、大会副秘书长名单草案，由常委会党组提出大会临时党组成员建议名单。

主席团和秘书长名单，换届时由党委提出建议人选，由主任会议列入常委会会议议程审议后，提请代表大会预备会议选举；届期内的各次代表大会会议主席团和秘书长名单，根据法律规定和各代表团建议，需要作个别调整时，应商党委组织部等有关部门，报党委批准。

七、确定邀请列席人员、列席会议人员和旁听人员

（一）邀请列席人员的范围一般包括：(1)本级政协主要领导同志；(2)本级各民主党派和工商联负责人；(3)不是本级人大代表的离退休本级正职领导同志；(4)不是本级人大代表的历届离退休的原本级人大常委会副主任；(5)其他人员。

（二）列席会议人员的范围一般包括：(1)上级人大代表；(2)本级政协常务副主席；(3)本级纪检委副书记；(4)本级监察委员会主任；(5)本级人民法院院长；(6)本级人民检察院检察长；(7)本级政府负责人助理；(8)本级政府组成部门主要负责人；(9)本级政府办事部门、直属机构、部门管理机构和其他机构的主要负责人；(10)没有本级人大代表的党委工作部门主要负责人；(11)没有本级人大代表的上级直属单位负责人；(12)没有本级人大代表的高等院校主要负责人；(13)没有本级人大代表的上级管理的部分企业行政主要负责人；(14)没有本级人大代表的规模较大的民营、三资企业的法定代表人；(15)上级驻本行政区主要新闻单位和本级主要新闻单位负责人;(16)本级政府驻外办事处负责人;(17)没有本级人大代表的本级群团组织负责人。

(三)旁听人员的范围一般包括:(1)群团组织、民主党派、部分企事业单位主要负责人及部分群众代表;(2)旁听人员只旁听有关大会;(3)会议期间召开一次座谈会,听取旁听人员意见和建议。

旁听人员的名单由常委会秘书长审定。

八、编制代表、列席人员名单

由常委会办事机构汇总各代表团召集人、列席人员的名单。汇总代表请假、调团情况,起草编组名册和列席人员编组名单。

为了便于代表与大会主席团、代表之间、代表与大会秘书处各组及新闻记者的相互联系沟通,大会秘书处要分别编印代表编组名册和列席人员编组名册。以每届人民代表大会第一次会议为例,代表编组名册按代表团编排,主要内容:代表团团长、副团长、秘书长、工作人员,各讨论组中有召集人、秘书、联络员,一般还包括会议室地点、乘车号,具体分组名册中有代表的姓名、工作单位及职务、党派、房间号,在名册后面还有各代表团驻地联系电话、代表团工作人员、随员名单等。从第二次会议开始,代表编组名册中一般不印代表的工作单位及职务、党派等内容。

根据工作需要,对不是本级人民代表大会代表的有关人员,邀请其列席人民代表大会会议。以省人民代表大会为例,列席人员主要有:两院院士、全国人大代表、省直机关、中直机关、民营企业、新闻单位、大专院校、市地、法检两院两长等。编组名册按列席人员所在代表团编排,主要内容:代表团列席人数,列席人员姓名、工作单位及职务、所在组、房间号等。

九、草拟大会主席台就座人员范围

大会主席台就座人员范围一般是:

(一)大会主席团成员;

(二)本级政府正副职负责人;

(三)本级政协常务副主席;

(四)本级监察委员会主任;

(五)本级人民法院院长;

(六)本级人民检察院检察长;

(七)本级各民主党派和工商联负责人;

(八)历届本级人大常委会副主任;

（九）不是本级人大代表的离退休本级正副职领导同志。

十、布置主会场及人大代表驻地

常委会办事机构负责会场及驻地的环境布置。起草主会场的横幅和标语词草稿，经常委会有关领导审签后，报送本级党委有关领导审定。

十一、筹建大会秘书处及秘书处工作机构

大会秘书处由大会秘书长和副秘书长若干人组成。秘书长由常委会副主任出任，人选提请大会预备会议选举；副秘书长人选根据会议议程和筹备工作的需要，由大会主席团第一次会议决定。一般由常委会正、副秘书长，省政府正、副秘书长，省委组织部副部长、省委宣传部副部长担任。大会新闻发言人一般由一位副秘书长兼任。大会秘书处工作机构包括：会务组、材料组、法规组、简报组、组织组、预算组、宣传组、议案组、信访组、生活组、警卫组。根据需要，大会秘书处还可以设其他组。各组组长、副组长人选由常委会秘书长提名，报拟任大会秘书长的副主任审定。大会秘书处各组主要职责及任务如下：

（一）会务组。负责代表团团长会议、党员或党员负责人会议、预备会议、大会、主席团会议及旁听人员座谈会的会务工作；与大会秘书处各组协调，负责会议安排、通知报到、文件印发和清退、领导交办的其他工作等。

（二）材料组。负责会议各项报告、决议的起草、修改，以及大会印发文字材料（不含会议简报和议案）的核稿、送审工作。

（三）法规组。负责法规案的审议、修改意见的记录、整理，有关文件的起草工作。

（四）简报组。负责与各代表团联络，编审简报，整理反映代表团全体会议意见及其他有关会议的情况，为大会秘书长提供代表审议报告时提出的意见的综合材料。

（五）组织组。负责大会选举的组织安排和材料的准备，代表的有关工作及各代表团党的组织活动。

（六）宣传组。负责大会宣传报道工作，组织安排大会的新闻发布会和记者招待会，负责随团记者的活动安排和管理。

（七）议案组。负责对代表提出的议案，建议、批评和意见的登记、整理、录入；编印《代表议案及建议、批评和意见摘报》；起草议案处理的报告，组织有关议案及建议、批评和意见的交办会。

（八）预算组。负责预算执行情况及预算安排意见审议情况的整理、审查报告及决议的起草修改工作。

（九）信访组。负责会议期间人民群众来信来访的接待、处理工作，编发信访快报，重要情况及时向大会秘书长报告。

（十）生活组。负责会议的大会会场、代表团全体会议和小组会议的会场安排，负责代表的接送、食宿安排、车辆调度、文艺活动安排，以及其他生活服务。

（十一）警卫组。负责大会的安全警卫、交通疏导工作。

十二、选举工作准备

人民代表大会会议，一般每次会议都有选举任务，特别是每届举行的第一次代表大会会议，选举工作量大，任务很重，人大常委会有关工作部门要提前安排好选举的各项准备工作。主要包括：草拟选举办法，草拟代表联合提名候选人的程序和方式，编制代表、列席人员名册，草拟大会组织组工作日程表、选举的组织和工作分工，草拟候选人介绍材料，准备候选人名册和名单，草拟总监票人、监票人建议名单，设计印制选票，设计总负责人、总监票人、监票人、总计票人、计票人、工作人员证件样式，制作票箱，设计制作选举统计表格等。选举办法是指导和规范地方各级人民代表大会会议选举活动，保障人大代表民主权利的重要文件。在召开人民代表大会会议前，有关工作部门要依据有关法律规定草拟选举办法。由于地方人民代表大会每次会议的选举任务、对象不同，因而制定的选举办法的内容也不同。就每届地方人民代表大会第一次会议而言，选举办法应包括以下内容：制定选举办法的依据，确定对选举工作的组织领导；规定本次会议选举的国家机关领导人职务；规定各项职务的应选人数和差额数；规定各项职务候选人的产生办法；规定各项选举的表决方式；对印制选票和选举次数作出规定；对选举活动和投票活动作出具体说明；对产生总监票人、监票人以及计票人作出规定；对监票、计票办法作出规定；对宣布选举结果作出规定等。

（一）草拟大会组织组工作日程表、选举的组织和工作分工。根据人民代表大会会议的日程安排，有关工作部门要草拟组织组的日程安排明细，以每届人民代表大会第一次会议为例，主要包括：日期、大会活动、组织组的活动和每项工作的主要负责人等；要草拟选举的组织和分工，主要包括：选举工作的组织、关于选举会场内的工作、关于计票工作等；要划分投票区，投票区的多少根据参加选举的代表人数和座位的分布情况，一般以方便组织投票和计票为宜。

（二）介绍候选人情况。为了便于代表对候选人的了解，增强提名的严肃性，地方组织法明确规定提名人应当介绍候选人的情况。对候选人的情况介绍一般应包括姓名、性别、年龄、学历、党派、现工作单位、专长、简历，还要介绍代表候选人的政治态度、工作实绩和推荐理由等。介绍的形式可采取书面材料介绍的方法，也可以由推荐候选人的政党、人民团体和代表在代表小组会议上介绍所推荐代表候选人的情况；代表 10 人以上联名推荐的上一级人大代表候选人，根据会议要求有关部门可以协助介绍。

（三）准备候选人名册、名单。地方组织法第二十六条规定，省级人大代表 30 人以上、设区的市级人大代表 20 人以上、县级人大代表 10 人以上书面联名，可以提出本级国家机关组成人员或者领导人员的候选人；乡级人大代表 10 人以上书面联名，可以提出本级人大主席、副主席，乡镇长、副乡镇长的候选人；选举法第三十条规定，选民或者代表，10 人以上也可以推荐代表候选人。依法提出的候选人人选的有关信息编成名册和名单，提交大会主席团审议通过后，印发全体与会代表酝酿讨论。以换届后人民代表大会第一次会议为例，需准备的候选人名册主要有：省（市、县、区）人大常委会主任、副主任、委员，省（市）人大常委会秘书长，省（市）人大专门委员会组成人员；省（市、县、区）长、副省（市、县、区）长；省（市、县、区）监察委员会主任；省（市、县、区）人民法院院长；省（市、县、区）人民检察院检察长；上一级人民代表大会代表。候选人名册的主要内容包括：关于候选人人选情况的说明和候选人人选名册表两部分。说明中主要叙述拟选举职务应选人数，依据法律规定提名差额人数，候选人的年龄、党派、文化、民族、性别构成（上一级人大代表候选人还需有界别构成）和是否继续提名等；候选人人选名册表主要有姓名、现任职务、性别、民族、出生年月、文化程度、职称学位、参加工作时间、入党时间、备注（是否连任等）。候选人在名册和名单中的排名顺序，上一级人大代表候选人一般按提名单位编排，在同一提名单位里按姓名笔画排序；人大专门委员会组成人员候选人按专门委员会设置编排，同一专门委员会中副主任委员按党委提名顺序排列，委员按姓名笔画排序；其他各项职务均按姓名笔画排序。

（四）准备总监票人、监票人建议名单。大会选举可设总监票人1—2 名，监票人若干名，负责监督大会选举的发票、投票、计票等工作。一般做法：由每一个代表团在本团代表中推荐 1 名监票人人选、大会主席团在各代表团团长或副团长中推荐 1—2 名总监票人人选，汇总后提出总监票人、监票人建议名单，大会主席团审议通过后，以总监票人、监票人名单（草案）的形式提交全体代表酝酿讨论，代表大会全体会议通过。监票人的具体数额，根据大会选举的实际需要确定。

（五）设计印制选票。大会选举的候选人确定后，人大常委会有关工作部门要尽快设计和印制选票。选票票面的大小没有什么统一要求的尺寸，以便于选举人写票和投票为宜，目前地方各级人民代表大会的选票的大小一般为A4纸对折。每次代表大会选举选票的数量，根据所需选举的职务而定，原则上要方便代表选择被选举人和计票工作。以每届省人民代表大会第一次会议为例，一般印制5种选票，即省人大常委会主任、副主任、秘书长；省人民政府省长、副省长，省监察委员会主任，省高级人民法院院长，省人民检察院检察长；省人大常委会委员；全国人民代表大会代表；省人大专门委员会组成人员。选票由大会秘书处统一负责印制。选票一般为封面和内容两部分：在选票封面的上端要标明所选举的职务，下端为印制选票的单位；内容为拟选举职务候选人的姓名、符号及对选票和填写选票的说明。选票上所列候选人名单按姓名笔画排列。以每届省人民代表大会第一次会议为例，所要选举的10项职务分为无记名投票和举手表决两种方式。对采用无记名投票表决方式的9项职务，根据选举的工作量，一般分两次大会选举，即第一次选举省人民代表大会常务委员会主任、副主任、秘书长；省人民政府省长、副省长；省监察委员会主任，省高级人民法院院长，省人民检察院检察长。第二次选举省人民代表大会常务委员会委员，出席第×届全国人民代表大会代表。最后一次大会采用举手表决的方式通过省人民代表大会各专门委员会主任委员、副主任委员和委员人选。

（六）设计制作总负责人、总监票人、监票人、总计票人、计票人、工作人员标志证件。负责组织大会选举工作的大会组织组有关人员和总监票人、监票人，在大会选举会场要佩戴与其所担任的职务相关的证件，作为工作标志。标志证件式样一般分为塑封证件和标签两种：塑封证件尺寸大体为高12cm、宽9cm，带有悬挂配件，内容包括会议名称、职务和编号等。标签用红绸布制作，尺寸大体为高18cm、宽6cm，用别针佩戴，标明所担任的职务。标志证件由大会秘书处统一制发。

（七）制作票箱。大会选举用的票箱一般分为大会会场选举用票箱和流动票箱两种。大会会场选举用票箱的尺寸大体长为60cm、宽为45cm、高为1.2m，上方设有投票孔。票箱正面的内容为国徽和“票箱”字样。

十三、宣传工作

大会秘书处设立新闻宣传组,负责会议期间的宣传报道工作。各新闻单位组织报道组或者派记者参加大会的报道工作,根据大会的日程安排制订会议期间的报道计划,按计划对会议作进行式的报道。会议期间,报纸要开辟专栏,电台、电视台要设立专题节目,集中报道大会盛况。各代表团的随团记者,负责本代表团的活动情况的报道。各代表团要确定新闻联络员负责本团新闻记者的管理和与大会新闻宣传组联络并接受指导。

(一)制订大会宣传方案并印发各新闻单位。

(二)做好参加大会报道记者的报名制证工作。

(三)为记者采访大会提供服务。如安排食宿,提供资料、大会车辆通行证、记者证等。

(四)大会召开前,筹备新闻发布会,发布本次人民代表大会会议即将召开的新闻。组织新闻单位参加,进行报道。

十四、召开"一府一委两院"联席会议

大会筹备方案经党委同意后,召开"一府一委两院"联席会议,传达党委关于批准召开本级人民代表大会会议的精神,通报大会筹备方案,研究商定关于召开本级人民代表大会会议的有关筹备工作。

十五、召开大会秘书处筹备工作会议

党委同意会议的筹备方案后,召开大会秘书处各组负责人第一次会议。会议由拟任的大会秘书长或副秘书长主持。会议内容包括:

(一)传达党委关于批准召开人民代表大会会议精神。

(二)通报大会筹备方案,安排部署具体做好会议的各项准备工作。

(三)宣布大会秘书处的机构、负责人名单、职能和任务。

(四)确定各组工作人员数额。

(五)明确大会秘书长、副秘书长的分工。

会后,各组根据筹备工作的要求制订工作计划,报大会秘书长。大会召开 10 日前,大会秘书处召开第二次筹备工作会议,听取各组筹备工作进展情况的汇报,检查会议各项准备工作进展情况,对会前的准备工作提出要求。

十六、起草会议筹备情况的汇报和有关议程草案的说明

常委会办事机构负责起草关于会议筹备情况的汇报和有关议程草案的说明。主要内容包括:

（一）关于会议筹备工作情况。

（二）关于会议的指导思想和议程草案。

（三）关于代表议案及建议、批评和意见的办理情况。

（四）关于补选代表的情况和代表资格审查报告。

（五）关于会议的选举事项。

（六）关于大会主席团、秘书长名单（草案）。

（七）关于省人大常委会工作报告（草稿）。

经主任会议通过后，向人代会前的常委会会议汇报。

十七、印发有关报告征求意见稿，征求代表意见

有关报告主要包括：

（一）政府工作报告征求意见稿。

（二）人大常委会工作报告征求意见稿。

（三）国民经济和社会发展计划执行情况及国民经济和社会发展计划草案的报告征求意见稿。

（四）预算执行情况和预算草案报告的征求意见稿。

（五）人民法院、人民检察院工作报告征求意见稿。

会议召开一个月前，由常委会办事机构负责发给代表征求意见。代表对报告的修改意见在15日内分别反馈给人大常委会研究室、政府办公厅（办公室）、发展和改革委员会办公室、财政厅办公室等机构办公厅（办公室）。

十八、安排本级党政领导同志参加代表团审议活动

会议召开半月前，由大会秘书处会务组负责，就本级领导同志到各代表团参加审议活动的安排，分别与本级党委办公厅（办公室）、本级政府办公厅（办公室）、本级监察委员会办公室、本级人民法院办公室、本级人民检察院办公室进行沟通、协调，提出领导参加代表团审议活动安排意见。经大会秘书长同意后，会务组负责于大会召开前将安排意见印发相关领导同志，通知各代表团。

十九、召开常委会会议，为大会召开做最后准备

一般大会召开前一周举行常委会会议，主要为大会召开做最后准备。会议的主要议程包括：

（一）听取大会筹备情况的汇报和有关议程草案的说明。

（二）审议通过大会议程草案，提请大会预备会议表决。

（三）提出大会主席团和秘书长名单草案，提请大会预备会议选举。

（四）通过常委会工作报告，提请大会审议。

（五）审议通过关于代表资格的审查报告。

（六）审议通过法规案，提请大会审议。

上述有关内容由常委会予以公告。

二十、召开代表团先遣工作人员会议

大会召开前，由大会秘书处召开各代表团先遣工作人员会议。会议由拟任的一位大会副秘书长主持，由会务组、警卫组、议案组、生活组等大会秘书处有关组的负责人通报会议安排和组织工作，部署代表报到工作和生活后勤、安全保卫工作，分发会议证件，分配代表团住房，提出会议文件管理要求，安排代表团全体会议和小组会议会场等。

二十一、组织代表报到

会议召开的前1—2天代表报到。本级直属单位代表到各自所在的代表团报到。各代表团统一向大会秘书处报到。

代表团抵达会议所在地时，大会秘书处分别在机场、火车站、人大代表驻地等迎接代表。接待工作要热情周到。代表团到驻地后，由会务组及时统计汇总代表报到的情况，向大会秘书长、副秘书长报告。

大会开幕前的重要会议及人大代表活动

一、代表团党员负责人和团长会议

大会召开前一天，本级党委与大会秘书处召开各代表团党员负责人和团长会议。会议由党委负责联系人大工作的副书记主持，常委会秘书长通报有关情况，介绍会议安排，提出开好大会的具体要求，就需要各代表团配合大会秘书处做好的工作，作出部署和提出意见。党委书记作重要讲话。党委书记讲话稿由党委办公厅（办公室）起草，本级人大常委会研究室提供素材。通报有关情况的材料由会务组准备，包括：大会筹备方案；会议日程明细；通报情况讲话稿。通报情况的讲话稿的主要内容包括：

（一）关于会议的指导思想和建议议程。

（二）关于会议的日程安排。

（三）关于认真组织代表审议报告问题。

（四）关于选举工作。

（五）关于简报工作。

（六）关于会议期间的来信来访工作。

（七）关于大会的安全保卫问题。

（八）关于大会的生活和文娱活动安排等。

会议的组织工作由大会秘书处会务组具体负责。

二、党员会议及代表团党支部负责人会议

换届或有重要选举任务时，由党委召开党员会议。会议由党委负责联系人大工作的副书记主持，书记作重要讲话。书记讲话稿由党委办公厅（办公室）起草，本级人大常委会办事机构提供素材。

三、代表团全体会议和临时党支部会议

会议召开的前一天，代表首先按照选举单位组成代表团，由代表团召集人主持会议，推选代表团团长、副团长，然后由代表团团长主持，召开代表团全体会议。代表团全体会议的主要任务是：审议大会主席团和秘书长名单草案；审议大会议程草案。

代表团团长和党员负责人会议后，各代表团召开临时党支部会议，传达学习党委书记在代表团团长和党员负责人会议上的讲话精神。

四、大会预备会议

县级以上地方各级人民代表大会每次举行会议时，要首先举行预备会议，由预备会议选举产生本次会议的主席团和秘书长，并通过本次会议的议程和其他准备事项的决定，为县级以上的地方各级人民代表大会会议的召开做好充分准备。预备会议的主持机构是本级人民代表大会常务委员会，并规定每届人民代表大会第一次会议的预备会议，由上届本级人民代表大会常务委员会主持。

县级以上的地方各级人民代表大会举行会议的时候，由本次会议的预备会议选举产生的大会主席团主持会议。大会主席团的主要职责有：主持大会会议；领导大会各个委员会进行工作；决定会议副秘书长的人选；对列入大会议程的议案组织审议；主持会议选举工作；对代表团、代表依法提出的议案、罢免案、质询案的处理及其程序作出决定；向大会提出议案和各项决议草案；发布公告等。

预备会议的主要任务是：

（一）选举大会主席团和秘书长。

（二）通过会议议程。

预备会议由本级人大常委会主持，主任为主持人，主任会议组成人员在主席台就座。

五、主席团第一次会议

大会预备会议结束后，召开主席团第一次会议。会议的主要议程是：

（一）推选主席团常务主席若干人。

（二）推选主席团成员若干人分别担任每次全体会议的执行主席，并决定执行主席分组名单。

（三）决定大会副秘书长人选。

（四）决定会议日程。

（五）决定表决议案的办法。

（六）决定代表提出议案、建议的截止日期等。

（七）有选举和通过人选事项时，通过大会选举办法（草案）。

主席团第一次会议由常委会主任召集，主任会议组成人员在主席台就座。

换届时的主席团第一次会议分两个阶段进行：第一阶段，由上一届省人大常委会主任召集，推选主席团常务主席；第二阶段，由推选出的主席团常务主席主持。

主席团常务主席由主任会议组成人员担任，换届时按照省委推荐人选的情况另行提名。

大会全体会议的执行主席，由主席团常务主席和各代表团团长担任。换届时大会开幕、闭幕的全体会议，由主席团常务主席担任大会执行主席，由主任担任主持人；其他各次全体会议，按照执行主席分组名单轮流担任大会执行主席。

执行主席负责主持当日全体会议的各项议程，宣布会议的开会和休会，处理会议进行中的有关事项，宣布表决结果。执行主席在主席台执行主席座席就座。

六、代表阅读文件

大会预备会议结束后，大会秘书处即将政府工作报告、国民经济和社会发展计划执行情况及计划草案的报告、预算执行情况和预算草案的报告等文件，印发全体代表和列席人员。全体代表和列席人员分别阅读文件。

会议的举行

一、会议阶段划分

会议一般分四个阶段进行。

第一阶段：会议开幕，听取和审议政府工作报告，审查国民经济和社会发展计划及计划执行情况的报告、预算及预算执行情况的报告以及计划和预算草案；有选举时，酝酿选举办法（草案）。大会开幕式实际是第一次全体会议。大会开幕，由主席团常务主席担任执行主席，主任为主持人。宣布大会开幕后，先请全体与会人员起立，奏国歌，然后进行全体会议的议程，由政府主要负责人作政府工作报告。计划报告和预算报告作为书面报告印发，与政府工作报告一起，交由各代表团全体会议和代表小组会议集中进行审议。

第二阶段：听取和审议人大常委会工作报告、人民法院工作报告和人民检察院工作报告；通过大会选举办法。

第三阶段：审议法规案及有关议案阶段。

第四阶段：进行选举；审议拟提请大会表决的各项决议草案和法规草案的表决稿；大会表决各项决议和议案；会议闭幕。

二、大会全体会议

每次代表大会会议一般安排3—4次大会全体会议。大会全体会议的主要任务是：

听取列入会议议程的报告和议案的说明，进行选举，表决各项报告和议案。分别听取政府工作报告、人大常委会工作报告、人民法院工作报告和人民检察院工作报告、法规案的说明，大会闭幕通过各项决议。有选举事项时，安排一次全体会议。大会全体会议一般不安排大会发言。换届时将安排两次全体会议进行选举。

代表团全体会议和代表小组会议是大会审议报告和议案的重要形式。代表团全体会议由代表团团长负责召集并主持。人数较多的代表团可以分设若干代表小组，代表小组会议由推选的召集人主持。代表团全体会议和代表小组会议应当按照大会确定的日程，安排审议各项报告和议案。

三、大会期间的主席团会议

按照日程安排，会议开幕后举行若干次主席团会议。

除第一次主席团会议外，主席团会议的主要职责是：

（一）提出各项报告的决议草案交各代表团审议，并根据各代表团的审议意见，提出各项决议草案的表决稿提请大会表决。

（二）听取和审议财经委员会关于计划和预算的审查结果报告，提出关于计划、预算的决议草案，交各代表团审议，并根据各代表团的审议意见，提出关于计划、预算决议草案的表决稿提请大会表决。

(三)听取审议情况的综合汇报。

(四)听取法制委员会关于法规草案审议结果的报告,决定将法规草案修改稿交各代表团审议。听取法制委员会关于法规草案修改情况的汇报,决定将法规草案表决稿提请大会表决。

(五)根据代表团对选举办法(草案)的审议意见,提出修改意见并提请大会表决。

(六)根据法律规定,提出各项候选人或人选名单(草案)交各代表团酝酿协商,并根据多数代表意见确定正式候选人或人选名单(草案),提请大会选举或通过人选。

主席团会议由主席团常务主席召集并主持。

根据需要,会议期间可以召开主席团常务主席会议。

四、会议期间专门委员会的工作

对列入会议议程的法规案,由法制委员会根据各代表团和有关专门委员会的审议意见,对法规案进行统一审议,提出审议结果报告、法规草案修改稿和法规草案表决稿。

对计划报告和预算报告,财经委员会应当在代表大会举行的一个月前,对其主要内容进行初步审查。会议期间,由财经委员会根据各代表团和有关专门委员会的审查意见,提出审查结果报告。

五、有关部门派人到代表团听取意见,并根据审议意见修改各项报告

本级政府及其有关部门、本级人民法院、本级人民检察院派负责人到代表团听取意见、回答询问。由大会秘书处统一协调、综合政府办公厅(办公室)、人民法院办公室和人民检察院办公室提出的具体安排方案,经大会秘书长同意后组织实施。

各项报告的起草部门应当根据代表的审议意见,对报告进行认真修改。政府工作报告的修改稿及其说明,由政府负责人提出;计划报告和预算报告的修改稿及其说明,由受政府委托的部门起草,经政府领导同志审签后提出;常委会工作报告的修改稿及其说明,由主任会议提出;本级人民法院和人民检察院工作报告的修改稿及其说明,分别由本级人民法院院长和人民检察院检察长提出。

六、提出各项决议、决定草案

大会秘书处根据各代表团的审议意见,草拟关于政府工作报告的决议草案、计划的决议草案、预算的决议草案、常委会工作报告的决议草案、人民法院工作报告的决议草案和人民检察院工作报告的决议草案或相关决定草案。

七、选举

(一)换届时选举的程序。(1)党委负责组织工作的领导同志受党委委托,向大会主席团作关于候选人或人选建议名单的说明,按照法律规定,人大常委会主任、副主任、秘书长、委员的候选人,政府正职、副职的候选人,监察委员会主任、人民法院院长和人民检察院检察长的候选人,上一级人民代表大会代表候选人,由主席团和代表联合提名,经各代表团酝酿协商后,再由主席团根据多数代表的意见,确定正式候选人,提请大会选举。其中,人大常委会主任、副主任、秘书长、委员候选人须在代表中提名。各专门委员会主任委员、副主任委员和委员人选,由主席团在代表中提名,提请大会通过。(2)大会选举办法(草案),由大会秘书处代拟,大会主席团会议通过,交各代表团审议,向主席团会议汇报,提请大会表决。大会选举,采取无记名投票方式,以全体代表的过半数赞成始得当选。表决人大各专门委员会组成人员,采取举手表决或按电子表决器或无记名投票方式,分别对每个专门委员会整个名单合并表决,以全体代表的过半数赞成通过。(3)大会选举前,由各代表团推选监票人,主席团在监票人中指定1—2名为总监票人,经代表团酝酿、主席团会议通过。大会进行选举和表决时,先表决通过总监票人和监票人名单。总监票人、监票人在主席团领导下,对选举和表决过程进行监督。投票时,由总监票人、监票人先投票,随后其他代表投票。投票结束后,由总监票人报告投票结果,由会议主持人宣布选举和表决是否有效;计票结束后,总监票人报告计票结果(包括另选他人的名单及其得票数),由会议主持人当场宣布选举和表决结果。(4)选举办法产生的程序主要包括:起草大会选举办法(草案);大会主席团第一次会议审议大会选举办法(草案);将大会选举办法(草案)提请全体代表酝酿、讨论;根据代表对大会选举办法(草案)讨论情况进行修改,提请大会主席团审议;大会主席团第二次会议听取代表关于大会选举办法(草案)酝酿讨论情况的汇报后,通过大会选举办法(草案);提交代表大会全体会议审议、表决、通过。通过的时间,一般应在主席团向大会提名,全体代表酝酿、讨论上级人大代表候选人和领导班子候选人之前,以便整个大会选举工作有所遵循。通过的方式可采取举手表决或按电子表决器的方式。

（二）代表联合提名。按照法律规定，由地方各级人民代表大会会议选举的国家机关领导人员和上一级人大代表，其候选人均由本级人民代表大会主席团或者代表联合提名。代表联合提名候选人是在代表大会期间，按照法律规定，省级30名以上代表、设区的市和自治州20名以上代表、县和乡两级10名以上代表联名，可以提出需由本次会议选举的国家机关领导人员候选人；选民或者人大代表10人以上联名，可以推荐代表候选人。地方组织法对主席团提名和代表参加联合提名的候选人人数作了限制性规定，即都不能超过应选名额。在地方各级人民代表大会会议召开之前，人大常委会有关工作部门要草拟代表联合提名候选人的程序和方式，主要包括以下内容：制定代表联合提名候选人的程序和方式的依据，代表联名的法律地位、法定人数，代表酝酿、联名和提名候选人人数的规定，代表联名的形式和具体要求以及提名候选人的截止时间等。代表联合提名候选人的程序和方式主要包括：(1)起草代表联名的程序和方式（草稿）。(2)经本级人民代表大会主席团会议审议通过后，印发与会代表。

（三）换届的地方人民代表大会全体会议选举。地方各级人民代表大会召开每届第一次会议时，选举是一项很重要的议程，要选举本级人民代表大会常务委员会组成人员，乡镇人民代表大会主席团成员；人民政府领导人员；监察委员会主任、人民法院院长和人民检察院检察长；上一级人民代表大会代表。因选举职务比较多，工作量较大，一般都要安排两次全体会议进行大会选举。

1.有关选举的第一次全体会议。主要选举本级人民代表大会常务委员会主任、副主任、秘书长，乡镇人民代表大会主席团主席、副主席；本级人民政府领导人员；监察委员会主任、人民法院院长，人民检察院检察长。

(1)大会选举的主要工作程序

①会前清点参加选举大会的代表人数。目前省和个别市人民代表大会召开会议时，都采用报到卡统计代表到会人数，即代表随到随插卡，到会总人数即可显示。为了使参加选举的代表人数更准确，大会有关工作人员还要采取人工统计的办法，统计到会代表人数，并报大会执行主席。同时，安排专人负责把守进入会场的门，严格注视清点人数后进出的代表情况。对清点人数后进去的代表，随时引导到本投票区入座，并向总工作台报告。

②大会执行主席根据工作人员的报告，宣布出席当天会议的代表数，如果出席会议的代表超过全体代表的2/3，即可宣布开会。

③大会执行主席宣布开始进行选举后，总监票人、监票人和工作人员开始工作，工作人员要再清点到会代表人数。清点人数后，总监票人向大会执行主席报告清点人数情况。

④大会执行主席根据总监票人的报告，宣布当天参加选举的代表数，如果符合法定人数，即进行选举。

⑤工作人员向代表展示票箱、封好票箱，并向代表分发选票后，大会执行主席将介绍本次会议选举用的选票和所要选举的职务，同时向代表强调填写选票的注意事项。

⑥代表填写选票后，即开始组织投票。先由总监票人、监票人投票，然后请各投票区的代表按顺序到指定票箱投票。

⑦代表投票结束后，由工作人员打开票箱，清点选票。大会执行主席根据总监票人报告的清点选票数，宣布本次大会选举是否有效。

如果收回的选票多于发出的选票，选举结果无效。要启用备用选票，按照上述步骤重新组织进行投票。

如果收回的选票等于或者少于发出的选票，选举结果有效。由工作人员在总监票人、监票人监督下进行计票。

⑧工作人员按照具体分工，在总监票人、监票人监督下开始计票。每个小组将自己负责统计的选票上的候选人的赞成票、反对票、弃权票和废票数填入该候选人的相应栏目里，报总计票台汇总。获得过半数选票的候选人的人数超过应选该职务名额时，以得票多的当选。计票结束后，经总监票人核对无误并签字后，报大会执行主席。

⑨由总监票人向大会报告计票结果，然后由大会执行主席宣布选举结果。

(2)大会选举顺序

①通过总监票人、监票人名单(草案)。在大会进行选举之前，采取举手表决的方式通过已经全体代表酝酿讨论，大会主席团审议通过的总监票人、监票人名单(草案)。总监票人、监票人名单(草案)通过后，总监票人、监票人即佩戴证件，并按照分工到岗开始工作。

②选举本级人民代表大会常务委员会主任、副主任、人大常委会秘书长，乡镇人民代表大会主席团主席、副主席。根据地方组织法的规定，选举人大常委会主任、秘书长候选人数可以多1人，进行差额选举，如果提名的候选人只有1人，也可以进行等额选举；人大常委会副主任候选人数应比应选

人数多1—3人,进行差额选举。提名本级人民代表大会常务委员会主任、副主任、秘书长和乡镇人民代表大会主席团主席、副主席的候选人必须是本级人民代表大会代表。根据列入大会议程的人民代表大会常务委员会主任、副主任、秘书长和乡镇人民代表大会主席、副主席的候选人名单,组织进行选举。

③选举本级人民政府正职、副职领导人员。根据地方组织法的规定,选举人民政府正职领导人员候选人数可以多1人,进行差额选举;如果提名的候选人只有1人,也可以进行等额选举。人民政府副职领导人员的候选人数应比应选人数多1—3人,进行差额选举。根据列入大会议程的政府正职、副职领导人候选人名单,组织进行选举。

④监察委员会主任。根据地方组织法、监察法等规定,选举监察委员会主任候选人数可以多1人,进行差额选举;如果提名的候选人只有1人,也可以进行等额选举。根据列入大会议程的监察委员会主任候选人名单,组织进行选举。

⑤人民法院院长。根据地方组织法的规定,选举人民法院院长候选人数可以多1人,进行差额选举;如果提名的候选人只有1人,也可以进行等额选举。根据列入大会议程的人民法院院长候选人名单,组织进行选举。

⑥人民检察院检察长。根据地方组织法的规定,选举人民检察院检察长候选人数可以多1人,进行差额选举;如果提名的候选人只有1人,也可以进行等额选举。选出的人民检察院检察长,须报经上一级人民检察院检察长提请该级人民代表大会常务委员会批准。根据列入大会议程的提名人民检察院检察长候选人名单,组织进行选举。

(3)选举过程中可能遇到的几种情况及处理程序

①组织预选。如果提名的候选人数超过选举办法规定的差额数,由主席团提交代表酝酿、讨论后,组织进行预选,根据在预选中得票多少的顺序,按照选举办法规定的差额数,确定正式候选人名单。地方组织法对预选如何进行,是否必须搞无记名投票等,没有明确规定,应在本次大会的选举办法中规定。一般来说,预选的程序和方式,应当简化一些,不宜过于复杂,不必同正式选举一样。

②组织再次投票。如果遇到获得过半数选票的候选人人数超过应选名额,且票数相等不能确定当选人时,应当即报告大会执行主席,就票数相等的人组织再次投票,以得票多的当选。

③组织另行选举。如果遇到获得过半数选票的当选人数少于应选名额时,应当即报告大会执行主席,就不足的名额组织另行选举。另行选举时,是根据在第一次投票时得票多少的顺序确定候选人,还是依照地方组织法规定的程序另行提名、确定候选人,由大会主席团决定。根据大会主席团的决定,另行选举可以在本次人民代表大会会议上进行,也可以在下一次人民代表大会会议上进行。另行选举的其他程序和选举方式,都应按地方组织法的有关规定执行,不能简化。

2.有关选举的第二次全体会议。这次大会主要选举上一级人民代表大会代表和本级人民代表大会常务委员会委员。大会选举的主要工作程序与上一次大会选举相同。

(1)选举上一级人大代表。按照选举法的规定,地方各级人民代表大会选举上一级人民代表大会的代表候选人的名额,应多于应选代表名额1/5至1/2。代表候选人不限于该级人民代表大会代表。根据大会确定的候选人名单,组织进行选举。

(2)选举人大常委会组成人员。按照地方组织法规定,人民代表大会常务委员会委员候选人数,应比应选人数多1/10至1/5进行差额选举。人大常委会委员候选人,必须是本级人大代表。根据大会确定的候选人名单,组织进行选举。

(3)选举过程中可能遇到的几种情况及处理程序同第一次大会选举相同。

八、大会闭幕式

大会闭幕式首先对各项议案进行表决。表决各项决议草案和法规草案,采用电子表决器或举手表决方式,由全体代表的过半数赞成通过。表决结果由会议主持人当场宣布。各项表决进行完毕后,全体与会人员起立,奏国歌,宣布大会闭幕。换届时,增加新当选的政府主要负责人讲话。

会议的其他各项组织与协调工作

一、文稿的起草和文件的印发

人大常委会工作报告稿,由常委会工作机构负责起草,征求各方面意见,报常委会党组会议同意后,由常委会会议审议通过,提请代表大会会议审议。

代表大会预备会议、全体会议、主席团会议的会议通知、主持词、座席图,由会务组负责起草。会议主持词于会议举行的2日前,送大会副秘书长、秘书长审核后,供会议主持人参考。主持词的主要内容包括会议出席情况,当次会议的议程,以及需要特别说明的重要问题等。

代表大会的各项决议草案和其他文稿,按照职责分工,分别由大会秘书处各组或者有关专门委员会负责起草。会议文件一般分为正式文件、参阅文件、参阅资料等。正式文件是指列入会议议程的文件;参阅文件是指未列入会议议程但需要提请与会人员阅读的文件;参阅资料是指由提出报告和议案的单位提供的相关的背景资料。

上述文件由会务组负责联系落实、报批和印发。

二、会场安排

大会预备会议集中举行时,主持会议的主任会议组成人员在主席台就座,其他代表在一楼就座。其中,是人大代表的本级领导在会场前区就座。

大会全体会议会场。主席台幕底正中挂国徽,两旁各置5面红旗,主席台沿口上方挂会标。确定的主席台就座人员在主席台就座。其中,主席团执行主席在执行主席席就座,代表团的席次,按各市(地)行政区划、×××代表团的顺序,从会场中间向两边排列。列席会议人员和旁听人员在指定座席区就座,工作人员和记者在会议指定座席区就座。大会全体会议主席台的席次图由会务组提出方案,报请大会秘书处领导审核。

主席团会议会场。主席团常务主席在主席台就座。主席团成员中的本级领导同志在场内第一排就座。主席团其他成员按姓名笔画顺序在场内就座。会场内设报告席和移动话筒,有征求意见事项、主席团成员申请发言时,经会议主持人同意,可以在本人座位上发言。

代表团全体会议和小组会议安排在代表团驻地召开。

三、会议期间议案的提出和处理

(一)议案审查委员会的设立。召开地方各级人民代表大会会议时,根据法律规定,大会主席团下设议案审查委员会,负责对代表提出议案原案的审议工作。如果地方各级人民代表大会成立了各专门委员会,大会主席团也可以不再设立议案审查委员会,对代表提出议案原案的审议工作由各专门委员会分别进行。议案审查委员会是人民代表大会主席团下设的临时性机构,人民代表大会会议结束,议案审查委员会的任务也随之结束。议案审查委员会成员一般由人大常委会副秘书长、政府副秘书长(也是人民代表大会会议副秘书长)、有关委员会成员及专家学者组成,这些组成人员必须是人民代表大会代表。议案审查委员会成员一般由7—9人组成。设主任一名,副主任若干名,成员若干名。

(二)对议案原案的审议。大会秘书处议案组首先将代表提出的议案原案进行分类、登记、印刷,然后送议案审查委员会,议案审查委员会根据代表议案原案的内容、性质、议案所涉及的职权范围进行审议。审议议案原案的结果一般是两种情况:一是建议列入代表大会的会议议程,二是建议不列入会议议程。议案原案列入大会议程应符合下列条件:(1)议案原案必须是向国家权力机关提出。即在各级人民代表大会开会期间向人民代表大会提出。(2)议案原案提出人必须是按照法律、法规的规定享有提出议案权的国家机关或个人。就省级来说,省人民代表大会开会期间,大会主席团、省人大常委会、各专门委员会、省人民政府和代表10人以上联名,有权向省人民代表大会提出议案。(3)议案原案必须以书面形式提出,必要时,还应附有有关资料。(4)议案原案的内容必须属于各级人民代表大会或者各级人大常委会的职权范围。

(三)代表提出议案截止日期和表决方式。代表提出议案截止日期和表决方式用决定的方式作出,全称为《关于代表提出议案截止日期和表决方式的决定》,这个决定在每次代表大会主席团第一次会议上通过。决定包括两项内容:一是议案的截止日期。确定议案截止日期,一方面要给代表留有充足的准备和提出议案的时间,另一方面又要保证议案审查委员会开会审议和写出审议报告。议案截止日期的确定,一般是根据大会主席团审议议案的会议议程,提前一天至两天截止。二是通过议案时,采用何种方式表决。实践上,一般采用举手表决的方式。

(四)议案处理办法。议案审查委员会对收到的议案原案进行审议后,应向大会主席团写出书面报告,提出对收到的议案原案的处理意见。报告的名称为《××省第×届人民代表大会第一次会议代表议案办理意见的报告》,报告的内容主要是:收到的议案数、议案的性质及提出如何处理收到的议案原案的意见。

四、会议期间代表建议、批评和意见的提出和处理

对会议期间代表提出的建议、批评和意见,议案组应当及时进行登记、整理、分析。编发《代表建议、批评和意见摘编》,发大会主席团成员和各代表团。在与有关部门沟通的基础上,初步确定承办单位,并拟订交办方案。

五、会议的简报和综合情况反映

会议简报是会议期间反映人大代表意见的重要途径。地方各级人民代表大会在会议期间一般都要求编发会议简报，因此，编发会议简报成为人代会期间大会秘书处的一项重要工作。

（一）会议简报的格式。会议简报主要用来反映代表审议“一府两院”和人大常委会工作报告以及列入会议议程的议案的意见和建议。会议简报的格式一般分为报头和正文两部分。报头位于简报首页的上方，约占全页1/3的位置，主要包括简报的名称、期号，编发单位和印发日期等。按照编发形式的不同，会议简报分为分组简报和综合简报两种格式。

分组简报以代表团为单位编发，一期简报只反映一个代表团代表的审议发言情况，简报期号按代表团实际采写的期数顺序编号，同时，按各代表团实际采写的累计期数编总号。

综合简报不以代表团为单位编发，一期简报可同时反映几个代表团代表的审议发言情况，简报期号按简报组实际编发的期数顺序编号，不分总号和分号。

分组简报，多由各代表团的随团工作人员整理编写，有利于调动各代表团的积极性。秘书处主要负责综合编排工作，工作量相对小一些，但也容易受代表团负责人不适当的控制和影响，造成一些代表的意见和建议不能真实地得到反映，使简报内容流于形式。综合简报格式，多由秘书处简报组和联络员直接记录编写，容易把代表的意见和建议如实地反映出来，但秘书处工作量大，不利于调动代表团的积极性。

正文部分主要刊登代表和列席人员在大会期间有关会议上的审议发言。与会议议题无关的内容一般不在会议简报上反映。正文由标题和代表发言构成。标题是对代表发言的概括。代表和列席人员发言常用“×××代表团×××代表说”或“列席人员×××说”领启下文。

（二）会议简报的采写。一是选取的材料要精当。在分组审议会上，代表和列席人员发言内容很多，简报只能简要反映代表和列席人员发言的内容。这要求采写简报的同志紧紧围绕会议的中心议题，把代表们的主要意见和建议反映出来，要尽量少用或不用一般性的表态发言和单纯汇报工作的发言，相同的意见和建议可综合反映。简报选材要做到实事求是，不仅要反映成功的经验，也要反映失败的教训；不仅要反映赞扬的意见，也要反映批评和建议，使简报选材具有一定的深度。二是使用的材料要准确。简报是为大会服务的。大会主席团可根据简报反映的情况作出决策,新闻单位可根据简报提供的线索采写新闻,代表可通过简报交流经验。因此,简报反映的情况一定要真实可靠。采写简报的同志要亲自参加分组审议,并认真做好记录。整理代表发言时要忠实于代表发言的原意,只要发言实事求是,没有明显的语法、逻辑、修辞错误,就应当原汁原味地反映。为了确保代表发言的准确性,整理后的代表发言应送本人核实;主要领导同志的发言,是否登简报要经本人同意。有些地方为了多出简报、早上简报,在会前组织所谓的秘书班子为人大代表写出所谓的书面发言提供给简报组,这种做法严重地影响了简报的准确性、严肃性和真实性。三是成稿的时间要迅速。人代会审议的议题多,日程安排比较紧,要求简报及时同与会同志见面。一般上午讨论的情况,下午出简报,下午讨论的情况,晚上出简报,保证当天讨论的情况最迟在第二天讨论开始前送到各位代表的手中。有的同志把简报称为快报是有道理的。随着计算机等自动化手段的普遍使用,实现这一要求亦无大的困难。要将代表的发言快速整理成简报稿,采写简报的同志除了要精力集中、文思敏捷外,还必须掌握有关代表团每位代表和列席人员的基本情况,如代表的姓名、职业、工作单位等,如果对代表的基本情况不熟悉,甚至连代表的姓名也不知道,采写工作就要受影响。此外,采写简报的同志要熟悉大会的日程安排,通过会上听和会后学,了解报告的内容,领会报告的精神实质。为了快速采写简报,每个代表团至少要安排2名工作人员记录和整理代表发言,一般做法是1人上午作记录,下午整理代表发言,另1人下午作记录,晚上整理代表发言,如果遇到领导在代表团发言,另外1人可专门记录和整理。四是简报的文字要简洁。简报的篇幅短,每期简报一般不超过两千字。简报要文字干净、利索、没有废话。简报编辑要做到层次清楚、段落分明。意思不同的段落,可加小标题,也可用序号标明。采写简报的同志可在不违背代表原意的情况下,对代表的发言作必要的文字上的加工整理。

(三)会议简报的编发。简报组的主要任务是对各代表团报送的简报稿进行审查和必要的技术处理。会议简报的编发应注意以下几个问题:(1)简报稿必须经代表团团长或主管简报工作的副团长签发,未经签发的简报,简报组一律不予受理。(2)简报稿的字迹要清楚,字迹无法辨认的,简报组可要求采写简报的同志重新誊写。(3)简报稿的字数要符合规定,达不到最低组版要求的,可建议代表团作必要的增补或与下期简报合并;超过简报容量的,可建议供稿人员作适当压缩。(4)代表团的名称要使用全称,不要漏掉代表团的行政区划名称。不要省略县、市字样。如××县代表团不要简写为××代表团。(5)代表的姓名要以大会统一印制的代表名册为准,少数民族代表的姓名要用全称,以免混淆。(6)简报稿中的日期、数字、标点、简称使用要规范。年月日一般使用阿拉伯数字,如2015年1月19日。数字、百分比一般用阿拉伯数字书写,如3600万元、63.5%等,分数可用汉字,如二分之一。文件、法律标引一般不用书名号。(7)简报主要反映代表团代表的审议发言情况,一期简报一般不宜只刊登某个代表的单篇发言。(8)简报既要反映担任领导职务的代表的意见,也要反映基层代表的意见;既要反映成绩,也要反映代表提出的意见和建议。对于比较尖锐的批评和意见,应如实反映。(9)同样的内容要进行综合,不重复编发。

(四)综合情况反映的编发。综合情况反映的简报,一般限定送阅范围。主要登发不宜在普通简报上反映的内容,包括对重大事项的建议,有涉密内容的,或者是特别尖锐突出的矛盾问题,需要领导了解的问题。素材由代表团或大会简报组工作人员提供,由简报组编发。

六、会议的宣传报道

大会宣传报道工作应当严格按照大会要求进行。新闻报道应当坚持民主、求实、团结、鼓劲和以正面宣传为主的方针,把握正确的舆论导向。要贴近群众、贴近实际,全面、准确、生动地宣传会议的进程和主要情况。重要稿件需报大会秘书处领导核发。地方人民代表大会会议宣传工作的组织领导由大会主席团负总责。

组织新闻单位进行会前报道。大会召开前2天,大会新闻发言人举行新闻发布会,主要就会议议程、日程安排和人大工作,发布新闻,回答记者的提问。

会议期间,可就重要工作召开记者招待会。(1)预备会议报道。对预备会议的报道,除组织新闻单位发消息外,要刊登、播发会议通过的大会主席团、秘书长名单。遇换届时,还要刊登、播发会议通过的预算审查委员会、议案审查委员会人员名单。(2)开、闭幕式报道。除组织新闻单位对代表大会的开、闭幕式刊发消息外,要配发社论或者评论。代表大会换届或者有重大决定事项时,组织电台和电视台进行现场直播。(3)开、闭幕式之间的各次大会,除正常发消息外,需要公布的事项要组织新闻单位及时公布。(4)主席团会议报道。除组织新闻单位发消息外,对主席团会议通过的大会主席团常务主席、大会副秘书长名单，要在媒体刊登、播发。(5)对会议期间召开的预算审查委员会会议（财经委员会会议）等专门会议要及时组织报道。(6)议案审查委员会会议是每次会议都有的重要会议，对代表提出的议案进行审查，要及时组织报道。(7)对省人大代表议案，建议、批评和意见办理情况汇报会报道。除换届外，每次人代会都会安排省政府一位副省长汇报代表建议、批评和意见办理情况，可组织多种形式搞好报道。(8)对不同阶层、不同界别的代表和会外广大群众的反映要组织新闻单位随时进行采访报道。(9)在人代会期间，通常要举行新闻记者参加的记者招待会，就全省重大事项及群众关心的热点、难点问题向全社会发布新闻。组织好记者招待会是一项重要工作，要统筹兼顾，细致安排，组织好就会收到良好社会效益。报纸要刊发记者提问，电视要制作专题节目滚动播出。(10)会议进行期间，对政府工作报告、国民经济和社会发展计划、财政预决算以及执行情况的报告、人大常委会工作报告等主要报告，组织报纸连续报道审议情况并摘发政府工作报告主要内容，电台、电视台在专题节目中进行报道。

会议期间及结束后，组织主要新闻单位及时公布会议通过的法规、决议、决定、选举名单，刊登、播发大会主席团公告。代表大会通过的法规、决议、决定，由大会秘书长审核签发，通过新闻媒体公布。大会选出的本级人大常委会主任、副主任、秘书长和委员，人民政府正职、副职，监察委员会主任、人民法院院长，上级人民代表大会代表，由大会主席团发布人民代表大会公告予以公布。选出的人民检察院检察长，须报上级人民检察院检察长提请本级人大常委会批准，并予以公布。大会通过的专门委员会组成人员名单，由大会秘书长签发，通过新闻媒体公布。

七、会议期间的信访工作

要高度重视做好会议期间的信访工作。防止代表大会期间发生集体上访或因上访而影响大会进行的事件发生。

会议期间，各代表团要有一位副团长负责信访工作，确定一名工作人员做好信访联络工作，及时将本地区的信访情况向代表团及大会信访组反映，配合信访组做好大会信访接待处理工作。

党委、政府办公厅在会前发出通知，要求各地对本地可能发生的集体上访和重点上访人员，要及时掌握情况并认真妥善解决好，切实把问题解决在当地和基层，严格控制大会期间来省上访。如果发生集体上访，有关代表团应协助大会信访组负责做好本地区集体上访人员的接待、疏散和安置工作。

各代表团对涉及本地区的重大、疑难和集体上访案件，要积极主动配合大会信访组共同研究解决好。

八、会议的后勤保障工作

大会秘书处生活组要对会议的后勤保障作出全面安排。要认真贯彻务实、高效、规范、节约的方针，体现勤俭办会的精神。要为代表提供热情、周到、优质的服务。要做好防火、防盗、防食品中毒、防交通事故的工作，合理安排好代表的食、住、行、医，保证代表集中精力开好会议。各代表团驻地由大会秘书处派出综合联络小组，负责办理会议有关服务事项。联络小组由大会生活组负责管理。会议一般安排自助餐。同时安排清真灶和素食灶。会议期间文艺活动以电影为主。参观活动由生活组统一安排；各驻地的联欢活动，由代表团与驻地自行安排。

九、会议安全保卫工作

大会秘书处警卫组在代表驻地和会场周围布置足够警力负责做好安全保卫工作。对大会期间可能发生的突发事件，要制定防范和及时处置工作预案。

各代表团要确定一名同志负责本团的安全保卫工作。发现问题及时向大会警卫组报告。各代表团驻地不经请示同意不得留宿其他人员，会客要到指定地点。各位代表和列席人员、旁听人员及工作人员应佩戴并保管好证件，出入会场和参加活动时，要把证件戴在最外面的衣服上，保卫人员一律见证放行。代表对于重要文件、贵重物品要按规定存放，妥善保管，要严格执行保密制度，防止文件丢失。代表外出活动时要向本代表团团长请假，到商店购物要注意人身和财物安全。

后续会务工作

一、安排代表返程

大会秘书处生活组对代表的返程应周密部署，与铁路、民航、公路、航运等客运部门协商提出方案，确保代表在大会闭幕后安全回到日常工作岗位。

二、代表建议、批评和意见的交办

一般在大会闭幕后10日内，由人大常委会办事机构对代表提出的建议、批评和意见进行整理和研究，拟订各项建议、批评和意见承办计划，组织具体交办落实。对主任会议确定的重点建议、批评和意见，应当提出办理要求，重点交办。

三、会议文件的编印

代表大会通过的各项报告、法规、决议、决定、选举名单等,由常委会办事机构将会议文件汇编。

四、会议文件的归档

大会秘书处各组于大会闭幕后的10天内,负责将会议各种文稿的原稿、修改稿、正式稿,以及各种名单、选票、简报、会议记录和录音录像等,按照档案管理办法的要求整理归档。

五、汇总选举统计报表

全国人大常委会办公厅联络局根据《中华人民共和国职业分类大典》设计了地方各级人民代表大会换届选举统计报表,并在每张报表后附有说明。

在地方各级人民代表大会换届选举前,省人大常委会负责换届选举工作的部门要按照全国人大常委会的要求,组织对所属市(地)人大常委会(工委)负责填报统计报表工作的同志进行培训,再由市(地)人大常委会(工委)组织对所属县乡人大具体承担填报报表的同志进行培训,重点提高对换届选举统计报表重要意义的认识,掌握填写统计报表有关知识和技能技巧,要求及时、准确、有效地反映本级人大换届选举过程和结果。

各级人大换届选举结束后,要汇总有关情况,及时填报统计报表,经层层汇总后上报,最后由省人大有关部门汇总全省各级人大换届选举的有关情况,报全国人大常委会办公厅联络局。

人大常委会会议

人大常委会会议定位

根据宪法、地方组织法等法律的有关规定，县级以上各级人民代表大会设立常务委员会。在我国各级权力机关中，只有县级以上的各级人民代表大会，即中央、省、自治区、直辖市、自治州、设区的市，县、自治县、不设区的市、市辖区的人民代表大会，才设立常务委员会，而在乡、民族乡、镇的人民代表大会中不设立常务委员会。常务委员会作为人民代表大会的常设机关，也是权力机关的一个组成部分，并且，在人民代表大会闭会期间继续行使法律规定的各项职权和处理日常工作，监督行政机关和其他国家机关的工作。

常务委员会组成人员都由本级人民代表大会在其代表中选举产生。常务委员会作为本级人民代表大会的常设机关，在本级人民代表大会闭会期间，为了行使常设机关的职权，由主任进行召集，以召开会议的方式来行使职权。所以，基于常务委员会在地方国家机构中的重要地位和职能，及时地召开会议和开好会议，就成为是否能发挥常设机关的职能和作用的重要环节。为了保证人大常委会能按时召开会议，在会议中讨论问题，作出决议，法律明确地规定常务委员会会议每次间隔的最长界限，即两个月至少要召开一次。

常务委员会实行集体领导的原则，其职权是由集体来行使的。所以，常务委员会会议必须有常务委员会全体组成人员的过半数出席，方能举行。常务委员会的任何决议，都必须由常务委员会以全体组成人员的过半数通过才能生效。

会议的筹备

一、提出建议议题

常委会办事机构在上次常委会会议期间，应就下次常委会会议的建议议题与各专门委员会、常委会工作机构、办事机构进行沟通衔接，提出建议议题，经主任会议同意后，印发常委会的组成人员，以便于常委会组成人员提前搞好调查研究，做好审议的准备。

二、会议通知

常委会会议举行的10日前，常委会办事机构应当将常委会会议召开的时间、会议建议议题，以书面、电报等形式，通知常委会组成人员，各专门委员会组成人员和下一级人大常委会、派出机构、政府有关部门、监察委员会、人民法院、人民检察院，以及应邀列席常委会会议的人大代表、议题涉及的单位和新闻单位。

常委会办事机构在常委会会议举行的7日前，向社会发布公民旁听常委会会议公告，根据公民旁听办法，做好公民旁听的组织工作。

常委会临时召集会议，可以临时通知常委会组成人员和会议列席人员。

三、拟订议程草案和决定会议日程

一般在常委会会议举行的7日前召开主任会议，听取并讨论常委会办事机构关于会议议程草案和日程安排意见的汇报，听取有关专门委员会、常委会工作机构关于有关议案准备情况的汇报。

主任会议后，向社会发布召开常委会会议的日期和主要议程的消息，同时通过报纸、电台、电视台向社会发布公民旁听常委会会议的公告。

（一）草拟议程草案。县级以上的地方人大常委会会议可以逢双月举行，也可逢单月举行。一般每次会议举行15日前，根据常委会年度议题计划、执法检查计划、法制讲座计划，以及提出议案的机关报送议案的情况，由常委会办事机构征询有关专门委员会、常委会工作机构的意见后，提出本次常委会会议议程草案，由秘书长审签后，提请常委会主任会议确定。会议议程草案的编排顺序一般为：拟表决的法规案——初审法规案——修订或修改的法规案——批准或者废除的法规案——常委会的执法检查报告——国民经济和社会发展计划执行情况和财政决算——审计工作报告——专题工作报告——有关专门委员会执法检查报告——代表建议、批评和意见办理情况的报告——代表资格审查报告——人事任免案——出访报告（多为书面印发）等。

（二）拟订日程方案。根据会议议程草案，由常委会办事机构拟订会议日程方案。会议日程安排一般分为三个阶段：

第一阶段，听取法规案的审议结果报告，其中包括初审法规案、修改或修订法规案、批准或废止法规案的说明，常委会的执法检查报告和专门委员会的执法检查报告，专题工作报告，人事任免案的说明等。

第二阶段，审议法规案，常委会执法检查报告和专门委员会执法检查报告，专题工作报告，人事任免案等。

第三阶段，表决通过各项议案，听取执法检查报告、专题工作报告审议情况的汇报。每项议案听取说明和报告后，重要的法规案或报告安排半天分组审议。一般情况下可以合并在半天内审议。

每次常委会会议一般安排 2—3 次全体会议。如议案较多，可视情况增加全体会议的次数。必要时，可以召开联组会议。全体会议表决前，安排一次主任会议，听取法制委员会关于法规草案修改意见和法规草案表决稿情况的汇报，听取有关专门委员会关于审议执法检查报告、专题工作报告和人事任免案情况的汇报，决定是否提请全体会议表决。

四、会议文件

各专门委员会、常委会工作机构和办事机构应当根据常委会年度立法工作计划，听取和审议专题工作报告计划、执法检查计划，及时为常委会组成人员和专门委员会组成人员提供相关参阅资料。

提请常委会审议的法规案、专题工作报告和其他议案，由提出议案的机关和有关专门委员会、常委会工作机构向常委会办事机构送交议案文本和相关资料，由常委会办事机构向常委会组成人员、列席会议的人员和其他相关机关、人员发送。提案机关报送的初审法规案、专题工作报告的份数应确保常委会组成人员、列席会议的专门委员会成员、“一府一委两院”有关人员、人大代表、旁听人员使用；确保工作人员备案、存档的需要。

针对提请常委会审议法规案，作为提出议案机关，应当在常委会会议举行前提交提请审议报告、法规草案文本和对法规草案的说明。如果是修正案草案或者修订草案，还应当提交修改前后的对照文本。对政府提请常委会初次审议的法规案，由有关专门委员会按照规定先行审议，并提出审议意见。对较大的市报请批准的民族事务以外的法规案，由法制委员会提出审议意见；对较大的市报请批准的民族事务方面的法规案和民族自治地方报请批准的法规案,由民族侨务外事委员会提出审议意见。

(一)初审的法规案。由提出议案的机关向常委会全体会议作说明。说明的重点:制定或者修改该法规的必要性;该法规草案的主要内容;起草中遇到的重大问题及该法规草案采纳的方案。

(二)再审的法规案。由法制委员会向常委会全体会议汇报。汇报的重点:(1)常委会组成人员和会议列席人员在前次常委会会议审议时的主要意见,以及有关专门委员会和其他有关方面对该法规草案的主要意见;(2)法制委员会审议修改的情况及修改的主要理由;(3)需要继续研究的主要问题。

(三)提请常委会全体会议表决的法规案。表决前由法制委员会向常委会全体会议作审议结果的报告和修改意见的汇报。报告和汇报的重点:(1)该法规草案最新修改的主要内容;(2)法制委员会对交付表决的建议。常委会组成人员的重要意见没有在表决稿中采纳的,法制委员会和常委会工作机构应当派人在该法规案交付表决前向其作出必要的说明和解释。

(四)提请常委会听取和审议的专项工作报告。由政府或者委托其有关部门、监察委员会、人民法院、人民检察院向常委会全体会议报告。报告的重点:(1)有关工作已经取得的主要进展;(2)存在的主要问题和原因分析;(3)改进工作的主要措施。

(五)提请常委会审议的省国民经济和社会发展计划执行情况报告、决算报告、审计工作报告或者其他重要财政经济报告。由省政府或者委托其有关部门向常委会全体会议报告。报告的重点:(1)计划和预算执行的主要情况;(2)宏观调控措施和重要经济政策的实施情况、存在的主要问题和下一步工作的安排;(3)省财政保证重点支出的情况;(4)省财政转移支付的情况;(5)预算超收收入的使用情况;(6)其他需要向常委会全体会议报告的事项。

(六)提请常委会听取和审议的执法检查报告。由常委会执法检查组负责人向常委会全体会议报告。报告的重点:(1)对所检查的法律、法规实施情况的总体评价;(2)实施中存在的主要问题及主要原因;(3)改进工作的主要建议;(4)法律、法规本身需要修改、补充和解释的建议。

(七)提请常委会审议的人事任免案。提请任免的机关按照规定要求向常委会提供书面材料及说明。说明的重点:(1)提请任免的原因;(2)被任命人的基本情况。提请任免机关的负责人应当向常委会全体会议作说明,回答询问。

（八）提请常委会听取和审议的代表议案处理情况的报告。由有关专门委员会向常委会全体会议报告。报告的重点：(1)代表议案的受理情况；(2)代表议案处理过程中与代表沟通的情况；(3)对代表议案的处理意见。

（九）提请常委会听取和审议代表建议、批评和意见办理情况的报告。分别由政府负责人和人大有关专门委员会负责人向常委会全体会议报告。报告的重点：(1)本年度代表建议、批评和意见的受理、办理情况；(2)重点建议、批评和意见的督办情况；(3)办理工作中存在的主要问题及其原因；(4)进一步做好办理工作的建议和要求。

初审的法规案列入常委会会议议程后，由提出议案的机关、有关专门委员会、常委会工作机构和办事机构向会议提供与该法规案相关的综合参阅资料，介绍该法规案涉及的专业知识和其他省（自治区、直辖市）相关立法情况。

再审的法规案列入常委会会议议程后，由常委会工作机构向会议提供常委会组成人员和各方面对前次常委会会议审议该法规案的主要意见。

在召开常委会会议前，常委会办事机构应将法规案和相关材料发给常委会组成人员，以便做好审议准备。

无特殊情况不能按规定时间向常委会办事机构送交法规草案的，常委会办事机构可以建议将有关法规案列入以后的常委会会议议程。

提请常委会听取和审议的专题工作报告，应在常委会会议举行前送交常委会办事机构。

提请常委会审议的人事任免案，提请机关应当提交附有说明任免理由的正式报告和介绍拟任命人员的简历、政绩表现材料。

参阅资料由常委会办事机构统一核发。

五、人事任免准备工作

人事任免的准备工作大量集中在常委会会议前，内容很多，程序严谨，十分重要，总体包括以下工作步骤：

（一）通报情况。人大常委会有关部门根据人大常委会及主任会议召开的时间，及时与有关机关联系沟通。一是与党委有关部门的联系，了解和掌握党委近期干部任免情况，并请示是否有提交人大常委会审议任免的干部；二是与人大有关部门的联系，了解是否有提交人大常委会审议任免的干部；三是与政府、监察委员会、法院、检察院提请机关联系，以确定是否有提请的人事任免案。为使提请机关、人大常委会对党委推荐人选有比较充裕的准备工作时间,党委组织部门应及时将有关干部任免推荐名单通知人大常委会、提请机关分管领导或主管部门的负责人。下发任免文件时应当抄送人大常委会党组以及政府有关部门。及时向政府人事部门提供干部任免职有关材料。同时,要求“一府一委两院”在规定的时间做好提报工作。

(二)做好推荐说明。组织部门应当在人大常委会审议之前,根据情况需要向人大常委会党组主要负责人或者党组、党组扩大会议以及所涉及的党外人士介绍推荐人选的有关情况。安排介绍的日期尽可能提前,说明的任免职理由尽量详尽。

(三)起草有关人事任免材料。主要是根据党委任免文件起草由人大常委会主任会议提请的人事任免草案、说明;起草任免职人员个人简历、考察材料;起草向主任会议汇报人事任免情况材料;起草任免名单草案;印制任命证书等其他会议材料。

(四)会前初审。按照有关规定,人大有关机构听取和研究提请任免的有关干部情况,对提请任命干部的条件进行审查,对材料进行把关。

(五)会前考试。人大有关部门按照有关规定,对需要考试的拟任职人员进行法律知识考试,对于考试不及格的,不提请任命。

(六)有关专门委员会审议。召开专门委员会会议,听取和审议拟由主任会议对政府、监察委员会、法院、检察院有关部门提请的人事任免情况。

(七)主任会议讨论决定提交会议审议。由有关专门委员会向人大委常委会主任会议汇报人事任免的总体情况,提出任免意见。由主任会议讨论决定是否提交常委会会议审议。

(八)召开党组扩大会议。对于重要的人事任免事项,人大常委会党组要召开扩大会议,邀请党员常委会组成人员参加,由党委组织部介绍拟任职人员的情况。

六、确定分组名单

常委会会议的分组名单,一般在每届常委会的第二次会议前确定,此后每次会议作部分调整。常委会分组会议按照常委会组成人员的性别、民族、专业、所属党派和所在地区、专门委员会等构成情况划分。所有列席会议人员均编入各组。

分组会议召集人每组 3 人,原则上由各专门委员会主任委员和常委会委员轮流担任。召集人名单由秘书长审定。

各部门到会听取意见、回答询问的人员名单,由会务组汇总后,分配到各个组，由分组会议召集人向与会人员宣布。

七、确定全体会议主持人

按照一些县级以上人民代表大会常务委员会制定的议事规则的规定，常委会会议一般由主任主持。主任不能出席会议时，由常务副主任主持常委会会议开幕或闭幕的全体会议，其他各次全体会议由其他副主任依次轮流主持。常委会办事机构应当在常委会会议前的主任会议上提出每次全体会议主持人的建议人选，由主任会议确定。

八、确定全体会议座次

主任会议组成人员在主席台就座。主任居中，副主任、秘书长按序次排列左右。

列席全体会议的政府、监察委员会负责人在主席台左侧就座，人民法院、人民检察院主要负责人在主席台右侧就座。这些列席人员也可安排在台下常委会委员席的两侧或后面就座。

常委会委员和会议列席人员等，均在常委会会议厅就座。前区为委员席，按姓名笔画顺序排列。

会场后区为列席人员、公民旁听人员、记者和工作人员席。后区左侧主要安排下级人大常委会、专门委员会组成人员；后区右侧主要安排本级政府秘书长或副秘书长、政府法制办主任和议案说明人，常委会工作机构、办事机构负责人，应邀列席会议的部分人大代表，旁听公民，采访会议的新闻记者和有关工作人员。

九、确定旁听公民

按照各地制定的《有关人民代表大会常务委员会会议公民旁听办法》的规定，一般由常委会办事机构将报名申请旁听常委会会议的公民名单报秘书长确定。

十、确定会务工作人员分工

会议的举行

一、全体会议听取议案的说明和报告

常委会全体会议的主持人用语，由常委会办事机构草拟，每次全体会议前送请秘书长核签后报会议主持人审定。

主任会议拟订的常委会会议议程草案，由会议主持人在主持词中宣读，常委会全体会议通过。

向常委会全体会议作说明和报告，应当简明扼要，重点突出，报告时间一般不超过15分钟。

二、议案和报告的审议

常委会会议审议议案和报告，主要采取分组会议的形式，必要时可以举行联组会议。

分组会议审议议案和报告的发言，由各组的联络员负责如实记录，力求准确无误，并送请发言人校核后编发简报，于次日会议举行前印发常委会组成人员、列席人员。

分组会议的联络员每组两名，由常委会及各专门委员会的工作机构、办事机构负责派人担任。分组会议的重要动态，由常委会办事机构根据分组会议联络员收集的情况，及时报告秘书长。

常委会分组审议议案和报告时，提出议案的机关和有关专门委员会、常委会工作机构和办事机构，必须派熟悉议案情况、能够代表本部门准确回答与会人员提出问题的人员到会，听取意见，回答询问。

常委会分组会议每组设联络员2名，由各专门委员会或常委会工作机构、办事机构派人担任。其主要职责是：(1)协助常委会办事机构分捡会议文件材料，领取会议所需用品；(2)协助分组会议召集人做好会议的组织工作和服务工作；(3)负责分组会议审议记录，提供简报素材；(4)会议结束后，将分组审议记录、分组审议出缺席人员名单按要求交给常委会办事机构。

三、法规案和其他议案的表决

常委会全体会议表决法规案前，由法制委员会向全体会议作法规草案修改意见的汇报，并将主任会议通过的法规草案表决稿印发会议，提请全体会议表决。常委会全体会议表决其他议案，由相关专门委员会、常委会工作机构和办事机构负责人宣读决定草案，然后提请全体会议表决。表决采用无记名按表决器方式。如表决系统发生故障，改用举手表决方式。赞成票、反对票、弃权票的表决票数，由会议主持人当场宣布，以常委会组成人员过半数赞成通过，未按表决器的，不计入表决票数。

四、人事任免

人事任免权是宪法和法律赋予各级人大常委会依照法定的权限和程序，对国家权力机关的常设机关或机构和国家行政机关、监察机关、审判机关、检察机关等有关公职人员的任命、去职的权力，是人大常委会一项重要工作。权力机关在行使职权时，必须依照法律规定的程序严格进行。经过法定提请人提名、审议、无记名投票表决、公布等程序。不能因压缩会期而取消审议过程,也不能图省事而采取举手表决方式进行表决。

(一)有关专门委员会或办事机构,根据提请机关提请的人事任免案,起草有关情况的综合汇报,报请主任会议同意后提请常委会会议审议和表决。

(二)省人大常委会审议人事任免案时,提请人应到会作关于任免案的说明。提请人不能到会时,也可委托其他领导人代作任免案的说明。

(三)拟任职的政府组成人员,监察委员会副主任,人民法院副院长,人民检察院副检察长在人大常委会全体会议上作供职发言。

(四)分组审议时,提请机关应派人到会听取意见、回答询问。

(五)由工作机构汇总分组审议意见,并向主任会议汇报;对于审议中反映的重要情况,还要及时向党委反映。

(六)常委会表决人事任免名单,采取逐人表决的方式进行;对监察委员会、人民法院、人民检察院以及农垦、林区等法院、检察院的部分法职人员也可采取合并表决方式进行。

(七)通过任命的政府副职负责人、秘书长、厅长、主任等政府组成人员,监察委员会副主任,人民法院副院长,人民检察院副检察长,一般可由主任或副主任在省人大常委会会议上颁发任命证书。

(八)对于表决结果予以公布,同时印发人大常委会任免文件。

会议的其他组织工作

一、确定会议出席、列席人员和其他相关人员

常委会会议举行的2日前,由常委会办事机构落实常委会组成人员和政府、监察委员会、人民法院、人民检察院负责人预计参加会议的情况,并将情况汇总后报秘书长。

常委会会议举行的8日前,由常委会办事机构落实议案和报告的说明人和报告人,报秘书长。

二、会场布置

常委会全体会议会场设主席台。主席台正中挂国徽。主席台下设报告席。

常委会组成人员,以及列席的政府、监察委员会、人民法院、人民检察院负责人,列席的专门委员会组成人员、政府秘书长或副秘书长、政府组成部门负责人,下级人大常委会及其工作机构、办事机构负责人,部分人大代表,

旁听公民等,按桌签就座。

常委会组成人员座席区设表决系统。出席会议的常委会组成人员入座后按表决器的报到键报到;主任会议成员座席加装计算机终端,同步显示表决状态和表决结果。

常委会组成人员座席区设发言系统,有征求意见事项、常委会组成人员申请发言时,经会议主持人同意,可以在本人座位上发言。

会场装有显示屏,与报到系统、表决系统和发言系统连接,显示会议报到人数、会议议题、表决结果。

常委会分组会议的会场,出席和列席人员按桌签就座。

电子报到系统、发言系统、表决系统、显示屏等各项设施,由办事机构负责安装、维护和管理。

三、会议的新闻报道

常委会新闻宣传机构应当根据常委会会议议程,拟订新闻报道计划,明确报道重点和报道要求,报分管副秘书长审定后,向采访会议的新闻记者通报。报道常委会会议的新闻稿,一般由新闻办公室审定,重要的新闻稿报请分管副秘书长审定;涉及报道常委会主任或副主任重要讲话的新闻稿,由分管副秘书长报请秘书长审定。常委会会议通过重要法规后,报请秘书长同意,可举行新闻发布会。

常委会通过的法规、决议、决定、人事任免名单,由有关专门委员会领导签字后,报常委会分管副秘书长签发,新闻宣传办公室送新闻单位公布。

地方人大常委会会议宣传主要由地方人大常委会宣传机构负责组织,各新闻单位派记者参加报道。会前由人大常委会负责人大新闻宣传工作的部门作出报道计划,召开主要新闻单位负责人大报道的记者通气会,通报报道计划,请提报议案单位有关人员介绍情况。

(一)组织新闻单位报道会前人大常委会主任会议公布的会议召开时间、会议议题等有关情况。

(二)制定报道计划,确定报道重点。对会议期间决定特别重大事项的,另外制定报道计划。

(三)每次会议的开会、闭会,组织新闻媒体给予突出的报道。

(四)会议期间,组织新闻媒体集中突出地报道会议内容。根据需要报道内容的情况,报纸可以开辟专栏;广播、电视可以开辟专题,集中发表有关稿件。

(五)组织新闻媒体有重点选择提交会议的立法草案、向会议提请审议的报告,进行解读式报道。

(六)对常委会组成人员在小组或者联组会议中的发言,要特别注意反映。可以按照内容或者讨论的顺序,集中反映1—2个专题,用综合报道或者侧记等形式宣传。

(七)有的常委会会议结束前,常委会负责人发表重要讲话,可摘发在闭会消息中。

(八)会议结束后,及时收集会议通过的法规、决议、决定及任免名单送指定报纸公布。

(九)会议结束后,及时进行小结,总结经验教训,便于今后更好地完成报道任务,提高报道质量。

四、专题讲座

由常委会工作机构、办事机构根据常委会年度专题讲座计划,在常委会会议期间安排专题讲座。常委会组成人员、专门委员会组成人员和机关干部参加。内容主要包括法律、法规或者经济、社会发展中的重大问题。

专题讲座一般由一位人大常委会副主任主持。主持人用语,由常委会办事机构草拟,由秘书长核签后报主持人审定。

五、会议接待和服务工作

常委会召开全体会议时,办事机构的有关工作人员应提前1小时到达会场,检查会场的有关情况。会前,检查会议议题的说明人、报告人到会情况,如果议题说明人、报告人临时更换或未到会场,应立即向秘书长和会议主持人报告。

常委会办事机构在与会人员驻地设立会务接待组,负责外地与会人员的接送、食宿、交通等,并在全体会议、分组会议休会期间,为与会人员提供服务和保障。

常委会办事机构与有关部门配合,做好常委会会议期间人民群众的来信来访的处理工作。

后续会务工作

一、公布法规、决议、决定和人事任免的事项

常委会通过的法规和修改、批准、废止法规的决定,关于本级人大代表的补选、辞职、罢免,常委会任免和决定任免、批准任免的名单等,以常委会公告公布。公告由秘书长签发。

会议通过的其他决议、决定，以常委会名义公布，由秘书长签发。

二、议案通过后的复文

议案通过后，由常委会有关工作机构和人大有关专门委员会以常委会名义，向提出议案的单位复文。

复文的内容包括：来文单位、函号，通过的法规名称、时间、会议届次、公告序号，并附通过后的法规文本或者常委会的决定、任免名单。

复文的落款时间为常委会通过该项议案的时间。

复文每年单独排列序号。按单位一案一复，由秘书长签发。

三、编辑发行公报

常委会会议通过的法规、决议、决定、任免名单、报告，以及听取和审议的报告，经过常委会办事机构编、审后刊登在《××省人民代表大会常务委员会公报》上。在公报上刊登的法规文本为标准文本。公报刊登的文件应当是由有关部门负责人核定的最终文稿。

法规案的说明和修改情况的报告以及审议结果的报告，随法规标准文本同时刊登。

四、新闻媒体刊载会议决定的重要事项

对地方性法规、自治区的自治条例和单行条例，会议通过的重要决定、决议等，依照有关法律规定在中国人大网、本地方人民代表大会网站以及在本行政区域范围内发行的报纸上刊载。

五、整理发送《人大常委会会议审议意见》

常务委员会组成人员对专项工作报告的审议意见，对执法检查报告的审议意见连同执法检查报告，交由本级人民政府、监察委员会、人民法院或者人民检察院研究处理。人民政府、监察委员会、人民法院、人民检察院应当将研究处理情况由其办事机构送交本级人民代表大会有关专门委员会或者常务委员会有关工作机构征求意见后，向常务委员会提出书面报告。常务委员会认为必要时，可以对专项工作报告作出决议；本级人民政府、监察委员会、人民法院、人民检察院应当在决议规定的期限内，将执行决议的情况向常务委员会报告。常务委员会听取的专项工作报告及审议意见，执法检查报告及审议意见，人民政府、监察委员会、人民法院、人民检察院对审议意见研究处理情况或者执行决议情况的报告，向本级人民代表大会代表通报并向社会公布。

六、文件、材料、简报的整理归档

常委会办事机构应当在常委会会议结束后的10日内，将本次常委会会议的会议文件、参阅文件、参阅资料、简报、会议记录等，按规定归档。

七、法规备案

省级人大常委会通过的各项法规和有法规性质的决议、决定，由工作机构或办事机构负责报全国人大常委会、国务院法制办备案。

人大常委会主任会议

主任会议定位

县级以上地方人大常委会主任会议既是法定机构，也是法定的会议形式。地方组织法第五十四条规定："省、自治区、直辖市、自治州、设区的市的人民代表大会常务委员会主任、副主任和秘书长组成主任会议；县、自治县、不设区的市、市辖区的人民代表大会常务委员会主任、副主任组成主任会议。"主任会议是一个集机构（人大常委会的内设机构）和行使职权的方式（以会议的方式）为一体的组织。根据法律的规定和实际工作中的做法，主任会议的职责主要是：决定常委会每次会议的会期，拟定会议议程草案；对向常委会提出的议案和质询案，决定交由有关的专门委员会审议或者提请常务委员会审议；处理常务委员会的重要日常工作。主任会议不同于人民代表大会会议和人大常委会会议，人民代表大会会议和人大常委会会议是人民代表大会和人大常委会行使职权的会议，会议作出实体性的决定，如通过法规或决议决定等。而主任会议不是行使法律赋予人大常委会职权的会议，主任会议不能行使立法权、重大事项决定权、监督权、人事选举任免权等，主任会议是决定人大常委会何时行使权力、行使权力的内容的会议，作出的决定主要是程序性的决定，如决定会议会期、拟定会议议程草案、对向常委会提出的议案和质询案决定交由有关的专门委员会审议或者提请常务委员会审议等。人民代表大会会议和人大常委会会议的召开次数是由法律明确规定的，如法律规定，地方各级人民代表大会会议每年至少举行一次，地方人大常委会会议每两个月至少举行一次。而主任会议召开的次数则没有法律的明确规定，其每年召开几次、何时召开完全根据需要决定。每次常委会会议之前是一定要召开主任会议的，常委会会议期间，一般也要召开主任会议，一般都是讨论决定常委会会议的程序性事项。

日常工作中根据需要，也召开主任会议，如听取和部署各专门委员会的工作汇报和相关工作，协调有关专门委员会之间的关系等。主任会议也不同于专门委员会会议。专门委员会会议是为代表大会和常务委员会行使职权服务的，主要是协助代表大会或者常委会行使立法权、监督权、重大事项决定权、人事选举任免权等，如法制委员会根据常委会组成人员、有关专门委员会和其他各方面的意见，对法规草案统一审议，向常委会提出审议结果的报告和草案修改稿等。而主任会议是协调和指导专门委员会的日常工作。可见，主任会议是地方人大常委会一个非常重要的机构和会议形式，对确保地方人大常委会依法行使职权具有非常重要的作用。一是决定常委会会议的会期、议题、议程和程序。这一作用类似于有些国家的议会的程序委员会。常委会会议何时召开，哪些问题列入会议议题，先审议什么议题、后审议什么议题，审议的程序如何规定等，一般都由主任会议决定。二是决定日常工作中的重要问题。如讨论决定常委会日常工作的重要工作制度，讨论确定有关工作会议的日期、内容等。三是指导、协调专门委员会的工作，协调专门委员会、常委会工作机构和办事机构之间的关系。如在常委会会议审议地方性法规案时，在法制委员会与有关专门委员会之间对有关重大问题意见不能达成一致的情况下，就要向主任会议报告，由主任会议讨论决定。

主任会议是人大常委会非常重要的一种会议形式，在人大常委会履行职责的过程中，具有十分重要的作用。要使主任会议发挥其应有的作用，必须开好每一次会议，因此，会议的准备（会务）工作对会议的成功起着决定性作用，这就对会务工作人员提出了很高的要求：一是要有强烈的责任意识。由于主任会议的内容一般都是涉及常委会行使职权（如拟定常委会会议议程）或者为常委会行使职权提供相关保障（如讨论决定常委会重要的制度建设）的问题，所以会务工作人员一定要具有光荣感。为自己能够参加如此重要的会议的筹备工作而感到光荣，为领导信任自己，把如此重要的工作交给自己而感到光荣。要积极主动。不是被动地完成领导交给的工作任务，而是主动地了解会议的全况，准确理解自己的工作分工，热情地从事会务工作。要确保工作质量。对自己承担的会务工作，要思想上重视，行动上认真，成果上做到精益求精，用自己工作的高质量保障会议举行的高质量。二是要有清晰的效率观念。常委会会议之前的主任会议一般与常委会会议时间相隔很短,尤其是常委会会议中间的主任会议与其他会议议程的衔接十分紧密,如上午常委会分组会议刚刚审议了法规案,下午主任会议就要决定是否将修改后的地方性法规案提交常委会全体会议表决,没有充足的时间让会务工作人员从容地进行会议筹备。这就要求会务工作人员必须快节奏、高效率地工作,保证在很短的时间内,完成会议的准备工作。要求会务工作"熟""快""准"。所谓"熟",是指要十分熟悉会议筹备工作各个方面和各个环节的事务,保证各方面和各环节衔接顺利,不至于忙中出错。所谓"快",是指工作节奏紧凑,不拖泥带水,要连续作战,有时时间紧张,需要废寝忘食地工作,才能保证按期完成会议筹备任务。所谓"准",是指完成的每一项工作都很到位,都符合会议的要求,没有错误或不当。如提交主任会议讨论的常委会会议将要表决的决定草稿,就不能忘了"草案"两字,因为常委会会议表决通过前的规范性文件都是草案,只有在常委会会议表决通过后,才能变成正式的文件,才去掉"草案"二字。三是要发扬团队精神。一般情况下,主任会议的内容都很多,需要做的会务工作也很繁杂,这就要求每个会务工作人员要有整体意识、全局意识,要有合作的理念,在完成本职工作的前提下,积极配合、支持其他人员的工作,进而主动帮助他人完成工作,相互补台,共同完成会议的筹备工作。四是要有求实的工作作风。开会是为了解决问题的,只要能够保证解决问题,达到会议的目的,会议就不要铺张、不要太过形式化。另外,会务工作人员还要保持严谨的工作作风,要心细如丝。仔细检查各项准备工作是否做到了万无一失,如检查会议文件是否有缺页、多页、错页等现象。正如有经验的会务工作人员所说的:会务工作无小事。只有每个细节都准确无误,才会有会议的成功。

会议准备

一、组织准备

(一)确定会议日期和议程。这项工作一般由秘书长与常委会会务工作等机构沟通后提出初步意见,经秘书长与常委会有关领导商定。主任会议议程经秘书长办公会议讨论,由秘书长提出,主任或常务副主任确定。

(二)通知有关方面和人员出席会议。将会议的日期、内容、有关方面需要做的准备工作通知有关方面和人员。该通知一般由常委会办事部门(办公厅)

印发。需要通知的方面和人员一般有:主任会议成员,常委会副秘书长,各专门委员会主任委员,常委会工作机构负责人,与议题有关的负责人和工作人员等。一般在主任会议举行的5日前通知各项议案的汇报单位。汇报单位一般应当于主任会议举行的3日前,将汇报文件报送常委会办事机构。

(三)布置会场。如摆放名牌(包括出席会议人员的名牌和列席会议人员的名牌)、排列座椅、准备并测试会场视听设备等会场辅助设施。

(四)通知有关新闻媒体,为会议的宣传做好准备。

二、会议文字材料准备

(一)主任会议文字材料的特点。与人民代表大会会议和人大常委会会议所需的文字材料相比,主任会议所用的文字材料有自己的特点:一是对材料形式的要求不是很规范。除了政府、监察委员会、法院、检察院以及下级人大提交会议的文件比较规范以外,人大各专门委员会和常委会各办事机构及工作机构等提交的文件并没有严格的形式要件的要求,很多都是白头文件。二是文字材料的内容一般不是定稿。除了政府、监察委员会、法院、检察院以及下级人大提交常委会会议审议决定的文件主任会议无权修改以外,对人大各专门委员会和常委会各办事机构及工作机构等提交的文件可以进行修改,然后再决定提交常委会审议,这种修改一般是通过主任会议提出修改意见,有关机构按照该意见对文件进行调整来完成的。三是提交主任会议讨论的文件一般都是主件。例如,对于地方性法规的议题,一般只将地方性法规草案及其说明提交主任会议讨论,而法规案的其他参考资料,如立法依据、论证材料等则只需提交常委会会议即可。主任会议所需的文件之所以具有这几个特点,是因为主任会议不能行使常委会的职权,不能代替常委会审议决定事项,它只是了解拟提交常委会审议的事项的主要内容和概况,然后根据法律和实际情况作出程序性的决定,即决定是否将某一事项提交常委会审议决定、何时提交常委会审议决定等。虽然主任会议不对拟提交常委会会议审议决定的事项进行实体性的审议,但却不是不重要的环节,因为主任会议如果认为拟提交常委会会议审议决定的事项不成熟等,就可以决定不提交常委会或决定提交以后的常委会会议审议决定。所以,提交主任会议的文件同样不能有丝毫的马虎,对主要的和关键的问题一定要认真对待。

提交主任会议讨论的文件除特殊情况外,一定要提前发给会议的出席人员和有关的列席人员,以便他们有较充足的时间调研、思考会议议题。实践中，由于种种原因，很多主任会议所需的文件不能提前发给会议的出席人员，这在一定程度上影响了主任会议的决策效果。

（二）主任会议文字材料的种类。如上所述，主任会议按其内容划分，主要有与常委会会议配套的会议、研究专题工作的会议、决定重要日常工作的会议等，会议的内容不同，所需准备的材料也就有所区别。

与常委会会议配套的会议所需的文字材料一般包括：（1）常委会会议日期、议程、日程、列席人员草案；（2）下一次常委会会议拟审议决定的事项草案；（3）拟提交常委会审议决定的议案、决议、决定草案；（4）关于法规案的审议意见、审议结果的报告、修改情况的汇报草稿，报批的地方性法规、自治条例和单行条例的文本，关于报批的地方性法规、自治条例和单行条例审议意见的报告、审查结果的报告草稿；（5）拟提交常委会审议的撤销本级政府及下级人大不适当的决议、决定的文件草稿；（6）拟提交常委会审议的贯彻执行人大决定决议情况的报告草稿；（7）拟提交常委会审议的常委会执法检查和述职评议结果整改情况的报告草稿；（8）对人大代表议案及建议、批评和意见的督促承办意见草稿；（9）本级政府、监察委员会、法院、检察院拟提交常委会审议的专题工作报告；（10）为常委会审议做准备的调查研究报告草稿；（11）人大常委会监督监察委员会、法院、检察院重要案件办理情况的汇报草稿；（12）拟提交常委会审议决定的人事任免名单草案，人事任免案的说明；（13）罢免和补选全国人大代表的说明草稿等。

研究专题工作的主任会议所需的文字材料一般包括：（1）拟提交常委会审议的人民代表大会会议筹备工作方案草稿；（2）常委会机关开展某项活动的方案；（3）常委会有关工作制度草稿；（4）常委会评议专项工作方案草稿；（5）常委会执法检查方案（安排意见）草稿；（6）组织人大代表视察、调查、检查方案草稿；（7）拟召开“一府一委两院”高层协调会议解决的问题的汇报材料；（8）人大各专门委员会、常委会工作机构和办事机构的工作汇报；（9）常委会年度立法工作计划草稿；（10）拟提交常委会审议的年度工作要点草稿；（11）拟提交常委会审议的立法规划草案；（12）有关工作会议的筹备方案、调研情况的汇报、会议内容和日程草稿等。

决定常委会重要日常工作的主任会议所需的文字材料包括常委会机关自身建设的重要事项的汇报材料等。

此外，还有一些主任会议临时交办的文件的起草，如慰问信、讣告等。

召开会议

一、会场安排

主要是检查名牌的摆放是否与出席和列席会议的人员相符,增减座椅以满足会议的需要,调整视听设备确保正常使用,摆放会议文件等。

二、汇报议案

(一)汇报单位应当由主要负责人担任汇报人。如议题较多,经秘书长同意,可以委托其他负责人担任汇报人。

(二)主任会议实行候会制。尚未到本议题的汇报人(主任会议规定的固定列席人员除外)在候会室候会,由会务人员通知进入会场。

(三)汇报人应当在会前做好充分准备,熟悉汇报内容,能够回答主任会议成员对议案提出的询问。列席人员发言,应经会议主持人同意。

(四)汇报内容应当简明扼要,重点突出,汇报时间一般在15分钟以内。

(五)常委会会议的议程草案和日程安排方案,由秘书长汇报,也可以委托副秘书长或办公厅有关副主任汇报。汇报应当对议程草案和日程安排方案作简要说明。

(六)法规案由法制委员会、有关专门委员会或者常委会工作机构、办事机构汇报。一是初审的法规案,由本级政府提请常委会审议的,由有关专门委员会根据主任会议的要求先行审议后,向主任会议汇报;由主任会议或者有关专门委员会提请常委会审议的,由有关专门委员会或者常委会工作机构、办事机构向主任会议汇报。汇报的重点:制定或者修改该法规的必要性;该法规草案的主要内容;与相关上位法是否有悖;有关方面在主要问题上的不同意见;对需要研究的重大问题,应一并汇报解决的意见或建议。对本级政府提请常委会审议的法规案,有关专门委员会还应当提出对该法规案是否列入常委会会议议程的意见。二是再审的法规案,由法制委员会汇报。汇报的重点:常委会组成人员和会议列席人员在前次常委会会议审议时的主要意见,以及有关专门委员会和其他有关方面提出的主要意见;法制委员会审议后的修改及处理情况;需要继续研究的主要问题。三是拟提请常委会全体会议表决的法规案,表决前由法制委员会汇报。汇报的重点:法规案最新修改的主要内容,是否具备了交付表决的条件。

(七)常委会听取和审议本级政府决算的报告、审计工作报告,审查和批准省政府决算的议案,由财经委员会汇报。汇报的重点:决算报告、审计报告的重点内容,对本级政府决算(草案)的主要审查意见。拟提请常委会全体会议表决的本级政府决算(草案),表决前由财经委员会汇报。汇报的重点:常委会组成人员对本级政府决算(草案)的主要意见,财经委员会审查报告的要点。

(八)提请常委会听取和审议"一府一委两院"专题工作报告的议案,由有关专门委员会汇报。汇报的重点:与报告机关的沟通情况;报告的核心内容;报告是否回答了常委会组成人员和人民群众关注的主要问题;有关问题的调研情况。

(九)提请常委会听取和审议执法检查报告的议案,由承担执法检查工作的专门委员会汇报。汇报的重点:对所检查的法律、法规实施情况的总体评价;实施中存在的主要问题及主要原因;改进工作的主要建议;法律、法规本身需要修改、补充、解释的建议。

(十)提请常委会审议的人事任免案,由有关专门委员会或常委会工作机构汇报。汇报的重点:提请任免的原因;拟任命人的基本情况;对常委会组成人员可能提出的问题的解释或者处理预案;提出是否提交常委会会议审议的意见。常委会会议分组审议后,由有关机构汇报组成人员的审议情况,提出是否提交常委会全体会议表决的意见。

(十一)提请常委会审议的代表资格的审查报告,由常委会代表资格审查委员会汇报。汇报的重点:选举单位对有关代表任免的审议、表决情况。

(十二)提请常委会听取和审议代表建议、批评和意见处理情况的报告的议案,属于本级政府办理的,由政府秘书长直接向常委会会议报告。属于人大和其他部门办理的,由有关机构负责人汇报。汇报的重点:本年度代表建议、批评和意见的受理、办理情况;重点建议、批评和意见的督办情况;办理中存在的主要问题;下一步工作的建议。

(十三)提请常委会审议代表议案审议结果报告的议案,由相关专门委员会或工作机构向主任会议作说明。

(十四)提请主任会议决定提交常委会审议的其他议案,由有关专门委员会和常委会工作机构、办事机构汇报。汇报的重点:提请审议或者决定该事项的必要性;该事项的主要内容;对需要研究的重大问题,应一并汇报解决的意见或建议。

(十五)拟提请常委会全体会议表决的其他议案,表决前由有关专门委员会和常委会工作机构、办事机构汇报。汇报的重点:常委会组成人员的总体审议情况;有无提出重大意见;可否提请常委会全体会议表决。

三、会议新闻宣传

(一)人大常委会会议召开前的主任会议报道。这一报道起到常委会会议新闻发布会作用。重点报道常委会会议召开的日期和主任会议建议议题的内容,也可以对会议将要审议通过的法规的背景材料提前进行宣传。如果主任会议作出重要决定,需要进行宣传报道,可以随时通知有关新闻单位的记者参加,并要进行及时的报道。

(二)新闻稿件的审核。向采访主任会议的新闻记者提供有关的会议文件及其他相关材料,重要的新闻稿件需要会务工作人员自行起草,审查准备播发的新闻稿件。审查新闻稿件时应当注意以下几方面的问题:一是会议的名称。注意使用规范的名称,即×××(行政区域)第××届人大常委会第××次会议,如"×××省第×届人大常委会第六次会议"。不能使用诸如"省人大主任会议""省人大第××次主任会议"等不规范的名称。二是职务称呼,要使用法定用语。不能将"省人大常委会副主任"称为"省人大副主任",将"省人大常委会秘书长"称为"省人大秘书长",将"专门委员会主任委员"称为"专门委员会主任"等。三是注意报道的内容应当合法。如不能将主任会议讨论的,关于拟提请常委会决定的对省人大代表采取限制人身自由的强制措施事项,称为"主任会议批准了对×××代表的强制措施",因主任会议依法没有许可对人大代表采取限制人身自由的强制措施的权力,这一权力属于人民代表大会主席团和人大常委会。四是注意区分主任会议成员的身份。不能把参加主任会议的人大及其人大常委会的所有领导人员都称为主任会议成员,按照法律的规定,省、自治区、直辖市、自治州、设区的市的人大常委会主任、副主任和秘书长组成主任会议;县、自治县、不设区的市、市辖区的人大常委会主任、副主任组成主任会议。据此,不应把人大常委会的副秘书长、人大专门委员会的主任委员也称为主任会议成员。

四、会议文件制发

对一些会前没来得及制发的文件,或者不宜在会前制发的文件,应当在会议进行中及时制发。

五、会议记录、整理

应当安排专门的会务工作人员负责会议的记录事宜。会议开始以后,会务工作人员应当仔细聆听出席人员和列席人员的发言,认真做好会议记录。会议记录的内容主要有:会议的名称、序号,会议的时间、地点,会议的出席人员、列席人员，会议的主持人，会议的议题，发言人姓名、发言内容等。记录时应当注意尽量记录发言者的原话，不要对其进行编辑、修饰，尤其不能按照自己臆想和推断记录内容。会议结束后，马上向发言者本人核实没有听清的情况，整理发言记录。

六、形成主任会议纪要

主任会议确定的事项，直接关系到人大常委会会议日程安排、议题确定及其他日常事务的安排，是人大常委会开展工作的重要依据。因此，主任会议必须形成会议纪要。把主任会议召开时间、地点、主持人、出席人员、列席人员、记录人、议题、决定事项准确无误地记录下来。主任会议纪要是人大常委会机关的正式文件，一般都有固定的格式、发放范围、归档要求。

后续会务工作

一、督促办理会议决定的事项

主任会议决定的事项主要有：文件起草、调查研究、案件督办、筹办会议等，其中筹办常委会会议是常规性的督办事项。督办主任会议决定的事项，一般由常委会办事部门的会务督办机构进行，督办人员应当与承办单位（部门）和承办人员保持密切联系，明确督办事项、任务、标准、时限，随时掌握办理进程，及时向领导汇报进展情况，并做好登记工作。

二、印发文件

对需要会后印发的文件，会务工作人员应当及时组织印发。这里应当注意的是，会务工作人员应当用适当的文件的格式安排会议确定的发文内容，按照有关发文程序办理。

三、文件的归档立卷

会议结束后，会务工作人员应当及时将会议记录、有关的会议文件、督办事项的结果等进行整理。按照规定，对应由常委会机关档案机构保存的，交机关档案机构存档；对须由本部门保存的，订卷保存。

人大专门委员会会议

地方人大专门委员会会议定位

专门委员会是全国、省、自治区、直辖市、自治州、设区的市的人民代表大会，按照宪法和法律的有关规定，根据实际工作需要设立的专门性的常设机构。专门委员会由人民代表大会从本级代表中选举产生，受本级人民代表大会领导，对其负责并报告工作。地方组织法第三十三条第一款规定："省、自治区、直辖市、自治州、设区的市的人民代表大会根据需要，可以设法制委员会、财政经济委员会、教育科学文化卫生委员会、环境与资源保护委员会、社会建设委员会和其他需要设立的专门委员会；县、自治县、不设区的市、市辖区的人民代表大会根据需要，可以设法制委员会、财政经济委员会等专门委员会。各专门委员会受本级人民代表大会领导；在大会闭会期间，受本级人民代表大会常务委员会领导。"

地方人民代表大会专门委员会的基本工作方式是举行会议。这是因为：

第一，从组织结构上看，专门委员会实行的是委员会制。根据地方组织法的规定，专门委员会由主任委员、副主任委员、委员组成。它与行政机关的委员会不同，行政机关的委员会负责人通常都称主任、副主任，如"教育委员会主任"等；而人民代表大会专门委员会的负责人的法定称呼是主任委员、副主任委员。也就是说，行政机关的委员会实行行政首长负责制，其运作方式是集权性质的，首长决策；而人民代表大会专门委员会实行的是委员制，其运作方式是分权性质的，通过会议投票的方式决策问题。

第二，从组织原则上看，宪法规定，我国的国家机关实行民主集中制原则。就人民代表大会的民主集中制来说，其实现方式是：在人民代表大会会议或人大常委会会议上，人大代表或人大常委会组成人员，代表人民的根本利益和意志参加行使国家权力，平等讨论，畅所欲言，其在人大各种会议上的发言不受法律追究，通过这种方式实行民主。在决定问题时，由各位人大代表或组成人员投票表决，以法定多数决定问题，通过这种方式实行集中。

第三，从职权上看，专门委员会的工作方式只能是会议。地方组织法第三十五条规定："各专门委员会在本级人民代表大会及其常务委员会领导下，研究、审议和拟订有关议案；对属于本级人民代表大会及其常务委员会职权范围内同本委员会有关的问题，进行调查研究，提出建议。"这里研究、审议和拟订议案的职权，必须通过会议的方式行使，尽管拟订议案需要工作人员进行，但其修改和定稿必须由专门委员会会议决定。调查研究、提出建议，也必须通过委员会会议讨论后作出决定。所以，通过举行各种会议行使职权，是专门委员会的基本工作方式，不仅是由人民代表大会及其常委会的履职特点所决定，也是法律法规的明确要求。

专门委员会会议的会务工作要求：一是按照专门委员会的会议制度办事。专门委员会一般都制定了会议制度，对会议的准备、召开等作出了具体的规定，会务工作必须按照会议制度进行。二是要明确会务工作的对象。作为专门委员会会议的会务工作人员，在筹备会议之前，必须首先了解会议举行的时间、地点、议题、参加人员（包括会议主持人）等要素。三是分工协作，统分结合。既有分工，又有合作，共同完成会议的筹备工作。四是提高效率，保证质量。专门委员会会议往往议题较为集中，会期短，参会人员少，讨论的问题又比较重要，很多会议都是在代表大会期间，或常委会会议召开之前或会议中间，为代表大会或常委会行使职权服务的，要求高效率、高质量，这对会议的筹备工作也提出了高效率的要求。

会议准备

一、确定会议议题

会务工作人员需要向专门委员会的办事机构了解准备提交会议讨论决定的事项，向专门委员会领导汇报，并将确定的会议议题反馈给各处。

二、拟定并发出会议通知

专门委员会会议议题确定以后，征得领导的同意，会务工作人员应当拟定会议通知，内容主要包括会议的议题、召开的时间和地点、出席人员和列席人员等。会议通知发给出席人员、列席人员，会议通知应当尽可能提前发给有关人员,以便与会人员对议题早做准备。

三、准备会议文件

为专门委员会组成人员知情知政提供服务。专门委员会工作机构要在常委会办事机构的支持和配合下,积极为本委员会组成人员参加有关重要会议、阅读有关文件提供方便;及时向组成人员印发应由本委员会审议的议案和报告文本;经常请组成人员参加调研等活动,向组成人员印发有关研究资料、参考资料、调查报告,传递动态信息,通报本委员会的工作情况。

主要是会议将要审议的事项的书面材料,一般是围绕人大及其常委会行使立法权、监督权,审议决定重大事项决定权、人事任免决定权而涉及的文件,如地方性法规草案、审议意见草案、审议结果的报告草案、修改情况的汇报草案等;执法检查的方案草案、报告草案,“一府一委两院”专题工作汇报等;有关方面重大事项决定、决议的草案等;人事任免草案等。这些会议文件一般应当尽早印制完毕,并尽量与会议通知同时送达与会人员手中,以便他们为会议全面、深入审议议题做较充分的准备,而不是到达会场后才得到会议文件。专门委员会提出的法规案,应由专门委员会起草或组织、委托起草。在起草过程中,要广泛征求各方面意见,对重大问题应充分协商,努力达成共识。

四、会议室的预定和布置

确定了召开专门委员会会议后就要预定会议室,在通知召开会议之前确定会议室的地点。在会议召开之前,布置好会议室,如名牌、座椅、笔砚等。

五、建立健全议事制度和工作制度

专门委员会应依照法律法规规定和工作实际,按照民主集中制原则,完善议事制度,确保集体行使职权,集体决定问题。同时要制定严格的工作制度,进一步规范委员会组成人员的履职行为,强化委员会及其工作机构的内部管理。

六、做好调查研究工作

专门委员会对属于人大及其常委会职责范围内同本委员会有关的工作和情况,应坚持经常开展调查研究。调查研究应围绕地方工作大局和常委会的中心工作选择题目,有计划、有目的、有组织地进行,并且要深入基层、深入实际、深入群众,求真务实,讲求实效。每次调查研究,都应形成有情况、有分析、有建议、高质量的调查研究报告,为常委会改进工作、提高决策水平提供参考和借鉴。人大专门委员会开展调查研究，有关国家机关、社会团体、企事业组织和个人应当给予协助和配合。

召开会议

一、会议的签到

专门委员会开会时，其组成人员除特殊情况必须向主任委员请假外，要按时参加会议，认真负责地行使职权。会议的签到对象包括会议的出席人员和列席人员，尤其是“一府一委两院”和社会各界与议题有关的列席人员以及旁听人员。

二、做好会议的记录工作

对出席人员和列席人员的发言都要详细记录，注意尽量记录发言者的原话，以便准确理解发言者的原意。

三、准备会议议题的参考资料

会议议题的参考资料一般都由议题工作人员准备，待会议需要时及时提供。另外，有些情况下，会务工作人员或议题工作人员还要回答与会人员的提问，对特定问题作出说明和解释等。

四、会议审议可能涉及的主要事项

（一）拟订、提出和审议法规案的工作。（1）提出立法项目的建议。专门委员会应根据本行政区改革发展稳定的需要，在认真调查研究的基础上，向人大常委会提出与五年立法规划和年度立法工作计划有关立法项目的建议，五年立法规划的建议应在上一届人大任期届满前一年、年度立法工作计划建议应在上一年的年底前向常委会提出。依照人大常委会的立法规划和计划，做好与本委员会有关的立法工作。（2）依法提出法规案。专门委员会依法可以向人大及其常委会提出法规案。专门委员会提出的一般应是与本委员会职责有关，综合性强，其他国家机关难以单独起草或者不宜由其他法定提案人提出的法规案。法规案经本委员会全体会议审议通过后，向人大或其常委会提出。（3）通报起草法规案情况。对立法机关以外其他法定提案人向人大及其常委会提出的法规案，有关专门委员会要提前了解起草进展情况和工作动态，及时沟通情况、交换意见，参与起草工作。（4）审议法规案。对立法机关以外其他法定提案人提出的法规案，在主任会议决定列入常委会会议议程前，有关专门委员会应先行组织审议，并向主任会议提出明确的审议意见，包括：该法规案立法的必要性、可行性，有关方面在主要问题上的不同意见，有无需要研究的重大问题，本委员会是否同意该法规案列入常委会会议议程。对列入常委会会议议程的法规案，有关专门委员会的审议意见印发常委会会议，并负责或协调提供相关法律法规和政策等资料。法规案经常委会会议第一次审议后，实行法制委员会统一审议与有关专门委员会深入审议相结合。有关专门委员会应根据常委会组成人员的审议意见，就法规案涉及的问题继续调查研究、进行审议，提出本委员会的审议意见，交法制委员会统一审议。法制委员会统一审议法规案时，有关专门委员会负责人及相关工作人员应列席会议，认真负责地提出本委员会的审议意见，并及时向本委员会反馈参与统一审议的情况。有关专门委员会与法制委员会之间对法规案中的重要问题不能取得一致意见时，法制委员会应向主任会议报告，由主任会议讨论决定。

（二）协助常委会开展监督工作。专门委员会应结合各自的职责，围绕本行政区工作大局，围绕经济社会发展，针对影响改革发展稳定的突出问题和人民群众关注的热点难点问题，在调查研究的基础上，向常委会提出开展监督工作的建议：（1）听取和审议“一府一委两院”专题工作报告；（2）评议“一府一委两院”有关组成人员；（3）审查政府备案的规章。财经委员会还应开展对财经工作和预算的审查监督，监察司法委员会要做好案件监督的具体承办工作。

（三）执法检查工作。专门委员会应根据主任会议的统筹安排，对有关法律法规的实施情况进行调查研究和检查监督，在此基础上，提出执法检查报告，并于每年年底前，向常委会提出下一年度执法检查项目的具体建议。（1）常委会执法检查的计划确定后，由主任会议委托有关专门委员会具体组织实施。有关专门委员会应具体拟订执法检查工作方案，提出检查的主要内容、检查组的构成、检查的时间和地点、检查的方式和要求等，经主任会议审定后，负责组织实施。根据需要，可请其他专门委员会配合。（2）执法检查组应由熟悉和掌握所检查的法律、法规和有关政策的人员组成，并邀请部分本级和上级人大代表参加。（3）执法检查应采取向社会公示、听取汇报、召开座谈会、个别走访、随机抽查、问卷调查、社会统计等形式，了解和掌握法律法规实施的真实情况，分析研究实施中的具体问题。（4）执法检查结束后，由承担组织实施任务的专门委员会召开会议，审议确认执法检查报告。内容包括：对法律法规实施情况的全面评价；着重指出法律法规实施中存在的问题并分析其原因；有针对性地提出改进执法工作的建议；对法律法规本身需要修改、补充、解释、废止或重新制定的建议等。报告应客观真实，不回避矛盾，经主任会议讨论同意，向常委会会议报告。(5)常委会听取和审议执法检查报告后，由常委会办公厅将执法检查报告、常委会组成人员的审议意见或常委会作出的相关决议，交法律法规实施主管机关。有关专门委员会应在两个月内，就法律法规实施主管机关的整改情况听取汇报，进行跟踪督查，并督促该主管机关于四个月内将整改情况书面报告主任会议和常委会会议。该专门委员会若对整改情况或其报告不满意，可以向常委会提出议案，提请常委会会议审议。(6)对执法检查中发现的重大问题或典型违法案件，主任会议可以交由有关专门委员会进行调查。有关专门委员会应向主任会议报告调查结果，并提出相应的处理意见和建议。

(四)审议专项工作报告。(1)专门委员会应通过调查研究，于每年年底前，向常委会提出下一年度听取和审议"一府一委两院"有关专项工作报告的具体建议。(2)常委会听取和审议专项工作报告的计划确定后，有关专门委员会要提前开展相关内容的调研，提出调研报告，为常委会会议审议提供必要依据。(3)在常委会会议听取和审议报告的一个月前，要与报告机关就报告内容进行沟通，交换意见，由报告机关对报告进行修改完善。(4)专项工作报告经常委会会议分组审议后，有关专门委员会要综合常委会组成人员的审议意见，在全体会议上报告，必要时可向常委会会议提出作出相关决议的议案。(5)常委会会议听取和审议专项工作报告后，由常委会办公厅将常委会组成人员的审议意见或常委会作出的相关决议交报告机关。有关专门委员会应在两个月内，就报告机关的整改情况听取汇报，进行跟踪督查，并督促报告机关于四个月内将整改情况书面报告常委会会议。

(五)做好讨论、决定重大事项的工作。(1)根据人大常委会讨论、决定重大事项的规定，专门委员会可以提出要求"一府一委两院"向常委会报告有关重大事项的具体建议或议案。(2)常委会会议审议重大事项议案，认为有必要作出决议、决定时，有关专门委员会应当起草决议或决定草案，经主任会议讨论同意，提交常委会会议审议和表决。(3)常委会的决定、决议交由"一府一委两院"办理的，在承办机关向常委会报告执行情况前，有关专门委员会应当进行跟踪督查。

(六)形成开展专题调查的报告。(1)专门委员会应在调查研究的基础上，于每年年底前，向常委会提出下一年度专题调查题目的具体建议。(2)常委会专题调查题目确定后，由主任会议委托有关专门委员会组织实施，需要由几个专门委员会共同实施的，确定一个专门委员会牵头，其他专门委员会配合。有关专门委员会应具体拟订专题调查工作方案，组成专题调查组，可以邀请相关的人大代表和上级人大代表参加，采取多种有效方式，深入实际进行调查。根据专题调查需要，由常委会办公厅进行公示。(3)专题调查结束后，有关专门委员会要召开会议审议确认，写出专题调查报告，对调查事项作出全面评价，指出存在的问题并分析原因，提出解决问题和改进工作的建议等。(4)列入常委会会议议程的专题调查报告，由有关专门委员会负责人向常委会全体会议报告；经分组会议审议后，有关专门委员会要综合常委会组成人员的审议意见，在全体会议上报告；必要时有关专门委员会可以向常委会会议提出作出相关决议的议案。

(七)对政府规章的备案审查。(1)对政府报备的政府规章，除备案机构集中备案外，还应按照专门委员会的职责范围和分工，分送有关专门委员会审查。专门委员会对政府规章应有重点地加强主动审查，维护国家法制的统一。(2)专门委员会主要审查规章是否与宪法、法律、行政法规和地方性法规相抵触，审查规章的内容是否适当。当有关专门委员会审查认为规章与宪法、法律、法规相抵触或者不适当时，应及时提出审查修改意见，交由法制工作委员会提请主任会议讨论同意后，以书面形式向制定机关提出。制定机关应当在两个月内提出是否修改和修改情况的报告。(3)对确属与宪法、法律、法规相抵触或者不适当的规章，制定机关不予修改的，有关专门委员会应提出予以撤销的议案，由主任会议决定是否提请常委会会议审议决定。

(八)认真处理代表议案及建议、批评和意见。(1)有关专门委员会应为代表提出议案及建议、批评和意见提供服务。通过密切与代表的联系，为代表提出高质量的议案及建议、批评和意见提供咨询，给予引导和帮助。(2)提高处理代表议案的工作质量。专门委员会在审议人民代表大会会议主席团交付审议或在代表大会闭会期间主任会议交付审议的代表议案时，应加强与提议案人和有关机关、组织的联系和沟通，认真听取、详细研究并采纳合理意见。对条件成熟、切实可行、能够列入人民代表大会会议议程或者常委会会议议程的代表议案，应建议列入会议议程；对暂不能列入会议议程的议案，可以建议列入常委会的立法规划或者相关工作计划。(3)对列入会议议程的代表议案，有关专门委员会应在认真审议的基础上，提出审议结果的报告，经该专门委员会全体会议通过后，提请常委会审议。常委会审议通过的审议结果报告，印发下次人民代表大会会议。

（九）筹备会议事项。专门委员会召集本行政区域内各级人大专门委员会负责人举行重要会议或者承办地区间专业对口会议，应于年初提出计划，由常委会主任会议或秘书长办公会议统筹安排。

（十）对外交往工作。专门委员会可以结合国家整体外交和地方人大对外交往的需要，从自身工作特点出发，根据本级人大常委会外事工作的统一安排，采取“请进来，走出去”的形式，加强与外国地方议会的交往。对外交往要做到目的明确，任务具体，准备充分，注重实效。通过开展议会外交，增进与外国地方议会之间的相互了解和友谊，促进在法制、经贸、科技、文化等方面的交流与合作，为经济和社会发展服务。

后续会务工作

一、印发会议纪要

会议结束后，会务工作人员应当及时找会议发言人员核对不清楚的话语，及时起草专门委员会会议纪要。会议纪要的内容主要有：议题、时间、地点、出席人员和列席人员、主持人、会议议定的事项要点等。会议纪要不印发与会人员。

二、督办落实

有的会议议定事项，还需要会后跟踪督办，会务工作人员应当按照职责分工做好督办工作。对交由“一府一委两院”办理的涉及人民群众切身利益、代表反映比较集中的重点办理的建议、批评和意见，有关专门委员会应进行跟踪督办。认真处理和答复代表建议、批评和意见。有关专门委员会应与提出建议、批评和意见的代表加强沟通和联系，深入了解有关情况，听取办理意见，在认真研究处理的基础上及时书面答复代表。

三、加强与人大代表的联系

专门委员会在密切与人大代表广泛联系的基础上，应加强与其专业对口的人大代表的联系，及时通报本委员会的年度工作计划和工作开展情况，吸收代表参与立法、监督等工作，围绕专业领域的热点难点问题开展视察、调查等活动，提供代表履行职责需要的有关资料和信息。

四、规范与各级人大和外地人大专门委员会的对口联系，开展对外交往工作

明确联系的方式与原则。专门委员会可以通过参加和召开座谈会、研讨会、专题讨论会、经验交流会，以及开展调查研究等方式，加强与上级人

大、本级人大有关专门委员会或工作机构的对口联系，沟通情况、交换意见，取得指导和支持，学习借鉴工作经验，提高自身工作水平。

专门委员会可以选择下级人大或其对口部门作为联系点，保持经常联系，互通情况，听取意见，促进工作。

五、归档立卷

每次专门委员会会议的会议文件、记录、纪要都要规范印制，完整地归档保存。

地区及街道人大常委会工作机构会议

地区及街道人大常委会工作机构会议定位

地方组织法第五十九条规定:"常务委员会根据工作需要,设立办事机构和其他工作机构。省、自治区的人民代表大会常务委员会可以在地区设立工作机构。市辖区、不设区的市的人民代表大会常务委员会可以在街道设立工作机构。工作机构负责联系街道辖区内的人民代表大会代表,组织代表开展活动,反映代表和群众的建议、批评和意见,办理常务委员会交办的监督、选举以及其他工作,并向常务委员会报告工作。"

地方组织法此处定位的工作机构属于人大常委会的派出机构。派出的工作机构虽然不是权力机关,不能行使权力机关的实体权力,但要对设立它的权力机关人大常委会工作全面负责。因此,对确保该人大常委会全面、有效地行使职权有着极其重要的作用。实践中,省级人大常委会在地区的工作机构一般称地区人大工作委员会,级别与设区的市的人大常委会相同;市辖区、不设区的市的人大常委会在街道设立工作机构,是2015年修改地方组织法新增加的规定。工作机构要发挥其参谋、助手作用,就要建立制度,开好会议。

地区人大工作委员会在省人民代表大会常务委员会领导下,根据省人民代表大会常务委员会的年度工作要点和工作安排,结合本地区的具体情况,开展工作,履行职责。地区工作委员会一般每季度至少召开一次会议,讨论职责范围内的一些重大问题及研究有关工作,并将讨论结果报省人民代表大会常务委员会。地区人大工委的会务工作,通过细致周到的服务,确保地区人大工委全体委员会议高效、有序举行,切实做到程序化、制度化、规范化。街道人大常委会工作机构在基层工作，直接同人民群众打交道，如何履职，可以借鉴地区人大工委的做法，结合自身的实际，探讨开好工作机构会议的新途径。

全体委员会议

一、决定召开会议

（一）地区工作委员会全体委员会议一般每季度召开一次。

（二）会议的筹备工作一般从委员会议召开一个月前开始。首先，由工委办事机构起草关于召开下一次工委委员会议议题草案。其中包括关于召开的时间、地点和议题等。然后召开工委主任办公会议作出决定。议题草案决定后，应向人大工委党组汇报，以工委党组的名义报地委。地委批准后，印发工委组成人员，以便于工委组成人员提前搞好调查研究，做好审议的准备。与此同时，应于15日前通知汇报单位。

（三）汇报单位应当于工委委员会议举行前十天，将汇报文件报送工委办事机构。工委办事机构应当在工委委员会议举行的五日前，将提请审议的有关材料发送工委组成人员。工委委员会议听取和审议行署关于全区国民经济与社会发展计划执行情况的报告、财政预决算的报告及其他重大事项等，由行署或者委托其有关部门向全体委员会议报告。报告的重点：(1)计划和预算执行的主要情况；(2)宏观调控措施和重要经济政策的实施情况、存在的主要问题和下一步工作的安排；(3)地区财政保证重点支出的情况；(4)地区财政转移支付的情况；(5)超收收入的使用情况；(6)需要向全体委员会议报告的事项。

二、起草筹备方案

筹备方案的主要内容包括：(1)会议召开的时间和地点；(2)会议指导思想和主要任务；(3)会议建议议题；(4)会议日程安排；(5)关于邀请列席人员；(6)组织领导和分工；(7)会议的准备工作；(8)生活安排。

三、下发会议通知

全体委员会议召开的15日前，工委办事机构应当将全体委员会议召开的时间、会议建议议题，以书面、电报等形式，通知工委组成人员，包括行署有关部门、中级人民法院、地区检察分院负责人，以及应邀列席全体委员会议的人员，议题涉及的单位和新闻单位。

四、成立大会秘书处

全体委员会议秘书处由秘书长和副秘书长若干人组成。大会秘书处工作机构包括:会务组、材料组、宣传组、信访组、生活组。会议秘书处各组主要职责如下:

会务组:负责全体委员会议、座谈会、讨论会的会务工作;与会议秘书处各组协调,负责会议安排、通知报到;以及领导交办的其他工作等。

材料组:负责会议各项报告、决议的起草、修改,以及会议印发文字材料的核稿、送审工作。

宣传组:负责会议期间的宣传报道工作。由各新闻单位组织报道组或者派记者参加会议的报道工作,宣传组根据会议的日程安排制定会议期间的报道计划,按计划做好会议宣传报道工作。

信访组:负责会议期间人民群众来信来访的接待、处理工作。重要情况及时向大会秘书长报告。

生活组:负责会议费用的预结算、会场安排,负责与会人员的接送食宿安排、车辆调度、活动安排,以及其他生活服务。

五、会议材料的起草

(一)起草会议通知。会议召开15日前,工委办公室向工委工作委员会发出通知;告知委员会议确定的议题;向应列席会议的有关部门及人员发出参会通知,并做好相应准备;告知开会日期、报到地点、会议有关事项的要求。

(二)起草会议日程(草案)。办公室在会议召开15日前,起草会议日程(草案),提交主任办公会议同意后,确定会议日程。

(三)会议召开前夕,将会议材料分捡并装入文件袋。

六、会场布置

会议召开前夕确定参会人员,并按相应程序摆台;办公室负责起草会场的横幅、会标草稿,经工委主要领导签字同意后,在会前由工作人员到会场悬挂;检查会场音响、话筒等设备能否正常工作,其他服务工作是否到位等。

七、会议的召开

会议一般由工委主任主持;由行署发改委主要领导对上年度国民经济和社会发展计划执行情况及下年度国民经济和社会发展计划(草案)作报告和说明;组织工委委员进行审议,提出建议和意见;听取和审议其他事项;一般情况下工委主任作主要讲话;会议结束。形成会议纪要。

八、会议报道

会议召开前设立新闻宣传组,确定由电视台、报社等媒体负责会议期间的宣传报道工作。办公室根据会议日程安排,制定宣传报道要点,并报工委主要领导同意后,发至记者;针对会议期间宣传,在进行会议报道的同时,报社要开辟专栏,电视台要设立专题节目。

九、会后工作

(一)印发会议纪要。一般情况下,会议纪要形成后,发至工委委员及各相关部门。

(二)会议文件归档。一般情况下,委员会议结束后,由办公室文秘人员将会议期间所有材料,包括会议纪要,整理装订成册,做好会议文件归档处理。

工委主任会议

地区工委主任会议主要是检查督促宪法、法律、法规以及全国人民代表大会及其常务委员会和省人民代表大会及其常务委员会的决议、决定在本地区的执行情况,必要时可向省人民代表大会常务委员会提出监督的建议。定期或不定期听取行署及相关部门、中级人民法院、检察分院的行政执法和司法情况的汇报。通过听取"一署两院"的行政执法和司法情况的汇报,了解和解决他们在执法中存在的问题,督促他们严格执法、公正执法、公正司法,使各项法律法规、全国和省人大及其常委会的决议决定在本地区得到更好的贯彻实施,进一步推进依法治理的进程。及时传达省人大相关会议精神和要求,了解社情民意,特别是群众反映强烈的"热点、难点"问题,为群众排忧解难,为省人大常委会行使职权提供依据,为省人大和地委工作提供信息,提出意见、要求、建议。了解反映代表和选民的意见、要求,指导好全区的换届选举工作。

一、议题范围

(一)听取行署有关部门、中级人民法院、检察分院阶段性工作或专项工作开展情况的报告;

(二)听取"一署两院"执法、司法情况的报告;

(三)群众反映强烈的热点问题;

(四)重大信访事项;

(五)代表开展"三查(察)"活动;

（六）指导全区县乡人大换届选举工作。

二、会议筹备

（一）议题确定。地区人大工委主任或副主任根据省人大的工作安排，结合本地区的工作实际，提出建议议题，也可由各处室提出建议议题，经分管主任审定后报送主任确定。

（二）起草筹备方案。主要内容包括：会议召开的时间和地点；会议指导思想和主要任务；会议议题；会议日程安排；邀请列席和旁听人员；组织领导和分工；会前的准备工作；生活安排。筹备方案，由办公室向地区人大工委主任汇报，并由主任审定。

（三）通知有关部门做好汇报准备。主任会议召开的15日前，人大工委办公室应通知议题涉及单位做好汇报的准备工作。

（四）下发通知。主任会议召开的7日前，地区人大工委办公室应当将会议召开的时间、地点、会议议题以书面或电话等形式通知行署及有关部门，中级人民法院、检察分院，以及应邀列席主任会议的相关人员、议题涉及的单位和新闻单位。临时召集主任会议，可以临时通知议题涉及的单位和会议列席人员。

（五）会议文件。行署及相关部门、中级人民法院、检察分院要根据议题，为主任会议及时提供相关资料。提请主任会议听取的“一署两院”阶段性工作或专项工作开展情况、执法情况报告，由行署或者委托其有关部门、中级人民法院、检察分院向主任会议报告。报告重点：对所涉及的法律法规总体实施情况；实施中存在的问题及主要原因；改进工作的主要措施；法律、法规本身需要修改、补充和解释的建议。

三、会议的召开

（一）主任会议的议程。主任会议的议程和主持人用语由地区人大工委办公室草拟，每次会议前送秘书长核签后，报地区人大工委主任审定。会议一般由地区人大工委主任主持，主任不能出席会议时，由常务副主任主持会议。主任会议的议程，由会议主持人在主持词中宣读。

（二）主任会议听取的报告，向主任会议作的说明应当简明扼要，重点要突出。

（三）主任会议的工作人员，由地区人大工委办公室或相关处（室）派人担任。其主要职责是：负责分发会议材料；负责会议的组织和服务；负责会议的记录。

四、会后工作

(一)文件归档,会议形成的所有文件,由办公室统一归档。

(二)会议所涉相关执法情况、会议情况、领导讲话等,需报省人大常委会或者专门委员会的由主任审定。

(三)对执法、司法中存在的问题,需“一署两院”纠正解决的由主任审定签署意见后,送“一署两院”。

(四)会议纪要。主任会议后,形成的纪要由办公室草拟,送请秘书长核签后报主任审定。

人大常委会工作会议

人大常委会工作会议定位

所谓工作会议,一般是指为加强人大常委会某一方面的工作或发挥某一机构的作用而召开的会议。工作会议虽然不是法定必须召开的会议,但却是人民代表大会及其常委会一种非常重要的会议。主要是为人大及其常委会更好地协调同政党、国家机关、人民团体等的关系,行使某一方面的职权或者做好某一方面的工作,或者更好地发挥某一机构的作用而召开。工作会议的作用,主要是通过会议总结交流工作经验,探讨工作规律,推动工作的进一步开展,为人大及其常委会更好地行使职权、发挥作用提供保障。与人民代表大会会议、人大常委会会议等法定会议,与党组会议等内部会议,与新闻发布会等研究、部署、公布具体事务的会议不同。

一、工作会议的特点

(一)法定会议之外的工作会议。与代表大会会议、常委会会议和主席团会议、主任会议等相比,工作会议不是基于法律的规定,而是根据工作的需要而召开的。如为了进一步加强立法工作,提高立法质量而召开的立法工作会议,为了加强人大代表工作而召开的人大代表工作会议,等等。

(二)会议的召开没有时间的限制。因为这不是法定会议,所以什么时候召开工作会议、开多长时间,都没有固定的模式,完全根据形势和工作的需要。如有的地方人大常委会连续几届没有召开立法工作会议,而有的地方人大常委会每一届都召开一次立法工作会议。

(三)工作会议的内容宽泛。一般都是围绕人大及其常委会某一方面的职权而召开,如人大常委会行使监督权工作会议。特殊情况下也有综合性会议,如人大工作会议。涉及内容都是如何更好地行使国家权力,关系经济社会长远发展的事项。

(四)会议的筹备工作任务繁重。工作会议一般规模都很大,涉及某一方面工作的相关地区、部门、单位一般都要参加;有的甚至是全国性的,如省人大常委会筹办全国人大系统信访工作会议,事务性工作繁杂。需要解决的问题很多、很重大,需要准备的文件很多、很复杂,需要协调的事项很多、难度很大,有的甚至是多年没有解决的老大难问题。

(五)会议的方式灵活。会议的议题和开会方式差别很大,没有统一的模式。有的工作会议中间套有理论研讨会等,有的会议中间甚至还有参观、考察、讲座等事项。

(六)会议的结果没有法律约束力。与人民代表大会会议、人大常委会会议通过的法规、决定、决议具有法律效力,必须执行不同,工作会议的结果没有法定效力。

二、工作会议的种类

同人大工作有关的工作会议很多。按照主办会议单位可分为党委人大工作会议、人大常委会工作会议、人大常委会主任工作会议、人大专门委员会工作会议、人大常委会同“一府一委两院”秘书长(办公厅主任)联席会议、人大常委会办公厅工作会议、人大常委会法工委工作会议、人大常委会研究室工作会议、人大常委会信访办公室工作会议、人大常委会机关党委工作会议等。按照会议内容可分为人大立法工作会议、人大监督工作会议、人大工作经验交流会、人大理论研讨会、人大新闻宣传工作会议、人大代表工作会议、人大信息工作会议、人大信访工作会议、地方人大期刊工作会议、立法调研会、依法行政座谈会等。

三、召开工作会议的确定

一般要由具体承办部门履行机关会议审批手续。如举行由人大专门委员会和常委会工作机构举行的立法座谈会,应当征得人大常委会主任会议的同意。而征得人大常委会主任会议同意的具体表现形式,就是由人大专门委员会或常委会工作机构向人大常委会主任会议提出的关于举行立法座谈会的建议(或报告、请示,下同)。建议包括两个方面的内容:一是举行座谈会的理由,也就是为什么要举行立法座谈会;二是座谈会的具体安排,如:什么时间举行,举行多长时间,由哪个单位主办,谁来主持,参加者都是谁,座谈的主要问题是什么,等等。如果座谈会的提起者已经形成了举行座谈会的具体工作方案,可以将方案作为附件附在建议之后,而建议只需将座谈会的具体安排简要说明即可。

四、工作会议的开法

一般是确定一个主题,围绕主题确定会议议题,形成主报告和大会口头或书面交流发言材料,与会人员讨论消化会议精神,最后作会议总结,有的会议结束时还要形成会议纪要。如宣传工作会议就是地方人大常委会召开的讨论、研究人大新闻宣传工作,指导部署新闻宣传任务的会议。会议的宗旨和内容主要是贯彻落实党的路线、方针和政策,总结过去本地区人大新闻宣传工作开展的情况和经验,讨论、研究、落实今后一个时期人大新闻宣传工作的主要任务。以使人大新闻宣传工作适应新形势的要求,推动人大新闻宣传工作进一步开展。参加会议的人员主要有本级党委有关负责人,人大常委会分管新闻宣传副主任和秘书长、副秘书长,党委宣传部门负责人,各主要新闻单位负责人、分管部门负责人、负责人大报道的记者,下级人大常委会分管新闻宣传负责人、分管部门负责人和党委宣传部门有关负责人等。会议主要议题:一是本级人大常委会主任或副主任讲话,总结和通报本地区人大新闻宣传工作开展的基本情况,提出和明确今后一个时期人大新闻宣传工作的指导思想和主要任务。二是党委有关负责人讲话,对做好人大新闻宣传工作提出希望和要求。三是参加会议人员讨论,提出意见和建议。四是交流经验。会议结束时,由本级人大常委会负责人作总结,对贯彻落实会议精神提出要求。地方人大新闻宣传工作会议是本级人大常委会对辖区各级人大常委会加强工作联系与指导的一种有效的会议形式,为地方各级人大常委会所普遍运用。会议根据人大新闻宣传工作需要,不定期召开。

会议准备

一、建议开会和提出筹备工作方案

(一)提出召开会议的建议。一般是由有关的专门委员会或常委会工作机构提出召开自己职权范围内的工作会议的建议,特殊情况下,由有关领导建议有关专门委员会或常委会工作机构筹备召开相关的工作会议,专门委员会或常委会工作机构经研究后作出响应,提出召开工作会议的建议。这种建议通常是向人大常委会秘书长提出,秘书长召集各相关方面的负责人的协调会议,向常委会主任会议提出召开工作会议的建议。

（二）主任会议确定召开工作会议。主任会议听取有关专门委员会或常委会工作机构关于召开工作会议的理由、目的、任务及相关情况的汇报。研究确定会议筹备工作方案，包括会议的指导思想、要解决的问题，会议召开的时间、地点、规模、出席人员和列席人员，确定会议的内容、开法、议程，会议筹备工作的组织领导机构、具体分工、完成的标准和时限，等等。

二、成立会议筹备工作组织机构

会议筹备工作领导小组（有时领导小组还下设办公室），组长一般由常委会秘书长担任（特别重要的工作会议的组长由常委会主持日常工作的副主任担任），副组长一般由各相关部门的负责人担任。具体负责筹备会议的工作组织一般有：

会务组，主要负责会场布置、会议议题和日程的拟订、会议文件的印制等。

材料组，主要负责会议有关文件的起草工作。

生活组，主要负责与会人员的食宿安排。

保卫组，主要负责重要工作会议的安全保卫工作，如安排警卫、制发出入证等。

信访组，对于社会影响比较大的工作会议，还要设立信访组，负责接待信访人员。

宣传组，对于不需要保密的工作会议，还要成立宣传组，主要负责会议的对外宣传工作。

医疗组，主要负责会议的医疗服务，医疗组应当安排经验丰富的医护人员，特别是对中老年人的常见病比较精通的医护人员，还应当准备常见的急救药品和器械。

三、会前的调研准备

一般的工作会议都需要进行会前调研。目的是为会议的召开准备最基本条件。调研的原则是客观、全面、准确。调研的人员必须精干，既要懂法律，又要懂政策，还要精通业务。调研的内容即会议的内容。调研的方式应当讲求实效，要深入实际、深入基层、深入群众，直接听取普通群众的心声，了解基层的真实情况，不要满足于听汇报、索取现成的材料。调研报告要客观、真实，观点明确，内容翔实，数据准确。

四、会前协调工作

工作会议的主要目的是解决当前某一方面或某个机关工作中遇到的突

出问题，为了使会议解决问题有针对性并有所突破，会前进行必要的协调工作是十分必要的。例如，在党委人大工作会议之前，协调各有关方面就会议解决人大及其常委会的工作条件、人大代表和常委会组成人员的结构、人大常委会机关干部交流、有关工作机构的设置等问题达成共识，对会议的成功举行非常重要。协调工作一般是由常委会的有关领导出面进行，与党委和“一府一委两院”的有关领导或部门就有关问题进行沟通、协商、找出解决问题的办法，协调的方式主要是通过实地考察、举行会议等，协调结果要形成书面材料。

五、会议文件准备

（一）关于召开工作会议的请示。主要内容是召开会议的原因、目的、时间、地点、规模，会议的内容，会议的开法等。

（二）调研报告。将会前调研的情况形成书面文字材料，准备印发会议。

（三）会前需要协调的问题的报告。就会前需要协调的问题、基本情况、建议形成书面材料。

（四）起草、制作、发出会议通知。就会议的名称、内容、时间、地点、参会人员、报到的时间和地点、需要准备的事项等形成书面材料通知有关方面。

（五）督促有关方面和人员起草、印制、分发与会议主题有关的文件。如领导讲话稿（会议主报告）、代表发言稿、经验介绍材料等。收集会议典型发言的电子版，将领导讲话等会议材料付印。将会议材料分捡并装入文件袋。

（六）编印会议须知，包括作息时间、分组和列席人员、各工作组驻地、会议日程表、全体会议和分组会议召开的时间和地点等。

（七）起草会议主持人用语。

六、总务准备

（一）布置会场。包括预定会议室、张贴会场标识、悬挂会标、摆放座椅、安排席次、检查视听设备等。

（二）安排分组会议室。包括摆放名牌和座椅等。

（三）接送站安排。包括接站（航班）、票务服务、送站（机场、码头）等。

（四）食宿安排。包括房间、餐厅地点等。

召开会议

一、报到登记和签到

报到登记是指大会开始之前，会务工作人员统计出席会议人员到会的情况，并作出记录的工作。会议签到，是指分组会议开始之前，小组联络员对出席会议人员和列席会议人员的到会情况进行统计和登记。这样做的目的主要是督促有关人员按时参加会议，作为分发会议文件的根据，为会议决定事项提供人数保证等。

二、会议文件制发

工作会议的多数文件都可以在会前定稿，不需要会议中间修改通过。但也有一些文件是拿到工作会议上征求意见的，属于这种情况就应标明“讨论稿”“未定稿”“征求意见稿”等字样。对不宜或不能于会前制发的文件，应当在会议进行过程当中及时制发，如党委《关于进一步加强和改进人大工作的决定（草稿）》一般不能在会前制成文件发给与会人员，大都是在会议进行过程中发给与会人员讨论修改。

三、依照会议既定程序运行

工作会议没有法定的程序，但每次开会都要遵循一定的议程运行。否则，会议就会杂乱无章、各行其是。召开会议原则上必须依据既定的方案有序进行。如需调整会议的时间、内容、日程等安排，必须经过会议的领导机构或主要负责人同意。如无突发情况或特别需要，不宜临时改变原定的会议程序。

四、会议记录

工作会议一般都安排有分组会议，主要是讨论会议的主报告、讨论修改会议拟通过的文件、交流工作经验和体会等。分组会议需要会务工作人员（联络员）予以记录，主要是记录、整理分组会议上参会人员和列席人员的发言，向会议有关机构反映分组会议上有关人员的要求和意见，汇报本小组的讨论修改情况和主要意见、通知会议的有关事项等。

五、新闻报道

负责新闻宣传的会务工作人员联系新闻单位和新闻记者对会议进行采访和报道。向记者提供会议的有关情况和资料，包括会议的有关文件。向记者提出新闻报道的要点和注意事项，并对新闻稿件初稿进行必要的审定。如党委人大工作会议是地方党委召开的专门研究解决人大工作和建设问题的会议，会议一般在每届人大常委会会议期间召开一次。会议设立新闻宣传组，负责会议期间的宣传报道工作。各新闻单位组织报道组或者派记者参加大会的报道工作，根据大会的日程安排制定会议期间的报道计划，按计划对会议进行报道。

工作流程是：（1）通知参加报道新闻单位，并组织报到登记。（2）制发证件(大会记者采访证)。(3)组织会前报道,通过集中采访,或者发表基层经验文章,来宣传人民代表大会制度和民主法治建设的成果。(4)会中报道是报道的重点。报道会议开幕,重要会议除正常发消息外,还要单发领导讲话,并刊发评论;报道会议讨论情况,设立专栏,摘要发表典型发言。(5)报道大会闭幕,除正常发消息外,有的要单发领导讲话。

六、会场安排

根据出席会议人员的情况(特别是领导的出席情况),调整会议的座次和名牌。摆放会议文件。安排会议后勤服务,如茶歇、茶水、湿巾、纸笔等。

后续会务工作

一、向上级报告会议情况

工作会议结束后,一般应由主办会议的机关负责向上级机关呈报会议的情况报告。报告应当简明扼要地说明会议召开的基本情况,提出和解决的主要问题,以及落实会议精神的意见等。

二、印发文件

会议通过的文件,会上来不及印发的,会务工作人员应当在会后尽速定稿、印发,对需要采用特定形式印发的,会务工作人员应当及时履行各种手续,商请有关方面尽速办理。对不在本地的与会人员,应当通过邮寄等形式将会议文件及时送达。需要将会议正式文件印发所属单位的,则要起草关于印发领导讲话的通知并下发。

三、督促、协调办理会议议定的事项

对于会议议定的事项,需要在会后办理的,会务工作人员应当按照职责分工,协调、督促有关方面尽速办理,并将督办情况及时向领导汇报。特别重要的督办事项,还可以将各地、各部门、各单位办理情况书面汇总,以情况通报的方式在一定范围内公示。必要时,建议领导机关或领导就贯彻落实会议议定事项的情况专门组织检查督促活动。

四、文件归档立卷

会议结束后,会务工作人员应当按照有关规定,做好会议文件的归档立卷工作。对遗落在会场和会议其他场所的会议文件,会务工作人员都应当在会后将其收回,对于保密的文件,应当按照有关法律或规定处理。

五、外地人员送站

安排好外地与会人员送站工作。

相关链接

县级人大常委会议事规则

××县人大常委会议事规则

第一章　总　　则

第一条　为了保证县人大常委会(以下简称常委会)会议正常进行,提高议事效率,使常委会工作制度化、规范化,根据《中华人民共和国宪法》《中华人民共和国地方各级人民代表大会和地方各级人民政府组织法》《中华人民共和国各级人民代表大会常务委员会监督法》及有关法律法规规定,结合常委会实践,制定本规则。

第二条　本规则所称常委会组成人员,是指常委会主任、副主任和委员。

第三条　常委会审议议案、报告,决定问题,应当严格依法办事,充分发扬民主,坚持民主集中制原则,集体行使职权。

第二章　会议的召开

第四条　常委会会议每两个月至少举行一次。有特殊需要的时候,可以临时召集会议。

常委会会议由主任召集并主持,主任可以委托副主任主持会议。

第五条　常委会会议必须有常委会全体组成人员的过半数出席,才能举行。

第六条 常委会会议议程、日程草案由主任会议拟定，提请常委会会议决定。

第七条 常委会举行会议，应当在举行会议十五日以前，将开会日期、建议会议议程通知常委会组成人员；临时召集的会议，可以临时通知。

第八条 常委会举行会议时，常委会组成人员除因病或者其他特殊原因请假的以外，均应出席会议。

第九条 常委会举行会议时，县人民政府、县监察委员会、县人民法院和县人民检察院的负责人列席会议。根据会议审议的事项，县级有关部门主要负责人应列席会议。

常委会正县级干部，各工作机构不是常委会委员的负责人，办公室正科级干部、主任科员，机关党委书记列席会议。

第十条 常委会举行会议时，邀请县政协主席或1名副主席列席会议，并邀请乡镇人大主席和10名以上县人大代表列席会议。

根据会议审议的事项，经主任会议同意，可邀请公民旁听。

列席人员有发言权，没有表决权。

第三章　议案的提出和审议

第十一条 主任会议可以向常委会提出属于常委会职权范围内的议案，由常委会会议审议。

县人民政府、县监察委员会、县人民法院、县人民检察院可以向常委会提出属于常委会职权范围内的议案，由主任会议决定提请常委会会议审议。

常委会组成人员三人以上联名，可以向常委会提出属于常委会职权范围内的议案，由主任会议决定是否提请常委会会议审议，不提请常委会会议审议的议案，应当向常委会会议报告或者向提案人说明。

第十二条 主任会议根据工作需要，可以委托常委会的有关工作机构代常委会拟订议案草案，并向常委会会议作说明。

第十三条 提出议案的机关、常委会有关的工作机构，应当对列入常委会会议议程的议案提供有关资料。

第十四条 提请常委会审议的任免案和撤职案，依照法律法规和《××县人大常委会任免国家机关工作人员办法》规定的程序办理。

第十五条 在县人民代表大会闭会期间，补选市人民代表大会出缺的代表和罢免个别代表。

第十六条　常委会会议审议议案时，先听取关于议案的说明，提议案机关的负责人可以在常委会会议上对议案作补充说明。

第十七条　列入常委会会议议程的议案，在交付表决前，提议案机关或提议案人要求撤回的，经主任会议同意后，对该议案的审议即行终止。

第十八条　列入常委会会议议程需要作出决议、决定的议案，在审议中出现有重要问题需要进一步研究的，经主任会议提出，常委会同意，可以暂不表决，交常委会有关工作机构进一步调查研究，向主任会议提出调查研究报告，由主任会议决定是否再次提请常委会审议。

第十九条　常委会审议议案需要作出决议、决定，但有关重大事实不清的，可以组织特定问题的调查委员会。

调查委员会应当向常委会提出调查报告，常委会根据报告，可以作出相应的决议、决定。

第四章　听取和审议工作报告

第二十条　常委会选择若干关系改革发展稳定大局和群众切身利益、社会普遍关注的重大问题，有计划地安排听取和审议县人民政府、县监察委员会、人民法院和人民检察院的专项工作报告，听取和审议国民经济和社会发展计划执行情况的报告、预算执行情况的报告和审计工作报告；听取和审议县本级财政决算报告、国民经济和社会发展计划调整方案的报告、财政预算调整方案的报告，审查批准财政决算和计划、预算调整方案；听取和审议县人民政府县长、县监察委员会主任、县人民法院院长、县人民检察院检察长“建账”、“查账”、“交账”情况的报告。

县人民政府向常委会报告工作，应由县人民政府县长签署、由县长或分管的副县长到会作报告。县监察委员会、县人民法院、县人民检察院提出的专项工作报告，应由监察委员会主任、院长、检察长到会作报告。如遇特殊情况，可委托副主任、副院长或副检察长到会作报告。

常委会会议听取和审议专项工作报告前，应当采取多种形式对有关工作进行视察和调研，广泛听取人大代表、人民群众以及社会各界的意见。

列入常委会会议议程的专项工作报告，应在常委会举行会议二十日前送常委会有关工作机构征求意见；县人民政府、县监察委员会、县人民法院、县人民检察院对报告修改后，应在会议举行十日前报送常委会，常委会办公室应在常委会举行会议的七日前，将工作报告分发给常委会组成人员。

第二十一条 常委会会议听取和审议县人民政府、县监察委员会、县人民法院和县人民检察院的专项工作报告、国民经济和社会发展计划执行情况的报告、财政预算执行情况的报告、审计工作报告，应付诸表决。可以直接对工作报告进行表决，也可以就相关报告的审议意见进行表决。

常委会会议审议“一府一委两院”的工作报告实行无记名投票表决，对报告表决不满意率超过50%的，报告机关必须重新办理，并在下次常委会会议上重新报告；报告经两次表决没有通过的，报告机关主要负责人应向常委会作出说明，接受常委会组成人员的询问或质询，并在切实整改后，再次向常委会会议报告；报告经三次表决没有通过的，将依照相关法律的有关规定，追究报告机关主要负责人的责任。

第二十二条 常委会会议审议专项工作报告、国民经济和社会发展计划执行情况的报告、财政预算执行情况的报告、审计工作报告和执法检查报告，要对组成人员的审议发言进行综合整理形成会议的审议意见。审议意见可以在常委会会议上表决通过，也可以授权主任会议在县人大常委会会议闭会后讨论通过。会后县人大常委会有关工作机构将审议意见以常委会文件的形式，交“一府一委两院”办理审议意见，有关机关将办理审议意见的情况按要求报告常委会。

第二十三条 常委会会议审查和批准上一年度县本级财政决算草案、国民经济和社会发展计划执行情况报告，必须作出决议或决定；审议议案、有关专项工作报告和审计工作报告，必要时可以作出决议或决定。

常委会依法讨论、决定本行政区域内的政治、经济、教育、科学、文化、卫生、民政、民族工作的重大事项，根据《××县人大常委会关于讨论决定重大事项的规定》实施。

第二十四条 常委会组织的执法检查，由主任会议决定由执法检查组向常委会会议报告执法检查情况。常委会组成人员对执法检查报告的审议意见连同执法检查报告，一并交由县人民政府、县监察委员会、县人民法院、县人民检察院研究处理。县人民政府、县监察委员会、县人民法院、县人民检察院应当将研究处理情况由其办事机构送常委会有关工作机构征求意见后，在规定的期限内向常委会提出报告。必要时，常委会可以进行审议，或者组织跟踪检查。

第五章 质 询

第二十五条 常委会会议期间，常委会组成人员三人以上联名，可以向常委会书面提出对县人民政府及其部门和县监察委员会、县人民法院、县人民检察院的质询案。

第二十六条 质询案应当写明质询对象、质询的问题和内容。

第二十七条 质询案由主任会议决定交由受质询机关答复。

第二十八条 提质询案的常委会组成人员的过半数对答复不满意的，可以提出要求，经主任会议决定，由受质询机关再作答复。质询案在受质询机关答复前，提案人要求撤回的，质询即行终止。

第六章 发言、表决和决议的公布

第二十九条 常委会组成人员在会上的发言和表决，列席会议的人大代表的发言，不受法律追究。

第三十条 常委会举行会议时，常委会组成人员和列席会议的人员应当围绕会议审议议题积极发言，第一次发言不超过10分钟，补充发言不超过5分钟。对于超过时间或者与议题无关的发言，会议主持人可以制止。

第三十一条 常委会表决议案、决议、决定、人事任免，采取无记名投票、举手或其他方式进行，表决以常委会组成人员的过半数通过。表决结果由会议主持人当场宣布。

第三十二条 常委会通过的决议、决定，由县级新闻媒体公布，并在常委会《公报》和网站上刊登。

第三十三条 常委会通过的任免决定，由常委会相关工作机构通知提请任免的机关，并由常委会向被任命人员颁发任命证书。

第三十四条 本规则自通过之日起施行。

换届的省人大会议第一次会议议程草案

××省第×届人民代表大会第一次会议议程（草案）

一、听取和审议省政府工作报告，并作相应的决议；

二、听取和审议××省××××年国民经济和社会发展计划执行情况及××××年国民经济和社会发展计划草案的报告，并作相应的决议；

三、听取和审议××省××××年预算执行情况和××××年预算草案的报告，并作相应的决议；

四、听取和审议省人大常委会工作报告，并作相应的决议；

五、听取和审议省高级人民法院工作报告，并作相应的决议；

六、听取和审议省人民检察院工作报告，并作相应的决议；

七、选举省第×届人民代表大会常务委员会主任、副主任、秘书长、委员；

八、选举省人民政府省长、副省长；

九、选举省监察委员会主任；

十、选举省高级人民法院院长、省人民检察院检察长；

十一、选举我省出席第×届全国人民代表大会代表；

十二、通过××省第×届人民代表大会各专门委员会主任委员、副主任委员和委员人选；

十三、其他。

省人大会议议案处理办法

××省人民代表大会代表议案处理办法

第一章　总　　则

第一条　为了保障省人民代表大会代表（以下简称代表）依法行使提出议案的权利，做好代表议案工作，发挥代表作用，参照《全国人民代表大会代表议案处理办法》，结合我省实际，制定本办法。

第二条　本办法所称代表议案，是指一个代表团或者10名以上的代表联名，向省人民代表大会提出属于省人民代表大会职权范围内的议事原案。

第三条　代表提出议案是执行代表职务，参加行使国家权力的一项重要工作。

认真处理代表议案，是有关机关或者机构的法定职责。

第四条　省、市人大常委会和地区人大工作委员会（以下简称地区人大工委）及其办事机构应当为代表议案的提出和办理提供服务。

第二章　代表议案的基本要求

第五条　代表议案应当符合下列条件：

（一）由一个代表团或者10名以上的代表联名向省人民代表大会提出；

（二）内容属于省人大及其常委会职权范围内的事项；

（三）要求列入省人大及其常委会会议议程进行审议的事项。

第六条　下列事项可以作为代表议案提出：

（一）制定、修改和解释地方性法规的议案；

（二）需要由省人大及其常委会决定的涉及宪法、法律、行政法规和全国人大及其常委会决议、决定在本省遵守和执行的重大问题的议案；

（三）应当由省人大及其常委会决定或者批准的其他事项的议案。

下列事项不应当作为代表议案提出：

（一）应由全国或省以下地方人大及其常委会决定的事项；

（二）各级人民政府行政管理职权范围内的事项；

（三）各级监察委员会监察权范围内的事项；

（四）各级人民法院和人民检察院审判权、检察权范围内的事项；

（五）政党、社会团体、企业事业组织和个人的事务；

（六）其他不属于省人大及其常委会职权范围内的事项。

第七条　代表议案应当有案由、案据和方案。案由应当明确清楚，案据应当充分合理，方案应当具体可行。

代表提出法规案，最好同时提出法规草案文本及其说明，并提供必要的相关资料。

代表议案应当一事一案，使用统一印制的代表议案专用纸。

第三章　代表议案的提出

第八条　代表应通过视察、专题调研等活动，深入实际，调查研究，在经过认真酝酿、充分准备的基础上，积极提出议案，保证议案的质量。

第九条　市人大常委会和地区人大工委办事机构应当创造条件，采取提前征集代表议案并交有关工作部门帮助补充、完善等方式，为代表提出议案提供服务。

第十条　代表议案一般在大会会议期间提出；符合议案基本条件、准备成熟的，也可以在大会闭会期间提出。

第十一条 代表团提出的议案，应经过代表团全体会议讨论，由代表团全体代表的过半数通过，并由代表团团长签署。

代表联名提出议案，领衔代表应当向参加联名附议的代表分别提供议案文本，附议人经认真审阅同意后，再签名附议；有条件集体讨论的，应经集体讨论、取得一致意见后签名提出，以示共同负责。

第十二条 在大会会议期间提出的代表议案，由各代表团指定专门工作人员，按照代表议案的基本要求，做好相关的服务工作，经代表团团长或者副团长签署后，在规定的议案截止时间前送交大会秘书处；在大会闭会期间提出的代表议案，由市人大常委会、地区人大工委办事机构送交省人大人事委员会。

对大会会议期间超过议案截止日期报送的代表议案，符合议案基本要求的，作为闭会期间提出的代表议案处理。

大会秘书处和省人大人事委员会应当分别对代表在大会会议期间和闭会期间提出的议案进行整理、分类和分析。对不符合议案基本要求的代表议案，可以建议提议案人进行修改、完善后重新提出，或者建议提议案人将议案改作建议、批评和意见提出。对闭会期间提出的符合议案基本要求的代表议案，属于法规案的，可以依照《中华人民共和国立法法》和《××省人民代表大会及其常务委员会立法条例》的规定向省人大常委会提出；其他议案在大会会议举行时，送交大会秘书处，与会议期间提出的代表议案一并处理。

第四章 代表议案的处理

第十三条 在代表大会会议的议案提出时间截止后，大会秘书处应当及时提出议案处理意见的报告，由大会分管议案工作的副秘书长主持召开有各专门委员会负责人参加的协调工作会议，讨论研究后，向大会主席团报告。

大会主席团根据大会秘书处的报告，决定代表议案是否列入本次会议议程，或者先交有关专门委员会审议。经大会主席团通过的大会秘书处关于议案处理意见的报告，应印发大会全体代表。

第十四条 大会主席团决定列入本次会议议程的代表议案，应交由各代表团进行审议，并同时交有关专门委员会进行审议、提出报告，再由主席团审议决定是否提请大会全体会议表决。

第十五条　专门委员会对大会主席团交付审议的代表议案，要组织本委员会办事机构进行研究分析，提出代表议案审议工作的安排意见，再由本委员会主任委员会议研究作出决定。

第十六条　专门委员会审议代表议案，涉及需要先征求有关机关、组织意见，再进行审议的问题时，应当在大会闭会之日起一个月内，将代表议案交由有关机关、组织研究。有关机关、组织应当在大会闭会之日起三个月内，至迟不超过四个月，提出意见。

第十七条　专门委员会审议代表议案时，应邀请议案领衔人列席会议、发表意见；可以采取邀请提议案人参加立法调研、座谈等多种方式，加强联系和沟通，听取提议案人对议案处理的意见；代表议案涉及专门性问题时，相关专门委员会可以邀请有关方面的代表和专家列席会议、发表意见。

第十八条　专门委员会应当认真采纳有关机关、组织和提议案人的合理意见，对于切实可行的代表议案，应当建议列入省人大会议或者省人大常委会会议议程；对于暂不能列入会议议程的议案，可以建议列入省人大常委会的立法规划或者相关工作的计划。

第十九条　专门委员会审议代表议案，应当提出审议结果的报告，经专门委员会全体会议审议通过后，提请省人大常委会会议审议。审议结果报告应当包括：议案的主要内容，听取和采纳有关机关、组织和提议案人意见的情况，审议意见等，必要时可以以附件作详细说明。

省人大常委会会议审议通过的代表议案审议结果报告，应印发下次代表大会会议。

第二十条　有关机关应当高度重视代表议案。在提请审议有关法规草案的说明中，应当充分反映吸收代表议案有关内容的情况。

省人大常委会举行会议时，应当根据会议议程，邀请部分提出相关议案的代表列席并参与审议。

省人大会议代表建议、批评和意见办理条例

×××省人民代表大会代表建议、批评和意见办理工作条例

（××××年×月×日××省×届人民代表大会常务委员会第二十八次会议通过××××年×月×日××省×届人民代表大会常务委员会第×次会议修订）

第一章　总　　则

第一条　为了做好省人民代表大会代表（以下简称代表）提出的建议、批评和意见的办理工作，保证代表依法行使职权，根据《中华人民共和国地方各级人民代表大会和地方各级人民政府组织法》《中华人民共和国全国人民代表大会和地方各级人民代表大会代表法》的有关规定，结合我省实际，制定本条例。

第二条　代表在省人民代表大会会议期间和闭会期间分别向省人大及其常委会提出对各方面工作的建议、批评和意见，是执行代表职务，参加管理国家事务、管理经济和文化事业、管理社会事务的一项重要工作。

认真研究办理代表建议、批评和意见并负责答复，是有关机关、组织的法定职责。

第三条　省、市人大常委会、地区人大工作委员会（以下简称地区人大工委）应当为代表建议、批评和意见的提出和办理工作提供必要的条件；省人大人事委员会和市人大常委会、地区人大工委办事机构应当为代表建议、批评和意见的提出和办理工作提供服务。

第二章　代表建议、批评和意见的基本要求

第四条　代表应当主要围绕全省政治、经济、文化、社会生活中的重大问题和人民群众普遍关心的问题，对省人大及其常委会、省人民政府及其所属工作部门、省监察委员会、省高级人民法院、省人民检察院和其他机关、组织的工作提出建议、批评和意见。

第五条　下列情况不应当作为代表建议、批评和意见提出：

（一）对列入代表大会会议议程的各项议案、报告的修改意见；

（二）涉及解决代表本人及其亲属个人问题的；

（三）代表本人的或者代转人民群众的申诉、控告和检举类来信的；

（四）涉及国家监察机关、审判机关、检察机关依法处理的具体案件的；

（五）属于学术探讨、产品推介的；

（六）没有实际内容的；

（七）其他不应当作为代表建议、批评和意见的。

对属于上述情形的，向代表说明情况后，视情作为代表来信转送有关方面研究处理，或者由代表修改完善后再提出。

第六条 代表建议、批评和意见应当实事求是，简明扼要，做到有情况、有分析、有具体意见。

代表建议、批评和意见应当一事一议，使用统一印制的代表建议、批评和意见专用纸，并亲笔签名。

代表不得利用提出建议、批评和意见干涉具体司法案件或者招标投标等经济活动牟取个人、小团体和特定关系人的利益。

第三章 代表建议、批评和意见的提出

第七条 代表通过视察、调查、座谈、走访等形式同选举单位和人民群众保持密切联系，并根据人民群众的意见和要求，对全省各方面工作积极提出建议、批评和意见。

第八条 代表建议、批评和意见可以由代表一人提出，也可以由代表联名提出。联名提出的，应当主要基于代表共同调查研究，领衔代表应当采取适当方式组织联名的代表充分酝酿讨论，使参加联名的代表了解建议、批评和意见的内容。参加联名的代表应当确认建议、批评和意见的内容能够真实表达自己的意愿。代表团提出建议、批评和意见，应当经代表团全体代表的过半数同意通过。

第九条 代表可以使用印有“省人大代表重要意见和建议直通”的专用信封将重要的建议、批评和意见（简称直通建议）直接寄达省人大常委会主任会议成员。主任会议成员收到“省人大代表重要意见和建议直通”专用标识信件，要亲自拆封并阅处。

第十条 大会会议期间提出的代表建议、批评和意见由大会秘书处受理。闭会期间提出的代表建议、批评和意见由省人大人事委员会受理。

代表提交建议、批评和意见时，应当同时提交与纸质件内容一致的电子文档。

第四章　代表建议、批评和意见的交办

第十一条　代表在人民代表大会会议前开展的集中视察时提出的建议、批评和意见，由省、市人大常委会和地区人大工委办事机构负责征集，由省人大人事委员会及时交有关机关、组织研究办理，并将办理结果在代表大会上书面答复。

代表在大会会议期间提出的建议、批评和意见，按其内容由大会秘书处交由有关机关、组织研究办理。

代表在闭会期间提出的建议、批评和意见以及省人大常委会主任会议成员阅批的直通建议，由省人大人事委员会交由有关机关、组织研究办理。

代表建议、批评和意见可以实行网上交办。

第十二条　省人大人事委员会对代表在大会会议期间提出的建议、批评和意见，应当进行综合分析，提出拟重点办理的代表建议、批评和意见，经省人大常委会主任会议确定后，交由有关机关，组织重点研究办理。

第十三条　代表建议、批评和意见内容所涉及的问题，需要两个以上部门共同办理的，属于省人大及其常委会、省监察委员会、省高级人民法院、省人民检察院和其他机关、组织承办的，由省人大人事委员会负责协调，确定主办单位和协办单位；属于省人民政府及其所属部门承办的，由省人民政府办公厅负责协调，确定主办单位和协办单位。由主办单位负责答复代表。

第十四条　承办单位要确定专人负责代表建议、批评和意见网上办理工作。对属于本部门职权范围内的代表建议、批评和意见，要及时签收并研究办理；对不属于本部门职权范围内的代表建议、批评和意见，应在五日内退回并说明原因。对被退回的代表建议、批评和意见，交办单位要认真分析原因，重新确定承办单位。原承办部门不得自行转办。

第五章　代表建议、批评和意见的办理

第十五条　办理代表建议、批评和意见必须坚持实事求是的原则，对能够解决的问题，要采取有效措施，抓紧解决；对因条件限制，短期内无法解决的问题，要纳入规划，积极创造条件逐步解决；对确实不能解决的问题，要如实地向代表说明情况。

第十六条　办理代表建议、批评和意见要实行部门领导、具体承办单位领导和承办人员分级负责的制度。

第十七条 对代表建议、批评和意见应按以下规定办理：

（一）在省人民代表大会举行会议前征集的代表建议、批评和意见，一般应在会议期间办结并答复代表；对问题比较复杂，会议期间确实难以作出答复的，可以会后答复；

（二）对代表在会议期间和闭会期间提出的建议、批评和意见，承办单位应当在交办之日起三个月内，至迟不超过四个月，予以答复。对代表直通建议，承办单位应当在交办之日起一个月内，至迟不超过两个月，予以答复。对情况比较复杂，在限期内办理答复有困难的，应先向代表说明情况，待办完后，再作正式答复；

（三）对代表联名提出的建议、批评和意见，应逐人答复代表；

（四）对内容相同的代表建议、批评和意见，可以并案办理，分别答复代表；

（五）答复代表建议、批评和意见的复文格式要规范，表达要准确，文字要精练，态度要诚恳，并要经承办单位负责人审核签发；

（六）办理代表建议、批评和意见的复文应当抄报省人大人事委员会。属于省人民政府所属承办部门的，还应当抄报省人民政府办公厅；

（七）承办单位要加强同代表的联系，主动与代表沟通情况，并通过走访、座谈、信函等形式，征询代表对办理情况的意见。

第六章　代表建议、批评和意见办理的检查督促

第十八条 代表建议、批评和意见办理工作由省人大常委会监督、检查，省人大人事委员会负责具体工作。省人民政府办公厅负责省人民政府及其所属部门办理代表建议、批评和意见的督促、检查工作。省人大人事委员会负责省人大各专门委员会及省人大常委会工作部门、省监察委员会、省高级人民法院、省人民检察院和其他机关、组织办理代表建议、批评和意见的督促、检查工作。

对需要重点办理的代表建议、批评和意见，由省人大有关专门委员会负责督促、检查，省人大人事委员会负责综合协调。

第十九条 代表建议、批评和意见办理结束后，省人大人事委员会和省人民政府办公厅要及时向有关代表征询对承办单位办理答复的意见。对代表不满意的答复件，需要重新作出答复的，要责成承办单位重新研究办理。

第二十条 省人大常委会组织代表对承办单位办理和落实代表建议、

批评和意见的工作进行视察、检查。

对在办理和落实代表建议、批评和意见工作中成绩显著的单位或者人员给予表彰；对在办理和落实代表建议、批评和意见工作中出现的相互推诿、敷衍塞责、只答复不落实等现象或对代表建议、批评和意见有无理指责、打击报复行为的，给予通报批评并限期改正；情节严重的，依法责成有关部门追究责任。

承办单位办理和落实代表建议、批评和意见的情况作为省人大常委会开展工作评议和述职评议的内容之一。

第二十一条 对代表在省人民代表大会会议期间（包括会前统一视察中征集的）提出的建议、批评和意见办理完毕后，省人大人事委员会和省人民政府办公厅要向省人大常委会会议作出办理情况的报告，接受审议，并要向下次人民代表大会会议提出书面报告。

第七章 附 则

第二十二条 本条例各市、县（区）人大常委会、乡（镇）人民代表大会可以参照执行。

第二十三条 本条例自通过之日起施行。

为省人大常委会会议听取和审议报告、议案服务的规定

关于加强为省人大常委会会议听取和审议报告、议案服务的若干规定

（××××年×月×日××省人大常委会主任会议原则同意）

第一条 为加强对省人大常委会会议听取和审议报告、议案的服务工作，规范服务内容和要求，提高常委会会议的审议效率和审议质量，根据有关法律、法规的规定，结合工作实际，制定本规定。

第二条 每年年初，根据常委会工作报告的要求，综合研究各专门委员会、常委会工作机构和办事机构的意见和建议，由研究室负责拟订常委会年度工作要点，由主任会议报请常委会会议通过后，印发省人民代表大会。同时，由法制委员会负责拟订年度立法工作计划，办公厅负责拟订听取和审议专题工作报告计划、执法检查计划，人事委员会负责拟订代表视察和调研计划等草案。分别向主任会议汇报并经批准后，统一印发常委会会议。

各专门委员会、常委会工作机构和办事机构应当根据上款所列各项工作要点和计划，按照职责分工，认真组织落实。涉及省政府、省监察委员会、省高级人民法院和省人民检察院提出报告和议案的，有关专门委员会、常委会工作机构和办事机构应当及时与上述机关沟通情况，掌握动态，督促其按照计划的要求，及时提出报告和议案。

第三条 常委会办事机构在每次常委会会议举行的十日前，将常委会会议召开时间和建议议题，通知常委会组成人员、各专门委员会组成人员、常委会工作机构和办事机构负责人，以及各市人大常委会、地区人大工作委员会。

人事委员会应当根据常委会会议建议议题，确定应邀列席常委会会议的全国和省人大代表，并会同常委会办事机构将会议召开时间和建议议题通知上述人员。

常委会办事机构在常委会会议举行的七日前，通过报纸、电台、电视台向社会发布公民旁听常委会会议公告，根据公民旁听办法，做好公民旁听的组织工作。

常委会临时召集会议，可以临时通知常委会组成人员和会议列席人员。

第四条 提请常委会初审的法规案和提请常委会审议的专题工作报告、执法检查报告，提出报告和议案的机关应当在主任会议召开的五日前，将有关法规案和报告送常委会办事机构。

常委会办事机构应当在常委会会议举行的十日前，将有关法规案和报告发送常委会组成人员。

再审的法规案，法制委员会应当在常委会会议举行的十日前，将修改后的法规草案送常委会办事机构。常委会办事机构应当在常委会会议举行的七日前，将该法规草案发送常委会组成人员。

无特殊情况不能按前两款规定时间向常委会办事机构送交法规草案的，常委会办事机构可以建议将有关法规案列入以后的常委会会议议程。

第五条 各专门委员会、常委会工作机构和办事机构应当根据常委会年度立法工作计划、听取和审议专题工作报告计划、执法检查计划，及时为常委会组成人员和专门委员会组成人员提供相关参阅资料。

初审的法规案列入常委会会议议程后，由提出议案的机关、有关专门委员会、常委会工作机构和办事机构向会议提供与该法规案相关的综合参阅资料，介绍该法规案涉及的专业知识和其他省（自治区、直辖市）相关立法情况。

再审的法规案列入常委会会议议程后，由常委会工作机构向会议提供常委会组成人员和各方面对前次常委会会议审议该法规案的主要意见。

参阅资料由常委会办事机构统一核发。

第六条 常委会组成人员和应邀列席的全国、省人大代表根据常委会会议议程开展调查研究、准备审议意见，省人大常委会办事机构和人事委员会、各市人大常委会和地区人大工委的代表联络部门，应当提供必要的服务和保障，包括帮助约见有关人员、组织座谈会、提供会议场所、整理会议记录、打印有关材料等。

第七条 初审的法规案，由提出议案的机关向常委会全体会议作说明。说明的重点：

（一）制定或者修改该法规的必要性；

（二）该法规草案的主要内容；

（三）起草中遇到的重大问题及该法规草案采纳的方案。

再审的法规案，由法制委员会向常委会全体会议汇报。汇报的重点：

（一）常委会组成人员和会议列席人员在前次常委会会议审议时的主要意见，以及有关专门委员会和其他有关方面对该法规草案的主要意见；

（二）法制委员会审议修改的情况及修改的主要理由；

（三）需要继续研究的主要问题。

拟提请常委会全体会议表决的法规案，表决前由法制委员会向常委会全体会议作审议结果的报告和修改意见的汇报。报告和汇报的重点：

（一）该法规草案最新修改的主要内容；

（二）法制委员会对交付表决的建议。

常委会组成人员的重要意见没有在表决稿中采纳的，法制委员会和常委会工作机构应当派人在该法规案交付表决前向其作出必要的说明和解释。

第八条 提请常委会听取和审议的专题工作报告，由省政府或者委托其有关部门、省监察委员会、省高级人民法院、省人民检察院向常委会全体会议报告。报告的重点：

（一）有关工作已经取得的主要进展；

（二）存在的主要问题和原因分析；

（三）改进工作的主要措施。

第九条 提请常委会审议的省国民经济和社会发展计划执行情况报

告、决算报告、审计工作报告或者其他重要财政经济报告等，由省政府或者委托其有关部门向常委会全体会议报告。报告的重点：

（一）计划和预算执行的主要情况；

（二）宏观调控措施和重要经济政策的实施情况、存在的主要问题和下一步工作的安排；

（三）省财政保证重点支出的情况；

（四）省财政转移支付的情况；

（五）预算超收收入的使用情况；

（六）其他需要向常委会全体会议报告的事项。

第十条 提请常委会听取和审议的执法检查报告，由常委会执法检查组负责人向常委会全体会议报告。报告的重点：

（一）对所检查的法律、法规实施情况的总体评价；

（二）实施中存在的主要问题及主要原因；

（三）改进工作的主要建议；

（四）法律、法规本身需要修改、补充和解释的建议。

第十一条 提请常委会审议的人事任免案，由提请任免的机关按照规定要求向常委会提供书面材料及说明。说明的重点：

（一）提请任免的原因；

（二）被任命人的基本情况。

提请任免机关的负责人应当向常委会全体会议作说明，回答询问。

第十二条 提请常委会听取和审议的代表议案处理情况的报告，由有关专门委员会向常委会全体会议报告。报告的重点：

（一）代表议案的受理情况；

（二）代表议案处理过程中与代表沟通的情况；

（三）代表议案的处理意见。

第十三条 提请常委会听取和审议代表建议、批评和意见办理情况的报告，分别由省政府负责人和省人大人事委员会负责人向常委会全体会议报告。报告的重点：

（一）本年度代表建议、批评和意见的受理、办理情况；

（二）重点建议、批评和意见的督办情况；

（三）办理工作中存在的主要问题及其原因；

（四）进一步做好办理工作的建议和要求。

第十四条 向常委会全体会议作说明和报告，应当简明扼要，重点突出，报告时间一般不超过15分钟。

第十五条 常委会分组会议审议报告和议案时，省政府有关部门、省监察委员会、省高级人民法院、省人民检察院、省人大有关专门委员会、常委会工作机构和办事机构，必须派人到各分组会议听取意见，回答询问。上述机关所派人员必须熟悉与议题有关的情况，能够代表本部门准确回答询问。

第十六条 围绕常委会会议审议报告和议案，根据常委会组成人员和会议列席人员的要求，有关专门委员会、常委会工作机构和办事机构应当及时解答问题、提供咨询。

常委会会议期间，常委会工作机构和办事机构要做好会议服务工作，安排会议场所、整理会议记录、打印有关材料等。

第十七条 常委会分组会议每组设联络员2名，由各专门委员会派人担任。其主要职责是：

（一）协助常委会办事机构分捡会议文件材料，领取会议所需用品；

（二）协助分组会议召集人做好会议的组织工作和服务工作；

（三）负责分组会议审议记录，提供简报素材；

（四）会议结束后，将分组审议记录、分组审议出缺席人员名单按要求交给常委会办事机构。

第十八条 常委会分组会议发言，由联络员负责如实记录，力求准确无误，并送经发言人校核后编发《简报》，印发常委会组成人员。简报工作由研究室负责。

第十九条 常委会办事机构在常委会会议期间，应就下次常委会会议的建议议题与各专门委员会、常委会工作机构、办事机构进行沟通衔接，提出建议议题，经主任会议同意后，印发常委会组成人员，以便于常委会组成人员提前搞好调查研究，做好审议的准备。

第二十条 有关专门委员会应当在常委会会议结束后的五日内，将会议对执法检查报告、专题工作报告和其他有关报告的审议意见汇总整理，经本委员会领导核阅后，由常委会秘书长签发，以省人大常委会办公厅文件转“一府一委两院”及有关机关。“一府一委两院”及有关机关向常委会反馈的整改情况报告，由常委会办事机构印发常委会组成人员。

选举任免篇

选举制度

人民代表大会选举制度

人民代表大会选举制度，简称“人大选举制度”，是关于人大选举的原则、组织、程序和方法的总和。广义的人大选举制度是指选举各级人大代表和各级国家权力机关的常设机关组成人员，国家行政机关、监察机关、审判机关和检察机关领导人员的制度。狭义的人大选举制度是指选举各级人大代表的制度。人大选举制度是人民代表大会制度的重要组成部分。人大选举制度的主要内容包括：选举的基本原则，选举的组织机构，选举的程序与方法，对破坏选举制度的制裁，以及选举经费等。

换届选举

人大换届选举，是指按照选举法和地方组织法等法律有关规定，提名、酝酿、选举产生人大代表，由新一届人民代表大会第一次会议选举产生本级国家权力机关的常设机关组成人员，本级国家行政机关、监察机关、审判机关、检察机关领导人员的活动。

一、换届选举的组织领导

全国人民代表大会常务委员会主持全国人民代表大会代表的选举。省、自治区、直辖市、设区的市、自治州的人民代表大会常务委员会主持本级人民代表大会代表的选举。

不设区的市、市辖区、县、自治县、乡、民族乡、镇设立选举委员会，主持本级人民代表大会代表的选举。不设区的市、市辖区、县、自治县的选举委员会受本级人民代表大会常务委员会的领导。乡、民族乡、镇的选举委员会受不设区的市、市辖区、县、自治县的人民代表大会常务委员会的领导。

省、自治区、直辖市、设区的市、自治州的人民代表大会常务委员会指导本行政区域内县级以下人民代表大会代表的选举工作。

不设区的市、市辖区、县、自治县的选举委员会的组成人员由本级人民代表大会常务委员会任命。乡、民族乡、镇的选举委员会的组成人员由不设区的市、市辖区、县、自治县的人民代表大会常务委员会任命。

选举委员会的组成人员为代表候选人的,应当辞去选举委员会的职务。

二、各级人大的每届任期

我国各级人民代表大会每届任期为5年。我国的人民代表大会制度建立以来,各级人大的任期,经历了几次变化。1954年宪法规定,全国和省的人大每届任期4年,直辖市、县、市、市辖区、乡、民族乡、镇的人大每届任期2年。1975年宪法规定,全国和省、自治区、直辖市的人大每届任期5年,地区、自治州、市、县、自治县、市辖区的人大每届任期3年,农村人民公社、镇的人大每届任期2年。1982年宪法规定,全国和省、自治区、直辖市、设区的市、自治州的人大每届任期5年,县、乡两级人大每届任期3年。1993年修改宪法时,将县级人大每届任期由3年改为5年,1995年修改地方组织法时作了相应的修改。2004年修改宪法时,将地方各级人大任期统一规定为5年,同年地方组织法也作了修改。

选举权与被选举权

选举权和被选举权是公民政治权利的重要内容。

一、选举权与被选举权的含义

选举权与被选举权有广义和狭义之说。广义的选举权,是指公民依法享有选举国家权力机关的组成人员或者其他国家机关领导人员的权利。被选举权是指公民依法享有被提名推荐为国家权力机关组成人员或者其他国家机关领导人员的候选人,并当选为人大代表或者其他国家机关领导人员的权利。狭义的选举权,是指公民可以参加选举活动,包括参加提名人大代表候选人,参加讨论、酝酿、协商人大代表候选人名单,参加投票选举等。被选举权是指公民可被提名为人大代表候选人,进而有可能被选举为人大代表,具有当选人大代表的权利。选举权和被选举权是统一的,凡是享有选举权的人,同时享有被选举权。

二、享有选举权与被选举权的条件

根据宪法和选举法规定，中华人民共和国年满十八周岁的公民，不分民族、种族、性别、职业、家庭出身、宗教信仰、教育程度、财产状况和居住期限，都有选举权和被选举权。依照法律被剥夺政治权利的人没有选举权和被选举权。也就是说，公民只要依法具有中华人民共和国国籍，到选举日为止年满 18 周岁，享有政治权利，就都有选举权和被选举权。但是依照法律被剥夺政治权利的人除外。

三、行使选举权和被选举权的几种特殊情况

根据有关法律规定，公民在特殊情况下行使选举权和被选举权有如下规定：(1)精神病患者不能行使选举权利的，经选举委员会确认，不行使选举权利。(2)因危害国家安全罪或者其他严重刑事犯罪案件被羁押，正在按受侦查、起诉、审判的人，经人民检察院或者人民法院决定，在被羁押期间停止行使选举权利。(3)有下列情况的公民准予行使选举权利：被判处有期徒刑、拘役、管制而没有附加剥夺政治权利的；被羁押，正在按受侦查、起诉、审判，人民检察院或者人民法院没有决定停止行使选举权利的；正在取保候审或者被监视居住的；正在受拘留处罚的。以上人员参加选举，由选举委员会和执行监禁、羁押、拘留的机关共同决定，可以在流动票箱投票，或者委托有选举权的亲属或者其他选民代为投票。被判处拘役、受拘留处罚的人也可以在选举日回原选区参加选举。

公民参加各级人民代表大会代表的选举，不得直接或者间接接受境外机构、组织、个人提供的与选举有关的任何形式的资助。违反此项规定的，不列入代表候选人名单；已经列入代表候选人名单的，从名单中除名；已经当选的，其当选无效。

选举的基本原则

一、普遍原则

选举权和被选举权为绝大多数公民所享有。依据有关法律规定，我国公民的选举权和被选举权利，不受民族、种族、性别、宗教信仰、教育程度、财产状况和居住期限等条件的限制。只要具有中华人民共和国国籍，年满 18 周岁，享有政治权利，都有选举权和被选举权。选举普遍性原则，是我国社会主义民主的重要体现。

二、平等原则

选民或代表在参加选举时政治权利平等。其主要表现为:(1)平等地享有选举权和被选举权,任何人不能只享有选举权而没有被选举权,也不能只享有被选举权而没有选举权。这就是说,具有选举权利的选民或代表,既有参加投票选择自己满意的候选人的权利,也有被提名为候选人的权利,任何人不能以任何理由剥夺公民的选举权和被选举权。(2)每一选民在同一次选举中只能参加一次选举,也就是说,在一次换届选举中,只有一次投票权,任何人都不能同时参加两个以上选区的选举,不能享有两次以上的投票权。任何公民也不能在一次选举中成为不同选区的候选人。在以前的选举中,个别人(主要是企业人士)既在其户籍地参选,又在其投资地参选,在多个互不隶属的地方当选为人大代表。这是不合法的,要坚决杜绝。(3)每一选民或代表所投选票的效力相等,不能因身份、地位、民族、种族、性别、年龄的不同而有差别。也就是说,既不允许任何选民或代表有任何特权,也不允许对任何选民或代表有任何限制和歧视,任何人选票的效力都没有高于其他人选票效力的特权。任何候选人权利相同,不管是组织提名,还是个人联合提名的候选人,其权利相同,受到同等对待。这充分体现了公民在行使选举权利上是完全平等的,不允许有任何特权。

三、直接选举和间接选举相结合原则

我国五级人民代表大会代表,分别采取由选民直接投票选举产生和由下一级人民代表大会的代表投票选举产生的两种方式。直接选举,指由选民按选区直接投票选举产生本级人大代表的方式,即县、自治县、不设区的市、市辖区、乡、民族乡、镇的人民代表大会代表由选民直接选举;间接选举,指由下一级人民代表大会作为选举单位投票选举产生上一级人大代表的方式,即全国、省、自治区、直辖市、自治州、设区的市的人大代表由下一级的人民代表大会选举。直接选举较间接选举相比,直接选举能够使选民的民主权利直接得到实现,但是实行直接选举需要一定的经济、文化条件,现阶段采取直接选举和间接选举相结合的方式选举人大代表符合我国国情。

四、无记名投票原则

也称秘密投票原则。选举各级人大代表和各级国家机关领导人员一律采取无记名投票的方式。无记名投票主要是让选民或代表在选票上不署本人姓名的前提下,按照自己的意愿,对候选人进行选择,并且当场将选票投入加封的票箱。坚持这一原则,有利于排除各种干扰,解除选民或代表在投票选举时的顾虑，表达自己的真实意愿。

五、差额选举原则

选举各级人大代表和地方各级国家机关领导人员，所提候选人的人数在不同幅度范围内多于应选名额。实行差额选举有利于保证选民或代表按照自己的意志选择候选人，使所有的候选人获得均等的机会。等额选举，指候选人人数与应选名额相等的选举。差额选举，指候选人人数多于应选名额的选举。差额选举作为一项基本的选举原则，是从1979年选举法、地方组织法修改后开始实行的。我国实行的差额选举，差额人数有一定的幅度，这主要是考虑到让选民或代表有较充分的选择余地；另一方面也不能使差额幅度过大，使候选人太多，选票过于分散，导致选举不能成功。

六、选举权利保障原则

国家从法律上保障选民或者代表的选举权利。选举法和地方组织法分别对选举的组织领导、选举经费、选举的有关程序和对破坏选举行为的制裁等作出了规定，为行使选举权利提供了有力的组织、行政、司法、物质、程序等保障。

差额选举

一、人大代表选举实行差额选举

全国和地方各级人民代表大会代表的选举实行差额选举。具体的差额幅度为，由选民直接选举的人大代表候选人人数，应多于应选代表名额1/3至1倍；由选举单位间接选举上一级人大代表候选人人数，应多于应选代表名额1/5至1/2。

二、地方国家机关正职领导人员选举一般实行差额选举，也可以等额选举

地方各级人大常委会主任、秘书长，乡、民族乡、镇的人大主席，人民政府正职领导人员，监察委员会主任，人民法院院长，人民检察院检察长的候选人人数一般应多1人，进行差额选举；如果提名的候选人只有1人，也可以等额选举。地方国家机关正职领导人员实行差额选举，是一个基本原则。按照法律规定，一般情况下，应当差额选举，只有在提出的候选人只有1人的特殊情况下，才可以等额选举。实践中，地方各级人民代表大会举行会议时，有时代表对主席团提名的候选人意见比较一致，没有联名提出其他人选，在这种情况下，如果一定要搞差额选举，则容易流于形式。因此，如果确实提不出差额,也可以等额选举。但是,不能理解为选举国家机关正职领导人员可以等额选举也可以差额选举。只要依法提出差额人选,就必须进行差额选举,不能采用种种办法搞等额选举。必须特别注意的是,地方各级人民代表大会选举国家机关领导人员时,不能在选举办法中规定正职必须实行等额选举。

三、地方国家机关副职领导人员选举实行差额选举

人大常委会副主任,乡、民族乡、镇的人大副主席,人民政府副职领导人员的候选人人数应比应选人数多1—3人,人大常委会委员的候选人人数应比应选人数多1/10至1/5。具体差额数由本级人民代表大会根据应选名额在选举办法中规定,进行差额选举。需要注意的是,具体差额数必须根据应选名额的多少确定不同的差额数,不能一律规定为最低差额数。因此,具体差额数只能在每次召开人民代表大会会议的选举办法中根据本次会议的应选名额作出规定。

四、确定正式代表候选人名单,必要时可以预选

如果提名候选人人数超过选举办法规定的差额数,实行直接选举的要由选举委员会交各该选区的选民小组讨论、协商,根据较多数选民的意见,确定正式代表候选人名单;对正式代表候选人不能形成较为一致意见的,进行预选,根据预选时得票多少的顺序,确定正式代表候选人名单;实行间接选举的则由主席团提交代表酝酿、讨论后,进行预选,根据在预选中得票多少的顺序,确定正式代表候选人名单。预选不是确定正式候选人的必经程序,而是在确定正式候选人出现困难的特殊情况下,才启动的程序。一般预选的程序和方式,应当简化一些。预选后确定的正式候选人必须符合选举办法规定的差额数。

地方人大及其常委会行使选举、任免权的主要形式

地方各级人大及其常委会的选举、任免权,是地方国家权力机关依据宪法和有关法律规定的权限和程序选举、任免国家权力机关组成人员和行政机关、监察机关、审判机关、检察机关领导人员以及其他公职人员的权力。这是国家权力机关的重要职权之一。地方各级人大及其常委会行使选举、任免权的主要形式为:选举、任免和决定任免、决定人选、推选、通过人选、补选、决定代理人选、罢免、撤销职务、接受辞职、批准等。

一、选举

选举权属于各级人民代表大会。通过选举产生的人员有:县级以上地方各级人大常委会组成人员;乡、民族乡、镇的人民代表大会主席、副主席;省长、副省长,自治区主席、副主席,市长、副市长,州长、副州长,县长、副县长,区长、副区长,乡长、副乡长,镇长、副镇长;地方各级监察委员会主任、地方各级人民法院院长、地方各级人民检察院检察长(选举产生的各级人民检察院检察长,须报上一级人民检察院检察长提请该级人大常委会批准)。各级人民代表大会举行会议的时候,选举主席团和秘书长(乡级人大主席团不设秘书长)。县级以上地方各级人民代表大会选举上一级人民代表大会代表。

地方人民代表大会选举程序包括:(1)制定选举办法,明确选举职务、应选名额和候选人人数,以及表决方式和确定当选人等相关事宜。(2)由主席团和代表联名提出候选人。(3)介绍、酝酿、审议候选人名单。(4)各代表团推荐1—2人,作为总监票人、监票人人选,经主席团会议通过并提交全体代表审议后,提交大会通过总监票人、监票人名单。(5)召开全体大会进行投票选举。(6)大会主席团通过新闻媒体公布当选名单。(7)颁发当选证书。

地方各级人民代表大会组织选举,主要是在代表大会全体会议上,按照大会通过的选举办法的规定,投票选举本级国家权力机关的常设机关组成人员,行政机关、监察机关、审判机关、检察机关领导人员和上一级人民代表大会代表,候选人获得全体代表的过半数选票通过;获得过半数选票的候选人人数超过应选名额时,以得票多的当选。这是各级人民代表大会选举的主要形式。但是,在选举过程中,如果出现候选人票数相等,不能确定当选人;或候选人获得全体代表过半数的选票不足应选名额;或应选名额出现空缺等情况,则要组织代表进行再次投票或另行选举或补选。

各级人民代表大会进行选举时,采用无记名投票方式,代表对于确定的候选人,可以投赞成票,可以投反对票,可以另选其他任何代表或者选民,也可以弃权。(1)表决方式的确定。无记名投票,是投票人通过选票表明对候选人的赞同、反对、弃权,或者另选他人,但不在选票上注明投票人的一种选举方式。电子表决器表决虽然可无记名表决,但不能另选他人。所以,人民代表大会选举国家权力机关的常设机关组成人员、国家机关领导人员一律采用无记名投票的方式。(2)弃权选票不能另选他人。弃权表示对该项职务的选举权利的放弃,所以弃权后不能另选他人。

地方各级人大进行选举时，必须以全体代表的过半数通过。这里所说的“全体代表”，是指实有代表数，代表名额没有选足的、代表被罢免的、代表辞职被接受的、代表因迁出或者调离本行政区域而终止代表资格的、代表死亡的，都不计入全体代表数。代表由于刑事案件被羁押正在受侦查、起诉、审判，被依法判处管制、拘役或者有期徒刑而没有附加剥夺政治权利，正在服刑等原因，而被依法暂停执行代表职务的，仍然是代表，应当计入全体代表数。

再次投票。在第一次投票选举中，如获得过半数选票的候选人超过了应选名额，且因票数相等不能确定当选人时，就票数相等的人进行再次投票，以得票多的当选。(1)再次投票的时间的确定。再次投票应当尽早举行，防止造成各种不必要的麻烦。(2)再次投票程序的确定。再次投票是第一次投票的继续，因此与第一次投票的程序相同。(3)再次投票的候选人的确定。组织再次投票，是因为候选人已获得全体代表过半数选票，但因超过应选名额，且选票数相等而不能确定当选人，在这种情况下，就得票相等的两人或多人进行投票。(4)再次投票的当选条件的确定。再次投票时，以得票较多的候选人当选。也就是说，再次投票后，候选人得票只要多于其他候选人就可以当选，不必获得过半数选票才能当选。这是因为候选人在前一次投票中已经获得过半数选票，取得了当选资格，再次投票只确定应由谁当选问题，而不是确定当选资格，所以再次投票后不必获得过半数选票才能当选。(5)再次投票当选结果的确定。如果出现候选人之外的人在再次投票中获得票数多于候选人，且超过全体代表的半数，则应当确定其当选。如果候选人之外的人在再次投票中得票数多于候选人，但没有过半数，则都不能当选。

另行选举。在第一次选举中，获得过半数选票的当选人数少于应选名额时，不足的名额进行另行选举。(1)另行选举条件的确定。另行选举是因候选人未获得全体代表的过半数选票，应选名额未选满，就缺额部分进行选举。(2)另行选举时候选人的确定。另行选举时的候选人可以根据在第一次投票时得票多少的顺序确定，也可以依照规定的程序另行提名、确定，进行差额选举。(3)另行选举的时间。另行选举可以在本次人民代表大会会议上进行，也可以在下一次人民代表大会会议上进行，但要经本级人民代表大会决定。(4)另行选举的程序和方式。另行选举的其他程序和选举方式，都应当遵循地方组织法的有关规定，不能简化。

重新选举投票。选举法第四十四条规定:每次选举所投的票数,多于投票人数的无效,等于或者少于投票人数的有效。投票结束后,对选票进行清点,如果选举所投票数多于投票人数,则选举无效;所投票数等于或者少于投票人数则选举有效。因为如果从票箱取出的选票,多于发出的选票总数,这意味着有人多投了票、投了假票,或者有其他舞弊行为,所以选举无效,应组织重新选举投票。如果从票箱里取出的选票少于发出选票的总数,可能有人领票后未投票,但不影响选举有效。如果开箱后取出的选票和发出的选票相等,表明无人多领票,领票人全部参加了投票,选举自然有效。直接选举重新组织投票时,以选区全体选民的过半数参加投票,选举有效,代表候选人获得参加选举的选民过半数的选票,始得当选。

二、任免和决定任免

任免和决定任免权,是地方各级人大常委会的重要职权。县级以上地方各级人大常委会的任免人员范围为:在本级人大闭会期间,根据主任会议的提名,任免本级人大各专门委员会的个别副主任委员和部分委员;县级以上地方各级人大常委会任免本级监察委员会副主任、委员;任免本级人民法院副院长、庭长、副庭长、审判委员会委员、审判员,任免本级人民检察院副检察长、检察委员会委员、检察员。有的地方性法规规定:省和设区的市级人大常委会,根据主任会议的提名,任免人大常委会副秘书长和人大常委会工作机构的负责人。县级以上地方各级人大常委会的决定任免人员范围为:在本级人大闭会期间,决定副省长、自治区副主席、副市长、副州长、副县长、副区长的个别任免;县级以上地方各级人大常委会根据本级政府正职领导人的提名,决定本级人民政府秘书长、厅长、局长、主任、科长的任免(须报上一级政府备案);省、自治区、直辖市人大常委会,根据主任会议的提名,决定在省、自治区按地区设立的和在直辖市内设立的中级人民法院院长的任免,根据省、自治区、直辖市的人民检察院检察长的提名,决定人民检察院分院检察长的任免。

地方各级人大常委会任免和决定任免的程序:(1)由主任会议或政府正职领导人员提出任免案。(2)人大专门委员会或常委会有关工作部门对拟任免人员进行初审。(3)组织与拟任免人员业务相关的法律知识考试。(4)对拟任免人员名单及相关情况提交主任会议,由主任会议决定是否列入常委会会议议程。(5)将任免案提交常委会会议审议。(6)对任免人员采取逐人或合并按表决器的方式表决。(7)通过新闻媒体公布任免人员名单。

(8)颁发任命书。

三、决定人选

地方各级人民代表大会决定人选权，用在本级人民代表大会主席团决定本级人大本次会议的副秘书长人选上。地方各级人民代表大会议事规则规定，各级人民代表大会举行会议时，大会主席团第一次会议要决定大会副秘书长的人选。大会副秘书长主要协助秘书长办理主席团交付的事项，处理大会期间的有关事宜。法律对大会副秘书长的提名人选没有明确规定，实践中，人大会议的副秘书长一般为3—5人，通常有人大常委会的秘书长，党委组织、宣传部门的负责同志，政府的秘书长等，因工作需要，不是人大代表的也可以担任大会副秘书长。

四、推选

推选是国家权力机关行使任免权的一种形式。推选包括：(1)推选代理人大常委会主任职务。一是人大常委会主任因健康情况不能工作时，在副主任中推选一人代理主任职务，行使职权到主任恢复健康。如果在本届任期内，主任未恢复健康，代理主任行使职权到人大选举产生新的主任为止。二是主任缺位时，可以在副主任中推选一人代理主任职务，行使职权到人大选举产生新的主任为止。(2)推选主席团常务主席。县级以上地方各级人民代表大会主席团推选主席团常务主席，推选主席团成员若干人分别担任每次大会全体会议的执行主席。(3)推选代表团团长、副团长。地方各级人民代表大会每次举行会议前，各代表团分别推选代表团团长、副团长。

五、通过人选

通过人选是人大及其常委会的职权。地方各级人大及其常委会通过人选的范围有：省级和设区的市级人民代表大会各专门委员会组成人员人选；县级以上地方各级人大常委会代表资格审查委员会组成人员人选；乡镇人民代表大会代表资格审查委员会组成人员人选。

地方各级人大及其常委会通过人选的范围和程序：(1)省级和自治州、设区的市、县级人民代表大会通过各专门委员会组成人员人选。一是由大会主席团按照各专门委员会设置的职数，依法在本级人大代表中等额提名各专门委员会的主任委员、副主任委员和委员人选；二是提交全体代表进行审议；三是一般采取按表决器或举手等方式，对逐个专门委员会进行表决，获得全体代表过半数赞成的始得通过；四是表决结果由大会主席团通过新闻媒体进行公布。(2)县级以上地方各级人大常委会通过代表资格审查委员会组成人员人选。一是由主任会议在本级人大常委会组成人员中,提名本级人大常委会代表资格审查委员会主任委员、副主任委员和委员人选;二是提交常委会会议进行审议;三是采取按表决器或举手等方式,逐人或合并进行表决,获得全体组成人员过半数赞成的始得通过;四是表决结果由人大常委会通过新闻媒体进行公布。(3)乡镇人民代表大会通过代表资格审查委员会组成人员人选。一是新一届人民代表大会第一次会议召开前,由有关部门提出本届人大代表资格审查委员会主任委员、副主任委员和委员人选;二是召开全体代表大会,逐人或合并举手表决通过代表资格审查委员会组成人员;三是通过文件或张榜公布等形式,对外公告通过人选名单。

六、补选

补选是属于人民代表大会的权力。补选是对本级人民代表大会选举产生的人员,因死亡、被罢免、辞职等原因出现空缺而进行的补充选举。组织补选应把握的几个问题:(1)补选条件的确定。按每届第一次会议上确定的应选名额选出的人员,因死亡、被罢免、辞职等原因而出现空缺,因工作需要补选;如因特殊情况增加个别名额的,一般应当尽量按照正常的选举程序办;选举换届选举时没有选够的应选名额,不属于补选,属于另行选举,应按另行选举的规定进行选举。(2)补选的程序和方式。由于补选只是个别情况,经本级人民代表大会决定,补选可以等额选举,也可以差额选举,选举的程序和方式也可以适当简化。但补选的表决方式和当选的条件与选举是完全相同的。(3)预选方式的确定。补选过程中,代表是否可以联合提名候选人,如果提出的候选人过多是否要预选等,都可以由本级人民代表大会决定。(4)选举结果的确定。补选的候选人必须获得全体代表的过半数选票才能当选,不能以得票多的当选。(5)补选人员的任期。届期内补选的国家权力机关的常设机关组成人员、国家机关领导人员的任期,均到本级人大任期届满。

七、决定代理人选

决定代理人选是人大常委会的职权。在人民代表大会闭会期间,由人民代表大会选举产生的国家权力机关的常设机关、行政机关、监察机关、审判机关、检察机关的正职领导人员因故出缺,可由本级人大常委会在其副职领导人员中推选或者决定一人代理出缺的职务,决定代理检察长须报上一级人民检察院和人大常委会备案。其作用主要是保证国家机关在非正常情况出现时也能正常工作。

地方各级人大常委会决定代理人选的程序：(1)主任会议提名决定代理职务人选。(2)人大常委会全体会议审议。(3)常委会全体组成人员表决(人民检察院代理检察长的决定通过后，应经上一级人民检察院报同级人大常委会备案)。(4)人大常委会通过新闻媒体公布。

八、罢免

罢免权属于各级人大及其常委会。依据有关法律规定：地方各级人大有权罢免由其选举产生的本级国家权力机关的常设机关组成人员，行政机关、监察机关、审判机关、检察机关领导人员和由人大常委会任免的本级政府组成人员。罢免人民检察院检察长，须经上一级人民检察院检察长提请该级人大常委会批准。在人大闭会期间，人大常委会可以罢免个别上一级人大代表。

地方人大及其常委会行使罢免权的程序：(1)提出罢免案。一是县级以上地方各级人民代表大会提出罢免案的主体、代表联名的人数和罢免人员的范围为：人大主席团、常委会或者1/10以上代表联名，有权提出对本级人大常委会组成人员、人民政府组成人员、监察委员会主任、人民法院院长、人民检察院检察长的罢免案。二是乡镇人民代表大会提出罢免案的主体、代表联名的人数和罢免人员为：人大主席团或者1/5以上代表联名，有权提出对人大主席和副主席、乡镇长和副乡镇长的罢免案。三是对直接选举产生的人大代表提出罢免案的主体、代表联名的人数为：县级人大代表，原选区选民50人以上联名，乡级人大代表，原选区选民30人以上联名，可以向县级的人大常委会书面提出罢免要求。四是间接选举产生的人大代表提出罢免案的主体、代表联名的人数。县级以上的地方各级人大主席团或1/10以上代表联名，可以提出对由该级人大选出的上一级人大代表的罢免案；在人大闭会期间，人大常委会主任会议或者常委会1/5以上组成人员联名，可以向常委会提出对由该级人大选出的上一级人大代表的罢免案。(2)被罢免人提申辩意见。被提出罢免的人员有权在主席团会议、代表大会或常委会会议上发表申辩意见，也可以提出书面申辩意见。在主席团或常委会会议上发表的申辩意见或者书面意见由主席团或常委会印发会议或选民。(3)大会审议。选民、代表或常委会组成人员要对罢免案、被提出罢免人员的申辩和主席团或常委会的提议进行认真的审议。审议的内容包括：一是罢免理由是否充分；二是是否有必要再进行调查；三是被提出罢免人员的申辩是否成立等。主席团或常委会根据多数代表或常委会组成人员的意见，作出提交大会表决的决议或提出成立特定问题调查委员会对罢免案进行调查后，由下一次代表大会或常委会会议再表决的决定草案。(4)大会表决。人民代表大会全体会议或常委会会议对罢免案进行表决,大会表决采用无记名投票方式,全体代表过半数同意为通过。罢免县乡人大代表,县级人大常委会派有关负责人员主持会议表决罢免要求,并将表决的有关情况,如选区选民实有人数,参加投票人数,发出选票数,收回选票数,赞成、反对、弃权票数等,应如实向县级人大常委会书面报告。表决对乡级人大代表的罢免要求,可以请乡级人大主席协助。(5)公告。罢免的决议通过后,由本级人大主席团或常委会对外公告。罢免上一级人大代表的决议、表决结果等,一并报上一级人大常委会代表资格审查委员会。选举单位报上一级人大常委会的材料主要有:关于罢免代表有关情况的报告,罢免代表的决议,罢免代表的事实材料,被罢免的代表本人申辩意见。

九、撤销职务

撤销职务是地方各级人大常委会对由其任免的国家机关工作人员免除职务的形式。被撤销职务的通常有三种情况:一是严重违法违纪,造成国家和人民利益重大损失,不能或不适宜继续担任原职务的人员;二是经人民法院判处管制、徒刑或者剥夺政治权利的人员;三是被判处徒刑宣布缓刑的人员。

撤销职务人员的范围为:县级以上地方各级人大常委会,在本级人大闭会期间,决定撤销个别副省长、副主席、副市长、副州长、副县长、副区长的职务;决定撤销由它任命的本级人民政府其他组成人员和监察委员会副主任、委员,人民法院副院长、庭长、副庭长、审判委员会委员、审判员,人民检察院副检察长、检察委员会委员、检察员,中级人民法院院长,人民检察院分院检察长的职务。地方人大常委会组成人员、专门委员会成员的人大代表资格终止的,其人大常委会组成人员、专门委员会成员的职务相应撤销,由人大常委会予以公告。

地方各级人大常委会撤销职务的程序:(1)提请任命的法定人员或单位,县以上地方各级人大常委会组成人员 1/5 以上联名可以提出撤销职务案。撤销职务案必须附调查报告或较详尽的撤销理由材料。(2)撤销职务议案由人大常委会主任会议同意后提交常委会全体会议审议。(3)人大常委会全体会议以无记名投票方式进行表决。(4)人大常委会通过新闻媒体公布撤销职务的决定。

十、接受辞职

接受辞职是地方各级人大及其常委会允许由其选举和任命的国家机关工作人员终止执行原职务的方式。人大及其常委会接受辞职的程序:(1)县级以上的地方各级人大常委会组成人员,地方各级人民政府领导人员,地方监察委员会主任,地方人民法院院长,地方人民检察院检察长,可以向本级人大提出书面辞职;大会闭会期间,可以向本级人大常委会提出书面辞职。(2)代表或常委会组成人员对辞职者提出的书面辞呈和主席团或常委会提交会议审议的关于接受本人辞职的决定草案进行审议。(3)会议采用按表决器或举手等形式对接受本人辞职的决定草案进行表决,以全体代表或常委会组成人员的过半数同意为通过。地方人大常委会决定接受辞职后,报本级人大备案。地方人民检察院检察长的辞职,须报经上一级人民检察院检察长提请该级人大常委会批准。(4)辞职被接受的,由大会主席团或常委会公告接受辞职的决定。选举单位报上一级人大常委会材料主要有:关于接受代表辞职有关情况的报告,接受代表辞职的决定,代表本人辞呈。

十一、批准

批准是人大常委会根据本级人民检察院检察长的提请,对下一级检察机关正职领导人员的选举、罢免、免职和接受辞职作出批准或者不批准的决定。批准的程序与任免的程序是一致的。

全国人大代表名额的确定及分配

全国人民代表大会的代表,由省、自治区、直辖市的人民代表大会和人民解放军选举产生。全国人民代表大会代表的名额不超过3000人。香港特别行政区、澳门特别行政区应选全国人民代表大会代表的名额和代表产生办法,由全国人民代表大会另行规定。

全国人民代表大会代表名额,由全国人民代表大会常务委员会根据各省、自治区、直辖市的人口数,按照每一代表所代表的城乡人口数相同的原则,以及保证各地区、各民族、各方面都有适当数量代表的要求进行分配。省、自治区、直辖市应选全国人民代表大会代表名额,由根据人口数计算确定的名额数、相同的地区基本名额数和其他应选名额数构成。全国人民代表大会代表名额的具体分配,由全国人民代表大会常务委员会决定。

全国少数民族应选全国人民代表大会代表,由全国人民代表大会常务委员会参照各少数民族的人口数和分布等情况,分配给各省、自治区、直辖市的人民代表大会选出。人口特少的民族,至少应有代表一人。

全国人大代表名额分配程序。全国人大对各选举单位应选出席全国人大代表的具体程序为:(1)在每届全国人大换届前(一般是提前一年左右),由全国人大常委会提出下一届“全国人大代表名额和选举问题的决定草案”,其中包括人大代表的总名额和分配给每个选举单位的具体名额以及选举时间等。(2)提请本届全国人大最后一次会议审议通过。(3)对于其他方面代表名额的分配以及选举办法,如少数民族代表的具体名额分配办法、台湾省代表的协商选举方案等,由全国人大常委会作具体规定。

地方各级人大代表名额的确定及分配

地方各级人民代表大会的代表总名额,为基数与按人口数增加的代表数相加。具体规定:(1)省、自治区、直辖市的代表名额基数为三百五十名,省、自治区每十五万人可以增加一名代表,直辖市每二万五千人可以增加一名代表;但是,代表总名额不得超过一千名;(2)设区的市、自治州的代表名额基数为二百四十名,每二万五千人可以增加一名代表;人口超过一千万的,代表总名额不得超过六百五十名;(3)不设区的市、市辖区、县、自治县的代表名额基数为一百二十名,每五千人可以增加一名代表;人口超过一百六十五万的,代表总名额不得超过四百五十名;人口不足五万的,代表总名额可以少于一百二十名;(4)乡、民族乡、镇的代表名额基数为四十名,每一千五百人可以增加一名代表;但是,代表总名额不得超过一百六十名;人口不足二千的,代表总名额可以少于四十名。

自治区、聚居的少数民族多的省,经全国人民代表大会常务委员会决定,代表名额可以另加百分之五。聚居的少数民族多或者人口居住分散的县、自治县、乡、民族乡,经省、自治区、直辖市的人民代表大会常务委员会决定,代表名额可以另加百分之五。

省、自治区、直辖市的人民代表大会代表的具体名额,由全国人民代表大会常务委员会依照选举法确定。设区的市、自治州和县级的人民代表大会代表的具体名额,由省、自治区、直辖市的人民代表大会常务委员会依照选举法确定,报全国人民代表大会常务委员会备案。乡级的人民代表大会代表的具体名额,由县级的人民代表大会常务委员会依照选举法确定,报上一级人民代表大会常务委员会备案。

地方各级人民代表大会的代表总名额经确定后,不再变动。如果由于行政区划变动或者由于重大工程建设等原因造成人口较大变动的，该级人民代表大会的代表总名额依照选举法的规定重新确定。

地方各级人民代表大会代表名额，由本级人民代表大会常务委员会或者本级选举委员会，根据本行政区域所辖的下一级各行政区域或者各选区的人口数，按照每一代表所代表的城乡人口数相同的原则，以及保证各地区、各民族、各方面都有适当数量代表的要求进行分配。在县、自治县的人民代表大会中，人口特少的乡、民族乡、镇，至少应有代表一人。

地方各级人民代表大会代表名额的分配办法，由省、自治区、直辖市人民代表大会常务委员会参照全国人民代表大会代表名额分配的办法，结合本地区的具体情况规定。

对破坏选举行为的制裁

为了保障选民和代表自由地、充分地行使选举权和被选举权，完全按照自己的意愿进行投票，不受他人的干扰和支配，保证选举的真实性、公正性、权威性，保证选举工作的顺利进行，法律对破坏选举的行为规定了制裁措施。

一、破坏选举行为的种类

一是以金钱或者其他财物贿赂选民或者代表，妨害选民和代表自由行使选举权和被选举权的行为。二是以暴力、威胁、欺骗或者其他非法手段妨害选民和代表自由行使选举权和被选举权的行为。三是伪造选举文件、虚报选举票数或者有其他违法行为的。四是对于控告、检举选举中违法行为的人，或者对于提出要求罢免代表的人进行压制、报复的行为。

二、对破坏选举行为的制裁形式

一是治安管理处罚。治安管理处罚，是由公安机关依法执行的制裁方式，其种类分为警告、罚款、行政拘留、吊销公安机关发放的许可证等。二是追究刑事责任。追究刑事责任，是由国家审判机关依法执行的制裁方式。根据刑法的有关规定，对破坏选举的行为的制裁方法主要是拘役、管制、有期徒刑。三是对于国家工作人员破坏选举的行为，除了给予治安管理处罚或者追究刑事责任外，还有依法给予行政处分。给予行政处分，是由国家机关依行政隶属关系，按照国家法律、法规给予有轻微违法失职行为但尚不够刑事处罚的，或者违反纪律的所属人员的一种制裁。

以破坏选举的违法行为当选的，其当选无效。

加强党对县乡两级人大换届选举工作的领导

地方党委对县乡两级人大换届选举工作负领导责任，履行政治责任。(1)要及时研究解决选举工作中的问题，认真贯彻落实中央关于换届选举工作的部署要求和选举法等相关法律规定。(2)要把县乡人大换届选举作为党管干部、党管人才的重要工作内容，依法行使代表候选人提名推荐权，把好代表政治关、素质关、结构关。要健全代表候选人提名推荐工作程序，明确工作分工和职责。党委组织部门会同有关方面提出代表候选人初步建议人选，要充分发扬民主，广泛听取意见。初步建议人选经换届选举领导小组审核后，报县级党委常委会会议和乡镇党委会会议批准。(3)党委组织部门承担代表候选人考察、审查工作责任，对代表候选人政治素质、思想品行、遵纪守法、履职能力等方面情况进行综合考察，对考察结果负责。(4)地方党委和纪检监察机关要认真履行党风廉政建设主体责任和监督责任，严格执行换届纪律规定，坚决查处选举中的不正之风和腐败问题。(5)坚持党管干部原则与人大依法行使选举权任免权相统一。县级党委、乡镇党委提出国家机关组成人员人选的情况，应当及时向县级人大常委会党组、乡镇人大主席团通报党委人事安排和被推荐人选的基本情况，听取意见建议。认真对待和研究人大代表、常委会组成人员对有关人选提出的意见，尊重和保障人大代表依法联名提出候选人的权利，尊重人大选举、表决结果。(6)人民代表大会临时党组织、人大常委会党组和人大常委会组成人员、人大代表中的党员，应当认真贯彻党委人事安排意见，依法正确履行职责。(7)换届选举中的重大问题和重要情况，县级人大常委会党组要及时向本级党委请示报告。

县乡两级人大代表的选举

县级人大常委会在县乡人大换届选举中的组织责任

根据选举法的规定,不设区的市、市辖区、县、自治县、乡、民族乡、镇设立选举委员会,主持本级人民代表大会代表的选举。不设区的市、市辖区、县、自治县的选举委员会受本级人民代表大会常务委员会的领导。乡、民族乡、镇的选举委员会受不设区的市、市辖区、县、自治县的人民代表大会常务委员会的领导。法律规定县级人大常委会领导本辖区内的县乡换届选举工作,是因为县乡两级人大代表是由选民直接选举产生,参与选举的人多,组织工作量大,法律性、政策性都很强,所以,需要在县级人大常委会的领导下,由专门设立的选举委员会具体负责主持,协调一致开展选举工作。(1)向同级党委提出关于县乡换届选举工作的意见。依据有关法律规定和上级党委、人大常委会对县乡人大换届选举工作的指示精神,县级人大常委会以党组的名义向同级党委提出关于做好县乡人大换届选举工作的意见,报请党委同意并批转。(2)通过关于县乡人大换届选举的决定。决定的内容主要包括:一是确定完成新一届县乡人大代表选举和召开新一届人民代表大会第一次会议的时限。二是规定选举日。如果县乡人大同步进行换届,则定为同日进行两级人大代表的选举。三是向各选区分配县级新一届人大代表名额。四是确定所属乡镇新一届人大代表名额。如果行政区划未变动或没有重大的工程项目造成人口较大变动的,各乡镇的代表名额不变。(3)通过县乡人大换届选举工作实施方案。方案内容主要包括:一是换届选举工作的指导思想;二是换届选举工作的时间安排、方法和步骤;三是代表名额、结构和素质;四是换届选举的宣传教育;五是充分发扬民主,严格依法办事;

六是换届选举工作的组织领导。(4)通过县级和所属乡镇选举委员会组成人员的决定。所属乡镇包括改革发展实验区和开发区等所辖乡镇。(5)对县乡选举委员会提交的关于选举违法事件及时作出处理决定。(6)县乡换届选举工作结束后,汇总选举情况,填写统计报表。向党委提交关于县乡两级人大换届选举工作总结,连同统计报表一并报上一级人大常委会。

县级选举委员会

根据有关法律规定,不设区的市、市辖区、县、自治县设立选举委员会,在本级人大常委会领导下,主持本级人大代表的选举工作。不设区的市、市辖区、县、自治县的选举委员会的组成人员由本级人民代表大会常务委员会任命。选举委员会的组成人员为代表候选人的,应当辞去选举委员会的职务。县级选举委员会一般由11—15人组成,设主任1人,副主任1—3人,委员若干人。县级选举委员会人选由县委、人大常委会和民主党派、人民团体、驻军武警部队等协商推荐提名,经县级人大常委会党组报同级党委审批后,提请县级人大常委会通过。选举委员会下设办公室,办公室设主任1人,副主任1—2人,由选举委员会任命。选举委员会职责:(1)划分选举本级人民代表大会代表的选区,分配各选区应选代表的名额;(2)进行选民登记,审查选民资格,公布选民名单;受理对于选民名单不同意见的申诉,并作出决定;(3)确定选举日期;(4)了解核实并组织介绍代表候选人的情况;根据较多数选民的意见,确定和公布正式代表候选人名单;(5)主持投票选举;(6)确定选举结果是否有效,公布当选代表名单;(7)法律规定的其他职责。

选举委员会下设选举委员会办公室、选举工作领导小组、选举办事处等工作机构,具体办理有关选举事务。选举委员会是临时机构,选举工作结束,即行撤销。

乡级选举委员会

根据有关法律规定,乡、民族乡、镇设立选举委员会,主持本级人大代表的选举。选举委员会是组织、办理本级人大代表选举工作的机构。乡、民族乡、镇的选举委员会的组成人员由不设区的市、市辖区、县、自治县的人民代表大会常务委员会任命。乡级选举委员会一般由5—9人组成,设主任1人,副主任1—2人,委员若干人,其组成人员由县级人大常委会任命。乡级选举委员会组成人员由乡党委、县选举委员会派到该乡的工作队负责人、乡人大主席和政府有关部门、人民团体负责人、基层单位有关负责人组成。

乡级选举委员会主持本级人大代表的选举工作，在县乡两级人大同步进行换届时，同时承担县级人大代表选举的有关具体工作。其主要职责：(1)选举准备。制订本乡换届选举工作实施方案；印制相关的材料；请批选举经费并合理使用。(2)划分选区。根据本乡代表名额数量和人口居住的分布状况，结合县级人大常委会分配给本乡的县人大代表名额，合理划分县乡代表选举的选区。(3)选民登记。对本行政区域的选民按要求进行复查或重新登记；审查选民资格，在选举日前20天公布选民名单；受理对于选民名单不同意见的申诉，并作出处理决定。依法受理选民委托票和选民关系迁入迁出手续。(4)公布候选人名单。在选举日前15天公布初步候选人名单；根据较多数选民的意见，确定正式代表候选人，在选举日前5天公布正式代表候选人名单。(5)组织投票选举。根据县人大常委会确定的选举日，衔接县级人大代表选区和乡级人大代表选区的选举工作，组织各选区依法进行投票选举；将县级人大代表选举结果及时上报。(6)公布选举结果。对乡级人大代表选区的选举情况进行审查，确定选举程序和结果是否有效，公布当选代表名单，填写代表登记表，并书面通知代表本人。(7)处理选举中违法问题。受理对选举中的违法行为和破坏活动的检举、控告，并作出处理或答复，如果问题性质严重或已触犯法律，则移交司法机关处理。(8)选举总结、归档工作。代表选举结束后，对各选区的选举工作检查验收，填写选举统计报表，将有关选举档案材料、统计报表和印章等移交给本级人大主席团保存。

选举委员会下设办公室，具体负责选举委员会的日常工作，办理有关选举事务。办公室设主任1人，副主任1—2人，由选举委员会任命或指定。

选举委员会是临时机构，选举工作结束，即行撤销。

选举工作领导小组

根据各省制定的有关县乡人大换届选举的地方性法规规定，一个系统、单位、街道办事处、村民委员会划分两个以上选区的，可设立选举工作领导小组。单独选举县级人大代表时，乡级设立选举工作领导小组。单独选举乡级人大代表时，县级设立乡级人大换届选举工作领导小组及相应的办事机构。选举工作领导小组是选举委员会的派出机构，在选举委员会的领导下，主持属于选举工作领导小组管辖范围内的选举工作。

选举工作领导小组由5—9人组成，设组长1人，副组长1—3人，由选举委员会决定；成员由选区内各方面推选的选民组成，报选举委员会批准。

选举工作领导小组的主要职责：(1)受选举委员会委托，主持本辖区的选举工作，如组织对辖区内的选民进行复核和重新登记；对政党和选民联合提名的代表候选人进行酝酿、协商，将多数选民对代表候选人的意见，报选举委员会，以确定正式代表候选人名单；组织辖区内的各选区在选举日进行投票、计票，并将选举结果及时报选举委员会等。(2)受理选举委员会委托办理的相关事宜，如就辖区内的选民对其公布的选民名单有不同意见的申诉，控告、检举选举中违法行为等，及时进行调查核实，并报选举委员会处理；办理选民委托投票和选民关系迁出、迁入手续等。(3)选举工作结束后，写出选举情况简要报告，并将有关选举工作的全部文件、表册、印章交档案部门存档。

选举办事处

根据各省制定的有关县乡人大换届选举的地方性法规规定，选区设立选举办事处。县级人大单独换届选举时可以在乡、街道办事处、大型厂矿、企业、高等院校等设立选举办事处。选举办事处作为县选举委员会的派出机构，在选举委员会的领导下，组织实施所辖选区的选举工作。

选举办事处由3—7人组成，设主任1人，副主任1—2人，由选举委员会决定；成员由选区内选民推选，报选举委员会批准。选举办事处设立选民资格审查小组，其成员3—5人，由选举办事处与选民协商确定。为便于选民活动，选区可按实际情况划分若干选民小组，由选民推选组长、副组长，成员一般由20—30人组成。

选举办事处的主要任务：(1)指导选民小组的工作。根据选举各个阶段的实际情况，具体指导选民小组依法开展选举工作。(2)培训选举工作人员。按照选举委员会的安排，及时培训宣传员、选民登记员和组织投票、计票等工作人员。(3)办理选民登记。对本选区的选民进行复查或重新登记后，领导选民资格审查小组进行选民资格审查，确定选民资格，公布选民名单，发放选民证。(4)介绍代表候选人。对政党和代表联合提名的代表候选人，一并组织与选民见面，向选民介绍代表候选人情况，并组织选民酝酿、讨论，汇总选民对代表候选人的意见，向选举委员会汇报。(5)组织投票、计票工作。组织选民参加选举,统计选票,向选举委员会报告选举结果。(6)选举工作结束后,写出选举情况简要报告,并将有关选举资料上交选举委员会。

选举工作方案

选举工作方案是对选举工作全过程进行全面计划、统筹安排和具体部署,以确保选举工作按程序有计划、有步骤地顺利进行的实施方案。县乡选举委员会要结合各自的实际情况,起草本级人大代表换届选举工作方案,报县级人大常委会批准。县级人大常委会对本行政区域内的县乡人大换届选举工作要制订一个统一的实施方案,通过后由各级选举机构组织实施。选举工作方案主要内容应包括:一是换届选举工作的法律依据;二是换届选举工作的重大意义、指导思想、目的和要求;三是换届选举工作的时间安排、方法步骤以及每个步骤的具体要求,确定选举日;四是选区划分、选民登记和代表名额的分配;五是制订宣传工作计划,明确选举工作每一个阶段的宣传重点,对宣传工作的领导和组织提出具体要求;六是明确换届选举工作的先行试点单位;七是对换届选举工作提出具体措施和要求;八是提出换届选举的经费计划。

培训选举工作人员

根据各省制定的有关县乡人大换届选举的地方性法规规定,选举组织机构要培训工作人员,使工作人员明确选举工作的法律规定、方法和步骤,树立严格依法办事的思想,做好选举工作。

培训对象。县乡人大换届选举时,由县选举委员会负责培训各选举办事处、选区领导小组负责人和县乡选举委员会办公室工作人员。然后,各选举办事处组织培训各选区的工作人员和各选民小组组长。根据选举各个阶段的需要,对宣传员、登记员、联络员、计票员、监票员等进行专门培训。

培训的主要内容有:(1)学习宪法、选举法和地方组织法以及有关县乡换届选举的地方性法规,熟悉和掌握在选举各个阶段相关的法律规定和法定程序。(2)学习各级党委、人大常委会有关换届选举的决定、文件,明确县乡两级人大换届选举指导思想、重要意义和工作要求,牢固树立加强党的领导,充分发扬民主,严格依法办事的思想。(3)学习选举工作实施方案,明确选举的时间安排、方法步骤和每个阶段的法律程序及注意事项。(4)学习换届选举宣传提纲,明确宣传教育工作的意义、目的,明确宣传要点、宣传形式和应注意的问题等。(5)学习先进典型经验,用典型示范引路,使学到的理论与实践结合起来,为做好换届选举工作奠定基础。

培训的方式、方法。培训的方式一般有:集中培训、分阶段专题培训、以会代训、分片培训、就地培训、现场经验交流会等形式。培训的方法有:专题辅导讲座、座谈讨论、经验交流,以及疑难问题解答等。

选举的宣传教育

根据各省制定的有关县乡人大换届选举的地方性法规规定,要加强对换届选举的宣传教育,广泛利用各种宣传工具,深入宣传人民代表大会制度和有关法律法规,使选民认识选举的重要意义和目的,自觉地行使民主权利,选好代表,推进基层的民主与法制建设。由选民直接选举县乡两级人大代表,是广大选民依照法律规定的原则和程序直接参加行使民主权利的政治活动,是学习贯彻执行有关法律的重要实践,是全面推进依法治国、建设社会主义法治国家的实际行动。通过宣传教育,真正使广大选民珍惜宪法和法律赋予自己的民主权利,积极热情地参加选举。同时,用法律规范人们在选举活动中的行为,做到充分发扬民主,严格依法办事,确保换届选举工作依法有序顺利开展。

宣传教育的主要内容:(1)宣传换届选举的重大意义。(2)宣传依法做好选区划分和选民登记工作。(3)宣传依法保障流动人口的选举权利。(4)宣传依法推荐和确定代表候选人。(5)宣传进一步优化代表结构等。

宣传教育的要求:(1)要坚持正确的政治方向,牢牢把握正确的舆论导向。(2)要准确、及时地做好程序性报道,生动、通俗地做好深度报道。(3)要充分发挥报纸、广播、电视、网络各自特点和优势,运用灵活多样的形式和手段,不断增强宣传报道的效果。(4)要关注社会舆情和人民群众关注的热点,有针对性地做好引导工作。

宣传教育的组织领导:(1)党委宣传部门要密切联系,通力合作,确保信息渠道畅通,要积极组织报社、电台等新闻单位,制定宣传报道计划,作出具体安排,有计划、有重点地做好换届选举的宣传工作,为换届选举提供一个良好的舆论氛围。各乡镇党委的宣传委员要协调联系,充分发挥当地的现有条件,搞好宣传工作。(2)县乡两级人大及选举工作机构应积极配合新闻单位做好宣传报道工作,及时向宣传部门和新闻单位通报工作情况,主动提供报道的线索和材料,及时总结选举工作的典型经验,并针对不同社会阶层撰写文章或报道,供新闻单位采用。(3)各新闻宣传部门也要主动寻找报道线索,深入基层,实地采访,采取灵活多样、生动活泼、为人民群众喜闻乐见的形式,认真做好宣传工作。(4)各地在组织宣传时,同时采取编印宣传提纲、选民须知和给选区全体选民的一封信等形式。

选区划分

选区是指依照法律规定选举县乡人大代表时划分的区域,是选民参加选举活动和产生人大代表的法定基本单位。不设区的市、市辖区、县、自治县、乡、民族乡、镇的人民代表大会的代表名额分配到选区,按选区进行选举。

一、选区划分的原则

总的原则要求是,本行政区域内各选区每一代表所代表的人口数应当大体相等。划分选区具体原则为:(1)合理原则。选区可以按居住状况划分,也可以按生产单位、事业单位、工作单位划分。各地可根据实际情况而定。(2)属地原则。划分选区只限于在本行政区域范围。如果按生产单位、事业单位、工作单位划分选区,则注意不要把长期设在本行政区域之外的下属单位或分支机构也划进来,长期设在外地的下属单位或分支机构应参加所在地的选举;而在外地做临时性工作的或流动性机构则应划入其所属单位所在地的选区。(3)人口原则。选区划分应按行政区域内总人口数计算划分,而不是按选民人数划分。即根据行政区域的总人口数考虑划分选区。(4)代表名额原则。选区的大小,按照每一选区选1—3代表划分,即至少选1名,最多选3名,而每一代表所代表的人口数大体相等。(5)方便选举原则。选区划分要考虑便于组织和利于选民参加选举,如果按单位划分选区,尽量不要拆散打乱原单位建制;如果按居住状况划分选区,则以居委会或村屯为基本单位。同时还要考虑便于县乡两级人大代表同步选举,便于代表联系选民、开展活动、接受监督。(6)平等原则。选区划分要考虑到候选人分布情况,便于各民族、各阶层、各方面代表人物当选,同时,还要综合考虑每一代表所代表的人口数大体相等。这里需注意,划分选区应当以每一代表所代表的人口数大体相等为原则的规定,主要是针对有的地方在选举中为了照顾县直机关多选代表,而在划分选区时将县直机关所在的较小的区域划为一个选区。按照有关法律规定,县直机关所在选区的人口数应同其他选区人口数大体相等;人数少于一般选区的,应与其他选区合并。不能为了照顾县直机关多选代表而使该选区代表所代表的人口数少于其他选区。

二、审查批准选区划分方案

县选举委员会要对选区划分情况进行审查,其主要内容:选区划分的原则是否符合法律法规的规定;各选区每一代表所代表的人口数是否大体相等;村与村(单位)的搭配是否合理,是否便于选民参加选举活动和选民监督代表,以及便于代表联系选民等。经县选举委员会审查批准后的选区划分结果,以县级选举委员会文件形式发有关单位。各乡镇的选区划分后,将方案报县级选举委员会审查批准,由乡级选举委员会以文件形式通知到各选区。

三、选区划分的程序和方法

县乡两级人大换届选举时选区划分的一般程序是:(1)调查摸底。根据换届选举的有关要求,对本行政区域内的有关情况进行调查摸底,主要了解掌握:一是本行政区域的人口数,包括人口总数、驻在本区域内的企业、事业单位的职工数等;二是代表资源的分布情况,本届代表所在单位或区域,新一届代表的结构和各方面代表候选人推荐情况;三是选区划分的情况,本届选举时,选区划分和各选区选举情况,主要经验和存在的问题;根据新一届人大代表名额分配等相关情况,如何划分或调整选区的原则意见。(2)了解选区分布。依照选举法关于选区的规定,了解本区域内的单位分布和居民居住等情况,考虑各选区是按居住状况还是按生产单位、事业单位、工作单位划分。(3)提出选区划分方案。根据实际情况,按选区划分的原则,提出选区划分方案,包括选民基本情况、代表资源的分布情况等。(4)进行选区划分测算。划分选区,主要根据人口数测算出每一代表所代表的人口数,然后再分配每一选区应选代表名额。测算各选区分配的代表名额。

划分选区的基本方法为:(1)县乡人大代表选区的划分。县乡两级人大同步进行换届选举的,要分别划分选区。即选举县级人大代表和选举乡级人大代表两套选区。(2)城镇和农村选区的划分。城镇选区的划分,只考虑按要求划分县级人大代表即可。一般以生产、工作单位划分选区,近些年则多以按居民委员会划分选区。单位或居委会人口数多,足以分配 1—3 名代表名额的,可以单独划分为 1 个选区;人口数较多的大单位划分为 1 个选区不符合大体相等原则的,可将其划分成若干个选区;人口数较少,不足以分配1个代表名额的,可以就近或按系统将若干个单位联合划分为1个选区。农村选区的划分,既要考虑选举县级代表的选区,又要考虑选举乡级代表的选区。选举县级代表的选区,一般以村委会为单位划分。不足分配1个代表名额的,可以就近将2个或者多个村民委员会联合划分为1个选区。选举乡级代表的选区,一般可以自然村为单位划分。如果1个自然村不足分配1个代表名额的,可以就近将2个或多个自然村联合划分为1个选区。一些边远山区,居住状况十分分散难以联合划分选区的,在代表名额允许的前提下,尽可能单独划分选区。(3)划分选区选民小组。选区内可以划分为若干个选民小组,由选民推选出正、副组长,负责选民小组的选举事宜。选民小组应按选区内原有的行政村、自然村单独或联合产生。

选民登记

选民登记是指对享有选举权的公民的选民资格进行确认的法定程序。根据选举法的规定,选民登记按选区进行,经登记确认的选民资格长期有效。每次选举前对上次选民登记以后新满18周岁的、被剥夺政治权利期满后恢复政治权利的选民,予以登记。对选民经登记后迁出原选区的,列入新迁入选区的选民名单;对死亡的和依法被剥夺政治权利的人,从选民名单上除名。精神病患者不能行使选举权利的,经选举委员会确认,不列入选民名单。

一、确认选民资格

选民资格是指选民依法享有选举权和被选举权所必须具备的条件。确认选民资格是进行选民登记的前提。

(一)选民资格一般规定。根据选举法第四条、第二十七条规定,选民资格必须符合以下三个条件:(1)必须具有中华人民共和国国籍。一是父母双方或一方为中国公民,本人出生在中国,具有中国国籍;二是父母双方或一方为中国公民,本人出生在外国,具有中国国籍;三是父母无国籍或国籍不明,定居在中国,本人出生在中国,具有中国国籍;四是申请加入中国国籍获得批准的,即取得中国国籍。(2)必须是年满18周岁。计算选民年满18周岁的年龄,从出生日期至当地的选举日为止(以当地选举委员会规定的选举日为准)。选民出生日期的确认,以身份证为准;未办理身份证的,以户口簿为准。(3)必须享有选举权和被选举权。凡中华人民共和国公民,除经法院依法判决剥夺政治权利的外,都有选举权和被选举权。公民被剥夺政治权利以法院已经生效的判决书为准。被剥夺政治权利的期限已满,政治权利恢复,依法享有选举权和被选举权。

(二)选民资格的特殊规定。(1)不准予行使权利的选民登记。根据选举法的规定,中国公民没有被剥夺政治权利,但有下列情况的,不参加选举,不进行选民登记。一是精神病患者不能行使选举权利的,经选举委员会确认,不列入选民名单。二是因危害国家安全或者其他严重刑事犯罪被羁押,正在受侦查、起诉、审判的人,经人民检察院或者人民法院决定,在被羁押期间停止行使选举权利,不予登记。(2)准予行使选举权利的四种人员的选民登记。一是被判处有期徒刑、拘役、管制而没有附加剥夺政治权利的。二是被羁押,正在受侦查、起诉、审判,人民检察院或者人民法院没有决定停止行使选举权利的。三是正在取保候审或者被监视居住的。四是正在受拘留处罚的。

二、选民登记方法

(一)登记范围。每一选民只能在一个选区登记。县、乡两级选举同时进行并分别划分选区时,以选举乡级代表的选区进行登记。若选县级代表以该县级代表的选区进行登记。经登记确认的选民资格长期有效。(1)补充登记。选民登记工作,可在上届选民名单的基础上,逐人复查对照,进行"三增""三减"。"三增":每次选举前,只登记新增选民。即对上次选民登记以后至本届选举日新满18周岁的选民;其他选区新迁入的选民;上届选民登记后至本届选举日,被剥夺政治权利期满后又恢复政治权利的选民,予以登记。"三减":上届选民登记后至本届选举日死亡的人;上届选民登记后至本届选举日被依法被剥夺政治权利的;迁出的选民。(2)重新登记。凡是上届换届选举时选民名册保存不完整的,人口有较大变动的选区或单位要重新进行登记。

(二)登记办法。一是以选民小组为单位设立登记站,由选民到登记站主动进行登记。职工凭职工名册登记,城乡居民有户口的凭户口册登记,没有户口的按有关政策规定办理。二是由选民登记员到选民住所或工作单位对选民进行登记。

(三)选民登记要求。选民登记的基本要求是不错、不漏、不重。一是不错登。不应该登记而登记了的叫作错登,登记不规范的也叫错登。为了防止错登,登记工作要做到精心组织,认真登记,严格检查。登记时一定要严格把好年龄关和政治关,只登记本选区有选民资格的人。选民登记表要保持整洁,字迹工整,姓名不要写错别字,不能用同音字、形近字或非规范字代替。二是不漏登。应该登记而未登记的叫作漏登。漏登的情况一般有单位漏登和临时外出人员漏登。这些人员应由选民小组负责仔细核对,防止漏登。如有问题,应及时请示选举委员会决定。三是不重登。一个选民在一次选举中登记了两次或两次以上的叫重登。重登表现在一名选民在一个选区之内重复登记,或在不同选区重复登记。为了防止重登,应注意:严格按选举法及有关规定登记,向容易发生重登的人加强宣传工作,要求他们只在一个选区登记。容易发生重登的人,主要是工作和居住不在一地的,现居住和户口不在一地的以及流动人员。对这些人要重点把关。

三、选民登记对象

(一)常住人口的选民登记。(1)选民一般参加户口所在地选区登记:一是机关、团体、企业、学校、事业单位单独或者与其他单位联合划分选区的,其工作人员在选区进行选民登记,不参加户口所在地选区登记;但如果本人要求在居住地参加选举,居住地选区应当予以登记,并通知其所在单位选区。二是离退休人员一般应在户口所在地进行登记。户口和原工作单位在一起的,在原单位登记;户口和原工作单位不在一起的,由户口所在地登记。离退休人员如果到外地生活居住,可由户口所在地出具选民资格证明后,在现居住地进行选民登记。三是县、乡两级国家机关领导人员被推荐到其他选区作为人大代表候选人的,仍在原工作单位或户口所在地进行选民登记。(2)中直、省直等单位人员的选民登记。驻在县级行政区域内的国家、省、市(地)属的企业事业单位,应参加县级人民代表大会代表的选举。在设有乡一级政权的地方林场、农场分场的职工及其家属,应参加所在乡一级人民代表大会代表的选举。《全国人民代表大会常务委员会关于县级以下人民代表大会代表直接选举的若干规定》第六条规定:“县、自治县的人民政府驻地在市区内的,其所属机关、团体和企业事业组织的职工,参加县、自治县的人民代表大会代表的选举,不参加市、市辖区的人民代表大会代表的选举。”第七条规定:“驻在乡、民族乡、镇的不属于县级以下人民政府领导的企业事业组织的职工,可以只参加县级人民代表大会代表的选举,不参加乡、民族乡、镇的人民代表大会代表的选举。”(3)驻地部队人员的选民登记。中国人民解放军军分区、县级人民武装部和团以上驻军单位以及武装警察部队应选举县级人民代表大会代表。2021 年 4 月 29 日修改后的《中国人民解放军选举全国人民代表大会和县级以上地方各级人民代表大会代表的办法》对军队单独选举的参选范围作了具体规定:人民解放军军人、文职人员,军队管理的离休、退休人员和其他人员,参加军队选举。驻军的驻地距离当地居民的居住地较远,随军家属参加地方选举有困难的,经选举委员会或者军人委员会批准,可以参加军队选举。驻地方工厂、铁路、水运、科研等单位的军代表,在地方院校学习的军队人员,可以参加地方选举。(4)停产、破产企业人员的选民登记。停产企业和破产企业的选民原则上在原企业单位登记。企业转制后的选民登记分两种情况处理:仍在转制企业内工作的,在该企业登记;企业转制后成为自由人的,在户口所在地进行选民登记。(5)各类开发区的选民登记。各类开发区不是一级行政区划。开发区设立的管委会是上一级政府派出的机构,不是一级政权机关。因此,依照法律规定,居住在各类开发区的选民应当参加其居住地或单位所在地的县级人大代表换届选举。县级选举委员会按照居住状况或单位划分选区时,也要包括本行政区域内的各类开发区。

(二)流动人口的选民登记。国内流动人口参加县乡人大代表选举有三种途径:一是回原居住地选区参加投票选举;二是委托原居住地选区选民进行投票选举;三是在现居住地选区参加投票选举,但须取得原选区选举委员会的选民资格证明。各县(市、区)在实际工作中对流动人口登记办法又进一步细化和完善:第一,选举期间,临时来本地或者临时去外地的,在户口所在地的选区或者原工作单位选区进行登记。不能回原选区参加选举的,经原居住地的选举委员会认可,可以书面委托有选举权的亲属或者其他选民在原选区代为投票。第二,选民迁居外地但未迁出户口的,其手续在选举期间尚未办理完毕的,在户口所在地选区登记,或者从原居住地迁出户口,但未在现居住地落户的,由户口所在地的选区登记。如在取得原居住地证明后,可以在现居住地进行选民登记。第三,工作调动(包括复员、转业、退伍)、搬迁、婚姻,户口未迁或持有户口迁入证等待入户的,在现工作单位或居住地所在选区进行选民登记。第四,对外地来的人员经公安部门注册,有居住证的,可以在居住地的选区登记。在本地劳动、工作或者居住而户籍在外地的选民,在户籍所在地选区登记,如取得选举委员会的选民资格证明的,可以持选民资格证明在现居住地、工作地登记,户籍所在地选区即不予以登记。第五,户口不在城镇而短期在城镇工作和居住的人员,在户口所在地登记。城镇动迁人员,由原户口所在地的选区登记。第六,个体工商户和私营企业职工,在户口所在地登记。临时工在户口所在地登记。第七,长期在外下落不明的人员，原居住地所在选区应尽量查找其下落，并通知其回原居住地进行选民登记及参加选举。如确实查不到下落，可暂不列入选民名单。第八，本人要求在现居住地参加选举的，取得原户口所在地选民资格证明后，可予以登记。

（三）国（境）外中国公民的选民登记。县乡选举期间在国（境）外的中国公民，分别按下列办法参加选民登记：一是旅居国外人员的选民登记。旅居国外的中华人民共和国公民和香港、澳门、台湾同胞选举期间在内地的，凭本人身份证在原籍或者出国（境）前居住地、工作地或者现居住地、工作地的选区内进行选民登记。二是国家派驻人员的选民登记。国家派驻他国的各种公务人员（驻外使领馆人员、援外工作人员、留学生等），在原居住地或者原单位的选区内进行选民登记。

四、选民登记程序

（一）确定选民登记时间。选举法第二十八条规定，选民名单应在选举日的20日以前公布。因此，选民登记时间一般应当确定在选举日前的21—25日。选举日前第21日为选民登记的最后截止日期。在选民登记之前，因故离开本县（市、区）的选民，选区领导小组应当及时通知其回选区参加选民登记，或者由亲属代为登记。

（二）培训选民登记员。（1）确定登记员。应从本选区选民中挑选若干有一定文化水平、法律观念较强、工作认真负责、熟悉选区情况、有选民资格的人担任登记员。登记员的人数可以根据本选区人口和居住状况确定，一般每一个选区为1—2人，人口较多、居住分散的选区可为3—4名。（2）培训登记员。登记员确定后，选举委员会或者选区领导小组要对他们进行培训。培训的主要内容是：有关选民登记方面的法律、法规和文件、决定，特别是选民资格条件，登记方法、任务、时间、要求和注意事项等，然后才能上岗进行选民登记工作。

（三）调查摸底，填写选民登记表。各选区及其所属选民登记站在进行选民登记前，一般要进行调查摸底工作，了解本选区内的单位和选民状况。如，本选区的单位数，人口流动情况，居民的居住状况，选民增加或减少的情况，不能行使或被停止、剥夺权利的人的情况，动迁和空挂户情况，集体户口人数情况，等等，填写选民登记表。

（四）选民资格审查。为保证选民资格审查工作的顺利进行，各县（市、区）选举委员会办公室都成立选民资格审查小组，由公安、司法等部门的人员共同组成，进行选民资格审查的协调与指导工作。选民资格审查的重点是被剥夺政治权利、停止行使政治权利，不予进行选民登记的人员；不能行使选举权利，不列入选民名单的人员；准予行使选举权利的人员。

（五）选民登记审核复查。为了避免错、重、漏，保证选民依法行使民主权利，各县（市、区）选举委员会、选举工作领导小组在选民名单公布前后，都要组织大量的人力，对选民登记工作进行大范围的复查审核，对错、重问题予以更正，对漏登的选民进行补登和补榜。

（六）公布选民名单。选民榜公布选民名单是公开确认选民资格的一种形式，也是避免错登、重登、漏登的一种有效措施。(1)选民名单应当在选举日的20日以前由选举委员会，以选区为单位公布。在选民名单公布后，如发现有重登、错登、漏登的，在选举日的3日前予以补正、公布。(2)公布选民名单形式。选民名单必须以选举委员会的名义公布，而不能以选区或选民小组名义公布。公告选民名单按选区或选民小组进行。张榜公布的选民名单要及时通知选民看榜，如发现有错登、漏登、重登情况，要及时按照法律程序进行纠正。在选举日前，对选民名单再进行一次核实，按照有关条件，需要补进或从选民名单中删除的，要及时办理，并公布增加或减少的人员名单。

（七）受理选民申诉。(1)选民对公布的选民名单有异议者，可以向选举委员会提出申诉。选举委员会依照选举法第二十九条规定在3日之内作出改正或解释。(2)申诉人对选举委员会的处理意见有异议者，可以在选举日的5日以前向当地的人民法院起诉，人民法院应在选举日以前作出判决。人民法院的判决为最终判决。(3)对所公布的不能参加投票的选民名单以及使用流动票箱的选民名单有异议的，可以向选区选举办事处提出申诉。选区办事处根据选举程序规定，在3日之内作出答复。如仍有异议，则提交选举委员会处理，选举委员会的决定为最终决定。

（八）颁发选民证。选民资格确定后，选举委员会决定采用凭选民证领取选票参加选举的，由选举委员会统一制作选民证，由选区办事处负责向选民颁发。选民证应当在选举日的5日前发到每一位选民手里。选举委员会决定采用凭身份证领取选票的，不发选民证。

提名推荐代表候选人

根据选举法第三十条规定，县、乡两级人民代表大会的代表候选人，按选区提名产生。各政党、各人民团体,可以联合或者单独推荐代表候选人。选民十人以上联名,也可以推荐代表候选人。代表候选人是投票选举之前按照法律规定的程序提出的供选民投票时选择的人。依照选举法的规定,县、乡两级人大代表候选人,按选区提名产生。县、乡两级人大代表是由选民直接投票选举产生,由于选民对本选区的情况比较了解,所以法律规定按选区提名产生代表候选人,这样有利于广大选民把有代表性的并且具有一定的议政能力的代表推荐出来,选出能真正代表人民利益,全心全意为人民服务的代表,同时也有助于代表候选人当选后联系选民,接受本选区选民的监督。

一、提名推荐原则

(1)按选区推荐原则。凡本行政区域内的选民都可以依法被推荐为县、乡两级人大代表的候选人。一般情况下,所推荐的县、乡两级人大代表初步候选人应为本选区的选民。代表名额分配到各选区,按选区提名产生代表候选人。直接选举县、乡人大代表时,选民 10 人以上联名推荐的代表候选人,不限于本选区选民,但应是本行政区的选民。选举本选区以外的本行政区的选民为代表,选举结果有效。(2)政党、人民团体推荐原则。代表候选人,由各选区选民联名和各政党、各人民团体联合或者单独提名。(3)选民联名推荐原则。选民 10 人以上联名可以推荐县、乡两级人大初步代表候选人。选民联名推荐不受选民小组的限制,只要在一个选区范围内,出于选民本人意愿而联合提名都可以推荐代表候选人,但不能将分散推荐的人数相加起来代替选民 10 人以上联名。(4)不超过应选名额推荐原则。各政党、各人民团体或者选民单独或者参与联名推荐的代表候选人人数,均不得超过本选区应选代表的名额。(5)按代表结构比例推荐原则。为了使选出的人大代表真正能够代表人民行使管理国家事务的权力,积极执行代表职务,在推荐代表候选人时,要注意合理的比例结构。在具体操作中,要落实有关法律和政策的规定,做好相应的组织推荐工作。

二、提名推荐代表候选人的主体

在直接选举中,哪一级政党和人民团体有权推荐代表候选人,法律没有明确规定。依据全国人大常委会《关于选举工作几个法律问题的意见》解释:一是选举乡级人大代表时,乡级的政党和人民团体可以提名代表候选人;选举县级人大代表时,县级和乡的政党和人民团体可以提名代表候选人。二是在一个选区选举代表时,选区内的政党、人民团体组织可以推荐代表候选人。三是提名推荐代表候选人时，不限于本选区选民，但应是本行政区域内的选民。四是在同一次选举中，在一个选区落选的代表候选人，一般不得再提名为另一个选区的代表候选人。在实际操作中，选举县级人大代表时，一般由县（市、区）委同各民主党派和人民团体民主协商后联名提出，选区内的政党、人民团体一般不再联合或者单独提名代表候选人。民主党派、人民团体单独提名的代表候选人和党委单独提名的代表候选人同样有效。选区内的政党是指中国共产党和各民主党派，人民团体是指共青团、妇联、工会、工商联等群众团体的基层组织。

三、提名推荐代表候选人程序

（一）政党、人民团体提名的代表候选人，单独或联合向选举委员会推荐。

（二）选民提名推荐代表候选人，由选民自行商量，联名向选举委员会推荐。

（三）政党、人民团体、选民联名推荐代表候选人都要填写《代表候选人推荐表》，按规定时间送交选区选举领导小组汇总，报送选举委员会，选举委员会将代表候选人推荐到选区参加选举。

（四）选举委员会汇总公布初步代表候选人名单。各选区选民和各政党、各人民团体提名推荐的代表候选人，由选举委员会汇总后，将代表候选人名单及代表候选人的基本情况在选举日的15日以前按选区为单位公布。具体做法和步骤是：(1)选区或者选民小组上报名单及相关材料。各选民小组将名单报选区领导小组或者选举工作机构，加以收集汇总，上报选举委员会审查。不能不经选举委员会审查，擅自以单位名义公布推荐名单。上报时还要一并报送推荐各位代表候选人的选民人数、基本情况、数据汇总等材料。(2)选举委员会汇总形成初步代表候选人名单。选举委员会将各选区上报的代表候选人的情况汇总后，即形成初步代表候选人名单。汇总时要严格审查选民10人以上联名推荐是否符合有关规定，所推荐代表候选人的是否身份合法，有无重复和遗漏，姓名书写是否有错误，推荐的代表候选人人数是否超过了本选区的应选人数等，还要审查有无未经推荐的名单列入和合法推荐的名单未列入的情况。(3)选举委员会公布初步代表候选人名单。选举委员会收集汇总的名单，经审查无误后，按照统一格式，在选举日的15日以前，按姓名笔画顺序排列，按选区为单位张榜公布。选举委员会公布初步代表候选人名单后，候选人提名工作即终止，政党、人民团体和选民联名均不得再提出候选人，任何人不得更换代表候选人，不得擅自增减代表候选人名单。

四、推荐代表候选人的有关问题

（一）政党、人民团体推荐。一是政党、人民团体向选区推荐的候选人不能超过选区应选代表名额，一般以向一个选区推荐1名代表候选人为宜，且一般应推荐到应选2—3名代表的选区去参选，不宜推荐到只选1名代表的选区，以保障选民的提名权利。二是凡选民已经联名推荐为代表候选人的，政党和人民团体可以不再提出。这样既减少了政党和人民团体推荐的名额，又尊重了选民的权利。为了避免重复提名，政党和人民团体可以在选民联合提名之后再进行提名。三是被推荐到选区参加选举的代表候选人应当到该选区参加选举活动，但不得担任该选区的选举工作人员。四是县、乡两级各政党、人民团体单独或者联合提名推荐代表候选人，主要是着眼于县、乡两级政权班子建设，所推荐的人选，除党委主要领导人员，县级人大常委会组成人员，政府主要领导人选，乡级人大主席、副主席外，还要有民主党派领导人员、无党派知名人士和有关方面的代表人物。党委、政府部门的负责人一般不宜推荐为代表候选人。

（二）选民联名推荐。一是选民10人以上联名，是指选民10人（含10人）以上一起联合签名，不是将各选民小组所提同一代表候选人的选民简单相加。二是提名推荐代表候选人，选民联合提名候选人不受选民小组的限制，可以在本选区内跨选民小组征集联名，但不得到本选区以外去征集联名。三是选民联合提名推荐的候选人，一般应当是本选区的选民。不是本县乡的选民，不能推荐为代表候选人。如果是政党、人民团体拟将某甲选区的选民推荐到乙选区参选，一般应当将该候选人的选民关系从甲选区转移到乙选区，使其成为乙选区的选民，如果是选民联合提名推荐的可以不转移选民关系。

（三）代表候选人要有广泛的代表性。县、乡两级人大代表应当有适当数量的基层代表，特别是工人、农民和知识分子代表。应当有适当数量的妇女代表，并逐步提高妇女代表的比例。如有的地方2011年换届时，妇女代表候选人的比例不低于25%。具体是，县级：公务员不超过30%，企业负责人不超10%，专业技术人员占15%左右，工人占15%，农民占20%以上，其他占10%；乡级：公务员不超过20%，企业负责人不超过3%，专业技术人员占10%左右，工人占5%，农民占55%以上，其他占7%。

(四)被推荐者不接受提名情况。选民10人以上联名提出的候选人,法律没有规定是否要征求被提名者的意见。如果被提名者不接受提名,表示不当候选人时,可做提名者的工作,说明理由,提名者应尊重被提名者的意见。如果提名者同意撤回,可以不列入候选人名单;如果提名者坚持要提,仍应列入候选人名单,但要向选民说明被提名者不同意当候选人的情况。

酝酿协商确定正式代表候选人

一、协商确定正式代表候选人原则

(一)差额选举的原则。正式代表候选人的名额,应多于应选代表名额的1/3至1倍。差额选举是保证选民更好地按照自己的意志选择代表的重要方式,必须严格按照法律规定的差额比例实行差额选举,不实行差额选举是违法的。

(二)民主集中制原则。(1)选区对公布的代表候选人,交该选区的选民小组讨论协商,确定正式代表候选人名单。(2)如果所提候选人数超过法律规定的最高差额比例,由选举委员会交该选区的选民小组讨论、协商,根据较多数选民的意见,确定正式代表候选人名单。(3)对正式代表候选人不能形成较为一致意见的,进行预选,根据预选时得票多少的顺序,确定正式代表候选人名单。正式代表候选人名单应当在选举日的7日以前公布。

二、酝酿协商确定正式候选人程序

根据选举法第三十二条规定,选区对公布的代表候选人,交该选区的选民小组讨论、协商,确定正式候选人名单。如果所提候选人的人数超过选区应选名额最高差额比例,由选举委员会交该选区的选民讨论、协商,根据较多数选民的意见,确定正式代表候选人名单;对正式代表候选人不能形成较为一致意见的,进行预选,根据预选时得票多少的顺序,确定正式代表候选人名单。实践中,确定正式代表候选人的具体做法:

(一)直接确定正式代表候选人。如果初步代表候选人人数符合法定的差额比例,经选民小组讨论协商后,可直接确定正式代表候选人。

(二)协商确定正式代表候选人。如果初步代表候选人人数超过选区应选名额1倍,选举委员会要将代表候选人名单下到各选民小组,经过几上几下的反复酝酿、讨论、民主协商,征求选民意见,最后由选举委员会召集各选民小组负责人和选民代表开会,根据较多数选民的意见和法定差额比例确定正式代表候选人。正式代表候选人一经确定,选举委员会即以公告或通知的形式于选举日的7天前按选区张榜公布。如何组织、讨论、协商、确定正式代表候选人，在实践中，各县（市、区）一般通过“三上三下”的办法：即首先由选举委员会根据选举法的规定，将推荐的代表候选人汇总，经审查后，将候选人名单及其基本情况予以公布（一上）；然后交各选民小组讨论（一下）。其次，汇总选民小组讨论情况，召开选民小组长或者选民代表会议，介绍各选民小组讨论情况，并进行协商，缩小候选人范围（二上）；向选民介绍各选民小组讨论的情况和选民小组或者选民代表会议协商的情况，听取选民意见（二下）。再次，将协商情况和选民对协商结果的意见上报选举委员会，选举委员会根据较多数选民的意见，确定正式代表候选人名单（三上）；按选区公布正式代表候选人名单及候选人基本情况（三下）。

（三）通过预选确定正式代表候选人。如果初步代表候选人人数超过应选名额的1倍，而对确定正式代表候选人意见又不一致，就要进行预选。预选不是必经程序，只有在选民对正式代表候选人不能形成较为一致的意见时才适用。一般程序是：(1)预选按选区进行，参加预选的人员，应是选区全体选民，如组织全部选民参加预选确有困难，亦可采用选民代表、选民小组代表预选的办法。如果是选区全体选民参加预选的，则召开预选大会或设立投票站和流动票箱进行预选。预选中，不实行委托投票。如果是选民代表或选民小组代表参加预选的，则召开预选大会进行预选，不使用流动票箱也不实行委托投票。(2)预选大会由选举委员会批准的选区选举领导小组组长，副组长或成员主持。预选选票由选区统一印制，候选人名单的排序应按姓名笔画为序并与公布的初步代表候选人的名单一致。(3)预选采用差额划票的方式进行，每一张选票所选的代表候选人应同正式代表候选人的名额相等。预选投票结束之后，应公开计票，并当场宣布计票结果。(4)经过有效预选，在选举委员会确定的正式代表候选人人数内，按初步代表候选人的得票多少排序，以得票高的为正式代表候选人。

三、公布正式代表候选人名单

正式代表候选人名单和代表候选人的基本情况在选举日7日前公布，具体做法：(1)公告正式代表候选人的时间和内容。选举委员会要根据较多数选民的意见，确定正式代表候选人名单，并在选举的7日以前，按选区张榜公布。在公布正式候选人名单时，还要同时公布正式代表候选人的其他基本情况，包括性别、年龄、民族、文化程度、党派、工作单位及职务或者职称等。(2)公布的正式代表候选人排序。代表名单一般是按姓名笔画顺序排列。

如果是经预选确定的,按得票多少的顺序排列;票数相等的,按姓名笔画顺序排列。(3)正式代表候选人人数。正式代表候选人的名额应多于应选代表名额的1/3至1倍。一般来讲,选举1名代表的,正式候选人应为2名;选举2名代表的,正式候选人可以是3名,也可以是4名;选举3名代表的,正式候选人可以是4名,也可以是5名或6名。

介绍代表候选人

根据选举法第三十四条的规定,选举委员会应当向选民介绍代表候选人的情况。推荐代表候选人的政党、人民团体和选民可以在选民小组会议上介绍所推荐的代表候选人的情况。选举委员会根据选民的要求,应当组织代表候选人与选民见面,由代表候选人介绍本人的情况,回答选民的问题。但是,在选举日必须停止代表候选人介绍。对代表候选人的介绍,包括对初步代表候选人的介绍和对正式代表候选人的介绍。

对代表候选人的介绍,是一项政治性、法律性很强的工作,必须严肃、认真。要注意掌握三条原则:一是平等原则。对每个代表候选人情况介绍的程度和形式,包括介绍的时间、内容、模式等应大体相等,不能因人而异,厚此薄彼,带有倾向性。二是客观原则。对代表候选人的介绍内容要实事求是,力求符合实际情况,真实、准确,优点不夸大、不足不隐瞒,不能欺骗选民。三是公开原则。必须把代表候选人的介绍内容通过各种方式传达给选民。

对代表候选人进行介绍,目的就是让参加投票的选民对代表候选人有充分的了解,以避免由于不了解代表候选人而盲目投票。(1)介绍代表候选人的时间要求。对代表候选人的介绍工作,要在投票选举前进行。选举日必须停止介绍代表候选人工作,以免干扰和影响选民投票。(2)介绍代表候选人的主体。介绍代表候选人要在选举委员会的统一安排下进行。主要以选举委员会介绍为主,辅助以推荐者介绍。(3)介绍代表候选人的方式。对代表候选人的介绍可以采取多种多样的方式,如代表候选人的推荐者可以在选民小组会上全面介绍代表候选人的情况,向选民印发介绍代表候选人情况的书面材料;可以在有关墙报宣传栏中张贴介绍代表候选人的材料;也可以利用电视、广播、报纸、网络等媒体,介绍代表候选人。(4)介绍代表候选人的内容。对代表候选人的介绍要尽量全面、公正、客观。具体内容主要包括,代表候选人的基本情况、工作表现、对履行代表职务的愿望,以及参政议政能力等。(5)代表候选人与选民见面活动。组织代表候选人与选民见面的前提是选民有要求,目的是让选民近距离地接触代表候选人,进一步了解代表候选人的相关情况,便于在投票中把自己满意的人选为人大代表。一是在选举委员会统一组织下进行。根据选举委员会的决定,选区领导小组组长,或选举委员会指派的工作人员都可以作为代表候选人与选民见面活动的主持人。二是代表候选人与选民见面活动的地点和形式。代表候选人与选民见面活动是按选区进行。代表候选人与选民见面活动,可以采取与全体选民见面、与选民代表见面,也可以采取走访各选民小组或走访选区各单位等方式。三是代表候选人与选民见面的主要内容。代表候选人与选民见面可以发表简短讲话,回答选民提出的问题。代表候选人应实事求是地介绍自己的情况,如实回答选民的提问。

投票选举县乡人大代表

一、投票选举县乡人大代表原则

(一)无记名投票的原则,即秘密写票的原则。无记名投票是我国选举制度的一项重要原则。无记名投票是指投票人在投票时秘密填写选票,在选票上只填写自己同意或不同意的代表候选人的姓名,而不注明自己的姓名,选票填写好之后,自己亲自投进票箱的一种投票方法。采取无记名投票的方式,投票人不受外界的干扰,自由表达自己的意愿。

(二)投票权平等的原则。每一选民在一次选举中只有一个投票权。所有有效票都具有相等的法律效力。每一选票不能因为身份、地位、民族、种族、性别、年龄的不同而在法律效力上有差别,既不允许任何选民有特权,也不允许对任何选民有任何限制和歧视。

(三)填写选票自由的原则。填写选票时可以作出四种选择,即选举人对代表候选人可以投赞成票、可以投反对票,可以另选其他任何选民,也可以弃权。

(四)差额选举的原则。县乡两级人大代表实行差额选举,正式代表候选人的名额,应多于应选代表名额的1/3至1倍。差额选举是选举中一项重要的法律原则,即在直接选举中,各选区必须严格按照选举法规定的差额比例实行差额选举,不应以任何借口实行等额选举,否则,依照法律规定,选举无效。

(五)委托投票的原则。选民可以委托他人代为投票,但必须具备以下五个条件才能进行:(1)受委托人必须是本选区的选民,即必须是具有选举权和被选举权并登记为本选区选民的中华人民共和国公民。(2)必须是书面委托。委托书是选民表示同意其信任的其他选民代行其投票权的法律文件。投票选举前,受委托人必须持委托人的委托书连同委托人的选民证一并向投票站交验,才能领到选票。(3)委托投票必须事先经选举委员会认可。被委托人要得到加盖选举委员会公章或由选举办事处同意的委托书,才能合法行使委托权。另外,为保证选举的真实性,在进行委托投票时,被委托人应当按照委托人的意愿代为投票,而不能按照自己的意愿投票。(4)被委托人必须是经过选民登记确认,具有选举权的中国公民。(5)对委托投票选举的限制性规定。在投票选举时,每一选民接受他人委托投票,不能超过3人。

(六)代表候选人回避的原则。对于代表候选人回避的问题,包括两个方面:一是公平公正原则。为了保证选举的公平、公正,防止选举受到不正当的干扰,各县(市)区在实践中,已将代表候选人不得担任总监票人、监票人、总计票人、计票人、流动票箱负责人和选举工作人员作为一条规定,列入选举办法。二是近亲属回避原则。代表候选人的近亲属不得担任监票人、计票人。在推选监票人、计票人时,同代表候选人有近亲属关系的,已经担任了监票人或者计票人的,应主动辞去监票人、计票人的职务。

二、投票选举的准备工作

(一)选举委员会的准备工作。(1)依照选举委员会的工作安排,结合本选区的实际,制定选举日投票选举实施方案,及时向选民发出投票选举公告,公布投票选举的具体时间、地点和要求。(2)对本选区选民直接参加投票站投票、选举大会投票、流动票箱投票人数以及委托投票人数进行调查摸底,做到心中有数。(3)帮助在外地工作或居住不能回原选区参加投票选举的选民,办理委托投票手续。(4)确定选举工作人员。由选举委员会确定各选区的选举大会主持人,并发给委派书;由选区选举领导小组提名,并征得选民同意后,确定出总监票人、监票人、计票人和流动票箱负责人,负责选举的监票、计票工作。(5)由选举委员会组织,对选举大会或者投票站的主持人,监票、计票人员,流动票箱负责人进行上岗培训,使其熟悉监票、发票、写票、检票、计票等项选举工作程序,并明确各自的职责和任务。(6)拟定投票站或者选举大会主持人的讲话稿等相关材料,在征求各方面意见并充分酝酿的基础上,制定好投票站和选举大会的选举办法。(7)印制好选票。各选区正式代表候选人选票，由县乡两级选举委员会根据选民人数统一印制。选票上的候选人名单应当按照姓氏笔画为序排列。如果同时选举县乡两级人大代表，选票应当用两种颜色统一印制。选票上应当加盖选举委员会印章后，予以密封。(8)制作票箱。票箱分为投票站票箱、选举大会中心会场票箱和流动票箱三种。根据设置地点的不同，每种票箱的大小尺寸也应当有所区别。(9)准备好投票选举的必备用品。如黑板、粉笔、封条、计算器、胶水、选举工作人员佩戴的证件和选举结果统计表格等。(10)布置好投票站和选举大会的会场、秘密写票处。

(二)选举办事处的准备工作。(1)按选举委员会规定的格式印制选票。选票上的代表候选人的排列顺序，应与公布的正式代表候选人名单的排列顺序一致。(2)为各投票站、选举会场配备办理注册、发票、复核、解说、代书、联络等工作人员，并做好培训工作，使每个工作人员都熟悉投票程序，明确职责和纪律。(3)在投票选举前，必须按选区的选民数和选民小组的分布情况，确定选举会场或投票站，摸清委托投票的人数，准备好足够数量的投票箱。在投票站张贴本选区正式代表候选人名单、应选代表名额以及投票应注意的事项，为选民设立不受干扰的书写环境。(4)选票应按选民小组人数配齐，分组装袋，并在袋上写明小组的编号。由选民小组长统一领取选票。切忌多带选票进入选举现场。(5)召开选民小组长会议，推荐监票、计票人员，进一步强调投票的注意事项，通知好各选民小组的投票时间，组织好投票。

(三)选民小组的准备工作。(1)召开选民会议，组织选民学习选举办法，宣传参加选举的重要意义。(2)向选民宣布投票选举的日期、时间、地点。(3)推选监票人、计票人、唱票人。(4)向选民讲清本选区的代表候选人数，应选代表人数，介绍候选人情况。(5)承办选民委托投票手续。(6)统计、核实选民参加大会选举、到投票站投票、在流动票箱投票和委托投票的人数，随时向选区报告情况。

三、投票选举程序

选举法第三十八条规定了直接选举中选民投票的形式有三种：各选区召开选举大会、设立投票站、流动票箱进行选举。选举委员会应当根据各选区的具体情况和需要，确定采用设立投票站、流动投票箱或者召开选举大会的方式进行投票选举。具体采取哪种投票形式，由选举委员会根据各选区的实际确定，一般以设立投票站为主要的方式，召开选举大会以及特殊情况设立流动票箱投票是辅助形式。

（一）投票站的投票选举程序

投票站是指在选举大会会场外设立的供选民投票选举代表的投票场所。根据选民生产、工作和居住状况，在一个选区可以设立若干个投票站，按如下程序组织投票：(1)在选举大会上表决通过选举办法和总监票人、监票人、总计票人、计票人名单后，负责投票站的监、计票工作人员随即上岗，展开工作。(2)投票站负责人传达选举大会相关要求，宣读选举办法和正式代表候选人名单，并说明投票选举的注意事项。(3)选举工作人员清点到站投票的选民人数。监票人检查票箱，加封上锁。计票人员或其他工作人员审查参加投票选举的选民的身份，分发选票。领取委托票必须同时出示委托选民的选民证和书面委托书，否则不予发放选票。(4)组织选民填写选票、投票，选举工作人员可以回答选民的提问。(5)选民填毕选票后，投票时按照先监票人、计票人，再选民投票的顺序依次进行。(6)投票结束后，清点选票数，确认选举有效后，选举工作人员当场密封票箱，在规定的时间里送选区计票处统一计票。(7)向选区负责人报告投票站投票选举的详细情况和相关记录。

（二）选举大会的投票程序

选举大会投票是指设立中心会场，召开选举大会，设置固定投票箱，供部分或全体选民参加投票选举。(1)选民进入选举大会会场后，按照划分的区域或位置就座。选举工作人员清点到会人数，并报告选举大会负责人。(2)选区负责人向选民宣读选举委员会的主持人委托书和选举大会的注意事项。(3)大会主持人宣布选举大会开始。工作人员清点核实到会选民人数，统计委托投票的选民人数，由主持人向选民报告本选区的现有人数、选民人数、到会选民人数、委托投票人数，以及在投票站投票和流动票箱投票的人数。宣读应选人大代表名额和正式代表候选人名单。(4)举手表决代表选举办法和总监票人、监票人、总计票人、计票人名单，宣布正式代表候选人名单。(5)监票人、计票人上岗位工作，核实大会选民人数，当场检查、加封票箱。(6)工作人员向选民发放选票。发放选票时要有三名工作人员，分别负责查验选民证、发放选票，并在选民证、选民册上注明已领取选票的标志。(7)选民在填写选票时除选举工作人员依照法定程序予以指导外，任何人不得干扰其填写选票。选民也可以进入秘密填票处填写选票。(8)选民填好选票后，按照先总监票人、监票人、总计票人、计票人，后选区领导小组成员,再选民的顺序,依次投票。如果同时选举县、乡两级人大代表,两级人大代表的选票要分别投放。(9)投票结束后,计票人在监票人的监督下,开箱对回收选票进行清点,如果所投的票数等于或者少于投票人数,则确定选举有效。(10)大会主持人宣布本次大会选举有效后,在总监票人、监票人的监督下,由计票人员统一计票,由总监票人宣布计票结果。(11)将选举结果、计票结果、选票一并报选举委员会。

(三)流动投票箱的投票程序

投票设立流动票箱须经选举委员会批准,只限于因患病等原因行动不便或者居住分散且交通不便的选民使用这种投票方式,不能滥设,并严格按照如下程序组织投票。(1)在选举大会上表决通过选举办法和总监票人、监票人名单后,负责流动票箱的人员随即展开工作。每个流动票箱至少配备3名以上的工作人员,其中要有2名监票人负责监票。(2)选举工作人员按照指定的区域登门入户接受选民投票。工作人员应当向选民宣读选举办法和正式代表候选人名单,说明投票选举的注意事项。(3)选民填写选票时,流动票箱工作人员应当主动回避。(4)选民投票结束后,工作人员应当立即将流动票箱密封,送交投票站或者选举大会会场,由监票人员和工作人员统一开箱计票,投票结果一并计入投票站或者选举大会的投票总数。流动票箱不得在投票站或者选举大会会场外开箱计票。

四、计票工作程序

根据选举法第四十三条规定,投票结束后,将选举大会会场的选票连同投票站、流动票箱的选票在指定的地方集中,在总监票人、监票人的监督下进行统一开封计票。计票以选区为单位统一进行,计票工作由总监票人和选举中心会场监票人及投票站监票人共同完成。其程序是:

(一)核对选票。在规定的选举时间结束后,所有投票站的票箱和流动票箱由工作人员护送到中心投票站。工作人员将选举中心投票站收回来的选票、各投票站、各流动票箱收回的选票逐一相加,得出本选区的选票总数。如收回的选票数等于或少于投票人数,选举有效;如收回的选票数多于投票人数,选举无效,应尽快查明原因。如能确定是中心投票站或哪个投票站、流动票箱收回的选票多于投票人数的,可就选举无效的中心投票站或投票站、流动票箱在3日之内进行重新投票。计票工作结束后,由总监票人签字,并报主持人,由主持人宣布本选区选民数、发出和收回票数;宣布本次选举是否有效,选区全体选民的过半数参加选举,选举有效。

（二）整理辨认选票。选举工作人员要对每张选票进行辨认，每一选票所选的人数多于规定应选代表人数的作废，等于或者少于规定应选代表人数的有效。因书写模糊无法辨认的选票无效。对未按规定书写的选票处理原则是：所写符号或姓名能判断出投票人意图的，作为有效票；无法判断的，作为废票。(1)选票上的“○”或“×”，虽未画在空格内，但可以判断投票人意图的可分别计为赞成票或反对票，不予作废。(2)在一个候选人姓名上画两个“○”或“×”的，应分别计为赞成票或反对票，不予作废。(3)所写符号不合规定，但能判断赞成或反对，应分别计为赞成票或反对票，不予作废（如在候选人姓名上画“√”，写“满意”“同意”等等，应计为赞成票；将候选人名字划去或在候选人姓名上写“反对”等等，应计为反对票）。(4)选票经过涂改，但尚能识别其赞成或反对的，应分别计为赞成票或反对票。(5)一张选票仅某一部分无法判断投票人意图时，可将该部分作为废票，其余可辨认部分作为有效票。(6)对难以确定是否有效的选票，可由总监票人和监票人共同研究决定。(7)另选其他选民时，在其姓名栏内写上名字，但符号栏内未划“○”的，应视为赞成票；如果姓名无法辨认的视为废票。(8)统计选票总数时，弃权票和废票都要作为参选票数计算。

（三）唱票计票。有效选票分捡后，由唱票人、计票人在两名监票人的监督下，逐一进行唱、计票。(1)唱票人应高声读出每张选票所选的被选人姓名，计票人应在黑板上事先写上候选人姓名下方如实作出标记。被选人如不是候选人，计票人则应在黑板上如实写上另选人姓名，并在下方作出累计标记。监票人应监督唱票人所读出的姓名是否与选票相符，同时，监督计票人记录的姓名与唱票人读出的姓名是否相符。(2)唱计票结束后，分别计算出每一被选人所得票数。统计选票总数时，弃权票和废票都要作为参选票数计算在内，候选人或另选人获得最低当选票数以上的当选。(3)县、乡两级人大代表的选举可采取正反两种方法，一般采用反计票的方法，即先计算失票数（包括反对票、弃权票），再用总票数减去失票数，就是实得票数。

五、确认选举结果

（一）确认选举是否有效的条件。一是每次选举所投票的票数，多于投票的人数无效，等于或少于投票的人数有效。每一选票所选的人数，多于规定应选代表人数作废，等于或少于规定应选代表人数的有效。二是在县、乡两级人大代表的选举中，选区全体选民的过半数参加投票，选举有效。代表候选人获得参加投票的选民过半数的选票时，始得当选。获得过半数选票的代表候选人名额超过应选代表名额时，以得票多的当选。如果遇票数相等不能确定当选人时，应当就票数相等的候选人再次投票。获得过半数选票的当选，当选代表名额少于应选代表的名额时，不足的名额应当在没有当选的代表候选人中另行选举，以得票多的当选，但得票数不得少于选票的三分之一。

（二）宣布计票结果。经计票、监票人计算并核对出每一被选人的得票数，确定投票有效后，应当场由选区领导小组宣布所有代表候选人得票情况。应由计票、监票人填写选举结果报告单（选举结果报告单上要有监票人的签名），以选区领导小组的名义，连同选票一并送交上报选举委员会或者选举委员会的派出机构。

（三）审核和公布选举结果。选举结果由选举委员会确定是否有效，并予以宣布。投票结果上报选举委员会后，经选举委员会审核符合法律规定，以选举委员会名义，按选区于投票选举当日或次日用公告形式公布当选代表名单。（1）审核的内容为：代表候选人的提出、确定是否符合法定程序；代表候选人的名额是否符合法定的差额比例；选民联名推荐的代表候选人是否都列入了代表候选人名单；参加投票的选民是否超过本选区全体选民的半数以上；代表候选人是否获得参加投票选民半数以上的选票；投票选举是否符合选举法的其他规定。（2）公布选举结果。要在公布所有代表候选人和另选人得票情况的基础上，确定哪些人依法当选。不能只公布当选人名单而不公布得票情况。

县乡两级人大代表资格审查

为了保证县乡人大代表选举符合法律规定，地方组织法规定了代表资格审查制度。代表资格审查就是对当选代表的一种资格确认。代表资格审查是县、乡人大代表选举的必经程序。

一、成立代表资格审查机构

县级人大常委会设立代表资格审查委员会，乡级人大设立代表资格审查委员会。县级人大常委会为了方便代表资格审查工作，在常委会之下设立代表资格审查委员会负责代表资格审查工作；乡级人大在代表大会之下设立代表资格审查委员会负责代表资格审查工作。代表资格审查委员会是常设工作机构，负责审查选出的新一届本级人大代表和补选的本届本级人大代表的资格是否有效。

二、代表资格审查的主要内容

代表资格审查内容包括：依法对当选代表是否符合宪法、法律规定的代表的基本条件，代表候选人的提出、确定是否符合法定程序，代表候选人名额是否符合法定的差额比例，选民推荐的代表候选人是否都列入了代表候选人名单，参加投票人数是否符合法定人数，当选代表是否获得法定票数，投票选举是否符合选举法的其他规定，代表是否符合选区的应选代表名额，选举过程中的各个环节是否符合选举法、地方组织法的规定，以及对是否存在破坏选举和其他当选无效的违法行为进行审查。公民参加各级人民代表大会代表的选举，不得直接或者间接接受境外机构、组织、个人提供的与选举有关的任何形式的资助。违反上述规定的，不列入代表候选人名单；已经列入代表候选人名单的，从名单中除名；已经当选的，其当选无效。

代表资格审查委员会依法进行审查后，提出代表当选是否有效的意见，向本级人民代表大会常务委员会或者乡、民族乡、镇的人民代表大会主席团报告，确认代表资格是否有效。代表资格审查委员会要认真受理对当选代表的举报，及时交有关方面依法调查处理，对举报的当选代表问题线索清晰但尚未核查清楚的，由有关方面继续调查，可以延迟提出其当选有效或者当选无效的意见。确认代表资格有效或者确定个别当选代表的当选无效，均无须经过原选区。

三、确认代表资格

县、乡人大代表选举结果由本级选举委员会确定是否有效，并予以宣布；县、乡人大代表选举完成后，由选举委员会确定选举是否有效。选举有效的，由选举委员会公布当选代表名单。代表名单公布后，选举委员会还要将选举结果报告县级人大常委会代表资格审查委员会或者乡级人大代表资格审查委员会进行代表资格审查。(1)县级人大代表资格的确认。县级人大常委会代表资格审查委员会对选举委员会提交的当选代表的代表资格进行审查后，提出代表资格审查报告，县级人大常委会根据代表资格审查委员会的审查报告，决定代表当选是否有效，并在每届人大第一次会议前公布代表名单。(2)乡级人大代表资格的确认。乡级人大代表资格审查委员会的代表资格审查报告，由乡级人大主席团审议确认代表资格有效后，对外公布。

县乡人大代表换届选举的检查验收总结

县乡人大代表选举产生后，由县乡选举委员会组成人员和选举办公室工作人员组成检查小组，对各乡镇、各选区选举工作进行检查验收，并做好阶段性的总结工作。检查验收的主要内容为：选举各个环节的工作，如选民登记、选区划分、代表名额分配、提名推荐代表候选人、投票选举人大代表和领导人员是否符合法定程序；对选举中出现的违法事件是否依法进行了纠正；选举资料、数据的立卷归档是否准确齐全等。检查验收的方式：听取选区工作汇报，走访选民小组和选民，查看选举中形成的文件、材料，征求当地党委、政府和有关部门的意见，检查选举中发生的违法事件和遗留问题处理情况。通过检查验收，对本次选举工作做到胸中有数，发现和总结经验，纠正和弥补不足，以保证换届选举工作圆满顺利完成。

在检查验收的基础上做好阶段性工作总结，并报县级人大常委会。选举人大代表阶段的工作总结内容为：(1)基本情况，如选区划分、选民参选、选出的人大代表等情况。(2)主要收获，如在本次选举中，选民的公民意识、民主与法律观念有哪些提高，新选出的人大代表的素质有哪些提高等。(3)主要经验教训，一是组织领导方面，党委加强领导的经验和体会，本级人大加强指导的经验；选举工作机构发挥作用的经验；选举委员会抓先进典型和指导后进单位搞好选举的经验；换届选举与其他工作密切配合、相互促进的经验。二是宣传教育方面，广泛发动选民参加选举的经验；宣传教育的形式、做法和体会；宣传教育主要解决了哪些问题。三是发扬民主、依法办事方面，在代表名额分配、选区划分、选民登记、酝酿提名和协商代表候选人、确定正式代表候选人和选举代表等环节上的做法，遇到的问题及解决办法；发现、查出违法事件的经验和存在的问题；接待和受理群众有关选举的申诉、控告、来信来访的经验。

县级选举代表中形成的文书档案，由县选举委员会收集整理，交县级人大常委会有关部门保管。乡级选举代表中形成的文书档案，由乡级选举委员会收集整理，交人大主席保管。主要内容为：选举委员会组成人员名单；换届选举的请示及其批复；换届选举工作实施方案；选举各阶段的安排意见；选举各阶段的经验材料、简报、重要信息；选举宣传提纲、选举标语口号；选区划分及代表名额分配；选民登记册；初步代表候选人名单、正式代表候选人名单；投票选举的相关材料和选举结果统计资料；当选代表名册及登记表;选举工作期间重要来信来访;选举中发生的重大问题、处理情况和其他有关重要材料等。

县级选举工作结束后,县级选举委员会及其办公室的印章交县级人大常委会办公室封存保管;乡级选举结束后,乡级选举委员会的印章交乡级人大主席封存保管。

全国、省和设区的市级人大代表的选举

全国、省和设区的市级人大代表选举的组织领导和工作机构

按照有关法律规定，全国人大常委会主持全国人大代表的选举；省、自治区、直辖市、设区的市、自治州的人大常委会主持本级人大代表的选举。主持选举工作，主要是领导和组织选举的有关事宜。地方人大换届选举时，为了加强对换届选举工作的领导，省和设区的市还分别成立换届选举领导小组，组长由同级党委书记兼任，成员有同级党委组织部部长、统战部部长或副部长、人大常委会主任或副主任、政协主席或副主席。换届领导小组下设办公室，办公室由党委组织部部长或副部长、人大和政协工作部门负责人组成，主任多由组织部长兼任；办公室一般下设三个组，即综合组、人大代表组、政协委员组。办公室按照换届领导小组的安排部署，落实本级人大换届选举中的具体事宜。

全国、省和设区的市级人大代表选举工作的指导性意见

为了保证换届选举工作在同级党委的领导下顺利进行，全国人大常委会根据中央的要求，提出切合实际的本级人大换届选举工作的意见。各省和设区的市级人大常委会也要根据上级党委、人大常委会对换届选举的指示精神，提出符合本地实际的换届选举工作意见。指导性意见内容主要包括：换届选举的指导思想、代表名额分配、代表结构、时间安排，以及加强换届选举工作组织领导等。指导性意见经本级人大常委会党组研究同意后，报同级党委批转各地执行。

全国、省和设区的市级人大常委会关于选举问题的决定

全国、省和设区的市级人大换届时，全国人大及其常委会依法作出关于选举代表的时间、代表名额和少数民族代表名额的决定。省级人大常委会根据全国人大常委会关于新一届人大代表名额的决定，作出关于新一届省人大代表名额分配的决定，并对各选举单位选举新一届省人大代表的结构提出分配意见。省级人大常委会还要依法确定设区的市的人大代表名额。如果不是因为行政区划变动或者重大的工程建设项目造成人口较大变动，代表名额不再重新确定。设区的市级人大常委会根据省级人大常委会确定的人大代表名额，作出分配代表名额的决定，并提出人大代表结构的分配意见。

全国、省和设区的市级人大代表产生程序

全国、省和设区的市级人大代表产生的程序为：(1)选举单位召开会议，部署分别由政党、人民团体提出初步代表候选人。(2)选举单位根据上级人大常委会分配的代表名额和具体结构要求，广泛征求各方面的意见，与有关部门对初步代表候选人进行酝酿协商，形成代表候选人名单，填报上一级人大代表候选人人选推荐表。(3)选举单位将候选人名单报上级人大常委会或选举领导小组审批。(4)按期召开人民代表大会会议，将推荐的代表候选人以主席团名义提交大会全体代表讨论、酝酿，同时由代表10人以上联合提名代表候选人。经主席团讨论通过后，提交与会代表讨论、酝酿。召开代表大会全体会议，依法选举产生上一级人大代表。(5)将选举结果的报告上报上一级人大常委会，同时附选举产生的代表名册和装订成册的代表登记表。由上级人大常委会代表资格审查委员会对选出的代表的代表资格进行审查，报该级人大常委会审议通过，并对外公告。

提名推荐全国、省和设区的市级人大代表候选人

根据选举法的规定，全国、省和设区的市级人大代表候选人，按选举单位提名产生。各政党、各人民团体，可以联合或者单独推荐代表候选人。代表10人以上联名，也可以推荐代表候选人。县级以上地方各级人民代表大会选举上一级人大代表候选人的名额，应多于应选代表名额1/5至1/2。

一、代表候选人产生方式

全国、省和设区的市级人大代表候选人按选举单位提名产生。实践中，属于本行政区域内的代表候选人由选举单位提名，而由于工作需要提名的上一级人员（即中直、省直、市直等单位的有关人员），则由上一级党组织派选到选举单位，再由选举单位大会主席团一并提名。

二、推荐代表候选人的主体

推荐全国、省和设区的市级人大代表候选人的主体有两个：一是各政党、各人民团体，可以联合或者单独推荐代表候选人；二是代表10人以上联名，也可以推荐代表候选人。就是说，中央和省一级政党和人民团体可以推荐全国人大代表候选人，省、自治区、直辖市和设区的市、自治州以及县一级政党和人民团体，可以推荐省、自治区、直辖市和设区的市、自治州的人大代表候选人；10人以上联名的代表，则为选举单位的本级人民代表大会的代表。

三、推荐代表候选人人数

根据地方组织法关于“主席团提名的候选人人数，每一代表与其他代表联合提名的候选人人数，均不得超过应选名额”的规定和全国人大常委会对有关问题的法律解释，各政党、各人民团体单独或者联合推荐的候选人人数，代表联名推荐的候选人人数，均应不超过应选名额。

四、提名推荐代表候选人范围

县级以上的地方各级人大在选举上一级人大代表时，提名推荐代表候选人可以是该级人大代表，也可以不是该级人大代表。实践中，各级人大常委会在制订选举工作实施方案中，一般都有上下级人大代表尽量不交叉、党代表和人大代表尽量不交叉、人大代表和政协委员尽量不交叉的规定。这样规定的原因，一方面是由于如果法律规定采取间接选举产生的人大代表，仅限于各该级人大代表，就会限制人大代表的广泛性；另一方面，各级人大是各该级行政区域内的国家权力机关，各级人大代表代表人民行使权力，审议、决定该行政区域内的重大问题，人大代表应具有相应的参政议政能力，也需要有履行代表职务的时间，一人同时兼任几级人大代表职务，精力和时间上难以保障。同时，公民享有的被选为国家权力机关代表的权利，包括可以选为各级国家权力机关代表，并不要求必须当选为下一级人大代表。

五、推荐代表候选人的方式

政党和人民团体推荐的代表候选人，由换届选举工作领导小组主持，召开有关部门的协调会议，明确推荐的原则，根据党的隶属关系，分别由党委组织部、统战部和直属机关工委等推荐，汇总后按照工作和结构等需要协商确定代表候选人。代表10人以上联名推荐代表候选人的程序和方式，主要包括联名人数、条件，推荐代表候选人的人数，联名代表须提交大会的相关材料等，则由大会主席团确定。

全国、省和设区的市级人大代表候选人的确定

根据选举法的规定，县级以上的地方各级人民代表大会在选举上一级人民代表大会代表时，提名、酝酿代表候选人的时间不得少于两天。人大主席团要将依法提出的代表候选人名单印发全体代表，由全体代表酝酿、讨论。如果所提代表候选人差额比例在应选名额的1/5至1/2范围内，直接进行投票选举。如果所提代表候选人的差额比例超过应选名额的1/2，进行预选，根据预选时得票多少的顺序，按照本级人民代表大会的选举办法确定的具体差额比例，确定正式代表候选人名单，进行投票选举。

一、提名、酝酿代表候选人的时间

一些地方人大，特别是有的县级人大，由于经费、会议组织等原因，会期很短，而会议议程却很多，有的只有一天，甚至有的在半天之内进行提名、酝酿代表候选人，确定正式代表候选人以及投票选举等多项程序，使得人大代表没有时间联名推荐代表候选人，也没有时间对各政党、各人民团体推荐的代表候选人进行充分酝酿，不利于人大代表充分行使选举上一级人大代表的权利。选举法第三十二条规定，县级以上的地方各级人民代表大会在选举上一级人民代表大会代表时，提名、酝酿代表候选人的时间不得少于两天。

二、向代表提供代表候选人的材料

为了避免代表联名推荐的代表候选人与政党、团体提名的代表候选人发生重复，大会主席团应尽早将主席团提名的代表候选人相关材料印发全体代表。在代表联名推荐代表候选人后，大会主席团也要把代表联名推荐的代表候选人的相关材料一并提交全体代表酝酿讨论。

三、预选

一是如果主席团和代表联合提名的代表候选人差额比例在应选名额的1/5至1/2范围内，直接进行投票选举，不应进行预选。如果所提代表候选人差额比例超过应选名额的1/2，则进行预选。二是预选是以投票的方式来

产生符合大会选举办法规定的正式代表候选人人数，并不是正式选举，因此对在预选中被确定为正式代表候选人的得票数，没有绝对的得票数要求，只要按得票数多少由高到低确定正式代表候选人便可。三是预选时，代表在选票上画圈的人数，是应选人数，还是正式候选人数，法律没有规定。根据全国人大常委会对有关问题的法律解释，预选时代表在选票上画圈的人数为应选人数。四是在预选后确定的正式代表候选人名单，应根据预选时得票多少的顺序排列，不宜根据其他的顺序。五是预选是解决提名候选人差额比例数过高的问题，不是通过预选把差额变等额。因此，正式进行投票选举时，仍应进行差额选举。

对全国、省和设区的市级人大代表候选人的介绍

根据选举法的规定，人大主席团应当向代表介绍代表候选人的情况；推荐代表候选人的政党、人民团体和代表可以在代表小组会议上介绍所推荐的代表候选人的情况。对代表候选人的介绍，间接选举的代表候选人与直接选举的代表候选人相比，无论是在人数上，还是时间及操作方式上，都有所不同。

一、介绍代表候选人的主体

间接选举中，介绍代表候选人的主体为大会主席团及推荐代表候选人的政党、团体和联名代表。无论是政党、人民团体还是代表，应向大会主席团提供有关代表候选人的相关情况，一方面作为推荐的理由，另一方面可以作为主席团向代表介绍代表候选人情况的参考。

二、介绍的内容和方式

对代表候选人的情况介绍一般应包括姓名、性别、年龄、学历、党派、现工作单位、专长、简历，还要介绍代表候选人的政治态度、工作实绩和推荐理由等。介绍的形式可采取书面材料介绍的方法，也可以由推荐代表候选人的政党、人民团体和代表在代表小组会议上介绍所推荐代表候选人的情况；代表 10 人以上联名推荐的上一级人大代表候选人，根据会议要求，有关部门可以协助介绍。

三、介绍代表候选人的时间

为不影响代表依法行使选举权利，一般说来，在投票当日应停止对代表候选人的介绍。

选举代表办法

选举代表办法,是指导和规范县级以上地方各级人民代表大会会议选举活动,保障人大代表民主权利的重要文件。在召开人民代表大会会议前,有关工作部门要依据有关法律规定草拟选举代表办法。

一、选举代表办法内容

选举代表办法内容包括:制定选举代表办法的依据;确定对选举工作的组织领导;规定本次会议选举的任务;规定各项职务的应选人数和差额数;确定各项职务候选人的产生办法;规定选举的表决方式;对印制选票作出规定;对选举活动和投票活动作出具体说明;对产生总监票人、监票人以及计票人作出规定;对监票、计票办法作出规定;对投票顺序和票箱的设置作出规定;对宣布选举结果作出规定等。

二、选举代表办法制定要求

一是必须符合法律规定。大会选举代表办法关于代表候选人的提出、差额幅度、提名酝酿代表候选人的时间、确定正式代表候选人、投票选举、监票计票等规定,都必须遵循法律规定。二是必须充分尊重代表的民主权利。要平等对待各政党、各人民团体联合或单独推荐以及代表10人以上联名推荐两种提名方式所提出的代表候选人,认真介绍代表候选人的情况,并安排比较充分的时间让代表酝酿提名和协商确定代表候选人。三是各项规定必须具体明确,便于操作。

三、制定选举代表办法程序

主要包括:(1)起草大会选举代表办法(草案);(2)大会主席团第一次会议审议大会选举代表办法(草案);(3)将大会选举代表办法(草案)提请全体代表酝酿、讨论;(4)根据代表对大会选举代表办法(草案)讨论情况进行修改,提请大会主席团审议;(5)大会主席团第二次会议听取代表关于大会选举代表办法(草案)酝酿、讨论情况的汇报后,再一次修改、通过大会选举代表办法(草案);(6)提交代表大会全体会议正式通过大会选举代表办法。通过的时间,一般应在主席团向大会提名,全体代表酝酿、讨论上级人大代表候选人之前,以便整个大会选举工作有所遵循。通过选举代表办法的方式可采取举手表决或按电子表决器的方式。

四、制定选举代表办法注意事项

(一)派选的代表候选人的选举问题。根据全国人大常委会对有关问题的解答，中央分配到各省、自治区、直辖市应选的代表候选人以及需要照顾的归侨、妇女、党外人士等方面代表的比例，可以多做工作，多酝酿协商，说清楚为什么要选这些方面的代表，使代表在投票时予以充分考虑。但对具体人选不能要求完全保证。全国人大常委会分配给各省、自治区、直辖市应选的各少数民族代表名额，特别是人口特少的民族至少应选 1 名全国人大代表，也是法律规定，必须予以保证。选举省和设区的市级人大代表可参考这一做法。

（二）代表联名推荐候选人问题。由于代表联名推荐代表候选人只能在召开代表大会期间进行，这样就需要给代表一定的时间进行酝酿、协商，并要对代表联名推荐的代表候选人与政党、人民团体推荐的代表候选人一视同仁。

（三）代表对代表候选人的选择问题。代表对选票上的代表候选人，可作出四种选择：一是投赞成票，但赞成的人数不能超过应选代表名额，否则即为无效。二是投反对票，代表对选票上所列代表候选人可以部分反对，也可以全部反对。三是投弃权票。选举人可以对全部代表候选人弃权，也可以对部分代表候选人弃权。四是可以另选他人，代表可以对全部代表候选人不同意而另选他人，也可以对部分代表候选人不同意而另选他人。

（四）代表候选人在选票上的排列顺序问题。根据全国人大对有关问题的解答，选票上的代表候选人名单，是将中央提名的代表候选人排列在前，地方提名的代表候选人按姓名笔画排列在后，还是都按姓名笔画排列，法律没有规定，各地可以根据实际情况决定。实践中，县级以上地方各级人民代表大会在选举上一级人大代表时，常常把上级派选的代表候选人排列在前，地方提名的代表候选人按姓名笔画排列在后。

大会选举代表的主持及工作程序

根据选举法和各省制定的人大议事规则规定，县级以上的地方各级人民代表大会在选举上一级人大代表时，由该级人大主席团主持；主席团推选出若干成员，分别担任每次全体大会的执行主席，由大会执行主席主持大会选举工作。

大会选举工作程序一般为：(1)工作人员清点到会代表人数。(2)大会执行主席根据工作人员报告，向大会报告应出席会议的人数和实际出席会议的人数，确定符合法定人数后即宣布大会开始。(3)通过总监票人和监票人名单。(4)宣布代表候选人名单。(5)监票人当场打开票箱进行检查。(6)工作人员分发选票,并向大会执行主席报告发票结果。(7)大会执行主席宣布大会选举填写选票注意事项。(8)代表填写选票。(9)按规定顺序和指定票箱投票。(10)工作人员清点选票,并将清点结果报大会执行主席确认是否有效。(11)在监票人监督下,工作人员进行计票。(12)总监票人向大会主席团报告计票结果,大会执行主席向大会宣布当选结果。

大会选举代表结果的确认

各级人民代表大会在选举上一级人大代表时,代表候选人获得全体代表过半数的选票时,始得当选。获得过半数选票的代表候选人的人数超过应选代表名额时,以得票多的当选;如遇票数相等不能确定当选人时,应当就票数相等的候选人再次投票,以得票多的当选。获得过半数选票的当选代表的人数少于应选代表的名额时,不足的名额另行选举。另行选举上一级人大代表时,代表候选人获得全体代表过半数的选票,始得当选。

确定全国、省和设区的市级人大代表当选结果的注意事项:

一、投票方法

各级人大代表的选举,一律采用无记名投票的方法,不能采取按表决器、举手表决等方式。根据全国人大常委会对有关问题的法律解答,地方各级人民代表大会选举上一级人大代表,参加投票的代表要亲自到会完成,不能委托他人代为投票。因为代表本人不到会,无法了解候选人的相关情况,也就无法对代表候选人进行选择,所以间接选举人大代表不宜采取委托投票的形式。

二、投票结果

代表投票后,所投的票数和每张选票上所选择的人数直接决定着选举和选票有效与否。主要有两种情况:一是投票结束后,如果开箱取出的选票等于或少于发出的选票总数,表明所有代表都投了票或有个别代表领票后未投票,选举有效;如果开箱取出的选票多于发出的选票总数,这意味着有人多投了票、投了假票,或者有其他舞弊的行为,所以选举无效。二是计票时,每一选票所选人数,多于规定应选代表人数的作废,等于或者少于规定应选代表人数的有效。因为本次选举应选代表人数是确定的,如果选票上所选的人数多于应选代表人数,那么在计票中就无法判断该张选票究竟要选举谁为代表,因此该张选票只能作废票处理。

三、当选票数

代表候选人须获得全体代表过半数的选票,始得当选。代表候选人当选票数是全体代表的过半数,不是出席代表大会的代表过半数。按照全国人大常委会的法律解释,全体代表是指实有代表数,代表名额没有选足的、代表被罢免的、代表辞职被接受的、代表因迁出或者调离本行政区域而自行终止代表资格的、代表死亡的,都不计入全体代表数;代表被依法暂停执行代表职务的,仍然是代表,应当计入全体代表数。

四、当选名额

当选代表的人数按应选名额确定。在选举过程中,可能会遇到因票数等原因无法确定当选人的。一是如果遇到几个候选人的得票数均超过选票的半数并且相等,而票数相等的候选人同时当选就会超过应选代表名额时,应当就票数相等的候选人重新投票,以得票多的当选。对于经重新投票确定的当选人,应当把两次投票中的得票数都记录在案,作为当选依据。二是如果获得过半数选票的当选代表的名额少于应选代表的名额时,不足的名额需要另行选举。需要另行选举的,既包括应选代表名额没有选满,也包括一个代表名额也没有选出的情况,即所有的候选人所得选票均未超过半数时,也要进行另行选举。组织另行选举,要根据在第一次投票时得票多少的顺序,以代表候选人应多于应选代表名额 1/5 至 1/2 差额比例确定候选人名单。另行选举时,代表候选人必须获得全体代表过半数的选票,才能当选。

五、确认选举结果

大会选举计票结束后,总监票人按代表候选人得票多少的顺序向大会主席团报告计票结果。大会主席团根据本次选举出席人数、收回票数以及代表候选人获得赞成票的票数等,依法确认选举结果,由大会执行主席宣布当选代表名单。

全国、省和设区的市级人大代表选举结果的报告

县级以上地方各级人民代表大会选举产生上一级人大代表和本级人大换届后,须及时向同级党委(由同级党委向上级党委)和上一级人大常委会报告选举情况等材料。上报的材料主要有:

一、关于选举情况的报告

主要包括:一是选举上一级人大代表的基本情况,包括选举时间、应选代表名额(分配名额和派选名额),提出的差额人数,选举方式和选举结果。

二是主要做法或基本经验，包括各级党委重视，切实加强领导，为换届选举工作提供了强有力的组织保证；各级人大常委会精心组织，具体检查指导，保证换届选举工作依法健康有序开展；注重优化代表结构，明确各级代表的标准，保证选举质量；充分发扬民主，严格把关，切实尊重代表的民主权利；采取多种形式，强化宣传教育，为换届选举营造良好的舆论氛围等。

二、关于提请代表资格审查委员会审查的报告

报告内容主要包括，代表大会全体代表人数，出席选举代表大会的代表数；应选代表名额和差额人数；表决方式和当选代表获得法定的票数等。同时附有当选代表名单、代表名册、代表登记表（装订成册），以备代表资格审查委员会审查。

三、当选代表的数据信息、换届选举统计报表和照片

全国、省和设区的市级人大代表基本采取微机数据管理，在换届选举前，上一级人大常委会一般都为选举单位安装代表选举的数据库软件，选举结束后，选举单位要及时上报当选代表的数据信息，以便及时转入数据库，形成完整的本级人大代表选举信息；注意积累并及时填报全国人大常委会设计的各级人大换届选举统计报表；选举单位还要提供当选代表的照片，为新当选的代表制作代表证、召开本级人民代表大会第一次会议的代表出席证和代表每次参加本级人民代表大会会议的报到卡等。

地方国家机关领导人员的选举和工作人员的任免

地方国家机关领导人员换届选举

根据宪法和有关法律的规定，国家行政机关、监察机关、审判机关、检察机关都由人民代表大会产生，对它负责，受它监督。地方各级人大代表选举完成后的两个月内，由上届本级人大常委会或者乡、民族乡、镇的上次人民代表大会主席团召集，召开新一届人民代表大会第一次会议，选举产生县级以上地方各级国家权力机关的常设机关组成人员，乡镇人大主席、副主席；本级政府领导人员；监察委员会主任、人民法院院长和人民检察院检察长。

一、选举的人员

(1)省和设区的市级。选举本级人大常委会的主任、副主任、秘书长、委员；省长、副省长，自治区主席、副主席，市长、副市长，州长、副州长；本级监察委员会主任、人民法院院长和人民检察院检察长，选出的人民检察院检察长，须报经上一级人民检察院检察长提请该级人大常委会批准；并有权罢免上述国家机关的组成人员或领导人员的职务，罢免本级人民检察院检察长须报经上一级人民检察院检察长提请该级人大常委会批准。(2)县级。选举本级人大常委会的主任、副主任、委员；县长、副县长，区长、副区长；本级监察委员会主任、人民法院院长和人民检察院检察长，选出的人民检察院检察长，须报经上一级人民检察院检察长提请该级人大常委会批准；并有权罢免上述国家机关的组成人员或领导人员的职务，罢免本级人民检察院检察长须报经上一级人民检察院检察长提请该级人大常委会批准。(3)乡级。选举乡镇人大主席、副主席；乡长、副乡长，镇长、副镇长；并有权罢免上述人员。

二、换届选举时间

根据有关法律规定和全国人大对有关问题的法律解答，地方各级人大代表选举完成两个月后，要及时召开新一届人民代表大会会议，依法选举产生新一届国家权力机关的常设机关组成人员，行政机关、监察机关、审判机关和检察机关领导人员，依法行使国家权力。

三、大会的召集和主持

县级以上的地方各级新一届人民代表大会会议由本级人大常委会召集。乡镇人大不设常设机关，所以由上次会议的主席团负责召集。大会选举主席团，由主席团主持会议。由于政府、监察委员会、法院和检察院受本级人大监督，主席团要负责处理有关监督的事项，如接受和处理罢免案、质询案等等，因此，本级人大代表中的政府、监察委员会、法院和检察院负责人，一般不宜参加主席团。但每届第一次会议，由于新的一届政府、监察委员会、法院和检察院的领导人员还没有产生，上届政府、监察委员会、法院和检察院的领导人员可以作为新的一届人大代表参加主席团。

四、选举方式

换届时县级地方国家权力机关的常设机关组成人员，行政机关、监察机关、审判机关和检察机关领导人员，必须在代表大会上采取无记名方式进行投票选举；届期内，政府个别副职任免可在本级人大常委会会议上进行。乡镇人大主席、副主席和乡镇长、副乡镇长的变动，则必须召开本级人民代表大会会议，由全体代表进行无记名投票表决。

差额选举地方国家机关领导人员

根据地方组织法的规定，地方各级人大常委会主任、秘书长，乡镇人大主席，人民政府正职领导人员，监察委员会主任、人民法院院长、人民检察院检察长的候选人数可以多1人，进行差额选举；如果提名的候选人只有1人，也可以等额选举。人大常委会副主任，乡镇人大副主席，人民政府副职领导人员的候选人数应比应选人数多1人至3人，人大常委会委员的候选人数应比应选人数多1/10至1/5，由本级人民代表大会根据应选人数在选举办法中规定具体差额数，进行差额选举。

差额选举地方各级国家机关领导人员，是人大选举制度的一项基本原则。在差额选举地方各级国家机关领导人员过程中，需要把握两个问题：(1)正确理解和运用正职领导人员差额选举原则。地方组织法明确规定了地方国家机关正职领导人员可以实行差额选举，在提出的候选人只有1人的情况下，也可以等额选举。实践中，有时代表对主席团提名的候选人意见比较一致，提不出能够与之相当的候选人，在这种情况下，如果一定要搞差额选举，则容易流于形式。因此，法律规定了如果确实提不出差额，也可以等额选举。但是，地方各级人大会议主席团不能在选举办法中规定正职必须实行等额选举。如果代表依法联名提出候选人，主席团不得采取要求提名人撤回提名或者要求被提名人拒绝提名的违法做法。（2）合理确定副职领导人员的差额幅度。地方组织法明确规定了选举地方各级国家机关副职领导人员的差额幅度，具体差额数由地方各级人大在大会选举办法中规定。但在实践中，有的地方在地方性法规或议事规则中规定，副职领导人员差额1人。确定地方国家机关副职领导人员的具体差额数，应当根据应选人数的多少确定不同的差额数，应选人数多的，差额数应当多些，应选人数少的，差额数应当少些，不能一律规定为最低差额数。因此，具体差额数只能在每次人大会议的选举办法中根据本次会议的应选人数作出规定，不能在地方性法规或者议事规则中作统一规定。

提名推荐地方国家机关领导人员候选人

根据地方组织法的规定，地方各级国家机关领导人员候选人人选，由本级人大主席团或者代表依法联合提名。主席团提名的候选人人数，每一代表与其他代表联合提名的候选人人数，均不得超过应选名额。

一、大会主席团和代表联合提出地方各级国家机关领导人员候选人程序

（一）按应选人数提名。无论是主席团提名还是代表联合提名，都不能超过应选名额。如，选举5名副省长，主席团提名最多只能提5名候选人，代表联合提名候选人也不能超过5名，超过应选名额的提名就是违法提名。

（二）大会主席团提名。按照党管干部的原则，地方各级人民代表大会举行会议期间，同级党委向大会主席团提出按程序考察的国家机关领导人员候选人建议名单。大会主席团对候选人建议名单进行酝酿讨论，如果意见比较一致，则以大会主席团的名义，分别等额提出候选人建议名单，并印发与会代表酝酿讨论。

（三）代表联合提名。代表在酝酿讨论主席团提出的各项职务候选人建议名单的同时，可以联合提名候选人。一般由领衔提名人提议，再与其他代表联名，达到法定联名人数后，即可提交大会主席团。

二、提名地方国家机关领导人员候选人需要把握的两个关系

（一）党委推荐与主席团提名的关系。中国共产党是执政党，党在国家政治生活中处于核心领导地位，党的领导的重要方面是向国家机关推荐领导人员，法律规定主席团可以提名，其目的就是为了便于党组织推荐的候选人以主席团的名义提出。

（二）代表联合提名候选人与主席团提名候选人的关系。代表联名提出的候选人同主席团提出的候选人具有同样的法律地位，都必须依法列入候选人名单，交代表酝酿讨论，不能只将主席团提出的候选人交代表酝酿、讨论，更不能随意删减代表联名提出的候选人。法律规定主席团可以提名候选人的目的，是为了保证党管干部原则的实现。但党管干部不能代替国家对干部的管理，党组织考察选拔干部不能代替人大的选举。规定代表可以联名提出候选人，其目的就是为了促进党组织考察推荐干部时，能够更加认真负责，力求使推荐的干部更加准确，同时，也便于弥补党组织推荐的个别人选可能会不够准确的缺陷，从而把党内民主与国家形式的民主有机地结合起来。

三、代表联合提名候选人注意事项

（一）代表联合提名要按规定的形式和时间提出。代表联合提名国家机关领导人员候选人，须以书面的形式提出。领衔人要详细填写《代表联合提名候选人登记表》中须反映的内容，并由提名人逐一亲自签署自己的名字。同时，要提供被推荐人的情况介绍材料，便于大会主席团和代表了解被推荐人的简要情况。代表联合提名候选人登记表和相关材料，要在截止时间前送达大会秘书处，超过截止时间则联合提名无效。

（二）代表联合提名要符合法定人数。代表联合提名的法定人数分两个方面：一是参加联名代表要符合法定人数。地方各级人大代表联名的人数具体为：省级人大代表 30 人以上联名，设区的市和自治州的人大代表 20 人以上联名，县级的人大代表 10 人以上联名，可以提出本级人大常委会组成人员，人民政府领导人员，监察委员会主任，人民法院院长，人民检察院检察长的候选人。乡镇人大代表 10 人以上联名，可以提出本级人大主席、副主席，人民政府领导人员的候选人。代表联名的法定人数是指在同一联名登记表中，所签署的联名人数，如果代表分别联合提名同一人为候选人，但都没有达到法定的联名人数，其被提名人不能列入候选人名单。二是代表联合提名的候选人要符合法定人数。每次代表大会对所选国家机关领导人员的职务和同一职务的人数都有要求，代表联合提名候选人人数，要按大会选举办法的规定不能超过每个职务应选名额，也就是说，每个代表参加对同一职务候选人的联合提名，总数不得超过应选名额。

（三）代表联合提名可以撤回。撤回代表联合提名候选人的要求，主要有两种情况：一是尊重被提名人的意见。法律对代表联合提名候选人是否征得被提名人的同意没有规定，但在实践中，一般提名人都要主动征求被提名人的意见，如果被提名人认为自己不适合该职务的提名或不愿意做该项职务的候选人，可以向提名人和大会主席团说明理由，大会主席团和提名人应当尊重被提名人的意见。如果提名人坚持提名，仍应将被提名人列入候选人名单，但要向代表说明被提名人的意见。二是提名人要求撤回联合提名候选人。代表联合提名的候选人，在提交大会表决前，联名的全部代表或部分代表对提名有疑义申请撤回。如果坚持联名的代表人数仍然符合联名的法定人数，则提名有效；如果坚持联名的代表人数不符合法定人数，则联名无效。撤回代表联合提名要填报大会印制的撤回代表联合提名登记表，并送大会秘书处。

对地方国家机关领导人员候选人的介绍

根据地方组织法的规定，地方国家机关领导人员候选人的提名人应当如实介绍所提名候选人的情况。

一、介绍地方国家机关领导人员候选人的主要内容

一是候选人的基本情况，包括姓名、性别、年龄、学历、现任或原任工作单位及职务、个人简历等。二是主要表现，包括政治表现、思想品德、工作实绩、工作作风、勤政廉政等。

二、介绍地方国家机关领导人员候选人的主要形式

一是提名人向大会主席团介绍。在每次大会选举国家机关领导人员时，党委组织部负责人都向主席团作提名候选人的情况说明；代表联合提名领衔人向大会主席团说明推荐理由和基本情况等。二是大会主席团向代表介绍。大会主席团对党委提名和代表联合提名的候选人讨论通过后，以大会主席团的名义将所有候选人名单及相关材料交大会全体代表酝酿讨论。三是大会主席团组织候选人与代表见面。见面会上，主席团向代表介绍候选人有关情况，候选人也可以简要介绍自己的情况并作表态性发言。

三、介绍地方国家机关领导人员候选人的主要原则

一是平等原则。即主席团提名的候选人和代表联合提名的候选人,其法律地位是相同的,因而,在介绍的时间、内容和方式上应一视同仁。二是公正原则。即对每个候选人的介绍应实事求是,客观公正如实地将代表候选人介绍给代表,让代表充分了解候选人的情况,以便作出选择。

确定地方国家机关领导人员正式候选人

根据有关法律的规定,由政党和代表联合提名的国家机关领导人员候选人,如果符合选举办法规定的差额数,由主席团提交代表酝酿、讨论后,进行选举。如果提名的候选人数超过选举办法规定的差额数,由主席团提交代表酝酿、讨论后,进行预选,根据在预选中得票多少的顺序,按照选举办法规定的差额数,确定正式候选人名单,进行选举。

一、确定正式候选人的人数

大会选举各项职务的候选人的具体人数,应根据会议选举各项职务的应选名额,并结合具体情况合理确定。一是正职领导人员候选人,一般应提名2人作为候选人,如果提名候选人只有1人,则实事求是地确定正式候选人为1人。二是副职领导人员候选人,要根据每次会议各项职务应选人数,在大会选举办法中分别作出规定。一般确定副职领导人员正式候选人应比应选名额多1—3人,不能一律规定为比应选名额多1人。

二、组织预选

如果主席团和代表联合提名的候选人符合选举办法规定的差额数,则不必进行预选。如果主席团和代表联合提名的候选人超过选举办法规定的差额数,由主席团提交代表酝酿讨论后组织预选。采用什么方式进行预选,法律没有明确规定,一般来说,预选的程序和方式,应当简化一些,不宜过于复杂,不必同正式选举一样。但要求预选后必须实行差额选举,即预选后确定的候选人必须符合选举办法规定的差额数。

三、确定正式候选人名单

根据法律规定,凡是主席团和代表联名提出的候选人相加多于应选人数,少于或者等于选举办法规定的最高差额数,主席团应当将全部候选人都列入正式候选人名单,交代表酝酿、讨论后,直接进行差额选举。除非候选人没有被选举权,否则主席团不能以任何借口不将代表联合提名的候选人列入正式候选人名单。

四、大会提名酝酿候选人的时间

地方组织法规定，县级以上地方各级人大选举本级国家机关领导人员时，至少应有两天时间提名、酝酿候选人。但两天时间不一定都讨论选举问题，可以穿插安排其他议程。也就是说，宣布进入选举议程后，代表可以进行提名、酝酿活动，其中还可以穿插其他议程，以缩短会议时间。这项规定只适用于换届选举，不适用于另行选举和补选。

投票选举地方各级国家机关领导人员原则

一、无记名投票原则

也称秘密投票的原则。选举地方各级国家机关领导人员一律采取无记名投票方式表决。无记名投票是指投票人通过选票表明对候选人的赞同、反对、弃权，或者另选他人，但不在选票上注明投票人的一种选举方式。选举地方国家机关领导人员不能采用电子表决器表决。电子表决器表决虽然可以是无记名表决，但不能另选他人，不是无记名投票。

二、一人一票原则

主要体现在每一代表在一次选举本级国家权力机关的常设机关组成人员和行政、监察、审判、检察机关领导人员时，对每一职务只有按应选名额选举一次投票权。

三、对选票上候选人自由选择原则

代表对于确定的候选人，可以赞成，可以反对，可以另选他人（另选人大常委会组成人员必须是本级人大代表），也可以弃权。弃权是指投票人没有对候选人表示赞同或者反对意见的一种行为。

四、差额选举原则

按照大会选举办法的规定，确定各项职务正式候选人，进行差额选举。

五、候选人回避原则

代表被提名推荐确定为正式候选人的，不得担任总监票人和监票人。

六、依法确定选举结果原则

一是根据选票数和每一选票所选的人数确定选举是否有效。即每次选举所投的票数，多于投票人数的无效，等于或者少于投票人数的有效；每一选票所选的人数，多于规定应选人数的作废，等于或者少于规定应选人数的有效。二是根据法定票数确定选举结果。根据地方组织法规定，地方各级人民代表大会选举地方各级国家机关领导人员，以全体代表的过半数通过；

获得过半数选票的候选人人数超过应选名额时,以得票多的当选;如遇票数相等不能确定当选人时,应当就票数相等的人再次投票,以得票多的当选;获得过半数选票的当选人数少于应选名额时,不足的名额另行选举。如果正式候选人名单以外的某一个人,在选举投票中,其得票数多于正式候选人的票数,达到了当选票的数额,而且也符合选举办法规定的任职条件的,则应确定其当选有效。

地方各级人民代表大会选举的一般程序

(一)清点到会代表人数。大会执行主席报告到会代表人数,并就选举国家机关各项职务领导人员的有关问题作出说明。

(二)通过总监票人、监票人名单。通常设总监票人 1—2 名;监票人依所设票箱而定,每个票箱应设监票人 2 名。

(三)总监票人、监票人佩戴标志,上岗工作。主要任务:一是查封票箱。在全体代表的监督下,检查票箱并加封。二是核实参加选举的代表人数,填写清点代表人数报告单。三是监督投票和计票。按照大会议程和选举办法的规定,执行投票选举监督任务和监督计票工作。

(四)发放选票。大会选举工作人员按照各自的分工,在指定的区域向代表分发选票。选票分发完毕后,由大会执行主席询问代表是否都领到了选票,有没有没拿到选票的,或少拿、多拿了选票的,有没有印刷不清的等事项。

(五)填写选票。在填写选票前,大会执行主席作填写选票注意事项的说明。一是填写选票时,要先分清选票的式样类别,仔细阅读选票上的说明,并按要求填写符号,做到字迹清楚,符号准确。二是代表对各项职务候选人赞成的人数,不能超过“选举办法”规定的应选人数。三是另选人大常委会组成人员或乡镇人大主席、副主席必须是本级人大代表。

(六)投票。投票的顺序是:总监票人、监票人在各自的投票区的票箱先行投票,然后代表按划定的投票区依序投票。实践中,大会投票选举一般分为两种方法进行:一是县乡两级特别是乡镇一级,由于选举的职务和各项职务应选名额不多,所以一般都安排在一次大会上进行。即一次分发选票,一次投票,一次计票。二是省和设区的市级,由于选举的各项职务和每项职务的应选名额都比较多,一般都安排两次大会进行选举,即两次发票,两次投票,两次计票。

（七）清点选票。在监票人的监督下，工作人员打开票箱清点统计收回选票的张数，填写选票发出、收回清点报告单，由总监票人签字后交大会执行主席。

（八）确认选举有效。大会执行主席根据总监票人的报告，宣布本次选举发出和收回票数的情况，如果收回的票数等于或少于发出票数的，则宣布本次选举有效；如果收回的票数多于发出票数的，则宣布本次选举无效，应重新进行投票选举。

（九）统计选票。在监票人的监督下，工作人员统计选票，填写计票结果报告单。计票单主要包括所有候选人获得赞成、反对、弃权、废票的票数，及另选他人的得票数。由总监票人向大会主席团报告计票结果，主要包括应到代表人数、实到代表人数、发出各类选票数、收回各类选票数、各类有效票数、各类无效票数、所有候选人得票情况（按得票多少排序）和另选他人及得票情况等。

（十）确定选举结果。依据法律规定，候选人按应选名额，以超过全体代表的过半数当选。大会执行主席根据候选人得票情况依法宣布当选结果。宣布地方各级国家机关领导人员的当选结果，一般以上级党委批准的候选人顺序为序。

（十一）选举大会结束后，即公告当选各项职务的人员名单。当选的人民检察院检察长，须报经上一级人民检察院检察长提请同级人大常委会批准，再公布当选名单。

地方各级人大选举本级国家机关领导人员中特殊情况处理

（一）在换届选举的地方人大一届一次会议上，可否不选举政府正职领导人员。地方人大换届时，在新的一届人大第一次会议上，应依法选举本级人民政府正、副职领导人员，不能只选副职，不选正职。

（二）依法应由人大选举或常委会任命的干部可否采取聘任制。由人大选举或常委会任命的干部，不能采用在岗位上经过一定的聘用期、试用期后，再经考核后任命的聘任制，而必须依法由人大选举或由常委会任命。

（三）挂职下派锻炼和拟任科技副县长、副乡长的干部如何选举或任命。对挂职下派锻炼和拟任科技副县长、副乡长的干部的任职，法律上没有特殊规定。如果拟任副县长职务的干部，应由县人代会选举，在大会闭会期间，也可以由县人大常委会任命。如果拟任副乡长职务的干部，应由乡人代会选举,不能由县人大常委会任命。

(四)人民政府领导人员变动较大,可否由本级人大常委会任命。由于机构改革或其他原因政府班子调整较大的,其领导人员要召开人民代表大会会议依法进行选举,对留任的领导人员可不重新选举。

(五)户籍和工作关系不在本地的公民,可否被选为县乡人民政府领导人员。法律对户口不在当地的公民被选为县乡人民政府的领导人没有限制。对户籍、行政关系不在本地的公民,依法被选为县乡人民政府领导人员,其当选有效。如果本人不愿意担任其职务,可向本级人大或人大常委会提出辞职。

(六)新一届人民代表大会第一次会议选举本级人大常委会组成人员未选满,在以后的会议上再选举时,可否实行等额选举。县级以上地方各级人大在新一届人大一次会议未选满大会规定的人大常委会组成人员名额,在下次或者以后的会议上另行选举所缺名额时,仍应按照地方组织法的规定,实行差额选举。

地方人民代表大会个别补选国家机关领导人员

根据有关法律规定,地方各级人民代表大会对由它选举产生的国家机关领导人员出缺后可以进行补充选举。补选国家机关领导人员,候选人数可以多于应选人数,也可以同应选人数相等,选举办法由本级人民代表大会决定。

一、补选地方各级国家机关领导人员的范围

一是省级。省人大常委会主任、副主任、秘书长、委员,省长、副省长,自治区主席、副主席,省监察委员会主任,省高级人民法院院长,省人民检察院检察长,通过专门委员会主任委员、副主任委员人选。二是设区的市级。市人大常委会主任、副主任、秘书长、委员,市长、副市长,州长、副州长,市监察委员会主任,市中级人民法院院长,市人民检察院检察长,通过专门委员会主任委员、副主任委员人选。三是县级。县人大常委会主任、副主任、委员,县长、副县长,区长、副区长,县监察委员会主任,人民法院院长,人民检察院检察长。四是乡级。乡、民族乡、镇的人民代表大会主席、副主席,乡长、副乡长,镇长、副镇长。

二、补选与换届选举的区别

换届选举是按照法律规定,各级国家机关领导人员任职期满后,依照法

定程序对所有职务候选人进行选举。补选是对换届选举产生的国家机关领导人员出缺而进行的补充选举。在换届选举时没有选够的应选人数，属于另行选举，应依法进行选举，不能按补选程序办理。

补选程序与换届选举程序的区别。补选是个别情况，法律规定经本级人民代表大会决定，选举的程序和方式可以适当简化。如，代表是否联合提名候选人、是否进行差额选举等，都可以由本级人民代表大会决定。而换届选举候选人必须由主席团和代表联合提名产生，实行差额选举等。

三、补选的表决方式

无论是换届选举还是补选，其表决方式必须按照法律规定的无记名投票的方式。因为选举就意味着有选择，就可以另选他人，只有投票才能另选他人，举手表决和电子表决器表决，都不能另选他人。所以，无记名投票是选举和补选必须采取的表决方式。补选时，候选人必须获得全体代表的过半数选票才能当选，而不能仅以得票多的当选。

四、特殊情况的处理

（一）个别补选地方人大常委会组成人员或行政、监察、审判、检察机关正职领导人员，可否采取先由人大常委会任命，再由人民代表大会追认的办法。县级以上地方各级国家权力机关的常设机关组成人员和行政、监察、审判、检察机关正职领导人员，只能由本级人民代表大会选举或个别补选产生，不能由人大常委会任命，也不能采取由人大常委会先任命，再由人代会追认的办法；乡镇人大主席、副主席和乡镇长、副乡镇长，只能在代表大会选举或个别补选，不能由县级人大常委会或人民政府任命。

（二）人代会选举个别政府副职领导人员和人大常委会组成人员，可否只由大会主席团提名，不再进行代表联合提名，补选可否采用举手表决方式。根据地方组织法的规定，人民代表大会补选人民政府副职领导人员和人大常委会组成人员的程序和方式，可由人民代表大会决定。补选的表决方式，应采用无记名投票方式。

（三）人大常委会主任、副主任和人民政府领导人员调整较多，重新选举时，是进行等额选举还是进行差额选举。因机构改革，人大常委会主任、副主任和人民政府部分领导人员年龄达到确定的任职界限拟离岗，召开人民代表大会会议选举人大常委会主任、副主任和人民政府部分领导人员，不属于法律规定的个别出缺情况，不能按补选程序办理。

地方人大对本级国家机关领导人员罢免案的处理程序

根据有关法律规定,地方各级人大有权罢免本级人民政府的组成人员。县级以上的地方各级人民代表大会有权罢免本级人大常委会组成人员和由它选出的监察委员会主任、人民法院院长、人民检察院检察长。罢免人民检察院检察长,须报经上一级人民检察院检察长提请该级人大常委会批准。

(一)提出罢免案主体。地方各级人民代表大会罢免本级国家机关领导人员,提出罢免案的主体有两个,即主席团、常委会或代表联名。代表联名规定为:县级以上地方各级人大代表1/10以上联名,乡镇人大代表1/5以上联名,才能提出罢免案。代表联名提出罢免案的联名人数高于代表联名提出候选人的联名人数,主要考虑选举是从众多的人选中选出少数,是多数代表意见对少数代表意见的否定,便于优秀人选提名为候选人,所以代表联名人数不能要求过高。而罢免案是针对确定的人选,是少数代表对已经多数同意的人选的否定。所以,提出罢免案应当更加慎重,以维护经多数人同意当选的国家机关领导人员的相对稳定。

(二)罢免地方各级国家领导人员的范围。地方各级人大不仅可以罢免由它选举产生的本级政府正副职领导人员,还可以罢免由本级人大常委会任命的其他政府组成人员(即政府各部门的正职领导人员)。因为地方各级人大常委会都是由本级人大选举产生,是本级人大的常设机关,要向本级人大负责,受本级人大监督,所以,地方各级人大常委会任命的政府各部门正职领导人员,如果人大会议认为不合适,当然有权予以罢免。

(三)罢免地方国家机关领导人员的理由。罢免地方各级国家机关有关领导人员,法律没有规定罢免的条件,只要多数代表不同意其继续担任现职务,就可以予以罢免。当然,实践中一般都慎重从事,因为犯有错误才予以罢免。但法律规定,如果代表认为某人不胜任,或者认为有比他更合适的人选,也可以罢免。所以,罢免不存在对与错问题,事后也不存在需要纠正问题。罢免一经通过,被罢免人不再继续担任原任职务的法律结果已经产生,事后也不可能使其恢复原任职务。但是,罢免决定中如果对罢免理由作出定论,事后证明这些理由不符合事实,应当对罢免决定中的这部分内容予以纠正。如果罢免理由提出指控,一般应当同时提供所涉及的有关材料。如,罢免理由指控被提出罢免的人员有贪污受贿行为,则应当提供有关贪污受贿行为的证据材料。如果罢免理由没有提出指控,只是认为有其他人选更适合担任该职务,则不必提供材料。

(四)对罢免案的处理程序。(1)列入大会审议。罢免案一经依法提出,主席团必须将其交会议审议,不能以任何借口不交会议审议。而且,由于罢免案不同于其他议案,是应当立即审议以决定被提出罢免的人员是否适宜继续担任现职务的特殊议案,所以,主席团还必须将罢免案交本次会议审议,不能交下次或者以后的会议审议。(2)被提出罢免的人员申辩。主席团在将罢免案交大会审议的同时,应当将罢免案送被提出罢免的人员,并告知其可以提出申辩意见。申辩有两种方式:一种是在主席团会议或者全体会议上进行口头申辩,另一种是书面申辩。在主席团会议上提出的申辩或者书面提出的申辩,主席团应当将申辩意见印发会议。(3)罢免案的表决或者组织调查委员会。县级以上地方各级人大会议对罢免案进行审议后,主席团可以有两种处理方法:第一种是将罢免案直接交付表决。第二种是提议组织调查委员会,经全体代表表决同意后,该罢免案就不付表决,由下次会议根据调查委员会的报告审议决定是否予以罢免。如果组织调查委员会的提议没有获得全体代表的过半数同意,主席团即应将罢免案交付表决。另外,对县级以上地方各级人大常委会有权决定任免的人员(即政府副职领导人和秘书长、政府各部门正职领导人)提出的罢免案,人民代表大会还可以授权常委会根据大会组织的调查委员会的调查报告审议决定是否予以撤职,向下次人大会议报告处理情况。由于地方组织法没有规定乡、镇人大可以组织调查委员会,所以乡、镇人大会议对罢免案审议后,主席团即应将罢免案交付表决。对罢免案的表决方式,法律没有明确规定,采用无记名投票或者电子表决器表决都可以,但不宜采用举手方式表决,以保证代表能够自由表达自己的意愿。表决结果以全体代表过半数同意通过。(4)公告罢免决议。罢免的决议通过后,由本级人大主席团对外公告。罢免地方国家机关领导人员的决议、表决结果等一并报同级党委。其材料主要有:关于罢免国家机关领导人员有关情况的报告;罢免决议;罢免的事实材料;被罢免人的申辩意见。

地方人大接受国家机关领导人员的辞职

根据有关法律规定,由县级以上的地方各级人民代表大会选举的国家机关领导人员,可以向本级人大及其常委会提出辞职。在人民代表大会期间提出辞职的,由主席团将其辞职的请求交各代表团审议,提请大会全体会议决定。大会闭会期间,可以向本级人大常委会提出辞职,由常委会决定是否接受辞职。常委会决定接受辞职后,报本级人民代表大会备案。

(一)接受辞职的范围。县级以上地方各级人大常委会组成人员和人民政府领导人员,监察委员会主任,人民法院院长,人民检察院检察长(人民检察院检察长的辞职,须报经上一级人民检察院检察长提请该级人大常委会批准);省和设区的市级人大专门委员会组成人员;乡、民族乡、镇的人民代表大会主席、副主席,乡长、副乡长,镇长、副镇长。

(二)提出辞职的形式。地方国家机关领导人员提出辞职应当以书面的形式,一般不宜采用口头形式。

(三)接受辞职的表决方式。人民代表大会对接受辞职的决定,要提交全体会议进行表决,表决可以采取无记名投票或按表决器的方式,以全体代表的过半数通过。

(四)辞职是否被接受。为了保证国家政权的正常运转,地方各级国家机关领导人员在本级人大会议期间提出辞职,须经本级人民代表大会决定是否予以接受。辞职被接受的,代表大会作出决议,提出辞职的人员才能离职;辞职不被接受的,提出辞职的人员必须继续担任原职务。

(五)公告。在人民代表大会会议期间,国家机关领导人员的辞职请求被接受后,以人民代表大会主席团的名义对外公告。

(六)对接受本级国家机关领导人员辞职特殊情况的处理。(1)地方国家机关领导人员犯错误应当罢免的,在人代会闭会期间,可否由本人提出辞职。地方国家机关领导人员因犯错误,不宜担任现任职务的,在法律上可以有两种解决办法:一是根据地方组织法关于“关于各级人民代表大会有权罢免本级人民政府”组成人员的规定,可由本级人大予以罢免。二是根据地方组织法关于地方各级政府领导人员辞职的规定,本人可向本级人大提出辞职,由大会决定是否接受辞职;大会闭会期间,可向本级人大常委会提出辞职,由常委会决定是否接受辞职。如果党内决定给予撤职处分的,以采取人大会议罢免或由人大常委会决定予以撤职为宜。(2)人民检察院检察长辞职可否由上一级人大常委会主任会议批准。根据检察院组织法的规定,免去人民检察院检察长的职务须报上一级人民检察院检察长提请同级人大常委会批准,不能由上一级人大常委会主任会议决定。在上一级人大常委会批准原检察长辞职以前,原检察长应继续行使职权。(3)人大常委会组成人员的辞职已被人代会拒绝接受,常委会能否决定接受其辞职。在人代会闭会期间，人大常委会可以决定是否接受常委会组成人员的辞职。但在人代会已决定不接受其常委会组成人员辞职的情况下，在人代会闭会期间不宜再由人大常委会以同样的理由讨论决定是否接受常委会组成人员的辞职问题。(4)人大即将换届，人大常委会接受委员辞职后可否不向新的一届人大备案。依照地方组织法的规定，县级以上地方人大常委会决定接受常委会组成人员的辞职请求后，应向本级人大备案，这里并不限于本届。(5)乡镇长调离，是否应召开乡镇人代会办理辞职或免职。根据地方组织法的规定，乡长、镇长工作调动时，应当向乡镇人民代表大会提出辞职。(6)乡镇长不称职本人又不愿辞职应如何办。依照地方组织法关于“地方各级人民代表大会有权罢免本级人民政府组成人员”的规定，如果乡、镇人民代表大会认为由它选举产生的乡、镇长或者副乡、镇长不称职，经全体代表的过半数通过，可以罢免。(7)镇人大主席调至另外一个乡工作，其镇人大主席职务是否自行终止。镇人大主席调动工作应由本人依法向镇人民代表大会辞去镇人大主席的职务，不能采用调动后自行终止职务的做法。(8)人大专门委员会主任委员可否向同级人大常委会提出辞职。地方人大专门委员会主任委员可否向同级人大常委会提出辞职，法律没有规定。参照地方组织法关于人大常委会委员辞职的规定，在大会闭会期间，如果本人向同级人大常委会提出辞职，常委会可以决定是否接受其辞职，常委会接受辞职后，须报本级人大备案。

地方人大换届选举情况的报告

地方各级人大换届后，须及时向同级党委(由同级党委向上级党委)和上一级人大常委会报告选举情况等材料。上报的材料主要有：关于换届选举情况的简要报告(附：各项职务当选人员名单、名册)；按照法律规定，将县级以上地方各级人大会议选出的人民检察院检察长，报经上级人民检察院检察长呈请该级人大常委会批准的文件；统计报表等。换届选举情况简要报告的内容主要包括：本级人大代表选举的基本情况，本级人民代表大会选举国家权力机关的常设机关组成人员和行政机关、监察机关、审判机关、检察机关领导人员情况，如果有选举上一级人大代表的任务，则一并报告。选举地方国家机关领导人员的统计报表要根据全国人大常委会统一设计的表格和要求，逐项进行填写，并作必要的说明。

地方人大常委会的任免权

对国家机关工作人员的任免权,是法律赋予县级以上地方各级人大常委会的一项重要职权。按照宪法和地方组织法的规定,县级以上的地方各级人大常委会依照法律规定的权限决定国家工作人员的任免;在本级人大闭会期间,罢免和补选上一级人大的个别代表。

根据地方各级国家机关领导和工作人员的设置,法律对地方各级人大常委会任免国家机关工作人员的范围和采取的形式作出不同的规定。

一、任免权的主要内容

一是任命,如根据省长的提名,决定任命厅长、局长;二是通过人选,如根据主任会议的提名,通过本级人大常委会代表资格审查委员会的人选;三是免职,凡经过常委会任命的人员都可以由本级人大常委会决定免职;四是撤职,如撤销本级人民政府个别副职领导人员的职务;五是接受辞职,如在大会闭会期间,接受国家机关组成人员的辞职。

二、任免人员的范围

一是决定副省长、自治区副主席、副市长、副州长、副县长、副区长的个别任免。二是在省长、自治区主席、市长、州长、县长、区长和监察委员会主任、人民法院院长、人民检察院检察长因故不能担任职务的时候,从本级人民政府、监察委员会、人民法院、人民检察院副职领导人员中决定代理的人选;决定代理检察长,须报上一级人民检察院和人大常委会备案。三是根据省长、自治区主席、市长、州长、县长、区长的提名,决定本级人民政府秘书长、厅长、局长、委员会主任、科长的任免,报上一级人民政府备案;按照监察法、人民法院组织法和人民检察院组织法的规定,任免监察委员会副主任、委员,任免人民法院副院长、庭长、副庭长、审判委员会委员、审判员,任免人民检察院副检察长、检察委员会委员、检察员,批准任免下一级人民检察院检察长;省、自治区、直辖市的人大常委会根据主任会议的提名,决定在省、自治区内按地区设立的和在直辖市内设立的中级人民法院院长的任免,根据省、自治区、直辖市的人民检察院检察长的提名,决定人民检察院分院检察长的任免。四是决定撤销个别副省长、自治区副主席、副市长、副州长、副县长、副区长的职务;决定撤销由它任命的本级人民政府其他组成人员和监察委员会副主任、委员,人民法院副院长、庭长、副庭长、审判委员会委员、审判员,人民检察院副检察长、检察委员会委员、检察员,中级人民法院院长,人民检察院分院检察长的职务。五是补选上一级人大出缺的代表和罢免个别代表。

三、行使任免权注意事项

（一）坚持党管干部和人大常委会依法任免相结合。地方各级人大常委会在行使任免权时，必须严格依法办事，充分保障常委会组成人员的民主权利。同时还要解决好党管干部原则和人大依法任免干部的关系，既要保证党管干部原则的实现，又要保证人大常委会依法行使任免权，使之相辅相成，保证国家政权真正掌握在党和人民手中，这二者不可互相替代、相互混淆。

（二）决定代理正职的提名。代理正职人选由谁提名，人大常委会主任会议、人民政府、人大各专门委员会、省和设区的市级人大常委会组成人员5人、县级人大常委会组成人员3人以上联名，可以向本级人大常委会提出属于常委会职权范围内的议案。决定代理是常委会的职权，只要法律没有作出特别规定，有权提出议案的机关和常委会组成人员联名就可以提名代理人选。在实践中，代理人选都是由党委推荐的，所以一般都由主任会议提名。

（三）个别任免。依据全国人大常委会的法律解释，一是个别任免的提名权，只要有权向常委会提出议案的机关和常委会组成人员联名，就可以提出个别任免的人选。但由于行政机关实行首长负责制，所以一般由政府或政府正职领导提名。如果政府正职领导缺位，也可以由主任会议提名。二是个别任免的人数，一般应为两次大会之间只能个别任免1—2名。但由于干部交流、退休、挂职锻炼、配备科技副县长等方面的需要，有时干部变动稍多一些，为了适应实际需要，掌握一次常委会会议任或免各1名副职为宜，但不宜每次常委会会议都个别任免，不能在两次大会之间把政府副职领导人全部或大部分更换。如需全部或大部分更换，应当召开人民代表大会会议选举。

地方人大常委会任命国家机关部分组成人员

根据有关法律规定，县级以上地方各级人大常委会，在本级人大闭会期间，个别任免本级人民政府副职领导人员；在本级人民政府正职领导人员因故不能担任职务的时候，从本级人民政府副职领导人员中决定代理的人选；根据本级人民政府正职领导人员的提名，决定本级人民政府秘书长、厅长、局长、委员会主任、科长的任免,报上一级人民政府备案;决定撤销本级个别副职领导人员的职务;决定撤销由它任命的本级人民政府其他组成人员的职务。

一、任免案提出的程序

(一)代理人选案的提出。本级人大常委会主任的代理人选,由主任会议在副职中提名;本级人民政府正职领导人员的代理人选,由主任会议在相应的副职中提名。如果副职中没有合适人选,可以另提人选。另提的人选应当先任命为副职,再决定代理职务。

(二)任免案的提出。决定任免个别副职和本级人民政府秘书长、厅长、局长、主任,由本级人民政府正职领导人员提名。在本级人大常委会任命后,由本级人民政府报上一级人民政府备案;任免本级人大常委会副秘书长,办事机构和工作机构主任、副主任,地区工作委员会主任、副主任、秘书长、委员,由本级人大常委会主任提名;本级人大常委会代表资格审查委员会主任委员、副主任委员、委员,由主任会议在常委会组成人员中提名。

(三)补充任命案的提出。补充任命本级人大专门委员会的个别副主任委员和部分委员,由主任会议在本级人大代表中提名。

(四)辞职案的提出。本级人民政府领导人员请求辞职的,由本人向本级人大常委会提出书面辞职请求。经常委会会议审议接受辞职的,报本级人民代表大会备案。

(五)撤职案的提出。本级人民政府和本级人大常委会主任会议可以向本级人大常委会提出对本级人民政府个别副职领导人和本级人民政府秘书长、厅长、局长、主任的撤职案;省人大常委会1/5以上的组成人员书面联名,可以向省人大常委会提出对本级人民政府个别副职领导人和本级人民政府秘书长、厅长、局长、主任的撤职案,由主任会议决定是否提请省人大常委会会议审议,或由主任会议提议,经全体会议决定,组织调查委员会,由下次本级人大常委会会议根据调查委员会的报告审议决定。

二、地方各级人大常委会审议和表决任免案的程序

(一)审议任免案。一是任免案由主任会议决定提请常委会会议审议。二是决定代理职务,决定任命本级人民政府个别副职领导人、本级人民政府其他组成人员,任免、撤销、撤换和罢免职务,由提请人到常委会会议说明,回答询问。提请人因故不能到会时,由提请人委托其他负责人到会说明。三是本级人大常委会会议审议任免案时,常委会组成人员提出的问题如果需要查清的,提请机关应当立即调查核实,作出报告;如果会议期间不能查清,由主任会议决定可以暂缓表决,待提请机关调查核实后,再提请常委会会议审议。四是已列入本级人大常委会会议议程的任免案,在交付表决前,提请人或者提请机关要求撤回的,对该任免案的审议即行中止。

(二)表决任免案。一是决定代理职务,决定任命本级人民政府个别副职、本级人民政府秘书长、厅长、局长、主任,使用表决器或者采用无记名投票方式逐个表决。免去上述职务使用表决器或者采用举手方式逐个表决。二是撤销、撤换职务,其表决方式由常委会会议根据主任会议的建议决定。罢免职务,采用无记名投票方式表决。三是接受辞职,补充任命本级人大专门委员会副主任委员、委员,任免本级人大常委会副秘书长,办事机构和工作机构主任、副主任,地区工作委员会主任、副主任、秘书长、委员,通过本级人大常委会代表资格审查委员会主任委员、副主任委员、委员,使用表决器或者采用举手方式逐个表决。四是批准任命人民检察院检察长,使用表决器或者采用举手方式逐个表决。五是对同一职务的人员任免,先进行免职表决,再进行任职表决。

(三)通过任免案和公布表决结果。一是任免案以本级人大常委会全体组成人员的过半数通过。二是表决结果由会议主持人当场宣布。三是本级人大常委会通过的任免案,由常委会公告,并书面通知提请机关。任免案在未通过之前,不得提前对外公布,拟任命的人员不得提前到职。四是经本级人大常委会任命的本级人民政府秘书长、厅长、局长、主任,由本级人大常委会颁发任命书,任命书由本级人大常委会主任署名。

三、地方各级人大常委会任免本级国家机关部分组成人员注意事项

(一)新的一届人民政府领导人员依法选举产生后,应当在两个月内提请本级人大常委会任命人民政府秘书长、厅长、局长、委员会主任、科长等政府组成人员。地方各级人大常委会决定本级人民政府组成人员任免后,由本级人民政府办理报上一级人民政府备案的手续。

(二)地方人大换届时,对政府组成人员原职务不变的,在重新任命时,不需要办理免职手续。人大常委会副秘书长、办公厅(室)主任和工作机构负责人不需要重新任命。

(三)对于不属于本级人民政府组成人员,如人民政府办公厅(室)主任、顾问和政府正职助理及派出机构负责人等,无须由本级人大常委会任命。对于人大常委会工作机构、办事机构负责人的任免范围,法律没有明确规定，一般可由本级人大常委会确定。

（四）提请本级人大常委会任命的国家机关工作人员人选在本级人大常委会会议未获通过，提请机关认为必要的，可以再次提请任命。经本级人大常委会两次会议未获通过的，不得再次提名为同一职务人选。

（五）由本级人大常委会任命的国家机关工作人员，因其工作机构撤销、合并、改变名称、机构性质发生变化或者机构合并后新组建的，由原提请人或者提请机关，报本级人大常委会重新任免。

（六）任免案应当在本级人大常委会会议召开前十天送达本级人大常委会办公厅（室），便于安排常委会会议审议。提请机关提交任免案应当规范，并附任免呈报表、任职考察材料。任职考察材料必须写实，全面、准确、清楚地反映考察对象的情况。撤销、撤换和罢免职务的，由提请机关提交书面报告，附调查结论材料。

（七）本级人大常委会任命的国家机关工作人员，在任期内去世的，不办理免职手续，由提请机关报常委会备案。

（八）本级人大常委会组成人员和本级人大专门委员会组成人员，其代表资格依法终止的，所担任的常委会和专门委员会的职务相应终止；其代表资格被原选举单位罢免的，所担任本级人大常委会和本级人大专门委员会职务也相应撤销，由本级人大常委会公告。

换届选举的后续工作

换届选举工作总结

换届选举的总结工作，是整个换届选举工作中的重要程序。新一届地方各级人民代表大会第一次会议结束后，要及时对换届选举工作进行全面总结。主要包括：对换届选举基本情况进行综合分析、起草换届选举工作总结、召开换届选举工作总结会议等。

换届选举基本情况综合分析，是搞好换届选举总结的依据和重要基础性工作。新一届地方各级人大第一次会议结束后，要及时组织力量，对换届选举的基本情况进行综合、分析、比较，全面反映选举过程中执行相关法律法规情况，反映本级人大代表的整体结构以及国家机关领导人员的构成情况，为起草选举工作总结提供翔实的数据材料。

起草换届选举工作总结，并呈报上级党委和人大常委会，使上级及时准确全面地掌握本级人大换届选举工作情况，这是换届选举工作的一项重要内容和程序。换届选举工作总结，一般包括以下内容：(1)基本情况。主要包括本级人大代表的选举和大会选举本级国家机关领导人员的基本情况，选举结果以及选举的各项职务结构比例关系。(2)基本做法或主要经验。主要包括坚持党对换届选举工作的领导；人大常委会和选举工作机构精心组织、周密安排换届选举的各个环节；广泛深入开展人民代表大会制度和法律知识宣传教育；充分发扬民主、严格依法办事等方面的内容。材料中尽量引用一些数据说话，如从新当选的代表数量、结构(年龄结构、知识结构等)和各项结构比例以及代表素质方面，通过比较分析，说明选举代表方面的收获和成绩；对新一届地方国家机关领导人员政治素质、文化水平、年龄结构和妇女比例等方面进行量化分析,说明选举新一届人大、政府和监察委、法院、检察院领导人员的知识结构、年龄结构和综合构成比例的合理性。(3)存在的主要问题和建议。主要包括本次换届选举工作存在的问题和不足,及相应的改进意见和建议,为以后的换届选举工作提供借鉴。

召开换届选举工作总结会议。换届选举工作结束后,及时筹备和组织召开换届选举工作总结会议,使整个换届选举工作有始有终。参加会议人员的范围,主要是本级党委、人大常委会主要领导和换届选举工作领导机构及相关部门的负责人。县乡两级,一般由县人大常委会负责组织,参加人员有县级党委、人大常委会、政府的负责同志,县乡两级换届选举领导机构的负责同志,县级组织部、宣传部、统战部、妇联、工会、共青团和新闻单位负责同志;乡直有关单位,并可邀请上级人大代表参加。省和设区的市级,由本级人大常委会负责组织,参加人员有本级党委、人大、政府负责同志,本级党委组织部、宣传部、统战部和妇联、工会、共青团,以及下级党委、人大常委会负责同志。会议的主要内容:党委主要领导作换届选举工作总结报告;与会人员总结交流换届选举的做法和经验,特别是加强党的领导、充分发扬民主、严格依法办事和人民当家作主有机结合的做法和经验;总结换届选举对发展社会主义民主政治,建设社会主义政治文明,推进社会主义民主与法治建设的经验,对今后进一步搞好地方人大换届选举提出意见和建议;总结表彰本次换届选举工作中的先进集体和个人;部署做好换届选举的收尾工作,如做好大会精神的传达贯彻,宣传人大会议通过的决议决定,做好换届选举资料的收集整理、立卷归档,以及做好对新当选的人大代表和人大常委会主任、乡镇人大主席的培训工作等。

编印选举资料汇编。换届选举的文字材料,对留存备查和下一次换届选举工作制定安排意见、分配名额、划分选区等都有很重要的参考价值。虽然文件资料要归档立卷,但相对比较分散,将其资料汇编成册,有利于查找应用。汇编文件资料的基本内容:(1)中央、全国人大常委会和省、市、县党委、人大常委会指导本次换届选举的文件、决议和决定;(2)各级领导在换届选举部署会或学习班、培训班上的讲话;(3)指导本地换届选举的简报;(4)本级和下级人大换届选举结果,包括工作总结和当选的国家机关领导人员名单;(5)换届选举的统计报表。

换届选举数据统计

为了便于了解和掌握地方各级人大换届选举的情况,全国人大常委会专门设计了换届选举统计报表。报表按省、设区的市、县和乡四级分层次统计,其主要内容:(1)省和设区的市级报表。一是大会选举情况统计,主要包括本级国家权力机关的常设机关组成人员,行政机关、监察机关、审判机关、检察机关领导人员和上一级人大代表的提名候选人情况、确定正式候选人情况、选举情况和选举结果等6类21项内容。二是人大代表和国家机关领导人员基本情况,包括本级人大代表,国家权力机关的常设机关、行政机关、监察机关、审判机关和检察机关领导人员的实选人数、性别、年龄、政治面貌、民族和文化程度等7类16项内容。三是人大代表构成情况,包括行政区域名称、应选代表数、实选代表数、职业构成情况和综合情况等5类24项内容。(2)县级报表。一是选民登记和投票情况统计,包括行政区域名称、县级单位数、行政区所辖人口数、选民登记情况、选民参加投票情况等5类22项内容。二是选举县级人大代表情况,包括代表名额分配及选区划分情况、推荐代表候选人情况、确定正式代表候选人情况、介绍代表候选人情况、选区选举情况和代表当选情况等7类27项内容。三是破坏选举及制裁破坏选举情况,包括破坏选举情况和对破坏选举的制裁情况等2类10项内容。四是县级人大选举情况,包括国家权力机关的常设机关组成人员,行政机关、监察机关、审判机关、检察机关领导人员和上一级人大代表的提名候选人情况、确定正式候选人情况、选举情况和选举结果等6类21项内容。五是人大代表和国家机关领导人员基本情况,包括本级人大代表,国家权力机关的常设机关、行政机关、监察机关、审判机关和检察机关领导人员的实选人数、性别、年龄、政治面貌、民族和文化程度等7类16项内容。六是人大代表构成情况,包括行政区域名称、应选代表数、实选代表数、职业构成情况和综合情况等4类23项内容。(3)乡级报表除第四个方面的内容外,其他各方面内容均与县级统计报表相同。第四个方面统计的乡级人大选举情况的领导人员职务为:乡镇人大主席、副主席,乡镇长、副乡镇长的提名候选人情况、确定正式候选人情况、选举情况和选举结果等6类21项内容。

在地方各级人民代表大会换届选举前,省人大负责换届选举工作的部门要按照全国人大常委会的要求,组织对所属市(地)人大常委会(工委)负责填报统计报表工作的同志进行培训,再由市(地)人大常委会(工委)组织对所属县乡人大具体承担填报报表的同志进行培训，重点提高对换届选举统计报表重要意义的认识，掌握填写统计报表有关知识和技能技巧，要求及时、准确、有效地反映本级人大换届选举过程和结果。

各级人大换届选举结束后，要汇总有关情况，及时填报统计报表，并层层汇总后上报，最后由省人大有关部门汇总全省各级人大换届选举的有关情况，报全国人大常委会办公厅联络局。

换届选举资料的立卷归档

换届选举过程中形成的文件材料，是整个换届选举过程中的真实记录。换届选举资料的立卷归档，是国家权力机关档案的重要组成部分。

换届选举档案，按保存期限可列为永久保存、长期保存和短期保存。永久保存，即凡是反映代表选举和代表大会会议主要活动和基本状况，对地方国家权力机关建设和历史研究有长远利用价值的档案，列为永久保存；凡是在较长时间内对指导工作有查阅利用价值的一般性文件，列为长期保存；凡是在短时间内对开展工作有参考利用价值的文件材料，列为短期保存。选举文书材料可分为选举人大代表、召开新一届人民代表大会第一次会议和上级人大及其常委会、本级人大选举工作文件及材料三个部分，分别列出目录进行整理，由各级人大常委会相关部门具体处理。

县乡两级人大换届选举文件的归档范围：本级党委、人大、政府关于换届选举工作的文件材料；成立本级选举机构的决定和组成人员名单及有关资料；选举委员会历次会议记录；本级选举工作计划、安排、简报、报告、批示、总结、讲话、通知和会议记录等；检查下级机关选举工作，调查研究形成的重要文件材料；选举工作宣传材料；选区划分、代表名额分配情况的资料；选民登记、选民资格审查、选民的申诉及裁决等资料；代表候选人的提名、民主协商情况及正式代表候选人名单、表格、材料等；选票汇总表、选举结果报告表和选举结果；代表登记表及名册，人大会议选举结果材料；选举证件及选票样式的存根；选举工作统计报表；选举经费的预决算表；换届选举动员会、情况通报会、总结会的所有材料；选举中发生的较大事件及处理结果；重要信访材料及处理情况的材料；电话记录、向上级请示问题的报告、答复下级请示问题的资料，有关问题的请示批复等；下级机关报送的重要选举工作计划、报告、总结、典型材料、统计报表等。

省和设区的市级人大换届选举文件的归档范围：(1)各类报告及决议。

包括人民政府工作报告及决议、国民经济和社会发展计划报告及决议、财政预算的报告及决议、人大常委会工作报告及决议、人民法院工作报告及决议、人民检察院工作报告及决议。(2)会议议程、日程和通过的各项名单。包括会议议程、会议日程;大会主席团和秘书长名单、副秘书长名单、大会执行主席名单;总监票人、监票人名单。(3)选举的名单和结果。包括提出的各项职务候选人名单、正式候选人名单;选举期间的各种报告单、选票、当选结果报告单、当选公告。(4)各项决议、决定和报告。包括关于代表议案截止时间的决定;关于代表议案办理情况的报告;在会议开幕和结束时的领导讲话;关于人民代表大会选举结果的报告;关于召开人民代表大会会议情况的报告;简报。(5)其他各种名单及生活安排。包括代表团团长、副团长名单;代表团编组名单;列席人员名单;大会秘书处各工作组人员名单;会议临时党支部成员名单;代表团讨论记录;会议各种证件;大会会场、讨论地点和住宿安排等。

新当选的地方各级人大常委会主任、乡镇人大主席的履职学习

地方各级人大换届后,为了使新当选的地方国家权力机关的常设机关组成人员尽快熟悉人大业务知识,运用有关法律法规开展人大工作,各级人大常委会要举办不同层次的履职学习班,组织新当选的人大常委会主任、副主任和乡镇人大主席、副主席参加履职学习。

地方各级人大常委会举办的人大常委会主任履职学习班,一般由其工作部门或代表联络工作部门负责组织。履职学习的组织工作的基本步骤:(1)根据常委会的工作安排,制订履职学习方案。方案主要包括:履职学习的指导思想;履职学习对象与时间安排;履职学习内容及方式;履职学习地点和授课老师;履职学习经费等。(2)下发关于举办履职学习班的通知。基本内容为:履职学习的主要目的;履职学习对象和时间、地点;履职学习的主要内容和方式;其他事项。(3)举办履职学习班。主要内容为:领导讲话;人民代表大会制度和法律知识辅导讲座;由有经验的人大常委会主任介绍主要工作做法;结合工作实际讨论消化学习内容。(4)培训工作总结。收录有关领导在培训班开学和结业式上的讲话;邀请讲课老师,编辑并印发辅导讲义;编印会务文件、学员通讯录;安排学员接送站和培训班学员的生活、活动等事宜。

举办市县人大常委会主任和乡镇人大主席履职学习班,重点是安排学

习内容。实践中,一般安排履职学习的内容为:(1)深入学习贯彻习近平新时代中国特色社会主义思想坚持履职的正确政治方向。要坚持以习近平新时代中国特色社会主义思想为总指引,切实在学懂弄通做实上下功夫,不断提高政治站位和理论水平,进一步增强"四个意识"、坚定"四个自信"、做到"两个维护",持续深入用党的创新理论武装头脑、指导实践、推动工作。深入学习贯彻习近平总书记关于坚持和完善人民代表大会制度的重要思想,将学习成果转化为推动新时代人大工作的强大动力。(2)学习宪法、选举法、代表法和地方组织法等相关法律。通过学习宪法和相关法律,进一步了解和掌握宪法作为国家的根本法,规定的国家根本制度和根本任务、公民的基本权利和义务以及国家生活的基本准则,具有最高的法律效力等内容。熟悉和掌握人大及其常委会的产生方式、组成、职权,以及行使职权的主要方式、程序等。(3)学习人大及常委会议事规则。通过学习人大及常委会议事规则,进一步了解和掌握人大及常委会行使职权主要通过定期召开会议,决定问题实行民主集中制的原则,依法集体行使职权;提出和审议议案的主体,对议案的处理方式;听取和审议专项工作报告的主要内容,对专项工作报告的审议程序和对相关问题的处理办法;提出和办理质询案,主要包括质询案提出的主体和方式,对质询内容的要求,有关部门答复质询案的程序;人大代表、常委会组成人员的发言和表决受法律保护,为保证会议审议和发言质量,对发言的内容和时间有一定的要求;表决议案,采用无记名投票或者表决器表决方式,也可以采用举手方式或者其他方式,以常委会全体组成人员的过半数赞成,才获通过等。

新一届人大代表履职学习

地方各级人大代表选举产生后,各级人大常委会和乡镇人大要尽快组织代表履职学习工作,使代表特别是新当选的代表尽快熟悉相关法律法规和人民代表大会制度知识,依法履行人大代表的职责。

代表履职学习的组织工作程序与人大常委会主任、乡镇人大主席的履职学习组织工作程序基本相同。代表履职学习的内容则侧重在代表执行代表职务,依法开展工作和参加活动等方面。地方各级人大代表履职学习的主要内容:(1)首先要深入学习贯彻习近平新时代中国特色社会主义思想。这是我们做好人大工作的根本政治要求和思想保证。习近平新时代中国特色社会主义思想是马克思主义中国化最新成果,是党和国家必须长期坚持的指导思想，是新时代坚持和发展中国特色社会主义的科学指引和行动指南。特别是习近平总书记关于全面加强党的领导、关于社会主义民主法治、关于人民代表大会制度的思想，为坚持和完善人民代表大会制度、做好新时代人大工作指明了方向、提供了遵循。我们要持续深入学习贯彻习近平新时代中国特色社会主义思想，牢固树立“四个意识”，坚决维护习近平总书记权威和核心地位，坚决维护以习近平同志为核心的党中央权威和集中统一领导，确保党的基本理论、基本路线、基本方略和党中央决策部署在人大工作中得到全面落实。(2)明确人大代表的权利和义务。人大代表执行的职务是一种法定职务，是国家职务，承担着宪法和法律赋予的重大职责。代表作为各级国家权力机关的组成人员，依法享有与执行职务相适应的权利，同时承担相应的义务。一是人大代表的权利。主要体现在人大会议期间的工作和闭会期间的活动两个方面。在人大会议上的权利主要有：出席会议权，即参加本级人大全体会议、代表团全体会议、小组会议；审议权，即在各种会议上审议列入大会议程的各项议案和报告；提议案权，即依照法律规定的程序向本级人大提出属于本级人大职权范围内的议案；选举权，即参加本级人大的各项选举和决定人选；询问权，即审议时可以向本级有关国家机关提出询问；质询权，即依照法定程序提出对有关国家机关的质询；罢免权，即依照法定程序提出对有关国家机关组成人员的罢免案并对其投票表决；提议组织关于特定问题的调查委员会权；表决权，即参加本级人大会议的各项表决；提建议权，即向本级人大提出对各方面工作的建议、批评和意见。在闭会期间的权利为：参加代表小组活动；对本级或者下级国家机关和有关单位的工作进行视察，在视察时可以依法提出约见本级或者下级有关国家机关负责人；提议临时召集本级人大会议；列席有关会议；根据有关规定参加特定问题调查委员会；提出对各方面工作的建议、批评和意见；参加常委会组织的执法检查等活动。二是人大代表的义务。主要体现在：模范地遵守宪法和法律，保守国家秘密，在自己参加的生产、工作和社会活动中，协助宪法和法律的实施；按时出席本级人民代表大会会议，认真审议各项议案、报告和其他议题，发表意见，做好会议期间的各项工作；积极参加统一组织的视察、专题调研、执法检查等履职活动；加强履职学习和调查研究，不断提高执行代表职务的能力；与原选区选民或者原选举单位和人民群众保持密切联系，听取和反映他们的意见和要求。努力为人民服务；自觉遵守社会公德，廉洁自律，公道正派，勤勉尽责；法律规定的其他义务。(3)如何行使审议权。行使审议权，是人大代表在人大会议期间的一项重要工作，是代表的一项重要权利。审议是对列入大会议程的各项议案和报告进行讨论、研究，并给予肯定、否定或者提出修改意见。行使审议权时应注意：一是提高对审议工作的认识。明确审议工作性质是对“一府一委两院”进行监督的重要手段，不能把审议工作理解为“学习文件”“领会精神”；审议既是人大代表参加管理国家事务的重要方式，又是权力机关作出决议、决定的前提，在人大工作中，没有审议也就没有决议、决定。二是积极参加各种审议的会议，包括大会全体会议、代表团全体会议、小组会议或者联组会议，以及主席团会议和专门委员会会议，对有关议案和报告进行认真审议，并提出相关的意见和建议。三是对审议的议案和报告要有所了解，对审议的问题要作必要的调查研究，真正做到知情知政，以提高审议的实效。四是要实事求是，切实维护国家和人民群众的根本利益。审议议案和工作报告时，不仅要阅读，还要进行讨论和研究。对于不清楚的问题，要向有关部门询问；对不符合实际的情况，要敢于提出建议、批评和意见。(4)如何行使提出议案权。人大代表提出议案要具备三个条件：一是提议案的主体要符合法定资格或者法定代表人数。根据地方组织法的规定，县级以上地方各级人大代表10人以上联名、乡级人大代表5人以上联名，可以向本级人大提出议案。二是所提议案的内容必须是属于本级人大职权范围内的事项。三是议案必须在规定的时限提出。此外，对议案还有书写格式上的要求，即每件议案要有案由、案据和方案，如果提出的是法律法规案，还应当附有法律法规草案文本及其说明。提出议案时应注意：一是要一事一案。一件议案只就一个问题提出案由、案据和方案，不要把几个问题放在一件议案中提出。二是要使用大会印发的议案专用纸。三是参加联名提出议案的代表，要亲笔签名，并填写清楚代表证号、邮政编码和通信地址。在同一议案中代表不能重复签名。议案由谁领衔，请提出议案的代表自己商定。以代表团名义提出的议案，需要由代表团全体代表的过半数通过，并由代表团负责人签署。四是对列入本次大会审议的各项议案的意见，可以在有关会议上发表，也可以整理成书面意见直接送交大会秘书处，不要作为议案提出。五是书写要工整，字迹要清楚，以保证大会秘书处按照程序及时处理。(5)如何行使选举权。行使选举权时注意：一是要了解法律规定哪些国家机关组成人员或者领导人员由代表大会选举产生，哪些人员由代表大会决定任命，以准确地行使选举权。二是要了解选举中各个职务的差额选举比例是多少，以有效地行使选举权。

根据地方组织法规定，地方国家机关正职的候选人数可以多1人进行差额选举。如果提名的候选人只有1人也可以进行等额选举；有关副职的候选人数应比应选人数多1至3人进行差额选举；人大常委会委员的候选人数应比应选人数多1/10至1/5进行差额选举。由间接选举产生的县级以上各级人大代表的差额比例为1/5至1/2；县、乡两级由直接选举产生的人大代表的差额比例为1/3至1倍。了解了这些差额选举的比例，人大代表在填写选票时，少于或者等于应选人数的选票有效，多于应选人数的选票则无效。三是要熟悉代表联名提出候选人的程序，依法严肃、认真地提出候选人。按照地方组织法的规定，省级人大代表30人以上、设区的市级人大代表20人以上、县级人大代表10人以上书面联名，可以提出本级国家机关组成人员或者领导人员的候选人；乡级人大代表10人以上书面联名，可以提出本级人大主席、副主席、乡镇长、副乡镇长的候选人。代表在提名候选人时应注意：联合提名推荐候选人，必须以书面形式提出，联名人数要符合法律规定。同一选区或者选举单位、不同选区或者选举单位的代表都可以联合提名候选人；联合提名推荐候选人，必须是在大会主席团规定的时间内提出；提名的候选人人数，可以少于应选人数，也可以等于应选人数，但不得超过应选人数；提名人应当提供被提名人的有关材料，如实介绍所提名候选人的情况。四是人大代表应以对人民、对国家高度负责的态度，代表人民的意志，认真负责地提名、投票，慎重地行使好选举权。代表对确定的候选人选举时，可以投赞成票，可以投反对票，可以另选他人，也可以弃权。(6)如何行使询问权。询问是人大代表的一项权利，目的是为了更好地知情知政，更好地进行审议和表决。在提出询问时应注意：一是询问可以口头提出，也可以书面提出；二是询问提出的时间应在审议议案和报告的时候；三是询问的内容应该是针对所审议的议案或者报告中不了解、不理解的问题。(7)如何行使质询权。在人大会议上，可以依法对有关部门提出质询。质询是人大代表的一项重要职权。人大代表对有关部门的回答不满意可以再次依法提出质询。提出质询案的条件：一是质询案必须是在本级人大会议举行期间提出。二是质询案的提出必须符合法律规定的条件，即地方各级人大代表10人以上联名，可以提出质询案。三是质询案必须书面提出，并写明质询的对象、问题和内容。质询的对象，只能是法律规定的单位，不能是单位里的某个人。各级人大代表质询的对象是不同的。县级以上各级人大代表质询的对象是本级人民政府及其所属各部门、监察委员会、人民法院、人民检察院。乡、镇人大代表质询的对象是本级人民政府。四是质询案提出以后,受质询的机关必须以口头或书面形式认真答复。五是提出质询案的代表半数以上对答复不满意的,可以提出要求,经主席团决定,由受质询机关再作答复。(8)如何行使罢免权。人大代表行使罢免权的程序:一是必须符合法律规定的人数。县级以上地方各级人大举行会议的时候,主席团、常委会或者1/10以上代表联名,可以提出对本级人大常委会组成人员、人民政府组成人员、监察委员会主任、人民法院院长、人民检察院检察长的罢免案。乡镇人大举行会议的时候,主席团或1/5以上代表联名,可以提出对人大主席、副主席,乡长、副乡长,镇长、副镇长的罢免案。二是罢免案应书面提出,并写明罢免的对象和罢免理由。罢免的对象必须符合法律的规定。罢免的理由应当实事求是,有事实根据。按照全国人大议事规则第四十四条的规定,还要提供有关的材料。三是罢免案提出后,由主席团提请大会审议。向县级以上的地方各级人大提出的罢免案,由主席团交会议审议后,提请全体会议表决;或者由主席团提议,经全体会议决定,组织调查委员会,由本级人大下次会议根据调查委员会的报告审议决定。四是在罢免案提请大会全体会议表决前,被提出罢免的人员有权在主席团会议或者大会全体会议上提出申辩意见,或者书面提出申辩意见。(9)如何提议组织关于特定问题的调查委员会。在县级以上的地方各级人大,须由主席团或者1/10以上的代表书面联名提议,并经主席团提请全体会议决定才能成立。特定问题调查委员会由主任委员、副主任委员和委员若干人组成,由主席团在代表中提名,提请大会全体会议通过。特定问题调查委员会在进行调查时,一切有关的国家机关、社会团体和公民都有义务如实提供必要的材料。提供材料的公民要求对材料来源保密的,应当予以保密。在调查中,可以不公布调查的情况和材料。特定问题调查委员会应当向代表大会或者人大常委会提交调查报告。代表大会或者人大常委会根据调查报告进行审议,可以作出相应的决议。(10)如何行使表决权。人大代表在大会表决时投的每一张票,对大会决议、决定的通过都有直接的影响。在熟悉大会有关议案和报告的内容,认真参加审议的基础上,代表行使表决权,应该既能充分反映本选区选民或者原选举单位的意见和要求,又能胸怀大局,从全体人民的利益出发考虑问题。在举行人大会议时,一般都要经全体会议事先通过表决办法,明确表决时注意的事项,以及表决的具体程序和办法。人大代表应该按照自己的意愿和大会的有关规定参加表决。人大代表参加本级人大表决,可以投赞成票,可以投反对票，也可以弃权。(11)如何提出建议、批评和意见。代表的建议、批评和意见，相比代表议案，有更灵活、更方便的特点，便于人大代表随时提出。从提出的程序看，代表提出议案有法定的联名人数，依照法定的程序提出；代表的建议、批评和意见，可以个人提出，也可以联名提出。从涉及的范围看，代表提出议案的内容必须是属于本级人大职权范围内的；而建议、批评和意见则是对各方面工作都可以提出。因此，人大代表可以充分利用建议、批评和意见的形式，协助国家机关改进工作。提出建议、批评和意见应注意：一是一事一议。一条建议只讲一个问题或者一个内容。这样有利于承办单位研究办理，可以避免处理过程中因涉及的承办单位多而出现忽视、遗漏某些内容或者相互推诿的现象。二是有标题和具体内容。标题要简短明了。在具体内容上，要把反映的意见、要求和要解决的问题写得具体、明确，以使办理代表建议的单位能够清楚代表反映的情况，了解人民群众的意见和要求，并有针对性地提出解决问题的措施。如果代表建议的内容比较抽象、笼统，或者只有议论而没有具体的意见和要求，就可能使承办单位搞不清楚要求解决什么问题而无法办理。三是使用统一印制的建议专用纸(包括首页、附页、签名附页)。为了保证代表建议的严肃性，方便建议的提出与办理，代表大会统一印制了建议专用纸。四是代表或者代表联名提出建议，每位代表都要亲笔签名，同时填写清楚自己的代表证号码、邮政编码和详细通信地址，以便有关部门及时同代表联系。代表的建议和签名不要使用复印件。五是书写工整、字迹清楚。六是对司法机关正在办理的案件，不要作为代表建议提出。代表可以建议当事人按法律规定的程序，提请主管机关处理。人民群众委托代表转交的各类申诉状，人民群众请代表转交代表大会或者其常委会的各类建议，均不宜作为代表建议提出，可以交大会秘书处或者常委会机关的信访机构处理。七是对于同一内容的问题在作为议案提出后，不宜再以建议的形式同时提出，以避免不必要的重复办理。八是向代表大会或者其常委会提出的建议，不要写上某位领导人姓名或者其他机关的名称，因为这样人大常委会的办事机构不便办理。九是代表提出的建议可以随时要求撤回。(12)按时参加代表小组活动。代表小组活动的主要内容：一是学习、宣传宪法、法律和人大通过的决议、决定，以及党和国家的有关方针、政策等；二是就地开展视察；三是进行调查研究；四是了解各项法律的贯彻实施情况；五是听取群众的意见和要求，并向有关部门反映。(13)积极参加视察活动。视察的主要内容包括：围绕人大会议将要审议的议题进行调查研究;了解宪法、法律的实施情况;了解代表大会和常委会决议、决定的贯彻执行情况;了解人民政府、监察委员会、人民法院、人民检察院的工作情况;了解人民群众的意见和要求。视察一般有三种形式:一是集中视察。每年代表大会召开前夕,各级人大都要组织代表进行一次集中视察;根据需要,人大常委会也可就人大代表和人民群众关注的问题,组织进行集体视察。二是分散的小型视察。如代表小组开展的视察,组织相同行业的人大代表一起进行的某个专题的视察等。三是人大代表的持证视察。代表法规定,代表可以持代表证就地进行视察。县级以上的地方各级人大常委会根据代表的要求,联系安排本级或者上级的代表持代表证就地进行视察。代表持证视察应注意:第一,代表必须随身携带代表证,以证明代表的身份。第二,就地就近进行。代表利用业余时间或者结合工作在自己居住或者工作单位所在地的范围内进行视察。这样做既减少了食宿方面的不便,又能使这种视察成为代表的一种经常性活动。第三,代表将视察的内容、单位、时间等要求告诉本级或者下级人大常委会,人大常委会根据代表的要求协助代表联系安排。第四,持证视察一般到基层单位。在视察中,要密切联系人民群众,听取群众的意见和要求。第五,代表持证视察时,要遵守国家的保密制度和有关规定。(14)如何列席有关会议。代表在本级人大闭会期间列席有关会议,主要分为两种情况:一种是代表可以应邀列席有关会议,另一种是代表可以直接列席有关会议。(15)人大代表执行代表职务的保障。一是言论免责权。即人大代表在人大各种会议上的发言和表决受法律的保护。二是人身特别保护权。即县级以上的各级人大代表,非经本级人大主席团许可,在本级人大闭会期间,非经本级人大常委会许可,不受逮捕或者刑事审判。如果因为是现行犯被拘留,执行拘留的机关应当立即向该级人大主席团或者人大常委会报告。三是执行代表职务的时间保障。人大代表在本级人大会议期间的工作和在本级人大闭会期间的活动,都是执行代表职务,都应当得到时间保障。四是人大代表执行职务的物质保障。即人大代表的补贴及其工资等其他待遇的保障;人大代表活动经费的保障。(16)人大代表执行代表职务的法律约束。一是暂时停止执行代表职务。代表因刑事案件被羁押正在受侦查、起诉、审判的;被依法判处管制、拘役或者有期徒刑而没有附加剥夺政治权利,正在服刑的,暂时停止执行代表职务。二是终止人大代表资格。地方各级人民代表大会代表因调离本行政区域的,辞职被接受的,未经批准两次不出席本级人大会议的,被罢免的,丧失中华人民共和国国籍的，依照法律被剥夺政治权利的，其代表资格终止。代表死亡，其代表资格自行终止。县级以上地方各级人大代表终止代表资格，要依照法律程序，由代表资格审查委员会报本级人大常委会，由本级人大常委会予以公告。乡镇人大代表资格的终止，由代表资格审查委员会报本级人大，由本级人大予以公告。

相关链接

选民须知

一、县人大的任期。根据宪法和地方组织法规定,我国各级人民代表大会的任期为5年。我县本届人民代表大会任期从××××年第一季度到××××年第一季度,今年必须依法进行换届选举。

二、县人大换届选举工作。人大换届选举,是全县人民政治生活中的一件大事。通过依法换届选举,要依法选举产生新一届人大代表,选举产生县国家权力机关的常设机关组成人员,国家行政机关、监察委员会、审判机关和检察机关领导人员。所以,每个选民都要珍惜宪法和法律赋予自己的民主权利,积极参加直接选举县人大代表的活动,并通过自己选出的人大代表,依法行使当家作主、管理国家事务的权利。

三、选民的权利和义务。每个选民都要以主人翁的态度,按照法定程序,选出模范的遵守宪法和法律,能够密切联系人民群众、反映人民群众意愿,善于学习和调查研究,掌握基本的法律和文化知识,具备一定的履职能力,责任心强、群众信赖的各方面优秀分子选为县人大代表。

四、这次换届选举从××××年×月开始,在×月×日以前搞好选民登记,×月×日以前提名协商确定正式代表候选人名单,××××年×月×日为全县选举日。

五、选民登记工作。按照法律规定,凡到××××年×月×日选举日为止,年满18周岁的中华人民共和国公民,除依法被剥夺政治权利的人外,都有选举权和被选举权。每个选民要在××××年×月×日以前到本选区进行登记。经过反复核对,给予选民的法律认可,由选区张榜公布。对公布的选民名单有不同意见,可向选举委员会提出申诉。

六、县人大代表候选人的提名方式。县人大代表候选人可以由各政党、各人民团体联合或者单独推荐候选人,也可以由选民10人以上联名推荐代表候选人,但每一位选民参与联名推荐代表候选人数,不能超过本选区应选的代表人数。选举委员会在选举日的15日以前汇总公布推荐的代表候选人名单。经过选民小组反复酝酿讨论、协商,根据较多数选民的意见,确定正式代表候选人名单;对正式代表候选人不能形成较为一致意见的,进行预选。根据预选时得票多少的顺序,确定正式代表候选人名单。正式代表候选人名单应在选举日的7日以前公布。

七、提名推荐、讨论和协商县人大代表候选人。每个选民都要认真思考,在坚持代表的条件和素质的前提下,要考虑到各阶层、各行各业代表人士,使各方面都能有一定数量的代表参与管理国家大事。

八、依法选举县人大代表。按照法律规定,选举县人大代表采用无记名投票方式,实行差额选举。投票是选民行使选举权的直接表现,每个选民要珍惜自己的民主权利,在规定时间内凭选民证(或身份证)领取选票,到本选区设立的投票站投好庄严一票,选民因故外出等不能参加投票的,经选举委员会同意可以书面委托其他选民代为投票,但每一选民接受的委托不能超过3人,也不能委托候选人投票。

九、遵守选举纪律。选举人大代表是严肃的政治任务,是关系千家万户的大事,人人有责任保证选举工作的顺利进行。对选举中出现的违反法律和党的纪律的行为,如张贴、散发大、小字报,以暴力、威胁、欺骗、贿赂、伪造选举文件、虚报选举票数、篡改选举结果,对控告、检举违法行为的人进行压制、报复等手段干扰、破坏选举,或者采取传播不实传闻等手段妨害选民自由行使选举权和被选举权的,要依照法律、党纪严肃查处;要坚决防止、高度警惕坏人破坏换届选举。县(市、区)、乡(镇)选举委员会和县(市、区)人民法院、乡(镇)人民法庭将受理有关选举的申诉案件。

十、充分发扬民主、严格依法办事。选民在换届选举中要以主人翁的姿态,积极参加选举活动,认真行使好自己的民主权利;对选举的组织工作和选举程序等方面有什么意见和建议,及时向所在选区的工作机构反映,并有权监督选举工作依法进行。

××县选举委员会

××××年×月×日

选区选举代表办法

××选区选举代表办法

一、依照选举法和地方组织法的有关规定，制定本次选举代表的具体办法。

二、选举县乡人大代表，采取召开选民大会和设立投票站，配合流动票箱进行。由选举委员会派人或委托的人主持。

三、选民如果在选举期间外出，经选举委员会同意，可以书面委托其他选民代为投票。每一选民接受的委托不得超过3人。选民如果是文盲或者因残疾不能写选票的，可以委托他信任的人代写。

四、正式代表候选人名单按姓名笔画排列。

五、选举采用无记名投票的方法。

六、本选区应选代表3名，正式代表候选人5名，实行差额选举。

七、选民对于代表候选人可以投赞成票，可以投反对票，也可以另选其他任何选民，也可以弃权。对选票上所列代表候选人，赞成的，在该代表候选人姓名前方格内画“○”；反对的，在代表候选人姓名前方格内画“×”；弃权的，不画任何符号。如另选其他选民，应将其姓名写在选票空格内。

八、选民投票选举人大代表时，选区全体选民的过半数参加投票，选举有效。代表候选人获得参加选举的选民过半数的选票，始得当选。

每次选举所投的票数，多于投票人数的无效；等于或少于投票人数的有效。

获得过半数选票的代表候选人名额超过应选代表名额时，以得票多的当选。如遇票数相等不能确定当选人时，应当就票数相等的代表候选人重新投票。

获得过半数选票的当选代表名额少于应选代表名额时，不足的名额在没有当选的代表候选人中另行选举，以得票多的当选，但是得票数不得少于选票的三分之一。经过两次选举仍然未能选足应选代表时，可不再进行选举，保留缺额。

九、选举采取选举大会、投票站、流动票箱同时投票，统一计票的方法。

十、本选区设总监票人×名，监票人××名，计票人××名，分别负责选举大会、投票站和流动票箱的投票选举和本选区的统一计票工作。

十一、投票结果在选举大会上当场公布。

十二、本选举办法经参加选举大会的选民过半数通过后实行。

代表联名推荐代表候选人的程序和方式

××省第×届人民代表大会第×次会议

（××××年×月×日××省第×届人民代表大会第×次会议主席团第×次会议通过）

一、根据地方组织法和选举法的有关规定，结合本省实际，制定本程序和方式。

二、代表10人以上联名，可以推荐第×届全国人大代表候选人。

三、同一选举单位和不同选举单位选出的人大代表，均可联名推荐代表候选人。

四、每一代表可同时与其他代表联名推荐若干名代表候选人，但所推荐代表候选人的总数不得超过应选名额。

五、代表联名推荐代表候选人，须认真填写《代表联名推荐代表候选人登记表》，如实介绍被推荐人有关情况，说明推荐理由，经联名代表本人签字后，报大会秘书处组织组。

六、代表联名推荐的代表候选人，须经大会主席团通过后，提交会议全体代表酝酿讨论。

七、如被推荐人不愿接受提名时，应向大会主席团提出书面退出申请，主席团应向代表说明情况，推荐者应尊重被推荐人的意见，考虑是否撤回联名。

八、联名代表撤回提名时，须填写《撤回代表联名推荐代表候选人登记表》，报大会秘书处组织组。

九、如果部分或全部联名的代表同意撤回提名，致使联名代表人数少于法定代表人数时，联名推荐无效；如果个别代表同意撤回提名，但不同意撤回代表提名的联名代表人数仍符合法定代表人数时，联名推荐仍有效。

十、代表联合推荐代表候选人和撤回提名的截止时间为×月×日×时，超出截止时间均无效。

附：《代表联名推荐代表候选人登记表》《撤回代表联名推荐代表候选人登记表》（略）

地方选举国家机关领导人员办法

××省第×届人民代表大会第×次会议选举办法

（××××年×月×日×××省第×届人民代表大会
第一次会议第×次大会通过）

一、根据《中华人民共和国地方各级人民代表大会和地方各级人民政府组织法》的规定以及中共中央、省委有关政策规定，制定本选举办法。

二、本次会议的各项选举工作均由大会主席团主持。

三、本次会议选举下列人员：

××省第×届人民代表大会常务委员会主任1人，副主任×人，秘书长1人，委员××人；

××省人民政府省长1人，副省长×人；

××省监察委员会主任1人；

××省高级人民法院院长1人；

××省人民检察院检察长1人。

四、表决通过××省第×届人民代表大会法制、监察司法、财政经济、农业林业、城建环保、教科文卫、人事、民族侨务外事8个专门委员会主任委员、副主任委员和委员名单。

五、省第×届人民代表大会常务委员会主任、秘书长，省人民政府省长，省监察委员会主任，省高级人民法院院长，省人民检察院检察长，实行差额选举，如果提名的候选人只有1人，也可以进行等额选举。

省第×届人民代表大会常务委员会副主任、省人民政府副省长实行差额选举，差额人数各为1人。

省第×届人民代表大会常务委员会委员实行差额选举，差额人数为×人。

第×届全国人民代表大会代表实行差额选举，差额人数为××人。

六、省第×届人民代表大会常务委员会组成人员、省人民政府省长、副省长和省监察委员会主任、省高级人民法院院长、省人民检察院检察长候选人，由大会主席团或省人民代表大会代表30人以上联合提名。主席团提名的候选人人数，代表联合提名的候选人人数，均不得超过应选名额。代表联合提名的候选人，必须符合《党政领导干部选拔任用工作条例》的有关要求。

七、代表联合提名候选人须填写大会秘书处印制的《代表联合提名候选人登记表》，写明推荐理由，如实介绍候选人情况，提交大会秘书处组织组。联名截止时间为×月××日××时前，超出截止时间联名无效。

在确定正式候选人之前，联名代表如要求撤销提名，可以书面方式提出，大会主席团应予同意。代表联合提名的候选人，如果不接受提名时，应当尊重本人意愿，大会主席团可以不列入候选人名单，并告知联名代表。

八、省第×届人民代表大会8个专门委员会主任委员、副主任委员和委员人选，由大会主席团在代表中按应选名额提名，经代表酝酿讨论后，在全体会议上举手表决通过。

九、大会主席团和代表联合提名的候选人人数符合选举法规定的差额数，由主席团提交代表酝酿讨论后，进行选举。如果提名的候选人人数超过选举法规定的差额数，由主席团将全部候选人名单提交代表酝酿讨论后，进行预选；根据在预选中得票多少的顺序，按照选举办法规定的差额数，确定正式候选人名单，进行选举。

十、预选以代表团为单位，分别采取无记名投票方式进行。预选由大会主席团委托各代表团团长主持。预选的监票人由各代表团的大会监票人担任。计票工作由大会组织组和各代表团的工作人员承担。预选确定有效后，由大会统一组织计票。各代表团出席预选会议的代表超过该代表团全体代表的半数，始得进行预选。

十一、大会选举分两次进行。第一次选举省第×届人民代表大会常务委员会主任、副主任、秘书长；省人民政府省长、副省长；省监察委员会主任，省高级人民法院院长，省人民检察院检察长。第二次选举省第×届人民代表大会常务委员会委员。

十二、大会选举采用无记名投票方式。选票由大会秘书处统一负责印制。选票上所列候选人名单按姓名笔画排列。

大会通过省第×届人民代表大会8个专门委员会主任委员、副主任委员和委员时，采取对各专门委员会逐个举手表决的方式进行。

十三、大会选举时设总监票人2人，监票人14人。总监票人和监票人候选人，由大会主席团在参加大会选举的非候选人代表中提名，经代表大会通过。总监票人和监票人对发票、投票、计票进行监督。

十四、大会选举划分5个投票区，设置5个投票箱。

十五、大会选举时代表必须按应选名额进行选举。每一选票所选举的人数,多于应选人数的作废,等于或者少于应选人数的有效。代表对候选人可以投赞成票,可以投反对票,可以另选其他代表或选民,也可以弃权,但弃权后不能再另选他人。选举省人民代表大会常务委员会组成人员必须是本届省人大代表。

代表同意选票上的候选人,在符号格内画"○";对不同意的候选人,在符号格内画"×";对弃权的候选人,不画任何符号;另选他人时,把另选他人姓名写在选票下边的空格内。

填写选票要用钢笔或碳素笔,字迹要清楚。对填写的符号或名字无法辨认的,该人选的选票按废票处理;代表如有特殊原因不方便填写选票,经批准可请他人代为填写选票。

十六、投票时,总监票人和监票人先行投票,然后代表在本投票区按规定的线路依序进行投票。

投票结束后,监票人当场开启票箱,清点选票。由大会执行主席根据清点选票结果,依法宣布选举有效或无效。每次选举所投的票数多于投票人数的无效,等于或者少于投票人数的有效。

十七、大会执行主席宣布投票选举有效后,工作人员在总监票人、监票人监督下进行计票。计票结束后,由总监票人宣布计票结果,大会执行主席公布选举结果。

候选人获得本届人民代表大会全体代表过半数的选票时则当选;获得过半数选票的候选人超过应选名额时,以得票多的当选;如遇票数相等,不能确定当选人时,应对票数相等的候选人再次投票,以得票多的当选;获得过半数以上选票的候选人数少于应选名额时,对不足的名额,是否另行选举,由大会主席团决定。

十八、省第×届人大常委会副主任和省人民政府副省长候选人中的非中共党员如果落选,其职数不能占用。

十九、本选举办法由大会主席团负责解释,未尽事宜由大会主席团决定。

二十、本选举办法经本次会议全体代表通过后施行。

地方人大常委会任免国家机关工作人员办法

××省人民代表大会常务委员会任免国家机关工作人员办法

（××××年×月×日××省第×届人民代表大会
常务委员会第×次会议通过）

第一条 为保证××省人民代表大会常务委员会（以下简称省人大常委会）依法行使人事任免权，根据《中华人民共和国地方各级人民代表大会和地方各级人民政府组织法》《中华人民共和国监察法》《中华人民共和国人民法院组织法》《中华人民共和国人民检察院组织法》等法律的有关规定，结合本省实际，制定本办法。

第二条 省人大常委会任免国家机关工作人员，应当全面贯彻革命化、年轻化、知识化、专业化方针，坚持德才兼备原则，充分发扬民主，严格依法办事。

第三条 本省国家权力机关中的下列人员，由省人大常委会任免：

（一）在省人民代表大会闭会期间，根据省人大常委会主任会议提名，补充任命省人大专门委员会的个别副主任委员和部分委员，免去省人大专门委员会的个别副主任委员和委员的职务；

（二）根据省人大常委会主任提名，任免省人大常委会工作委员会主任、副主任、委员；

（三）根据省人大常委会主任提名，任免省人大常委会副秘书长，办公厅主任、副主任，研究室主任、副主任。

第四条 本省国家行政机关中的下列人员，由省人大常委会任免：

（一）在省人民代表大会闭会期间，省长因故不能担任职务时，根据省人大常委会主任会议提名，从副省长中决定代理人选；

（二）在省人民代表大会闭会期间，根据省长提名，决定副省长的个别任免；

（三）根据省长提名，决定省人民政府秘书长、厅长、委员会主任的任免。

第五条 本省监察委员会中的下列人员，由省人大常委会任免：

（一）在省人民代表大会闭会期间，省监察委员会主任因故不能担任职务时，根据省人大常委会主任会议提名，从省监察委员会副主任中决定代理人选；

（二）根据省监察委员会主任提名，任免省监察委员会副主任、委员。

第六条 本省国家审判机关中的下列人员，由省人大常委会任免：

（一）在省人民代表大会闭会期间，省高级人民法院院长因故不能担任职务时，根据省人大常委会主任会议提名，从省高级人民法院副院长中决定代理人选；

（二）根据省高级人民法院院长提名，任免省高级人民法院副院长、审判委员会委员、庭长、副庭长、审判员；

（三）根据省人大常委会主任会议提名，决定地区中级人民法院院长的任免；根据省高级人民法院院长提名，任免地区中级人民法院副院长、审判委员会委员、庭长、副庭长、审判员。

根据省高级人民法院院长提请，省人大常委会批准撤换市中级人民法院院长、地区各县（市）人民法院院长。在省人民代表大会闭会期间，根据省人大常委会主任会议提请，省人大常委会撤换省高级人民法院院长，并报经最高人民法院提请全国人民代表大会常务委员会批准。

第七条 本省国家检察机关中的下列人员，由省人大常委会任免：

（一）在省人民代表大会闭会期间，省人民检察院检察长因故不能担任职务时，根据省人大常委会主任会议提名，从省人民检察院副检察长中决定代理人选；

（二）根据省人民检察院检察长提名，任免省人民检察院副检察长、检察委员会委员、检察员；

（三）根据省人民检察院检察长提请，批准任免下一级人民检察院检察长，批准任免地区各县（市）人民检察院检察长；

（四）根据省人民检察院检察长提名，决定省人民检察院地区分院检察长、副检察长、检察委员会委员、检察员的任免。

根据省人民检察院检察长建议，省人大常委会撤换下级人民检察院检察长、副检察长和检察委员会委员。

第八条 省人大常委会主任因为健康情况不能工作或缺位时，由省人大常委会在副主任中推选一人代理主任的职务，直到主任恢复健康或省人民代表大会选出新的主任为止。

第九条 在省人民代表大会闭会期间，省人大常委会受理省人大常委会组成人员、省长、副省长、省监察委员会主任、省高级人民法院院长、省人民检察院检察长提出的辞职请求，并决定是否接受辞职。省人民检察院检察长的辞职，须报经最高人民检察院检察长提请全国人民代表大会常务委员会批准。

第十条 在省人民代表大会闭会期间，省人大常委会决定撤销个别副省长的职务；决定撤销省人民政府秘书长、厅长、委员会主任的职务；决定撤销监察委员会副主任、委员；决定撤销省高级人民法院副院长、审判委员会委员、庭长、副庭长、审判员的职务，决定撤销地区中级人民法院院长、副院长、审判委员会委员、庭长、副庭长、审判员的职务；决定撤销省人民检察院副检察长、检察委员会委员、检察员的职务，决定撤销省人民检察院地区分院检察长、副检察长、检察委员会委员、检察员的职务。

第十一条 提请省人大常委会审议的人事任免案，应当由提请机关正职领导人签署，同时附送拟任命人员有关材料或拟免职人员的免职理由。拟任命人员有关材料应当反映拟任命人员的思想政治素质、业务能力、法律知识和法制观念等情况。不符合规定要求的，由提请主体修改补充后再提请。

人事任免案应当在省人大常委会会议举行十日前提交。

第十二条 人事任免案由省人大常委会主任会议依法决定是否提请省人大常委会会议审议。

省人大常委会主任会议讨论人事任免案时，提请机关或有关部门应当派员到会说明。

省人大常委会主任会议讨论人事任免案前，省人大常委会有关机构应当做好有关材料的准备工作。

第十三条 省人大常委会会议审议人事任免案时，提请机关的正职领导人应当到会作人事任免案说明，并派员听取审议意见，回答询问。正职领导人因特殊情况不能到会作说明的，应当说明原因，并委托副职领导人到会代作说明。

第十四条 省人大常委会会议审议任命省人民政府秘书长、厅长、委员会主任、省监察委员会副主任、省高级人民法院副院长、省人民检察院副检察长时，被任命人员应当到会与省人大常委会组成人员见面。

第十五条 人事任免案提出后至省人大常委会会议前，有人民群众检举、揭发拟任免人员重大问题的，提请机关应当向主任会议或省人大常委会提出书面报告。

省人大常委会在审议人事任免案过程中，发现拟任免人员有足以影响其任免的重要问题，提请机关应当尽快调查核实，提出书面报告。会议期间难以查清的，经主任会议提出，省人大常委会会议同意，可以暂不交付表决。问题查清后，提请机关应当提出书面报告，再由主任会议决定是否提交省人大常委会下次会议审议。

列入省人大常委会会议议程的人事任免案，在交付表决前，提请机关书面要求撤回的，对该任免案的审议即行终止。

第十六条 对提请省人大常委会任命而未获得通过的人选，提请机关认为必要的，可以再次提请省人大常委会任命。经两次未获得通过的人选，在省人大常委会本届任期内，不得再提请任命其担任同一职务。

第十七条 省人民代表大会换届后，省长应当在两个月内提请省人大常委会任命新一届省人民政府组成人员。

省人大常委会任命的监察委员会委员、人民法院审判人员、人民检察院检察人员，省人民代表大会换届后，其职务无变动的，不重新任命。

第十八条 省人大常委会任命的人员，其所在的工作机构名称改变时，应当重新任命；工作机构撤销的，应当予以免职；在职期间去世的，其所在单位应当及时报告省人大常委会。

省人大常委会任命的人员，经省人大常委会接受辞职或决定免职后，方可办理离休或退休手续。

第十九条 省人大常委会组成人员和省人大专门委员会组成人员的代表职务被罢免的，其省人大常委会组成人员或省人大专门委员会组成人员的职务相应撤销；代表辞职被接受的，其省人大常委会组成人员或省人大专门委员会组成人员的职务相应终止。

第二十条 对下列人员的任免，采用无记名投票的方式进行表决：

（一）推选省人大常委会代理主任；决定接受省人大常委会主任、副主任、秘书长、委员辞职；任免省人大专门委员会副主任委员、委员；任免省人大常委会工作委员会主任、副主任；任免省人大常委会副秘书长，办公厅主任、副主任，研究室主任、副主任；

（二）决定省人民政府代理省长；决定任免省人民政府副省长；决定接受省长、副省长辞职；决定任免省人民政府秘书长、厅长、委员会主任；

（三）决定省监察委员会代理主任；决定接受省监察委员会主任辞职；任免省监察委员会副主任；

（四）决定省高级人民法院代理院长；决定接受省高级人民法院院长辞职；任免省高级人民法院副院长；任免地区中级人民法院院长；撤换省高级人民法院院长；批准撤换市中级人民法院院长、地区各县（市）人民法院院长；

（五）决定省人民检察院代理检察长；决定接受省人民检察院检察长辞职；任免省人民检察院副检察长；任免省人民检察院地区分院检察长；批准任免下一级人民检察院检察长；撤换下级人民检察院检察长；

（六）决定撤销副省长、省人民政府秘书长、厅长、委员会主任、省监察委员会副主任、省高级人民法院副院长、地区中级人民法院院长、省人民检察院副检察长、省人民检察院地区分院检察长的职务。

对其他人员的任免，可以采用按表决器的方式进行表决，必要时也可以采用其他方式进行表决。

第二十一条 人事任免案应当逐人表决，根据情况也可以合并表决。

第二十二条 人事任免案的表决，以省人大常委会全体组成人员的过半数通过。

表决结果由会议主持人当场宣布。

第二十三条 省人大常委会通过的人事任免，应当在《××省人民代表大会常务委员会会刊》和《××日报》刊登。

第二十四条 省人大常委会通过的任命人员，除代理职务的以外，由省人大常委会颁发任命书。

任命书由省人大常委会主任签署，主任或其委托的副主任颁发。省监察委员会副主任、委员、省高级人民法院副院长、审判委员会委员、庭长、副庭长、审判员和省人民检察院副检察长、检察委员会委员、检察员、省人民检察院地区分院检察长、副检察长、检察委员会委员、检察员的任命书，可以委托省监察委员会主任、省高级人民法院院长、省人民检察院检察长颁发。

第二十五条 由省人大常委会任命的人员职务，在省人大常委会审议通过之前，不得对外公布。

第二十六条 省人大常委会应当不断改进和完善任免工作，加强对被任命人员的监督，受理公民和单位对被任命人员的检举、揭发和控告并依法认真处理。省人大常委会通过听取汇报、视察工作、执法检查、提出质询、组织评议、组织特定问题调查等方式，对被任命人员实施监督。

第二十七条 省人大常委会任命的人员受行政处分的，作出行政处分决定的机关应当将行政处分决定及时报送省人大常委会。

第二十八条 在省人民代表大会闭会期间，省人大常委会补选全国人民代表大会出缺的代表、接受代表辞职和罢免个别代表，按照法律、法规的有关规定执行。

第二十九条 本办法自××××年×月×日起施行。

人大代表篇

人大代表制度

人大代表的地位

代议制是指由选举产生的代表民意的机关来行使国家权力的制度。它是一种间接民主的形式,通常以议会作为代表民意的机关。代议制是资产阶级取得革命胜利、夺取政权之后正式确立起来的。它的基本特征是:由通过普选产生的议员组成议会,形式上代表民意行使国家权力;议会议决事项均由议员共同讨论并经多数通过;议会享有立法权、财政权和行政监督权。现代国家大都实行代议制。由于各国的政体不同,其代议机关在国家政权组织体系中的地位和作用也有所不同。如在英国的议会内阁制和瑞士的委员会制下,议会在国家政治生活中居主导地位,起着核心作用,最高行政机构由议会产生,并对议会负责。在美国的总统制和法国的半总统制下,议会虽然在国家政治生活中也居重要地位,但不起核心作用,掌握最高行政权力的总统由选民间接或直接选出,不对议会负责。

我国实行的人民代表大会制度也是代议制的一种形式,但与西方国家的议会制有本质的不同,它是一种新型的代议制。国家的一切权力属于人民,人民通过人民代表大会行使国家权力。全国人民代表大会是国家最高权力机关,统一行使国家权力,由它产生国家行政、监察、审判、检察等机关。这些机关都向人民代表大会负责,并受其监督,从而保证了人民真正行使国家权力,使代议机关不仅从形式上而且从内容上都真正代表民意。人民代表大会制度与西方议会制度本质的不同,使人大代表与西方国家议会议员的法律地位存在差异。代表法第二条规定:“全国人民代表大会和地方各级人民代表大会代表依照法律规定选举产生。全国人民代表大会代表是最高国家权力机关组成人员，地方各级人民代表大会代表是地方各级国家权力机关组成人员。全国人民代表大会和地方各级人民代表大会代表，代表人民的利益和意志，依照宪法和法律赋予本级人民代表大会的各项职权，参加行使国家权力。”人大代表作为人民通过直接或间接选举产生的各级国家权力机关的组成人员，是人民意志和利益的代言人，是国家大政方针决策的直接参与者。(1)人大代表是国家权力机关的组成人员。各级人大代表是本级国家权力机关的组成人员，是本级人民代表大会的组织基础。国家权力机关和它的组成人员，可以比喻成肌体与细胞的关系。单个细胞不代表肌体，不能发挥肌体的功能，但肌体由细胞组成发挥功能，离不开每个细胞的作用。各级人大代表依法出席本级人民代表大会会议，集体行使法律赋予国家权力机关的立法、监督、决定重大事项、人事选举任免等职权，通过表决作出具有法律效力的各项决议、决定。闭会期间人大代表依法参加视察、调查和执法检查活动，联系选民和选举单位，向本级人民代表大会常务委员会或者乡、民族乡、镇的人民代表大会主席团提出对各方面工作的建议、批评和意见，推动政府解决群众迫切要求解决的问题。人大代表是人大工作的主体，在人大工作和活动中，始终处于重要地位。只有通过人大代表的工作和活动，人民代表大会才有生机和活力，才能行使各项职权。(2)人大代表是国家主人的代表，是人民利益和意志的代言人，是人民行使国家权力的实际承担者。人大代表与人民的关系，可以具体化为人大代表与选举人的关系，是被代表与代表、被委托与委托、被监督与监督的关系。人大代表在享有法律赋予的各项职权的同时，对于选举人负有不可推卸的服务义务。人大代表的一切活动，尤其是行使职权等重要活动，都必须以人民的利益和意志为前提和目的，全心全意地为实现人民的利益和意志服务。在履行职务时，要正确处理国家利益和地方利益关系，眼前利益和长远利益关系，处理选区利益和国家整体利益的关系，按民主集中制原则和法律规定办事。同时按照代表法规定，代表应当与原选区选民或者原选举单位和人民群众保持密切联系，听取和反映他们的意见和要求，努力为人民服务；要主动接受原选区选民或原选举单位的监督，接受人民群众的监督。

人大代表的作用

人大代表的性质、职权和政治地位，决定了人大代表在我国政治生活中具有极其重要的作用。人大代表的作用，归根结底概括为紧紧围绕人民代表大会的职权,充分依法行使人大代表的权利,努力把人民的意志转化为国家意志,把国家意志转化为全体人民的行动。在人民代表大会会议期间,人大代表通过审议、表决等民主方式,参与国家法律、法规的制定和修改;决定重大事项;监督"一府一委两院"的工作以及法律的实施情况;选举、决定任免国家机关组成人员。人大代表的这种政治决策权力和广泛影响,对我们国家的各项事业的发展,起着重要的作用。

一、对重大事项的决策作用

宪法和法律赋予全国、省、自治区、直辖市和自治州、设区的市的人大及其常委会立法权,各级人大及其常委会对本行政区域内的重大问题有决定权,对"一府一委两院"工作有监督权,对国家机关组成人员有任免权。人大及其常委会行使这些权力,必须通过人民代表大会会议及其常委会会议进行审议和表决,每个代表对审议的法律草案,重大事项决议案、监督议案、人事任免案等,都要发表意见,进行审议,最后参加表决。人大及其常委会都是按民主集中制原则,集体审议和决定问题,通过的各项议案,都是体现代表的意愿的。每一位人大代表的投票表决,都直接影响着一项法律、一项议案的通过和颁布实施。

二、对"一府一委两院"的监督作用

各级人民代表大会作为一个整体机构所享有的监督权,是通过每位人大代表在代表大会会议期间的工作和会后的活动来实现的。人大代表对"一府一委两院"的监督作用包括以下内容:一是在人民代表大会举行会议时,听取和审议"一府两院"工作报告,评论其工作质量优劣,提出建议、批评和意见,还可依法提出询问和质询。二是在人民代表大会会议上,对政府组成人员进行选举、决定任命。人大代表对依照法律程序提出来的候选人,可以投赞成票、反对票,也可以另选他人或弃权。同时,人大代表有权依法行使罢免权。从而使国家工作人员能够忠实地代表人民群众的利益,努力服务于人民,当好人民的公仆。三是在会议期间,听取"一府一委两院"执法、司法情况汇报;闭会期间,通过视察、检查、调查等活动,了解其贯彻实施有关法律法规情况,向有关执法主管部门提出建议、批评和意见,督促有关部门限期改正。

三、协助宪法和法律实施的模范带头作用

人大代表作为权力机关的组成人员,模范地遵守宪法和法律,保守国家秘密,在自己参加的生产、工作和社会活动中,协助宪法和法律的实施。

四、密切联系群众的桥梁纽带作用

一是党和国家联系群众的渠道。我国各级人大代表生活和工作在社会的不同阶层、不同行业,与人民群众有着天然的联系。他们体察民意,对党和国家方针政策贯彻情况了解最清楚。通过人大代表可以把党和国家制定的方针政策、战略部署、重要举措传达到基层、传达到群众中去,做到上情下达;通过人大代表,可以了解到人民群众的意见和呼声,做到下情上知。为党和国家及时调整政策、策略,作出符合人民意愿、切合实际的决策奠定可靠的基础。二是反映民意、化解矛盾的重要力量。各级人大代表保持与选民和原选举单位密切联系,可以及时向国家有关部门反映人民群众迫切要求解决的实际问题,当好人民利益和意志的代言人;对于社会生活中出现的一些矛盾和问题,由于受客观条件的限制,一时难以解决的,做说服解释工作,避免矛盾激化,维护安定团结的政治局面。三是实现人民参与国家事务管理的途径。人大代表同时也是人民群众与国家权力机关联系的中介。人大代表在人民代表大会会议期间提出的议案以及建议、批评和意见,以及对各项议案、报告的审议意见,都来源于人民群众,反映人民群众意志、利益、思想和情绪。通过人民代表大会依法行使职权,按照民主集中制的原则,作出正确决策,体现了人民对国家事务、社会事务的管理。

人大代表素质

人大代表作为国家权力机关的组成人员,参与行使管理国家事务的权力,必须具备与行使权力机关职权相适应的基本素质。一个称职的人大代表应具备的素质包括:(1)政治素质。能够坚持四项基本原则,拥护党的路线、方针、政策,模范遵守宪法和法律,全心全意为人民服务。(2)文化素质。应具备与行使代表职务,开展代表活动有关的科学文化知识。(3)议政素质。具有较强的议政能力和社会活动能力。能较正确反映群众的意见和要求,严格按照法律规定办事,善于运用法治思维和法治方式推动工作,提出工作建议。(4)身体素质。要有较好的体质,能承担执行代表职务的职责,能身体力行地积极参加代表会议和视察、检查、调查、联系选民等活动。人大代表的素质如何,不但影响代表作用的发挥,而且也影响人民代表大会会议的决策水平和工作效率。

提高代表素质是广大人民群众的愿望和要求,是加强和完善人民代表大会制度建设的需要,是国家权力机关建设的一个重要方面。提高人大代表素质的工作包括:(1)选举时把好入口关,注重人大代表候选人的素质,这是提高人大代表素质的基础。按照人大代表的当选条件和要求,向选民全面介绍候选人情况,让选民充分了解候选人各方面的情况,以便对候选人作出正确的选择,选出满意的代表。(2)加强履职学习,提高代表素质。人大代表只有努力学习,才能不断提高思想水平和议政能力,改进工作方法,做好代表工作。每个代表都要高举中国特色社会主义伟大旗帜,认真学习马克思列宁主义、毛泽东思想、邓小平理论、“三个代表”重要思想、科学发展观,学习习近平新时代中国特色社会主义思想尤其是习近平总书记关于坚持和完善人民代表大会制度的重要思想,学习党的路线方针政策,学习法律知识和其他方面的科学知识,以便在审议法律、法规、开展监督检查等各项工作中,能提出更多的有价值的意见,充分发挥人大代表的作用。(3)各级人大及其常委会,应加强与人大代表的联系,交流代表工作经验。平时要经常为代表提供一些学习资料或其他有关资料,使代表了解一个时期人大及其常委会的工作情况,了解经济和社会发展情况,不断充实提高自己。对人大代表在工作中不断探索、积累和创造的一些好经验,各级人大常委会应注意加以总结,定期或不定期组织人大代表交流经验,互相学习,取长补短,提高人大代表的工作水平。(4)在实践中提高人大代表素质。人大代表出席人民代表大会会议本身也是人大代表提高自身素质的重要实践活动。闭会期间,人大常委会应定期组织代表开展视察、执法检查和专题调查等活动,使代表在实践中丰富知识、增长才干、提高素质。

人大代表权利

人大代表依法履行职责所享有的特定的权利。它包括代表在人民代表大会会议期间的权利、闭会期间的权利以及代表执行代表职务的保障。根据宪法和代表法规定,人大代表主要享有的权利包括:

一、出席本级人民代表大会会议,参加审议各项议案、报告和其他议题,发表意见

出席本级人民代表大会会议的权利。此项权利的行使,一是关系到会议召开的合法性、权威性。会议的出席人数不足法定人数,会议不能召开,更不能行使本级人民代表大会的权力;即使召开了,也是非法的,无效的。二是关系到会议表决议案能否通过。一般情况下,表决的赞成票必须超过实有代表人数的半数方能通过。三是关系到深入审议会议议题,准确及时地反映选区或选民的呼声,反映人民群众的意见。每位人大代表的出席,都涉及本级人大会议的依法召开和会议表决事项的通过或否决,其实际意义就在这里。

参加审议议题权。人大代表在本级人民代表大会会议期间,对列入本次会议议程的各项报告、议案等议题进行审查和讨论并发表意见,表明态度的权利。根据宪法和组织法规定,代表在出席人民代表大会会议期间,审议的主要内容包括:(1)本级人大常委会的工作报告。(2)本级人民政府和人民法院、人民检察院的工作报告。(3)本行政区国民经济和社会发展计划、财政预算及其执行情况报告。(4)本行政区政治、经济、教育、科学、文化、卫生、环境和资源保护、民政、民族工作的重大事项。(5)审议、选举决定国家机关领导人员和组成人员。(6)审议被列入会议议程的各项议案,包括法律案。人大代表行使审议权,一般有以下方式:(1)出席大会全体会议进行审议。主要任务是听取和审查本级人大常委会、人民政府、人民法院、人民检察院的工作报告;听取和审查本行政区国民经济和社会发展计划、预算及其执行情况的报告;审议国家机关领导人员、组成人员、上一级人民代表大会代表候选人名单;审议其他重大事项。(2)参加代表团全体会议进行审议。主要任务是交流各小组审议的情况和意见;对重要议题、议案集中审议;根据审议的内容,结合实际研究拟向大会提出的有关议案。(3)参加小组会议进行审议。主要任务是代表个人对审议议题充分发表意见,反映群众的意见和要求。

询问权。人大代表在参加议题审议过程中,享有代表法第十三条规定的询问权。“代表在审议议案和报告时,可以向本级有关国家机关提出询问。有关国家机关应当派负责人或者负责人员回答询问。”任何一位人大代表在参加审议时,均可以对涉及有关议案或报告的任何问题,向提出这些议案草案或报告草案的有关国家机关提问,有关国家机关的负责人应当根据人大代表的要求,亲自向提问的人大代表作出回答,或者派专门负责有关议案或报告的具体负责人员来回答人大代表的提问。

二、依法联名提出议案、质询案、罢免案等

提出议案权。代表法第九条第一款规定:“代表有权依照法律规定的程序向本级人民代表大会提出属于本级人民代表大会职权范围内的议案。议案应当有案由、案据和方案。”提出议案,需要符合一定的法定要求。一是议案的提出要达到法定人数,属于本级人民代表大会职权范围。如全国人民代表大会组织法第十七条规定:“一个代表团或者三十名以上的代表联名,可以向全国人民代表大会提出属于全国人民代表大会职权范围内的议案。”地方组织法第二十二条规定,“县级以上的地方各级人民代表大会代表十人以上联名,乡、民族乡、镇的人民代表大会代表五人以上联名,可以向本级人民代表大会提出属于本级人民代表大会职权范围内的议案”。二是议案的内容要包括案由、案据和方案。三是提出议案权包括撤回议案的权利。代表法第九条第三款规定:“列入会议议程的议案,在交付大会表决前,提出议案的代表要求撤回的,经主席团同意,会议对该项议案的审议即行终止。”

提出质询案权。人大代表依照有关法律规定,有对本级人民政府及其所属工作部门,对本级监察委员会、人民法院、人民检察院提出质询并要求受质询机关必须予以答复的权利。质询是部分人民代表大会代表的行为,不是人民代表大会的整体行为。质询一般是针对政府、监察委员会、法院和检察院存在的违宪违法行为、工作中的重大失误和造成重大行为的不当措施而提出的。质询的目的在于获知被质询机关的工作情况或者对被质询机关的工作提出批评,以监督被质询机关改正工作中的缺点和错误。质询案不要求人民代表大会审议并作出决定,与在人民代表大会或人民代表大会常务委员会会议上提出的要求人民代表大会或者人民代表大会常务委员会会议审议并作出决定的议案在性质上不同,不是议案。根据宪法、全国人大组织法和地方组织法的有关规定,人大代表提出质询案应当具备下列条件:(1)质询案必须在人民代表大会会议期间提出。(2)质询案的提出必须符合法定人数。按照有关法律规定,在全国人民代表大会会议期间,一个代表团或 30 名以上代表联名可以提出质询案。在地方各级人民代表大会会议期间,代表 10 人以上联名,可以提出质询案。(3)质询案必须以书面的形式提出,要写明质询案的案名、质询的对象、质询案的案由和案据。(4)质询案中提出的问题,必须以事实为依据,以法律为准绳。(5)质询案必须是一事一案。按照宪法、全国人大组织法、地方组织法和代表法等有关规定,全国人大代表有权书面提出对国务院和国务院各部、各委员会,国家监察委员会、最高人民法院、最高人民检察院的质询案;县级以上地方各级人大代表,有权依照法律规定的程序提出对本级人民政府和它所属各工作部门以及监察委员会、人民法院、人民检察院的质询案;乡、民族乡、镇的人民代表大会代表有权依照法律规定的程序提出对本级人民政府的质询案。质询案应当写明质询对象、质询的问题和内容。质询案的内容主要包括:国家机关在贯彻国家方针、政策和重大措施中出现重大偏差和失误，违反国家或地方法律、法规及人大常委会决议、决定等方面的问题，国家机关工作人员失职、渎职行为等方面的问题；国家行政、监察、审判、检察机关因工作失误，造成严重后果，社会反映强烈的问题等。质询案运作的程序包括：代表依法提出质询案后，送交大会主席团会议讨论、决定交受质询机关；质询案按照主席团的决定由受质询机关负责人在主席团会议、有关的专门委员会会议或者有关的代表团会议上作口头答复，或者由受质询机关在会议期间作出书面答复；在主席团会议或者专门委员会会议上答复的，提出质询案的代表有权列席会议，发表意见；如果代表对答复不满意，可以提出要求，经主席团决定，由受质询机关再作答复；在专门委员会会议或者代表团会议上答复的，有关的专门委员会或者代表团应当将答复质询案的情况向主席团报告。

提出罢免案权。人大代表依照法律规定提出罢免国家机关领导人员和组成人员职务议案的权利。依据代表法和监察法等法律规定，全国人民代表大会代表有权依照法律规定的程序提出对全国人民代表大会常务委员会组成人员，中华人民共和国主席、副主席，国务院组成人员，中央军事委员会组成人员，国家监察委员会主任，最高人民法院院长，最高人民检察院检察长的罢免案。县级以上的地方各级人民代表大会代表有权依照法律规定的程序提出对本级人民代表大会常务委员会组成人员，人民政府组成人员，监察委员会主任，人民法院院长，人民检察院检察长的罢免案。乡、民族乡、镇的人民代表大会代表有权依照法律规定的程序提出对本级人民代表大会主席、副主席和人民政府领导人员的罢免案。罢免案应当写明罢免的理由。罢免案的提出必须具备的条件包括：(1)罢免案必须在人民代表大会举行会议期间提出。(2)罢免案的对象必须是由权力机关选举或任命的人员。(3)罢免案的提出，在全国人民代表大会会议上，必须由大会主席团，3 个以上代表团，或者 1/10 以上代表联名，方可提出罢免案；在县级以上地方各级人民代表大会会议上，必须由大会主席团或常务委员会、1/10 以上代表联名，方可提出罢免案；在乡镇人民代表大会会议上，大会主席团或 1/5 以上的代表联名，方可提出罢免案。(4)罢免案必须以书面形式提出，应写明罢免的对象、罢免的理由，并向会议提供有关材料。罢免案依法提出后，由大会主席团交各代表团进行审议，然后提请大会全体会议进行表决。在表决前，被提出罢免的人员有权以书面或在主席团或在大会全体会议上口头进行申辩。罢免案须经人民代表大会全体会议采用无记名投票的方式进行表决，经全体代表的过半数通过。

提议权。人大代表提议临时召开人民代表大会会议和提议组织关于特定问题调查委员会的权利。根据宪法和全国人大议事规则的规定,如果全国人大常委会认为必要,或者1/5以上全国人民代表大会代表提议,可以临时召集全国人民代表大会会议。地方组织法规定,地方各级人民代表大会会议每年至少举行一次,经过1/5代表提议,可以临时召集本级人民代表大会会议。依据代表法、监督法等有关法律规定,县级以上的各级人民代表大会代表有权依法提议组织关于特定问题的调查委员会。特定问题调查委员会必须在人民代表大会或者常务委员会举行会议时产生。全国人大议事规则规定,全国人民代表大会组织特定问题调查委员会,必须由主席团,3个以上的代表团,或者1/10以上的人大代表联名提议,由大会主席团提请全体会议决定。县级以上地方各级人大组织特定问题调查委员会,按照地方组织法的规定进行组织。县级以上的各级人民代表大会代表根据本级人民代表大会或者本级人民代表大会常务委员会的决定,参加关于特定问题的调查委员会。

三、提出对各方面工作的建议、批评和意见

提出建议、批评和意见权。人大代表向本级人民代表大会和常务委员会提出对各方面工作的建议、批评和意见的权利。全国人大组织法第二十一条规定,全国人民代表大会代表向全国人民代表大会或者全国人民代表大会常务委员会提出的对各方面工作的建议、批评和意见,由全国人民代表大会常务委员会的办事机构交由有关机关、组织研究处理并负责答复。地方组织法第四十二条规定:“县级以上的地方各级人民代表大会代表向本级人民代表大会及其常务委员会提出的对各方面工作的建议、批评和意见,由本级人民代表大会常务委员会的办事机构交有关机关和组织研究处理并负责答复。乡、民族乡、镇的人民代表大会代表向本级人民代表大会提出的对各方面工作的建议、批评和意见,由本级人民代表大会主席团交有关机关和组织研究处理并负责答复。”代表法第十八条规定,人民代表大会会议期间,代表有权向本级人民代表大会提出对各方面工作的建议、批评和意见。第二十九条规定:“代表在本级人民代表大会闭会期间,有权向本级人民代表大会常务委员会或者乡、民族乡、镇的人民代表大会主席团提出对各方面工作的建议、批评和意见。建议、批评和意见应当明确具体,注重反映实际情况和问题。”第四十二条规定,有关机关、组织应当认真研究办理代表建议、批评和意见,并自交办之日起三个月内答复。涉及面广、处理难度大的建议、批评和意见,应当自交办之日起六个月内答复。有关机关、组织在研究办理代表建议、批评和意见的过程中,应当与代表联系沟通,充分听取意见。代表建议、批评和意见的办理情况,应当向本级人民代表大会常务委员会或者乡、民族乡、镇的人民代表大会主席团报告,并印发下一次人民代表大会会议。代表建议、批评和意见办理情况的报告,应当予以公开。

四、参加本级人民代表大会的各项选举

联合提名推荐权。县级以上地方各级人大代表依照有关法律规定联名推荐上一级人大代表候选人和地方各级人大代表依法书面联名提出本级国家机关组成人员、领导人员候选人的权利。根据选举法、组织法和代表法的规定,县级以上地方各级人大代表10人以上联名,可以推荐上一级人大代表候选人。省、自治区、直辖市的人大代表30人以上书面联名,设区的市和自治州的人大代表20人以上书面联名,县级的人大代表10人以上书面联名可以提出本级人大常委会组成人员、人民政府领导人员、监察委员会主任、人民法院院长、人民检察院检察长的候选人。乡、民族乡、镇的人大代表10人以上书面联名,可以提出本级人大主席、副主席,人民政府领导人员的候选人。不同选区或者选举单位选出的代表可以酝酿、联合提出候选人。

选举权。人大代表依照法律规定,参加选举决定本级国家机关领导人员、组成人员,上一级人民代表大会代表(县级以上)的权利。全国人大代表的选举范围:根据宪法和全国人民代表大会组织法的规定,全国人民代表大会代表选举中华人民共和国主席、副主席,根据中华人民共和国主席的提名,决定国务院总理的人选,根据国务院总理的提名,决定国务院副总理、国务委员、各部部长、各委员会主任、审计长、秘书长的人选;选举中央军事委员会主席,根据中央军事委员会主席的提名,决定中央军事委员会其他组成人员的人选;选举国家监察委员会主任、最高人民法院院长和最高人民检察院检察长;选举全国人大常委会委员长、副委员长、秘书长、委员;根据大会主席团的提名,通过全国人民代表大会各专门委员会的主任委员、副主任委员和委员。县级以上地方各级人大代表的选举范围:根据地方组织法的规定,县级以上地方各级人民代表大会选举本级人民代表大会常务委员会的组成人员,选举省长、副省长,自治区主席、副主席,市长、副市长,州长、副州长,县长、副县长,区长、副区长;选举本级监察委员会主任、人民法院院长和人民检察院检察长(选出的人民检察院检察长须报上一级人民检察院检察长提请该级人民代表大会常务委员会批准）；选举上一级人民代表大会代表。乡镇人大代表的选举范围：乡、民族乡、镇的人民代表大会选举人大主席、副主席，乡长、副乡长，镇长、副镇长。全国人大的选举，候选人由主席团提名。地方各级人大的选举，候选人由主席团和各级人大代表联合提名，实行差额选举。

五、参加本级人民代表大会的各项表决

参加表决权。人大代表在本级人民代表大会会议上，对列入大会审议的各项议案包括对确定的候选人，表示赞成或者反对或者弃权的权利。表决权的行使，会直接产生法律后果，是表决结果的直接依据。根据全国人大议事规则的规定，全体代表过半数是衡量一件议案是否获得通过的标准。只有两类问题的决定更严于过半数的标准：一是在修改宪法时，宪法修正案的通过，需要全体代表的2/3以上赞成。二是全国人民代表大会的任期届满时，如遇不能进行选举的非常情况，可以决定推迟选举，延长本届全国人大的任期。延长任期的决定须由常委会组成人员的2/3以上通过。表决采用绝对多数原则，即通过议案的标准是“全体代表过半数”，而非“到会代表过半数”，不参加表决表面看既非赞成也非反对，但在确定表决结果上，与投反对票、弃权票作用相同。不参加投票的人越多，达到通过议案所需的法定票数越难，甚至妨碍议案的通过。另外，代表在行使表决权时，要充分反映选民或选举单位的意见，同时又要胸怀全局，从全体人民利益出发考虑问题，处理好局部利益和整体利益的关系。表决的范围，凡是需要人大代表集体作出决定、决议的议案，都属于表决的范围。主要包括通过法律案、选举案、罢免案、组织特定问题调查委员会动议案，通过关于本级人大常委会、人民政府、人民法院、人民检察院工作报告的决议案，关于国民经济和社会发展计划的决议案，财政预算和预算执行情况的决议案以及其他重大事项的决议、决定等。表决的方式，按照法律规定和习惯做法，表决一般采用投票、举手、按表决器等方式进行。采用哪种方式进行表决，主要根据实际情况而定，但法律明确规定须投票表决的，如对选举案、罢免案的表决等，必须采取无记名投票方式。

六、获得依法执行代表职务所需的信息和各项保障

发言表决免究权。人大代表在人民代表大会各种会议上的发言、表决不受法律追究的权利。代表法第三十一条规定：“代表在人民代表大会各种会议上的发言和表决，不受法律追究。”（1）发言和表决是指人大代表在人民代表大会的各种会议上，包括人民代表大会全体会议、代表团全体会议、代表分组会议以及大会主席团召集的其他会议的发言和表决。(2)人大代表在上述会议上的发言和表决，不管是正确的，还是错误的，一律不受法律追究，不仅在其担任人大代表职务期间，不得予以法律追究，而且在不担任人大代表职务后，也不得予以法律追究。(3)人大代表在上述有关会议之外的发言，不属于法律保障范围之列。

人身特别保护权。人大代表享有非经特别许可不受逮捕或刑事审判及其他限制人身自由的权利。代表法第三十二条规定，县级以上的各级人民代表大会代表，非经本级人民代表大会主席团许可，在本级人民代表大会闭会期间，非经本级人民代表大会常务委员会许可，不受逮捕或者刑事审判。如果因为是现行犯被拘留，执行拘留的机关应当立即向该级人民代表大会主席团或者人民代表大会常务委员会报告。对县级以上的各级人民代表大会代表，如果采取法律规定的其他限制人身自由的措施，应当经该级人民代表大会主席团或者人民代表大会常务委员会许可。人民代表大会主席团或者常务委员会受理有关机关依照本条规定提请许可的申请，应当审查是否存在对代表在人民代表大会各种会议上的发言和表决进行法律追究，或者对代表提出建议、批评和意见等其他执行职务行为打击报复的情形，并据此作出决定。乡、民族乡、镇的人民代表大会代表，如果被逮捕、受刑事审判或者被采取法律规定的其他限制人身自由的措施，执行机关应当立即报告乡、民族乡、镇的人民代表大会。

时间保障权。代表法第三十三条规定，代表在本级人民代表大会闭会期间，参加由本级人民代表大会常务委员会或者乡、民族乡、镇的人民代表大会主席团安排的代表活动，代表所在单位必须给予时间保障。

工资收入保障权。依据代表法第三十四条规定，代表依法执行代表职务，其所在单位按正常出勤对待，享受所在单位的工资和其他待遇。无固定工资收入的代表执行代表职务，根据实际情况由本级财政给予适当补贴。

活动经费保障权。依据代表法第三十五条规定，代表的活动经费，应当列入本级财政预算予以保障，专款专用。

信息资料知情权。代表法等法律规定，县级以上的各级人民代表大会常务委员会，各级人民政府和监察委员会、人民法院、人民检察院，应当及时向本级人民代表大会代表通报工作情况，提供信息资料，保障代表的知情权。

参加履职学习权。代表法第三十九条规定,县级以上的各级人民代表大会常务委员会应当有计划地组织代表参加履职学习,协助代表全面熟悉人民代表大会制度、掌握履行代表职务所需的法律知识和其他专业知识。乡、民族乡、镇的人民代表大会代表可以参加上级人民代表大会常务委员会组织的代表履职学习。

服务保障权。代表法规定,县级以上的各级人民代表大会常务委员会应当采取多种方式同本级人民代表大会代表保持联系,扩大代表对本级人民代表大会常务委员会活动的参与,为本行政区域内的代表执行代表职务提供必要的条件。县级以上的各级人民代表大会常务委员会的办事机构和工作机构是代表执行代表职务的集体服务机构,为代表执行代表职务提供服务保障。少数民族代表执行代表职务时,有关部门应当在语言文字、生活习惯等方面给予必要的帮助和照顾。

持有使用代表证权。为了便于代表执行代表职务,各级人民代表大会可以为本级人民代表大会代表制发人大代表证。

履职保护权。代表法第四十四条规定,一切组织和个人都必须尊重代表的权利,支持代表执行代表职务。有义务协助代表执行代表职务而拒绝履行义务的,有关单位应当予以批评教育,直至给予行政处分。阻碍代表依法执行代表职务的,根据情节,由所在单位或者上级机关给予行政处分,或者适用《中华人民共和国治安管理处罚法》第五十条的处罚规定;以暴力、威胁方法阻碍代表依法执行代表职务的,依照刑法有关规定追究刑事责任。对代表依法执行代表职务进行打击报复的,由所在单位或者上级机关责令改正或者给予行政处分;国家工作人员进行打击报复构成犯罪的,依照刑法有关规定追究刑事责任。

七、法律规定的其他权利

视察权。代表在人民代表大会闭会期间,有权参加本级人大常委会组织的各种专题调查和视察活动,有权持代表证就地了解本级或者下级国家机关和有关单位工作情况,收集选民的意见、建议和要求的权利。依据代表法第二十二条规定,人大代表进行视察主要有两种形式:一是根据本级人大常委会的统一安排视察。县级以上的各级人民代表大会代表根据本级人民代表大会常务委员会的安排,对本级或者下级国家机关和有关单位的工作进行视察。乡、民族乡、镇的人民代表大会代表根据本级人民代表大会主席团的安排,对本级人民政府和有关单位的工作进行视察。在视察中,可以依法提出约见本级或者下级有关国家机关负责人。被约见的有关国家机关负责人或者由他委托的负责人员应当听取代表的建议、批评和意见。二是持代表证就地进行视察。县级以上的地方各级人民代表大会常务委员会或者乡、民族乡、镇的人民代表大会主席团根据代表的要求，联系安排本级或者上级的代表持代表证就地进行视察。人大代表进行视察时，如遇到具体问题，可以向被视察单位提出建议、批评和意见，但不直接处理问题。

组成代表小组、参加代表小组活动、开展专题调研、参加执法检查、应邀列席本级人大有关会议等，都是法律规定的人大代表权利。

人大代表义务

人大代表的义务，是指人大代表必须承担的法定责任和对国家、社会、人民应履行的义务。人大代表是国家权力机关组成人员，代表在执行代表这一国家职务时，既享有权利，也负有义务。人大代表应当积极履行宪法和法律规定的义务，因为代表由人民选举，受人民委托，代表人民管理国家事务，责任重大，使命神圣，不可懈怠。宪法第七十六条规定："全国人民代表大会代表必须模范地遵守宪法和法律，保守国家秘密，并且在自己参加的生产、工作和社会活动中，协助宪法和法律的实施。全国人民代表大会代表应当同原选举单位和人民保持密切的联系，听取和反映人民的意见和要求，努力为人民服务。"全国人大组织法、地方组织法、代表法除对宪法规定的上述内容进行必要的重复外，又作出了若干具体规定。

一、模范地遵守宪法和法律，保守国家秘密，在自己参加的生产、工作和社会活动中，协助宪法和法律的实施

全面推进依法治国，总目标是建设中国特色社会主义法治体系，建设社会主义法治国家。这就是，在中国共产党领导下，坚持中国特色社会主义制度，贯彻中国特色社会主义法治理论，形成完备的法律规范体系、高效的法治实施体系、严密的法治监督体系、有力的法治保障体系，形成完善的党内法规体系，坚持依法治国、依法执政、依法行政共同推进，坚持法治国家、法治政府、法治社会一体建设，实现科学立法、严格执法、公正司法、全民守法，促进国家治理体系和治理能力现代化。坚持法律面前人人平等。平等是社会主义法律的基本属性。任何组织和个人都必须尊重宪法法律权威，都必须在宪法法律范围内活动，都必须依照宪法法律行使权力或权利、履行职责或义务，都不得有超越宪法法律的特权。必须维护国家法制统一、尊严、权威,切实保证宪法法律有效实施,绝不允许任何人以任何借口任何形式以言代法、以权压法、徇私枉法。人大代表是建设法治国家的中坚力量,模范地遵守宪法和法律责无旁贷,要带头宣传和执行法律,在自己的生产、工作和社会活动中,自觉地学法、用法、守法,严格按照法律办事,同一切违法行为作斗争,维护宪法和法律的尊严。人大代表这方面的表率作用和协助宪法和法律的实施的行为,对于在全社会形成普遍的法治意识,推进依法治国的进程,保证国家的长治久安具有深远意义。

国家秘密关系国家的安全和利益,是依照法定程序确定的在一定时间内只限一定范围内的人员知悉的事项。国家秘密包括下列事项:(1)国家事务重大决策中的秘密事项;(2)国防建设和武装力量活动中的秘密事项;(3)外交外事活动中的秘密事项;(4)国民经济和社会发展中的秘密事项;(5)科学技术中的秘密事项;(6)维护国家安全活动和追查刑事犯罪中的秘密事项;(7)其他经国家保密工作部门确定应当保守的国家秘密事项。由于这些国家秘密直接关系到国家的安全和利益,因而法律规定,一切国家机关、武装力量、政党、社会团体、企业事业组织和公民都有保守国家秘密的义务。人大代表来自社会的各个方面,相当多的人分别接触上述各种国家秘密,作为公民应当保守国家秘密。同时,代表在参与国家事务的决策中,会了解和掌握某些国家秘密。作为国家权力机关的组成人员,人大代表应当严格地保守国家秘密,模范地遵守保密制度。如不在私人交往和通信中泄露国家秘密;携带属于国家秘密的文件、资料和其他物品外出不得违反有关保密规定;不在公共场所谈论国家秘密等。凡是国家尚未公开的机密事项,均不得向外泄露。涉及机密事项的文件,不得私抄、翻印或者随意扩散。在通信、通话中也不得涉及国家机密。

二、按时出席本级人民代表大会会议,认真审议各项议案、报告和其他议题,发表意见,做好会议期间的各项工作

出席本级人民代表大会会议。代表应当按时出席本级人民代表大会会议。代表因健康等特殊原因不能出席会议的,应当按照规定请假。代表在出席本级人民代表大会会议前,应当听取人民群众的意见和建议,为会议期间执行代表职务做好准备。代表参加大会全体会议、代表团全体会议、小组会议,审议列入会议议程的各项议案和报告。代表可以被推选或者受邀请列席主席团会议、专门委员会会议,发表意见。代表应当围绕会议议题发表意见,遵守议事规则。代表是人民委派到权力机关的使者,参加人民代表大会会议,参与审议各项报告和议案,参加各项议题的表决,是代表的神圣权利,也是代表的法定义务。

三、积极参加统一组织的视察、专题调研、执法检查等履职活动

人民代表大会闭会期间,县级以上的各级人民代表大会代表应当积极参加本级人民代表大会常务委员会统一安排的对本级或者下级国家机关和有关单位的工作进行的视察、专题调研、执法检查等履职活动。乡、民族乡、镇的人民代表大会代表应当积极参加本级人民代表大会主席团统一安排的对本级人民政府和有关单位的工作进行视察、专题调研、执法检查等履职活动。采取多种方式广泛联系选民,了解政府各方面工作情况,了解人民群众的意见和要求,为在人大会议期间行使代表职权奠定基础。

四、加强履职学习和调查研究,不断提高执行代表职务的能力

全面建成小康社会、实现中华民族伟大复兴的中国梦,全面深化改革、完善和发展中国特色社会主义制度,对作为国家各级权力机关组成人员的人大代表提出了很高的要求。为适应党和国家事业发展要求,不辜负人民群众期待,同推进国家治理体系和治理能力现代化目标相一致,人大代表必须自觉地加强履职学习和调查研究,不断提高执行代表职务的能力。对宪法和法律的学习,对中国国情的把握,对习近平治国理念的了解,对经济和社会发展中的重大问题的科学调查研究等,都是执行代表职务的需要,都是代表的应尽义务。

五、与原选区选民或者原选举单位和人民群众保持密切联系,听取和反映他们的意见和要求,努力为人民服务密切联系人民群众,了解和掌握人民群众的意愿,积极向国家机关反映人民群众的意见和要求,切实起到桥梁纽带的作用,并使自己置身于人民的监督之下,不断改进工作,努力为人民服务。代表只有密切联系群众,才能真正了解社情民意,了解人民的意愿所在,为人民行使好权力;才能把自己置于群众的监督之下,取得工作的动力,增强工作的责任感。

六、自觉遵守社会公德,廉洁自律,公道正派,勤勉尽责

国家和社会治理需要法律和道德共同发挥作用。必须坚持一手抓法治、一手抓德治,大力弘扬社会主义核心价值观,弘扬中华传统美德,培育社会公德、职业道德、家庭美德、个人品德,既重视发挥法律的规范作用,又重视发挥道德的教化作用,以法治体现道德理念、强化法律对道德建设的促进作用,以道德滋养法治精神、强化道德对法治文化的支撑作用,实现法律和道德相辅相成、法治和德治相得益彰。人大代表履职，要有一个好的道德形象。“人民选我当代表，我当代表为人民”要通过代表自觉遵守社会公德，廉洁自律，公道正派，勤勉尽责的实实在在的行动展现出来。

七、法律规定的其他义务

法律法规对人大代表有很多直接或间接的行为规范，人大代表都要认真遵守、实施。如议事规则是人民代表大会顺利进行的重要保证，代表应当把议事规则作为纪律，自觉地遵守，以保证人民代表大会会议的正常进行。再如，人大闭会期间，由常委会或乡级人大主席团统一组织的活动，代表应积极参加。

执行代表职务

人大代表执行代表职务是代表人民行使当家作主权力的政治行为。代表依照代表法的规定在本级人民代表大会会议期间的工作和在本级人民代表大会闭会期间的活动，都是执行代表职务。代表不脱离各自的生产和工作。代表出席本级人民代表大会会议，参加闭会期间统一组织的履职活动，应当安排好本人的生产和工作，优先执行代表职务。人大代表执行代表职务遵循的主要原则包括：(1)民主集中制原则。坚持少数服从多数，自觉执行大会通过的决议、决定。(2)顾全大局原则。正确处理本选区(选举单位)的利益与全局利益的关系。(3)在视察中不直接处理问题原则。正确处理权力机关与执行机关的关系，监督与被监督的关系，不是代替政府工作。(4)代表工作与本职工作相协调原则。明确认识兼职代表不是业余代表，双重职责，优先执行代表职务。在自己参加的生产、工作和社会活动中认真贯彻执行代表大会的决议、决定，充分发挥模范带头作用，桥梁纽带作用；在代表工作上要充分反映本职工作、本战线、本系统工作中的问题和广大群众的意见和要求。

人大代表资格

代表资格审查，是指对各级人大换届选举产生的新一届人大代表和届期内个别补选的人大代表的选举程序进行审查，并确认其代表资格是否有效。

一、代表资格审查的组织机构

县级以上各级人大审查代表资格的机构为各级人大常委会代表资格审

查委员会;乡镇人大审查代表资格的机构为乡镇人大代表资格审查委员会。根据有关法律规定,代表资格审查委员会的性质、任期和组成人员的提名、条件和产生为:(1)代表资格审查委员会是人大常委会设立的专门负责代表资格审查的常设机构,其任期从每届人大常委会(乡镇为人民代表大会)通过代表资格审查委员会到本届人大任期届满。(2)代表资格审查委员会由主任委员、副主任委员和委员组成,其人选由委员长会议(地方为常委会主任会议)在常委会组成人员中提名,常委会会议通过。也就是说,代表资格审查委员会的组成人员必须是常委会组成人员,必须经主任会议提名,常委会通过。不是常委会组成人员,不能被提名为代表资格审查委员会的成员。

二、代表资格审查委员会审查的内容

选举法第四十七条规定,代表资格审查委员会依法对当选代表是否符合宪法、法律规定的代表的基本条件,选举是否符合法律规定的程序,以及是否存在破坏选举和其他当选无效的违法行为进行审查,提出代表当选是否有效的意见,向本级人民代表大会常务委员会或者乡、民族乡、镇的人民代表大会主席团报告。县级以上的各级人民代表大会常务委员会或者乡、民族乡、镇的人民代表大会主席团根据代表资格审查委员会提出的报告,确认代表的资格或者确定代表的当选无效,在每届人民代表大会第一次会议前公布代表名单。

三、代表资格审查的程序

根据选举法第四十七条的规定,代表资格审查的主要程序为:(1)各选区或选举单位选举结束后,将本选区或选举单位选举代表的有关情况的报告和相关材料,报代表资格审查委员会。(2)代表资格审查委员会在每届人大第一次会议召开前向本级人大常委会或者乡、民族乡、镇的人民代表大会主席团提出审查结果报告,提出确认或不确认代表资格的建议。(3)人大常委会或者乡、民族乡、镇的人民代表大会主席团根据代表资格审查委员会的审查结果报告,确定代表资格是否有效。(4)在每届人大第一次会议前公布代表名单。

四、暂时停止执行代表职务

暂时停止执行代表职务,是我国对人大代表执行代表职务实行约束的一项重要措施和制度设计。“暂时停止某人大代表执行代表职务”的表述符合法律规定,是规范表述。人大代表作为国家权力机关的组成人员,其执行职务受法律保障,非经法定事由、法定程序不受限制。实践中,人大代表可能因刑事案件被羁押，或被判处刑罚人身自由受到限制。代表法第四十八条规定："代表有下列情形之一的，暂时停止执行代表职务，由代表资格审查委员会向本级人民代表大会常务委员会或者乡、民族乡、镇的人民代表大会报告：（一）因刑事案件被羁押正在受侦查、起诉、审判的；（二）被依法判处管制、拘役或者有期徒刑而没有附加剥夺政治权利，正在服刑的。前款所列情形在代表任期内消失后，恢复其执行代表职务，但代表资格终止者除外。"（1）全面理解和把握"因刑事案件被羁押正在受侦查、起诉、审判"的追诉情形。衡量代表是否符合追诉情形，必须同时把握三个条件：一是代表涉嫌刑事犯罪。如果代表只是违反行政法规、应受行政处罚或依法应被采取行政强制措施，受非刑事制裁，不能暂时停止执行代表职务。二是代表已经被公安司法机关立案、侦查、起诉、审判。有的代表虽然应当被追究刑事责任，但如果刑事诉讼尚未启动，公安司法机关没有进行侦查、起诉、审判活动，则不能暂时停止执行代表职务。三是代表已经被公安司法机关羁押。羁押的法律含义是指将依法被采取逮捕或拘留强制措施的犯罪嫌疑人予以关押。逮捕和拘留是羁押的前提，羁押是逮捕和刑事拘留后的必然措施。对于涉嫌犯罪的代表，只有予以逮捕或拘留的，才能暂时停止执行代表职务；对虽然正在受侦查、起诉和刑事审判，但只被取保候审、监视居住或没有被采取限制人身自由强制措施的，不能暂时停止执行代表职务。全国人大常委会法工委 1995 年 7 月 28 日在答复贵州省人大常委会关于常委会委员被起诉或审判是否暂时停止执行代表职务的询问中指出："如没有被羁押而正在受到刑事审判，法律没有规定暂停代表职务"，对这一问题作出了明确解释。（2）暂时停止执行代表职务不可与许可对代表采取强制措施同时进行。暂时停止执行代表职务与许可对代表采取强制措施分别属于对代表执行职务的约束和保障。实践中，许多地方人大常委会坚持将暂时停止执行代表职务与许可对代表采取强制措施同时进行，即在作出许可对代表采取强制措施的决定中，同时宣布从决定之日起暂时停止该代表执行代表职务。在许可对代表采取强制措施的决定中同时宣布从决定之日起暂时停止执行代表职务，必然导致代表在司法机关尚未实施逮捕或拘留进而羁押的情况下即暂时停止了执行代表职务，显然违反了程序，也侵犯了代表的合法权益。（3）暂时停止人大代表执行代表职务应当让社会和有关单位及人员知晓。人大常委会许可对人大代表采取逮捕等强制措施或者许可对人大代表进行刑事审判后，公安司法机关应当按照法定程序对人大代表采取强制措施或者进行刑事审判。公安司法机关对人大代表采取强制措施或者作出刑事判决后,应当书面告知人大常委会何时对人大代表采取了哪一种强制措施,作出了什么样的刑事判决。如果公安司法机关采取的强制措施,作出的刑事判决符合代表法第四十八条的规定应当暂时停止人大代表执行代表职务的情形,人大常委会应当让社会和有关单位及人员知晓。让社会和有关单位及人员知晓可以采取以下三种方式:一是作出代表已依法暂时停止执行代表职务的公告。二是向有关机关和人员发出通知。这既能体现对选民、选举单位和代表本人知情权的尊重,也有利于原选区、原选举单位和代表小组开展活动。三是恢复执行代表职务公告。当法定的暂时停止执行代表职务的情形消失后,代表自然恢复执行代表职务。常委会应当将此情况予以公告,并及时通知代表的原选区、原选举单位、代表小组和代表本人。

五、代表资格终止

代表资格终止指人大代表在任期内,具有法律规定的丧失代表资格的情形。依据代表法第四十九条的规定,代表资格终止有七种情形:(1)地方各级人民代表大会代表迁出或者调离本行政区域的;(2)辞职被接受的;(3)未经批准两次不出席本级人民代表大会会议的;(4)被罢免的;(5)丧失中华人民共和国国籍的;(6)依照法律被剥夺政治权利的;(7)丧失行为能力的。只要有上述情形之一,其代表资格即终止。代表资格终止的程序为:县级以上的各级人大代表资格的终止,由代表资格审查委员会报本级人大常委会,由本级人大常委会予以公告。乡、民族乡、镇的人大代表资格的终止,由代表资格审查委员会报本级人大,由本级人大予以公告。

人民代表大会会议期间的代表工作

在人大会议期间的代表工作

根据代表法规定,人大代表在本级人民代表大会会议期间工作是执行代表职务的重要部分。主要内容包括:(1)参加大会全体会议、代表团全体会议、小组会议、联组会议,审议列入大会议程的各项议案和报告。也可以被推选或者受邀请列席主席团会议、专门委员会会议,发表意见。(2)代表有权依照法律规定的程序向本级人民代表大会提出属于本级人民代表大会职权范围内的议案。全国人大代表,有权依照宪法规定和程序向全国人民代表大会提出修改宪法的议案。列入会议议程的议案,在交付大会表决前,提出议案的代表要求撤回的,经主席团同意,会议对该项议案的审议即行终止。如果代表认为有必要,可以将退回的议案作为建议、批评和意见提出。(3)参加本级人民代表大会的各项选举。全国人大代表有权对主席团提名的全国人大常委会组成人员的人选,中华人民共和国主席、副主席的人选,中央军事委员会主席的人选,国家监察委员会主任、最高人民法院院长和最高人民检察院检察长的人选,全国人大各专门委员会的人选,提出意见。县级以上的地方各级人大代表有权依照法律规定和程序提出本级人民代表大会常务委员会的组成人员,人民政府领导人员,监察委员会主任、人民法院院长、人民检察院检察长,以及上一级人民代表大会代表的人选,并有权对本级人民代表大会主席团和代表依法提出的上述人员的人选提出意见。乡、民族乡、镇的人民代表大会代表有权依照法律规定的程序提出人大主席、副主席,本级人民政府领导人员的人选,并有权对本级人民代表大会主席团和代表依法提出的上述人员的人选提出意见。各级人大代表有权对本级人民代表大会主席团的人选，提出意见。代表对确定的候选人，可以投赞成票，可以投反对票，可以另选他人，也可以弃权。全国人大代表参加决定国务院组成人员和中央军事委员会副主席、委员的人选。县级以上的各级人大的人大代表参加表决本级人民代表大会各专门委员会组成人员的人选。(4)代表在审议议案和报告时，可以向本级有关国家机关提出询问。有关国家机关应当派负责人或者负责人员回答询问。(5)全国人民代表大会会议期间，一个代表团或者30名以上的代表联名，有权书面提出对国务院和国务院各部、各委员会、国家监察委员会、最高人民法院、最高人民检察院的质询案。县级以上的地方各级人大代表有权依照法律规定的程序提出对本级人民政府及其所属各部门，监察委员会，人民法院，人民检察院的质询案。乡、民族乡、镇的人大代表有权依照法律规定的程序提出对本级人民政府的质询案。质询案按照主席团的决定由受质询机关答复。提出质询案的代表半数以上对答复不满意的，可以要求受质询机关再作答复。(6)全国人大代表有权依照法律规定的程序提出对全国人民代表大会常务委员会组成人员，中华人民共和国主席、副主席，国务院组成人员，中央军事委员会组成人员，国家监察委员会主任，最高人民法院院长，最高人民检察院检察长的罢免案。县级以上的地方各级人大代表有权依照法律规定的程序提出对本级人民代表大会常务委员会组成人员，人民政府组成人员，监察委员会主任，人民法院院长，人民检察院检察长的罢免案。乡、民族乡、镇的人民代表大会代表有权依照法律规定的程序提出对本级人民政府领导人员的罢免案。(7)县级以上的地方各级人民代表大会代表有权提出对各方面工作的建议、批评和意见，由本级人大常委会的办事机构交有关机关组织研究处理并负责答复代表。乡、民族乡、镇的人大代表有权提出对各方面工作的建议、批评和意见，由本级人民代表大会主席团交有关机关和组织处理并负责答复。(8)县级以上的各级人大代表有权依法提议组织关于特定问题的调查委员会，代表可以应邀参加调查工作。(9)代表参加本级人民代表大会表决时，可以投赞成票，可以投反对票，也可以弃权。

行使审议权

审议是对列入大会会议议程的各项议案和报告进行讨论、研究，并给予肯定、否定或者提出修改意见。行使审议权，是人大代表在人大会议期间的一项重要工作。(1)提高对审议工作的认识。一是要明确审议工作性质，例如审议“一府两院”的工作报告，是对“一府两院”进行监督的重要手段，不能把审议工作理解为“学习文件”“领会精神”。二是要明确审议是人大代表参加管理国家事务的重要方式，又是权力机关作出决议、决定的前提，在人大工作中，没有审议也就没有决议、决定。(2)认真参加各种审议的会议，包括大会全体会议、代表团全体会议、小组会议或者联组会议，以及主席团会议和专门委员会会议，对有关议案和报告进行认真的集体审议。(3)对审议的议案和报告要有所了解，对审议的问题要作必要的调查研究，真正做到知情知政，以提高审议的实效。(4)要实事求是，切实维护国家和人民群众的根本利益。审议议案和工作报告时，不仅要阅读，还要进行讨论和研究。对不清楚的问题，要向有关部门提出询问；对不符合实际的情况，要敢于提出建议、批评和意见。

依法提出议案

人大代表在人大会议期间，可以依法向本级人大提出属于本级人大职权范围内的议案。人大代表议案是指具有法定人数的各级人民代表大会代表按照法律规定，依照法定程序，向本级人民代表大会提出的属于本级人民代表大会及其常务委员会职权范围内的重大事项，经大会主席团决定列入大会会议议程，并经大会审议通过的议事原案。代表依法行使提出议案权，是代表参加管理国家事务的重要途径，是人大代表行使国家权力的具体体现，是坚持和完善人民代表大会制度的具体体现，有利于充分发挥人大代表履职的作用。

人大代表提出议案要具备三个条件：一是提议案的主体要符合法定资格或者法定代表人数。代表的提议案权须一定人数的代表集体行使。按照不同类型的议案，法律规定了不同的提出议案的联名人数的最低限。联名的代表人数只有达到了法定人数以上时，才能提出议案。按照全国人大组织法的规定，一个代表团或者30名以上的代表联名，可以向大会提出议案；根据地方组织法的规定，县级以上地方各级人大代表10人以上联名、乡级人大代表5人以上联名，可以向本级人大提出议案。二是所提议案的内容必须是属于本级人大职权范围内的事项。各级人大的职权范围是由宪法和法律确定的。宪法第六十二条规定了全国人大的职权范围；地方组织法第十一条规定了县级以上地方各级人大的职权范围；地方组织法第十二条规定了乡级人大的职权范围。三是议案必须在规定的时限内提出。各级人大在每次会议的主席团第一次会议上，都要对代表提出议案的截止日期作出决定，代表的议案，必须在议案截止日期以前提出。此外，对于议案还有书写格式上的要求，即每件议案要有案由、案据和方案，如果提出的是法律法规案，还应当附有草案。

人大代表提出议案，需要重点把握的问题是所提出的议案必须是人大职权范围内的事项。代表提出的议案，应当是依照法律规定的属于人大的职权范围内的事项。不能作为代表议案提出的事项包括：(1)属于国务院或地方人民政府管理职权范围内的事项；(2)上级人大代表提出的问题应当由下级人民代表大会和人民政府处理的事务；(3)监察委员会、人民法院和人民检察院监察权、审判权、检察权范围内的事项；(4)政党、社会团体、企业事业组织和个人的事务；(5)其他不属于人民代表大会职权范围的事项，如对党群部门和军队的意见、建议；属于与党和国家现行政策规定不符的问题；属于议案提出者所在单位、地区处理的问题或单位之间相互协商解决的纠纷问题等。

人大代表提出议案的形式应当注意：一是要一事一案。一件议案只就一个问题提出案由、案据和方案，不要把几个问题放在一件议案中提出。二是要使用大会印发的议案专用纸。三是参加联名提出议案的代表，要亲笔签名，并填写清楚代表证号、联系方式。在同一议案中代表不能重复签名。议案由谁领衔，请提出议案的代表自己商定。四是书写要工整，字迹要清楚可认，以保证大会秘书处按照程序及时处理。

提出议案应当共同负责。以代表团的名义提出议案，应当经代表团全体会议充分讨论，过半数通过。代表联名提出议案，领衔代表应当采取适当方式，使参加联名的代表了解议案内容，以表达其真实意愿。领衔代表可以向参加联名附议的代表分别提供议案文本，经附议人认真审阅同意后，再签名附议；有条件集体讨论的，应经集体讨论，取得一致意见后，再签名提出。应当杜绝或者避免提出议案过程中代表转圈签名、参加联名的代表不了解议案具体内容等现象，真正体现代表对提出的议案内容共同负责。

行使罢免权

人大代表的罢免权指人大代表有依法提出罢免案并表决罢免国家机关组成人员或者领导人员的职权。根据全国人大组织法、地方组织法和代表法等法律规定，全国人大代表有权依照法律规定的程序，提出对全国人大常委会组成人员，国家主席、副主席，国务院组成人员，中央军委组成人员，国家监察委员会主任，最高人民法院院长，最高人民检察院检察长的罢免案。县级以上的地方各级人大代表有权依照法律规定的程序，提出对本级人大常委会组成人员，人民政府组成人员，监察委员会主任，人民法院院长，人民检察院检察长的罢免案。乡镇的人大代表有权依照法律规定的程序，提出对本级人大主席、副主席和人民政府领导人员的罢免案。罢免是人大监督中最后的，也是最严厉的手段。罢免对象的职务都是依法由人大或者其常委会选举或者决定任命的。行使罢免案的程序：(1)必须符合法律规定的人数。全国人大组织法等法律规定，全国人大 3 个以上代表团或者 1/10 以上的代表，可以提出对于全国人大常委会组成人员，国家主席、副主席，国务院和中央军委组成人员，国家监察委员会主任，最高人民法院院长和最高人民检察院检察长的罢免案。地方组织法和监察法等法律规定：县级以上的地方各级人民代表大会举行会议的时候，主席团、常务委员会或者 1/10 以上代表联名，可以提出对本级人民代表大会常务委员会组成人员、人民政府组成人员、监察委员会主任、人民法院院长、人民检察院检察长的罢免案。乡、民族乡、镇的人民代表大会举行会议的时候，主席团或者 1/5 以上代表联名，可以提出对人民代表大会主席、副主席，乡长、副乡长，镇长、副镇长的罢免案。(2)罢免案应书面提出，并写明罢免的对象和罢免的理由。罢免的对象必须符合法律的规定。罢免的理由应当实事求是，有事实根据。按照全国人大议事规则第三十九条的规定，还要提供有关的材料。(3)罢免案提出后，由主席团提请大会审议。(4)在罢免案提请大会全体会议表决前，被提出罢免的人员有权在主席团会议或者大会全体会议上提出申辩意见，或者书面提出申辩意见。在主席团会议上提出的申辩意见或者书面提出的申辩意见，由主席团印发会议。(5)向县级以上的地方各级人民代表大会提出的罢免案，由主席团交会议审议后，提请全体会议表决；或者由主席团提议，经全体会议决定，组织调查委员会，由本级人民代表大会下次会议根据调查委员会的报告审议决定。

行使表决权

表决是经过审议以后对列入人大会议议程的议案和报告，通过投票方式或者按表决器等方式进行决定的行动，是人大代表依法执行代表职务，代表人民参加行使管理国家权利的重要法律行为。所有需要代表大会通过的议案和报告,人大代表都有投票表决的权利,表决权是对议案和报告的最终决定权。

认真负责地投好每一张表决票,是人大代表的神圣责任。要以认真的态度和对人民高度负责的责任感参加大会的表决。人大代表在大会表决时投的每一张票,对大会决议、决定的通过都有直接的影响。在了解、熟悉大会有关议案和报告的内容,认真参加审议的基础上,代表行使表决权,应该既能充分反映本选区选民或者原选举单位的意见和要求,又能胸怀大局,从全体人民的利益出发考虑问题。在举行人大会议时,一般都要经全体会议事先通过表决办法,明确表决时注意的事项,以及表决的具体程序和办法。人大代表应该按照自己的意愿和大会的有关规定参加表决。人大代表参加本级人大表决,可以投赞成票,可以投反对票,也可以弃权。人大代表在投票时,要坚持实事求是,敢于表明自己的立场和态度。为了保障代表依法执行职务,代表法规定,代表在人代会上的表决不受法律追究。

人民代表大会闭会期间的代表活动

在人民代表大会闭会期间的代表活动

根据代表法规定,县级以上的各级人民代表大会常务委员会组织本级人民代表大会代表开展闭会期间的活动。县级以上的地方各级人民代表大会常务委员会受上一级人民代表大会常务委员会的委托,组织本级人民代表大会选举产生的上一级人民代表大会代表开展闭会期间的活动。乡、民族乡、镇的人民代表大会主席、副主席根据主席团的安排,组织本级人民代表大会代表开展闭会期间的活动。代表在闭会期间的活动以集体活动为主,以代表小组活动为基本形式。代表可以通过多种方式听取、反映原选区选民或者原选举单位的意见和要求。

人大代表在本级人民代表大会闭会期间活动的主要内容是:(1)县级以上的各级人民代表大会代表,在本级或者下级人民代表大会常务委员会协助下,可以按照便于组织和开展活动的原则组成代表小组。县级以上的各级人民代表大会代表,可以参加下级人民代表大会代表的代表小组活动。乡、民族乡、镇的人民代表大会代表在本级人民代表大会闭会期间,根据统一安排,开展调研等活动;组成代表小组,分工联系选民,反映人民群众的意见和要求。(2)县级以上的各级人民代表大会代表根据本级人民代表大会常务委员会的安排,对本级或者下级国家机关和有关单位的工作进行视察。乡、民族乡、镇的人民代表大会代表根据本级人民代表大会主席团的安排,对本级人民政府和有关单位的工作进行视察。视察中可以提出约见本级或者下级有关国家机关负责人。被约见的有关国家机关负责人或者由他委托的负责人员应当听取代表的建议、批评和意见。代表可以持代表证就地进行视察。县级以上的地方各级人民代表大会常务委员会或者乡、民族乡、镇的人民代表大会主席团根据代表的要求,联系安排本级或者上级的代表持代表证就地进行视察。(3)代表有权依照法律规定的程序提议临时召开本级人民代表大会会议。(4)县级以上的各级人大代表可以应邀列席本级人大常委会会议、本级人大各专门委员会会议。(5)全国人大代表,省、自治区、直辖市、自治州、设区的市的人大代表可以列席原选举单位人民代表大会会议,可以应邀列席原选举单位的人大常委会会议及有关会议。(6)代表应当采取多种方式经常听取人民群众的意见,回答原选区选民或者原选举单位对代表工作和代表活动的询问,努力为人民服务。(7)县级以上的各级人大代表根据本级人民代表大会或者本级人大常委会的决定,参加关于特定问题的调查委员会。(8)县级以上的各级人大代表有权向本级人大常委会提出对各方面工作的建议、批评和意见。

代表小组

代表小组是代表在本级人民代表大会闭会期间履行职务,开展代表活动的一种主要组织形式。代表法和地方组织法规定,县级以上的各级人民代表大会代表,在本级或者下级人民代表大会常务委员会协助下,可以按照便于组织和开展活动的原则组成代表小组。县级以上的各级人民代表大会代表,可以参加下级人民代表大会代表的代表小组活动。乡、民族乡、镇的人民代表大会代表在本级人民代表大会闭会期间,根据统一安排,开展调研等活动;组成代表小组,分工联系选民,反映人民群众的意见和要求。县、自治县、不设区的市、市辖区、乡、民族乡、镇的人民代表大会代表分工联系选民,有代表3人以上的居民地区或者生产单位可以组织代表小组。代表小组的主要形式包括:(1)本级代表的单独编组。(2)按地域就近几级代表的混合编组。(3)按系统行业编成“专业”组。(4)对某一问题需要调查、检查和视察临时组成代表小组。代表小组组长和副组长,由代表推荐产生。代表小组建立活动制度,根据代表的意见确定活动内容、活动时间和活动方式,制订活动计划。代表小组应同本级和驻地人民代表大会常务委员会或乡镇人大主席保持经常联系,取得工作上的支持和帮助,以便更好地开展代表小组活动。以十三届全国人大为例,33个选举单位(不含香港、澳门)共组建了272个代表小组。其中,20个选举单位根据代表工作地域划分代表小组,一般一个地市或相近地市的代表编为一个组;3个选举单位根据代表的专业领域或感兴趣的领域,划分代表小组;5个选举单位采取混合编组。天津、海南、西藏等3个选举单位,所有代表编为一个代表小组。台湾省代表均参加工作所在地的全国人大代表小组。解放军和武警部队代表按工作单位划分代表小组。每个代表小组根据情况设立1—3名组长,共设立448名组长。

一、代表小组活动制度

代表小组作为代表活动的一种主要组织形式,要有相适应的活动制度。各地代表小组建立的主要制度包括:(1)学习制度。主要是有组织、有计划地学习有关法律、法规和政策,学习有关代表工作的经验等。通过代表小组组织代表学习,进一步提高代表的法律知识、政策理论水平和参政议政能力。(2)代表分工联系选民或联系原选举单位制度。通过联系制度,促使代表经常与原选区选民或原选举单位联系,并接受其监督;及时听取原选区选民或原选举单位的意见和要求,宣传有关法律、法规和政策。(3)联系本级人大常委会制度。代表密切与本级人大常委会的联系,可以使代表小组的活动内容与常委会的年度工作计划要点,常委会会议议题结合起来,也可以使人大常委会随时了解和掌握代表活动情况,及时研究和解决代表活动中的问题。(4)视察制度。代表视察、检查和调查活动是代表小组的重要活动形式。建立视察制度可以使代表小组的活动得到保障,并更加规范化和制度化。(5)总结制度。总结工作是代表小组不断改进和加强工作,研究和完善代表小组活动的各项制度,保证提高代表小组活动质量的一种有效措施。(6)接待选民来信来访制度。(7)帮贫致富制度。等等。

二、代表小组活动内容

代表小组活动内容根据需要和本小组的实际情况确定,一般包括:(1)组织代表学习、宣传党的路线、方针、政策和宪法法律、法规以及人民代表大会及其常务委员会的决议、决定。(2)组织代表开展视察、调查和检查活动,了解有关法律、法规和人大及其常委会的决议、决定在本行政区域内的实施情况,调查和研究本行政区域内的有关重大问题,向人民代表大会常务委员会和其他国家机关反映,并提出改进工作的意见,协助本级人民政府推行工作。(3)组织代表走访选民,分工联系选民,听取和反映人民群众的意见和要求,帮助选民和人民群众解决迫切需要解决的问题。(4)组织代表定期向原选区选民和原选举单位汇报履行代表职务情况,听取意见,接受监督。(5)沟通代表小组活动信息,总结交流代表活动经验。

代表专题调查研究

专题调研是代表就某个专门问题深入基层、深入群众进行调查研究，形成调研报告或高质量的议案和建议的过程。

一、调研课题的确定

专题调研的主要目的是密切联系群众，提出高质量的议案和建议。在组织代表选题时，要围绕提出高质量的议案和建议选好题目。所选的题目既是当地经济社会发展的重大问题，又是关系人民群众切身利益的问题；既能够了解真实情况，又能够在调研后提出有针对性的意见和建议。

二、调研人员的选择

在组成调研小组时，要充分考虑代表的职业和专业特长，考虑代表提出议案和建议的情况，力争使每个小组都能够成为某个问题的专门课题组，这样，就能够做到了解情况细，研究问题深，问题找得准。要及时为代表提供有关资料和信息，使代表既了解具体调研单位的情况，又了解某个专题的面上的情况，做到点面结合，解剖“麻雀”与提出宏观对策相结合。代表联络工作机构要及时做好服务保障工作，协助代表作进一步的调研，必要时可以组织相关部门和专家、学者参与专题调研工作，对准备提出的议案、建议，进行补充、完善和论证。

三、调研服务的保障

把服务保障体现在代表活动的各个环节。用良好的服务，保证代表活动顺利进行，增强代表活动实效。专题调研开始前，要认真做好各方面准备工作。要按照代表选定的题目组成调研小组，拟定好各个调研小组的实施方案，协调落实好具体调研单位。要为每个小组配备服务意识强、熟悉情况、有一定组织能力和文字能力的工作人员，必要时，请有关专门委员会或工作委员会及政府部门给予支持。代表调研小组组成后，向代表介绍调研的有关事项和要求，使代表进一步明确调研的步骤、方法和重点问题，增强调研的针对性。有关部门要向代表提供相关的参考资料和信息，让代表充分了解情况。要保障代表活动经费，安排好代表的食宿，特别要注意交通安全问题。

四、调研报告的形成

在专题调研活动结束后，协助调研小组成员形成高质量的调研报告。调研报告是整个调研活动的主要成果总结。起草报告时，要将代表在调研活动中了解到的基本情况、目前还存在的问题以及需要向国家有关部门反映的代表议案或建议、批评和意见在调研报告中体现出来,供国家有关部门在工作中参考。同时,形成的代表议案及建议、批评和意见可以在下一次人民代表大会会议期间提出。

代表视察

代表视察是人大代表在本级人民代表大会闭会期间执行代表职务的一种重要活动形式。各级人大常委会要认真做好代表视察的组织联系工作,有关国家机关和单位要予以重视,认真接待。代表法第二十二条规定,县级以上的各级人民代表大会代表根据本级人民代表大会常务委员会的安排,对本级或者下级国家机关和有关单位的工作进行视察。乡、民族乡、镇的人民代表大会代表根据本级人民代表大会主席团的安排,对本级人民政府和有关单位的工作进行视察。代表按前款规定进行视察,可以提出约见本级或者下级有关国家机关负责人。被约见的有关国家机关负责人或者由他委托的负责人员应当听取代表的建议、批评和意见。代表可以持代表证就地进行视察。县级以上的地方各级人民代表大会常务委员会或者乡、民族乡、镇的人民代表大会主席团根据代表的要求,联系安排本级或者上级的代表持代表证就地进行视察。代表视察时,可以向被视察单位提出建议、批评和意见,但不直接处理问题。

一、代表视察内容

代表视察的内容主要包括:(1)围绕本级人民代表大会会议的主要议题进行视察,为审议人大常委会、人民政府、人民法院、人民检察院的工作报告及国民经济和社会发展计划、财政预算报告做好充分准备。(2)围绕人大常委会会议的主要议题进行视察,这种视察一般都是专题视察,主要是为人大常委会会议审议、决定大事,审议“一府一委两院”专项工作报告做准备。(3)围绕本行政区域内,贯彻实施宪法、法律、法规和人民代表大会及其常务委员会通过的决议、决定情况进行视察。(4)围绕中心工作和群众普遍关心的“热点”“难点”问题进行视察。(5)根据需要或群众要求,就一些特定问题进行视察。每次代表视察的内容不宜过多,应具有针对性,讲求实效。

二、代表视察形式

代表视察应根据不同的对象、内容和时间的长短,采用不同的形式。在实际工作中,代表视察形式主要包括:(1)集中视察。也称全面视察、普遍视察、综合视察。这种视察是由本级人大常委会直接组织或委托下一级人大常委会组织的,一般是在本级人民代表大会会议召开之前的一两个月内进行,主要是为人民代表大会会议期间代表行使各项职权做准备。视察时可以按地区分组,也可以按行业分组,主要应根据代表的意见确定。(2)专题视察。这种视察可以由人大常委会统一组织,由人大各专门委员会或代表小组具体落实。这种视察主要由对视察的专题比较熟悉的代表参加,重点是对群众普遍关心、反映比较强烈的问题和带有倾向性的某一专门问题进行深入细致的了解,视察的内容集中明确,题目比较单一,带有深入调查研究性质。(3)持证视察。也叫分散视察。这种视察可以不事先通知被视察单位,代表持代表证或视察证随时随地进行,也可以约集若干位人大代表或以代表小组的形式就地就近随时进行,必要时代表可以要求人大常委会对所要视察的单位帮助联系和安排。特别是代表在调查研究、了解情况或在紧急情况下需要制止纠正一些违法违纪的现象,以维护国家和群众的利益时应采取这种视察形式。(4)参加下级人大组织的视察。本级人大代表在下级人民代表大会会议召开前,可以受邀参加下级人大常委会组织的视察。其目的主要是了解代表本人选举单位的政治、经济和社会发展情况,为列席下级人民代表大会会议、参加本级人民代表大会审议各项议案和报告时做好准备。人大代表在什么时候采取何种视察方式,可以根据人大常委会的安排,也可以自行选择。代表视察应注意轻车简从,灵活多样,注意实效。

三、代表视察注意事项

(1)应确定好视察题目,突出重点。选好视察的对象、选准有代表性的地区或单位,切忌只选好的,不选差的;安排好视察时间,要充分考虑到代表兼职的特点;视察的内容、形式、时间安排等要充分征求和听取代表的意见,要做好代表视察前的准备工作。(2)要注意直接听取选民和群众的意见。代表视察时除听取被视察单位的汇报外,应通过召开座谈会或个别走访等形式,直接听取群众的意见,全面地了解情况,以便得出符合实际的结论。(3)视察不直接处理问题。代表视察不论采取何种方式,都只能是对发现的问题提出建议、批评和意见,不能直接处理问题。代表在视察中发现的问题,可以直接向本级人民代表大会或者本级人大常委会提出,也可以向被视察的有关国家机关提出,并要求处理,如果代表对处理的结果不满意,还可以要求重新处理。

代表联系工作

代表联系工作意义

习近平总书记指出："人民通过民主选举产生自己的代表，组成各级人民代表大会；各级人民代表大会是人民的权力机关，对人民负责、受人民监督；各级国家机关的权力，都来自于人民代表大会，追根溯源，都来自于人民。"习近平总书记强调："各级国家机关加强同人大代表的联系、加强同人民群众的联系，是实行人民代表大会制度的内在要求，是人民对自己选举和委派代表的基本要求。各级国家机关及其工作人员一定要为人民用权、为人民履职、为人民服务，把加强同人大代表和人民群众的联系作为对人民负责、受人民监督的重要内容，虚心听取人大代表、人民群众意见和建议，积极回应社会关切，自觉接受人民监督，认真改正工作中的缺点和错误。"习近平总书记进一步指出："要健全人大常委会组成人员联系本级人大代表机制，畅通社情民意反映和表达渠道，支持和保证人大代表依法履职，优化人大常委会、专门委员会组成人员结构，完善人大组织制度、工作制度、议事程序。"习近平总书记的重要讲话精神，是我们做好人大代表联系工作的根本遵循和行动指南。

十三届全国人大常委会高度重视代表工作，强调常委会要加强与代表的联系。2019 年 5 月 13 日，栗战书委员长在加强和改进全国人大代表工作座谈会上指出，要"进一步深化和拓展常委会同人大代表的联系。常委会组成人员在联系代表时，要重点围绕党和国家工作大局、常委会中心工作来进行，重要的法律案、监督议题，应当主动与代表沟通，征求代表的意见建议，在审议相关议案的发言中一并反映代表的意见。要主动向代表介绍常委会的工作进展和成果，使代表加深了解和认识。要积极帮助和支持代表履职，对代表提出的议案建议，可以事先共同研究，帮助完善。常委会组成人员同人大代表之间形成机制化的工作联系，形成双向的工作互动、工作交流，就能够有力推动人大工作水平提升”。8 月 29 日，在与部分全国人大代表座谈时，栗战书委员长再一次指出，全国人大常委会要遵循和把握代表工作规律，健全完善代表工作机制，自觉接受代表监督，依靠全国人大代表做好常委会各项工作。

从实际工作看，2019 年 12 月全国人大常委会委员长会议通过了《关于完善全国人大常委会组成人员联系全国人大代表机制的意见》，全国人大常委会联系全国人大代表走上制度化、规范化轨道。

代表联系工作是人大常委会工作的重要组成部分。密切联系代表，紧紧依靠代表，充分发挥代表作用，是人大常委会的一项极其重要的经常性工作。(1)加强代表联系工作是人大常委会的一项重要职责和任务。人大代表是国家权力机关的组成人员。人大常委会作为国家权力机关的常设机关，在履行职责、行使权力、决定重大问题时，就必须听取人大代表的意见和建议，保持同代表的密切联系。(2)加强代表联系工作是保障代表执行职务的需要。人大代表在本级人民代表大会会议期间的工作和闭会期间的活动，都是执行代表职务。为代表执行代表职务提供保障，是人大常委会的一项重要工作。人大常委会必须加强同代表的联系，积极创造条件，为代表履行职责提供方便和服务。(3)加强代表联系工作是做好人大常委会全部工作的基础。人大常委会立法、决定、监督、任免权的行使，都需要代表的参与与支持，都是代表集体意志的体现。人大常委会只有加强同代表的联系，才能反映人民群众的根本利益，把基础植根于人民群众之中，使工作充满生机和活力。(4)加强代表联系工作是人大常委会自觉接受代表监督的一种重要形式。人大常委会是由本级人大代表选举产生的，它的工作及其组成人员受人民代表大会的监督。人大代表参与对人大常委会的监督，是职责所在。除会议上的监督外，大量的经常性的监督工作都是通过在日常的代表联系工作中实现的。

代表联系工作指导思想和工作任务

代表联系工作是以宪法、地方组织法、代表法为指导，以加强为代表履行职责服务，充分发挥代表在完善人民代表大会制度，建设社会主义法治国家,全面建设小康社会,实现中华民族的伟大复兴的中国梦的作用为宗旨。及时了解和掌握广大代表和人民群众的意见和要求,了解宪法和法律的贯彻实施情况和问题,使人大及其常委会审议通过的法律和作出的决议、决定更加符合人民的愿望和要求,更加符合实际。通过加强同代表的联系,不断改进和加强人大常委会的工作,提高为代表服务的意识,促进代表进一步密切同原选区选民或原选举单位的联系,提高代表的素质,更好地为实现新时期的总任务服务。

代表联系工作的任务主要是围绕党和国家的工作大局,搞好为人大代表履行职责发挥作用服务和为人大及其常委会行使好职权服务。具体内容包括:(1)组织代表开展"三察(查)"活动,及时反映人民群众的意见和要求,为经济决策提供依据,保证各项决策符合实际,符合人民群众的愿望和要求。(2)组织代表积极参与立法调查和执法检查活动,促进加快立法进度,提高执法监督力度。(3)组织和引导代表在做好本职工作的同时,宣传党的政策、主张和国家法律、法规,在经济建设、政治建设、文化建设、社会建设、生态文明建设中充分发挥模范带头作用。(4)为人大代表履行职责发挥作用搞好服务。整个人大常委会机关必须牢固树立为代表服务的意识,增强为代表服务的观念,端正服务态度,明确联系代表就是为代表服务,把服务工作贯穿在联系代表工作的始终,把人大常委会的机关工作牢固地植根于为代表服务工作之中。(5)为人大常委会行使职权搞好服务。人大常委会在工作中要依据代表的意见和群众的呼声来决定有关事项和问题。人大常委会在行使职权中,必须加强同代表的联系,随时了解并认真研究解决代表提出的意见和要求。真正体现出人大及其常委会代表人民的意志,受命于人民和对人民负责的实质。为了提高人大常委会的审议质量,在日常工作中,代表工作部门和人大常委会机关各工作部门都应采用多种方式广泛征求代表意见,为常委会作出正确决策服务。

一、全国人大常委会和地方人大常委会共同联系全国人大代表

(1)全国人大代表受原选举单位的监督。全国人大常委会和各省、自治区、直辖市人大常委会共同联系代表,经常互通情况,总结经验,做好代表联系工作。(2)全国人大主要联系代表的选举单位,同时也采取按地区或者按行业同代表举行座谈会等形式,同代表直接联系以及通过各省、自治区、直辖市人大常委会同代表间接联系。各省、自治区、直辖市人大常委会负责联系本级人大代表,也负责联系本单位选出的全国人大代表。(3)联系的内容主要是围绕全国人大及其常委会审议、讨论、决定的问题，征求代表的意见，开展调查研究。

二、全国人大常委会联系全国人大代表

根据全国人大常委会的有关规定，全国人大常委会同全国人大代表联系采取的主要办法包括：(1)请全国人大代表列席常委会会议。1987年出台的《关于全国人大常委会加强同代表联系的几点意见》，第一次正式提出邀请代表列席常委会会议。从六届全国人大常委会第二十一次会议开始，邀请部分全国人大代表列席常委会会议逐渐形成制度并不断完善。六届全国人大常委会第二十三次会议通过的全国人民代表大会常务委员会议事规则明确规定，常务委员会举行会议的时候，各省、自治区、直辖市人大常委会主任或者副主任一人列席会议；必要的时候，可以邀请有关的全国人民代表大会代表列席会议。实践中，刚开始的时候，只有在北京的全国人大代表被邀请列席常委会会议，人数为6人左右。从九届全国人大常委会第十八次会议开始，列席代表人数增加到10人左右，范围由京内代表扩展到京外代表。从十届全国人大常委会到十一届全国人大常委会，列席常委会会议的代表人数不断增加，每次会议在30—40名左右，代表列席常委会会议实现制度化。2009年，全国人大常委会修改常委会议事规则，删去上述规定中“必要的时候”的表述。十二届全国人大五年间，共有1600人次代表列席常委会会议，实现了来自基层的全国人大代表任期内至少列席一次常委会会议的目标。十三届全国人大常委会到2019年3月共举行了9次会议，除3月21日举行的第一次会议和2019年1月加开的第八次会议外，其他各次常委会会议共邀请了324名代表列席。在分组审议和专题询问过程中，列席代表有468人次发言。(2)举行代表座谈会。2018年8月29日，栗战书委员长主持部分全国人大代表座谈会，列席十三届全国人大常委会第五次会议的52位全国人大代表参加。委员长同列席常委会会议的代表座谈，这在全国人大代表工作的历史上是第一次。栗战书委员长强调，全国人大常委会非常重视全国人大代表的意见。代表列席常委会会议的机会非常宝贵，这也是常委会联系代表、听取代表意见的一个很好的机会。在这次座谈会上，栗战书委员长还宣布了一个决定，从本次会议开始，形成一个机制，就是每次常委会会议期间，都同列席会议的全国人大代表开一个座谈会，听听大家对人大工作，对党和国家事业发展、经济社会发展、全面依法治国、全面深化改革等方面有什么意见，有什么呼声。委员长强调，全国人大代表特别是基层的代表，同广大人民群众工作生活在一起，对基层的情况很熟悉，更了解人民群众想什么、盼什么，你们把人民群众的呼声、愿望、要求反映上来，这也是很好地发挥人大代表联系人民群众的桥梁和纽带作用。截止到2019年4月，共召开了4次列席常委会会议代表座谈会，栗战书委员长等常委会领导与196名全国人大代表面对面交流，参加座谈的代表89人发言，提出意见建议153条，全部交由有关机关、组织研究办理。此外，2019年1月21日，栗战书委员长还主持召开座谈会，就全国人大常委会工作报告稿听取部分全国人大代表的意见建议。(3)全国人大常委会组成人员直接与全国人大代表联系。十二届全国人大常委会委员长会议先后审议通过《委员长会议组成人员联系全国人大代表的意见(试行)》和《常委会委员联系全国人大代表的意见(试行)》，规定每位委员长会议组成人员直接联系5名以上全国人大代表，每位常委会委员直接联系1—3名所在选举单位的全国人大代表，特别是基层代表和一线工人、农民代表。十三届全国人大常委会继续坚持这一制度，16位委员长会议组成人员直接联系93名全国人大代表，常委会委员直接联系347名全国人大代表。2018年8月31日，栗战书委员长在常委会第五次会议闭幕会上对这项工作提出明确要求，强调本届常委会将继续坚持委员长会议组成人员和常委会委员直接联系全国人大代表的制度，这是加强常委会同人大代表的联系、充分发挥人大代表作用的重要措施，是人民代表大会制度的基本要求，也是人大工作的重要基础。十三届全国人大常委会还要求各专门委员会、工作委员会加强与代表的联系，尤其是要加强同来自基层的全国人大代表的联系，基本实现常委会组成人员、专门委员会、工作委员会联系基层全国人大代表全覆盖。2019年12月，全国人大常委会委员长会议通过了《关于完善全国人大常委会组成人员联系全国人大代表机制的意见》，进一步加强与全国人大代表的直接联系。(4)加强同全国人大代表选举单位的联系。(5)全国人民代表大会每次举行会议前，由全国人大常委会和各省、自治区、直辖市人大常委会根据全国人大会议的议程及代表的意愿，安排代表视察活动，了解各方面工作情况，为出席大会审议议案做好准备。(6)组织代表参加专题调查。(7)认真处理代表的建议和意见。(8)全国人大常委会通过的法律和决议、决定，及时印发给代表，并定期向代表发送全国人大常委会公报、工作通讯等资料。

三、省、自治区、直辖市人大常委会联系全国人大代表

根据全国人大常委会的有关规定，各省、自治区、直辖市人大常委会同

全国人大代表联系的主要要求:(1)各省、自治区、直辖市人大常委会负责人列席全国人大常委会会议前,围绕会议安排的议题,可以根据需要征求住在当地的有关全国人大代表的意见,向全国人大常委会反映。全国人大常委会会议后,有些重要情况,可以向当地有关全国人大代表传达。(2)按照法律规定,各省、自治区、直辖市人大开会时,可以通知本单位选出的全国人大代表列席。各省、自治区、直辖市人大常委会在安排本省人大代表视察或其他重大活动时,可以根据需要,邀请当地的全国人大代表参加。(3)接受全国人大常委会委托,组织全国人大代表进行视察、专题调查,召开座谈会征求代表对法律草案的意见,负责联系代表小组、协助安排代表小组的活动等。(4)全国人大代表进行分散视察活动时,各省、自治区、直辖市人大常委会根据代表的要求,协助联系安排。(5)负责处理代表在视察中提出的应由地方解决的建议和意见。

四、地方人大常委会组成人员联系本级人大代表

地方各级人大常委会组成人员,特别是在省、地、市、县机关工作的人大常委会组成人员,应把联系代表作为一种制度认真落实。要建立自己的联系点,深入本选区或选举单位,采取各种形式联系本级人大代表。传达本级人大常委会的会议精神;听取代表的意见和要求,了解代表联系群众,开展活动的情况和经验;协助代表解决活动中存在的问题,推动代表活动的开展。

五、地方人大常委会机关联系本级人大代表

地方各级人大常委会机关必须密切同本级人大代表的联系。在本级人民代表大会会议召开前,要组织本级人大代表围绕大会的中心议题就地开展视察活动,走访群众,征集议案及建议、批评和意见,为开好大会做好准备;各级人大常委会主任、副主任、秘书长要同委员保持密切联系,互通书信、电话交流意见,沟通情况,采纳委员提出的正确建议;组织有关的本级人大代表参加立法和执法监督工作的调查研究或视察活动;根据需要邀请有关代表列席本级人大常委会会议,组织委员、代表参加其他有关的政治活动和社会活动;认真处理和接待代表的来信来访;人大各专门委员会和常委会各办事机构负责人到基层工作时,要访问代表或召开代表座谈会,征询意见,对他们反映的问题和提出的意见,认真研究,妥善处理,其中重大问题要提到人大常委会或主任办公会议上讨论,责成有关部门及时处理,处理结果及时答复代表;及时向本级人大代表发送会议公报、工作通报和法律、法规等有关资料;总结和通报代表活动情况和经验。如《黑龙江省人大常委会关于加强同省人民代表联系的规定》对加强同省人大代表的联系,充分发挥省人大代表的作用作出了如下规定:(1)省人大常委会机关要进一步加强同省人大代表的联系。在省人民代表大会会议召开前,要组织各地省人大代表围绕大会的中心议题就地开展视察活动,走访群众,征集议案,为开好大会做好准备;省人大常委会主任、副主任、秘书长,要同委员保持密切联系,互通书信交换意见,沟通情况,认真采纳委员提出的正确建议;组织有关的省人大代表参加立法和执法监督工作的调查研究或视察活动,根据需要,邀请有关的省人大代表列席省人大常委会会议,组织委员、代表参加其他有关的政治活动和社会活动;要认真接待和处理省人大代表的来信来访;各办事机构的负责人到基层工作时,要访问代表或开代表座谈会,征询意见,对他们反映的问题和提出的意见,要认真研究,妥善处理,其中重大问题要提到省人大常委会或主任办公会上讨论,责成有关部门及时处理,处理结果要答复代表;要及时向省人大代表发送《公报》《人大工作通讯》等有关材料,通报代表活动情况和经验。(2)委托市、县人大常委会加强同本级人代会选出的省人大代表的联系。根据地方组织法关于地方各级人民代表大会代表应当和原选举单位或选民保持密切联系,并接受原选举单位或选民监督的规定,市、县人大常委会应把同省人大代表的联系工作认真抓好。市、县人大常委会及代表所在单位,要注意尊重代表的民主权利,积极为其开展活动创造条件,如邀请他们列席本级人代会或有关的常委会,参加当地组织的有关视察或调查活动;听取和处理省人大代表提出的意见和反映的问题,凡属于本市、县应解决的问题都要认真予以解决,属于全省性的问题要及时向省人大常委会报告;注意掌握省人大代表活动情况,并经常向省人大常委会反映。(3)要因地制宜,把省人大代表组织起来开展活动,发挥作用。各市、县(区)有省人大代表三人以上的,可以单独建立代表小组,选出组长,人数较多的还可以推选出一名小组秘书,协助组长工作。不足三人的可以就近参加市、县(区)人大代表小组的活动。代表小组的主要任务是:组织代表学习,提高代表议政能力。组织代表联系选民,了解和反映选民的意见和要求,并接受选民的监督。组织代表研究群众迫切要求解决的重大问题,及时向所在市、县或省人大常委会反映并提出建议。组织代表积极宣传和带头贯彻宪法和有关法律、法令、政策,以及全国和省人民代表大会及其常委会的决议、决定,协助政府推行工作,带头维护法纪,勇于向不良倾向作斗争。组织代表交流活动经验。代表小组要制定切实可行的活动制度,并及时向省人大常委会反映情况。

六、地方人大常委会联系本级人大选出的上一级人大代表

地方各级人大常委会受上级人大常委会委托,把同本级人民代表大会选出的上一级人大代表的联系工作当作自身工作的一部分,积极为其开展活动创造条件。如邀请他们列席本级人代会或有关的常委会会议,参加当地组织的有关代表视察或调查活动;听取和处理代表提出的意见和建议,凡属于当地应当解决的问题都认真予以解决,属于上级机关或部门的问题及时报上级人大常委会;注意了解掌握上一级人大代表活动的情况,并经常向上级人大常委会反映。

七、乡、民族乡、镇的人民代表大会主席、副主席联系本级人大代表

依据地方组织法的规定,乡、民族乡、镇的人民代表大会主席、副主席在本级人民代表大会闭会期间负责联系本级人民代表大会代表,根据主席团的安排组织代表开展活动,反映代表和群众对本级人民政府工作的建议、批评和意见。

八、人大代表联系选区或选举单位人民群众

按照地方组织法和代表法的有关规定,人大代表要同原选区或原选举单位保持密切联系,接受原选区选民或原选举单位的监督,积极参加当地人大常委会和乡镇人大主席、副主席安排的有关活动;人大代表要密切联系人民群众,主动听取群众的意见和要求,向本级人大常委会和当地人大常委会,乡镇人大主席、副主席反映情况,提出建议、批评和意见;每次本级人民代表大会闭会后,代表要及时向所在工作单位和群众传达大会精神,团结群众,实现大会决议;对人大及其常委会通过的法律、法规及决议、决定,代表可以同群众座谈,进行宣传,了解贯彻实施情况,并向本级及当地人大常委会,乡镇人大主席、副主席反映;平时代表尽可能进行分散的、不脱产的视察活动或就地就近持证到基层单位视察,加强同群众的直接联系。

代表联络机构

一、全国人大常委会代表联络机构

全国人大常委会办公厅联络局是全国人大常委会的代表联络机构,内设代表处、地方处、议案建议处等机构。主要任务是负责与全国人大代表和各省、自治区、直辖市人大常委会的联系工作;了解和反映地方人大工作情况和换届选举工作情况、反映人大代表的意见;督促有关部门办理全国人大代表提出的议案及建议、批评和意见,办理全国人大代表视察的有关事项;承办全国人大常委会代表资格审查委员会办公室的有关工作等。

二、省级人大常委会代表联络机构

各省、自治区、直辖市人大常委会机关中设有专门的代表联络机构,一般是处级机构,有少数地方为厅级机构,如北京、天津、湖北、贵州、甘肃等地。由于全国没有作统一规定,目前各地机构名称、所设在部门及其所承担的职责和任务也不尽相同。多数地方叫"代表联络处"或"联络处",也有些地方叫"代表工作处"或某委员会"办公室"等。多数地方设在人事代表工作部门中,如人事、代表委员会或者选举联络任免工作委员会中;有些地方设在人大常委会办公厅中。其职责和任务大体相同,主要是负责与本级人大代表的联系工作,组织代表开展活动,反映代表的意见和要求,督促办理代表提出的议案及建议、批评和意见;受理代表的来信来访;承担代表资格审查委员会办公室的有关工作事项;接受全国人大常委会委托,负责组织由本省、自治区、直辖市选出的全国人大代表在闭会期间的活动。有些地方也负责同市、县人大常委会的联系,了解反映市、县人大常委会的工作情况,指导市、县人大常委会代表工作、换届选举工作和乡镇人大主席团工作等。

三、设区的市、县、乡级人民代表大会代表联络机构

设区的市、自治州、县级人大常委会中一般都设有代表联络工作机构。一些设区的市的人大常委会设有代表联络处;一般设区的市人大常委会在人事代表工作委员会或在办公室中设有代表联络科;地区人大工作委员会,县、市辖区人大常委会有人事代表工作部门或在办公室设有专人负责代表联系工作;乡镇人大在闭会期间由人大主席、副主席或专职工作人员负责代表联系工作。设区的市、县、乡级人大代表联络工作部门或者负责代表联系工作人员所承担的职责与任务大体上与省级人大常委会代表联络工作部门相同。

联系代表方式和联系制度

各级人大常委会以及地区人大工作委员会、乡镇人大主席团同代表联系的方式和形式主要包括:

(1)组建代表小组并开展活动。(2)组织代表开展视察。(3)邀请代表列席会议。(4)召开代表座谈会。(5)走访代表。(6)人大常委会组成人员以及机关各工作部门分工定点联系代表。(7)人大常委会主任、副主任实行代表和人民群众来访接待日制度。(8)受理代表来信来访。(9)给代表寄送材料,通报信息。(10)督办代表议案及建议、批评和意见的办理,并答复代表。(11)总结、交流代表联系工作经验,表彰先进,推广典型等。有些地方人大常委会采取组织代表向选区选民或选举单位汇报履行职责情况接受评议;组织代表评议人大常委会工作,评议"一府一委两院"和乡镇有关单位工作;组织代表同政府领导人员开展对话等形式,拓展代表联系渠道。

一、邀请代表列席会议

邀请代表列席会议主要是邀请间接选举产生的人大代表列席本级人大常委会和原选举单位的有关会议。邀请间接选举产生的人大代表列席的会议包括:(1)代表大会会议。全国、省、自治区、直辖市、自治州、设区的市的人大代表,可以应邀列席原选举单位的人民代表大会会议。(2)人大常委会会议。包括两种情况:一是县级以上的各级人大代表可以应邀列席本级人大常委会会议;二是全国、省、自治区、直辖市、自治州、设区的市人大代表,可以应邀列席原选举单位的人大常委会会议。(3)人大各专门委员会会议。全国、省、自治区、直辖市、自治州、设区的市的人大代表,可以应邀列席原选举单位或本级人大各专门委员会会议,县级人大代表可以应邀列席本级人大专门委员会会议。应邀列席的代表一般是较为熟悉会议内容的有关专业的人大代表。这样可发挥他们的特长,集思广益,提高履行代表职务水平。凡应邀列席人民代表大会或人大常委会及专门委员会会议的代表,可以参加会议,参与讨论,发表意见,但没有表决权。许多县、自治县、市辖区的人大代表也应邀列席所在地的乡、镇人民代表大会会议。

二、代表座谈会

召开代表座谈会是人大常委会与代表联系的一种形式,既能广泛听取代表意见,改进和加强人大常委会的工作,又能及时了解和解决代表执行职务的情况和问题。座谈会可以由人大常委会召开,也可以由人大专门委员会和办事机构召开,还可以由常委会组成人员召开。每次座谈会的时间、人数、内容可以根据实际需要而定。座谈会既可以听取代表对人大常委会和对"一府一委两院"各方面的工作意见,又可以就某一方面工作,某一法律、法规的制定或修改专门征求意见,还可以总结、交流履行代表职责的经验或探讨研究代表工作的有关问题等。召开座谈会时,还可以根据会议内容,邀请"一府一委两院"及其有关部门领导人员参加,以便直接交流沟通情况和意见,有利于解决问题。

三、走访代表

走访代表是人大常委会保持并加强同代表联系的一种有效途径。主要是由人大常委会组成人员，特别是主任、副主任、秘书长及驻会的专职委员经常走访代表。走访的目的是征求代表对人大常委会及其各方面工作的意见、建议，以便保证人大常委会作出的决议、决定更加符合实际。同时，也了解代表工作、生活，特别是履行代表职责的情况，帮助他们解决一些困难和问题。走访的方式，有的是按地区或者按行业分工，不定期地、有重点地走访；有的是普遍地走访。更多的是结合下基层工作时，随时走访一些当地的本级人大代表。人大各专门委员会、常委会机关各工作部门的负责人及代表工作部门的工作人员到各地工作时，也应安排走访一些人大代表。有些地方建立了定期走访人大代表和联系选民活动日的制度，如每月或每季由人大常委会主任、副主任、秘书长、专职委员带队，分工走访代表和选区。通过走访密切同代表的联系，加强和改进人大常委会的工作。有的地方建立了人大常委会组成人员联系代表制度，即人大常委会组成人员按分工联系本系统和原选举单位的代表。

四、受理代表来信来访

人大代表来信来访不同于一般群众的信访。它也是代表执行职务的一种重要形式。受理代表来信来访，是人大常委会联系代表的一种重要方式，也是为代表服务的具体体现。各级人大常委会必须重视人大代表的来信来访，切实做好工作。(1)建立和完善人大代表来信来访制度，认真接待。(2)通过建立代表接待日、设立代表信访专线电话等形式，畅通代表信访渠道。(3)对重要的信访意见应由人大常委会领导同志亲自阅处，及时转交有关部门办理，并限定时间答复代表；一般信访意见，承办部门也必须认真办理、件件答复，不得遗失和积压；对代表信访中反映的群众关系的热点、难点问题，要督促“一府一委两院”及其有关部门认真研究、解决，切实为人民群众办实事，切实保护和调动代表执行职务的积极性。(4)建立领导干部轮流接待来访代表的制度。一些地方建立了代表接待日制度，即人大常委会主任或者副主任定期接待来访代表制度。由领导干部会见代表，互相对证，反映情况，解决问题，密切同代表的联系。

五、向代表寄送资料及开展专题通信

向代表寄送资料是各级人大常委会普遍采用的一种联系代表的方式。寄送的资料主要是本级人大常委会机关编印的会刊、工作简报、工作通讯以及报纸、刊物和有关的法律、法规、代表工作经验汇编、代表工作手册等一些学习资料。不少地方还为代表订购了全国人大常委会办公厅主办的《中国人大》以及《人民代表报》《法治日报》《民主与法制》等报刊。有些省、市政府还把当地政报寄送给代表，为代表知情知政和参政议政服务。开展专题通信是一些行政区域范围较大、代表居住地比较分散或交通不大方便的地区联系代表的一种常见形式。人大常委会印制人大代表专用的信笺、信封，实行邮资总付。代表只须将要反映的意见写在专用信笺上，使用专用信封即可直接邮寄到本级人大常委会，大大方便了代表，有利于代表民主权利的行使和代表作用的发挥。全国人大常委会和一些省人大常委会较普遍地采用了这种形式。

六、开展评选先优活动

在代表中开展评选“人大代表活动先进小组”和“人大代表活动积极分子”活动是一些地方人大常委会在加强代表联系工作中积极采取和创造的一种新形式。评选的目的就是激励代表积极参加闭会期间的代表活动，履行职责、发挥代表作用。评选一般是采取个人总结、相互评议、小组推荐、小组间联评和选举单位推荐的办法推选出先进集体和个人。各级人大常委会只做组织和服务工作。这样做有利于代表进行自我总结、自我回顾，从而达到互相交流、学习先进、共同提高的目的。

相关链接

人大代表议案与政协委员提案的区别

人大代表议案和政协委员提案原来并无实质性区别。在我国,1983年以前,议案、提案名称混用。1983年以后,各级人民代表大会在实际工作中改用议案这一名称。在五届全国人大五次会议上,当时的全国人大常委会副委员长习仲勋在《关于四个法律草案的说明》中说,规定人大代表团和代表以及全国人大常委会委员提出议案须经一定程序,是因为全国人大和它的常委会审议通过的议案,都是具有一定的约束力的,有的就是法律。这和过去每次全国人大会议上代表们提出的大量提案是不同的。那些提案主要是对各方面工作提出的建议、批评和意见,涉及的问题很多并不属于全国人大职权范围,大会不好通过实质性的决议,只能转交有关方面研究处理。现在,代表向全国人大或者它的常委会提出的对各方面工作的建议、批评和意见,都由人大常委会的办事机构交由有关机关和组织研究处理并负责答复,不再采取大会提案的形式。这样比较符合实际,既简化了工作程序,又可以使代表提出的建议、批评和意见能够得到适当的处理和答复。采用议案,不用提案,是为了将过去那种提案同现在规定的需要提请人民代表大会审议通过的具有约束力的议案加以区别。

(一)提出的主体不同。人大代表议案是由人大代表向本级人民代表大会提出的,并且有法定人数要求,一名或少于法定人数要求的人大代表都不可以提出。政协委员的提案是政协委员向政协全体会议和常务委员会会议提出的,并经提案委员会审查立案交付有关单位办理的书面意见和建议。

几个人可以联合提出,一个人也可以提出。

(二)内容的范围不同。人大代表议案的内容必须是本级人民代表大会或人民代表大会常务委员会职权范围内的事项。政协委员的提案的内容非常广泛,可以涉及社会政治、经济生活的各个方面、各个领域,大至党和国家的大政方针,小至群众生活密切相关的切身问题,甚至本单位政治、经济生活等各个方面的有关事项,政协委员都可以通过提案提出意见、建议。

(三)结果效力不同。人民代表大会是国家权力机关,代表的议案通过后具有法律约束力。政协是统一战线组织,政协的提案没有法律上的约束力。

人大代表小组工作制度

×××省全国人大代表小组工作制度

第一条 代表小组的组成。全国人大代表小组(以下简称代表小组)是全国人大代表在本级人民代表大会闭会期间履行职务,开展代表活动的一种重要组织形式,其组成人员由召集人、联络员和成员构成。

第二条 代表小组召集人工作职责。召集人负责代表小组活动的组织领导和沟通、协调工作,要充分调动每位代表的积极性,使代表小组形成合力,成为一个有作为的集体。具体包括:

(1)组织制订代表小组活动计划,明确小组全年活动的次数及活动内容、目的、时间、方式和要求,并印发代表小组成员。

(2)组织代表小组围绕全国人大常委会重点工作以及人民群众关心的热点、难点问题,开展多种形式的视察、检查和调研等活动。

(3)对代表小组活动提出的议案及建议、批评和意见认真把关,并督促代表小组联络员做好代表小组活动的信息反馈工作。

(4)定期组织代表小组学习研讨,提高代表素质,增强代表意识,发挥代表作用。

(5)认真搞好代表小组活动的制度建设,确保代表小组活动质量。

(6)完成全国人大常委会和原选举单位布置的其他工作。

第三条 代表小组联络员工作职责。联络员要熟悉掌握本小组代表的基本情况,协助代表小组召集人做好代表小组活动的组织联络和协调服务及信息反馈工作。具体包括:

(1)协助召集人做好代表小组活动计划,经代表小组讨论通过后,及时报省人大人事委员会并具体组织实施。

(2)协助召集人收集整理代表小组活动提出的议案及建议、批评和意见,及时转交省人大人事委员会。

(3)做好代表小组活动的记实工作,认真填写并按时上报《代表履职档案》。

(4)总结反馈代表小组活动先进经验和代表发挥作用的先进事迹,及时向全国和省人大常委会通报代表小组活动动态,提供代表小组活动新闻信息。

(5)受全国人大常委会和省人大人事委员会的委托,及时向代表发送有关学习资料。

(6)保持与省人大人事委员会的经常联系,及时告知代表小组成员个人信息变更或出现的特殊情况。

(7)协助召集人做好代表小组活动的其他组织服务工作。

第四条　代表小组活动的内容。代表小组活动是指除省人大常委会集中组织的活动之外,本小组根据需要和实际情况组织的活动,其内容一般包括:

(1)组织代表学习、宣传党的路线、方针、政策和宪法、法律、法规以及人民代表大会及其常务委员会的决议、决定;

(2)组织代表深入基层开展视察、调查活动,了解有关法律、法规和人大及其常委会的决议、决定在本行政区域内的实施情况,可以与当地人大组织的活动有机结合,调查和研究本行政区域内的有关重大问题,向全国和省人民代表大会常务委员会及其他国家机关反映,并提出改进工作的意见,协助政府推行工作;

(3)组织代表通过多种渠道保持与人民群众的联系,及时反映人民群众的意愿,帮助解决有关迫切需要解决的问题;

(4)沟通代表小组活动信息,总结交流代表活动经验。

第五条　代表小组的基本活动制度。主要包括:

(1)建立学习制度,主要是有组织、有计划地学习有关法律、法规和政策,学习有关代表工作经验等。

(2)建立联系制度,一是建立代表小组召集人和联络员与全国人大常委会及原选举单位的联系;二是建立代表小组联络员与代表的联系。

(3)建立“三查(察)”活动制度,一是明确“三查(察)”活动前的有关准备工作;二是明确“三查(察)”活动内容的安排原则;三是明确“三查(察)”活动的方式、方法和规模;四是做好“三查(察)”活动后的信息反馈。

第六条 代表小组活动的保证。一是应保证活动的质量。代表小组活动要注重实效,保证质量,通过闭会期间的活动,为大会期间履行职责打好基础;二是应保证活动的时间,代表小组每年至少安排五天的时间开展小组活动,活动次数不少于两次;三是应保证活动的参与率,代表小组的全体成员,没有特殊情况,应参加小组活动。

第七条 代表小组活动的服务和保障。省人大常委会工作部门和市人大常委会、地区人大工作委员会要为代表小组活动提供必要的条件和保障。要着力做好代表活动前的准备工作、活动中的服务工作、活动后的总结工作,并根据代表小组活动的情况,提供必要的经费。

代表工作探索

人民代表大会制度是我国的根本政治制度,体现了社会主义制度的优越性和社会主义民主的广泛性。坚持和完善人民代表大会制度,是提高党的执政能力,保障人民当家作主,实施依法治国基本方略,做好新形势下人大工作的必然要求。为做好新形势下的人大工作,各地从实际出发,作了若干探索。这些探索在进行中,有待于在实践中完善和法律的认可。

一、人大代表旁听法院审判

探索人大代表旁听法院审判的做法,一般是旁听人民法院依法公开审理的案件。旁听分为集体旁听和个人旁听。集体旁听是指人大代表有组织地对人民法院公开审理的案件进行旁听;个人旁听是指人大代表个人持代表证进行旁听。人大代表参加旁听活动,应自觉遵守法庭规则。个人旁听案件,一般应提前向法院预约登记;旁听时,应主动向庭审有关人员出示代表证。集体旁听计划由本级人大常委会监察司法工作委员会根据常委会的工作要求,与人民法院办公室协商制订。监察司法工作委员会和代表联络室负责集体旁听的组织工作。

人大代表参加旁听活动后,对庭审活动中审判程序、庭审能力、审判作风、公诉水平等情况进行评价,提出意见和建议。

二、人大代表公示

将当选的人大代表的有关情况通过媒体公示于选区和选民。一些地方人大常委会为促进代表更好地履行职责，增强代表意识，便利选民了解代表，加强与代表的联系，加强对代表的监督而采取的一种做法。公示的内容主要是：人大代表本人的照片、姓名、工作单位、联系方式、工作简历等。代表公示一般通过报刊、电台、电视台等新闻媒体公示，或在原选举单位挂牌的方式公示。

三、人大代表述职

代表法规定，由选民直接选举的代表应当以多种方式向原选区选民报告履职情况。近年来，有的地方人大探索出了代表向选民述职具体操作模式，对督促代表积极履行职权，提升地方人大代表工作质量起到了一定效果。在人大代表向选民或选举单位述职时，由选民根据代表述职情况、实际履职情况等，用无记名投票的方式对述职代表进行评议。评议结果可分为优秀、称职、基本称职、不称职四个等次。对优秀的进行表彰奖励，对称职和基本称职的予以激励鞭策，对不称职的可以考虑进行罢免。

四、人大代表履职登记

人大代表履职登记就是由代表本人或人大常委会在特定的履职卡或履行软件中记录履行代表职务的情况，包括人代会期间出席会议、提出议案建议的情况，闭会期间参加代表小组活动，参加常委会和各专门委员会组织的活动，个人持证视察，提出建议、批评和意见，联系选民群众及原选举单位的情况等。实行这一制度，一方面能够真实记录和反映代表依法履职情况，激发代表履职积极性，充分发挥代表作用；另一方面能够弥补代表履职量化考评的空白，为代表评优、连任等提供依据。同时，代表履职登记记录，对于完善代表的队伍建设，提高代表整体素质，加强人大制度建设，都具有促进作用。

五、人大代表信件直通车

人大代表信件直通车又称为“人大代表重要意见和建议绿色通道”。主要目的是保障代表的建议和意见权正常行使。做法就是代表使用专用的信封，直接将自己对相关工作的意见和建议邮寄给人大常委会的主任会议成员。“直通车”启用专门印制的带有“人大代表重要意见和建议直通车”特别标志的专用信封，以保证人大代表给人大常委会主任、副主任、秘书长的信件能够快速准确送达。规定“直通车”反映的问题包括：对人大及其常委会制定的地方性法规,作出的决议、决定执行情况和职务行使,对改进和加强政府、监察委员会、法院、检察院依法行政、依法监察、公正司法,本行政区域经济建设和社会发展等方面的重要意见和建议;人民群众普遍关心和急需解决的热点和难点问题;对人大常委会、政府、监察委员会、法院、检察院工作人员廉政建设方面的重要意见和建议。主任会议成员收到"人大代表重要意见和建议直通车"专用标识信件,要亲自拆封并阅处。代表在闭会期间提出的建议、批评和意见以及人大常委会主任会议成员阅批的直通建议,由人大常委会办事机构交由有关机关、组织研究办理。有的还规定,对代表直通建议,承办单位应当在交办之日起一个月内,至迟不超过两个月,予以答复。

立法篇

立法制度

立法宗旨

依据中共十八届四中全会决定和立法法，我国的立法宗旨是：规范立法活动，健全国家立法制度，提高立法质量，完善中国特色社会主义法律体系，发挥立法的引领和推动作用，保障和发展社会主义民主，全面推进依法治国，建设社会主义法治国家。把握立法宗旨，特别强调：一是把提高立法质量作为立法的一项基本要求。衡量立法质量的高低主要看法律法规是否反映客观规律，符合人民意愿，解决实际问题。立法要准确体现党的主张和人民意愿，立得住，行得通，真管用，有针对性、及时性、系统性、可操作性。二是发挥立法的引领和推动作用。立法是法治建设的首要环节，既是调节社会利益的重要方式，也是全面深化改革、全面建设小康社会的有效途径。发挥立法的引领和推动作用，要突出运用法律手段调整利益关系，确保党的主张成为全社会共同遵守的法律规则；要突出从制度上、法律上解决改革发展中带有根本性、全局性、长期性的问题，用立法推进制度创新，引领改革发展。三是全面推进依法治国。全面推进依法治国是一个系统工程，是国家治理领域一场广泛而深刻的革命，总目标是建设中国特色社会主义法治体系，建设社会主义法治国家。立法则要建设完备的法律规范体系，完善以宪法为核心的中国特色社会主义法律体系。这是法治体系中的第一子体系，起着基础性的重要作用，对推进全面依法治国有着深远意义。

立法体制

依据宪法和宪法相关法的规定，我国实行由全国人大及其常委会的国家立法权,国务院的行政法规制定权,国家监察委员会的监察法规制定权,地方性法规制定权、自治条例和单行条例制定权、规章制定权构成的统一而又分层次的立法体制。

一、全国人大及其常委会行使国家立法权

根据宪法,全国人民代表大会负责修改宪法。修宪权是最高的立法权,只能由全国人大行使,全国人大还拥有制定和修改刑事、民事、国家机构的和其他的基本法律的权力。比如,十届全国人大五次会议审议通过的物权法,是民事方面的基本法律;十二届全国人大三次会议修改的立法法,是涉及国家立法制度的基本法律。全国人大常委会制定和修改除应当由全国人大制定的法律以外的其他法律;在全国人大闭会期间,对全国人大制定的法律进行部分补充和修改,但不得同该法律的基本原则相抵触。从立法实践看,我国大部分法律都是由全国人大常委会制定的。

二、国务院制定行政法规

行政法规是指国务院为领导和管理国家各项行政工作,根据宪法和法律,按照行政法规规定的程序制定的政治、经济、教育、科技、文化、外事等各类法规的总称。由于法律关于行政权力的规定常常比较原则、抽象,因而还需要由行政机关进一步具体化。行政法规就是对法律内容具体化的一种主要形式。

三、国家监察委员会制定监察法规

2018 年 3 月十三届全国人大修改了宪法,制定了监察法。宪法和监察法明确规定监察委员会的产生、职权、领导体制等。2019 年 10 月 26 日第十三届全国人民代表大会常务委员会第十四次会议通过《关于国家监察委员会制定监察法规的决定》。根据该《决定》,国家监察委员会根据宪法和法律,制定监察法规。监察法规可以就下列事项作出规定:(一)为执行法律的规定需要制定监察法规的事项;(二)为履行领导地方各级监察委员会工作的职责需要制定监察法规的事项。但是监察法规不得与宪法、法律相抵触,如果同宪法和法律相抵触,全国人民代表大会常务委员会有权予以撤销。

四、地方人大及其常委会行使地方立法权,制定地方性法规

一是省、自治区、直辖市的人大及其常委会根据本行政区域的具体情况和实际需要,在不同宪法、法律、行政法规相抵触的前提下,可以制定地方性法规。二是设区的市的人民代表大会及其常务委员会根据本市的具体情况和实际需要,在不同宪法、法律、行政法规和本省、自治区的地方性法规相抵触的前提下,可以制定地方性法规,报省、自治区的人民代表大会常务委员会批准后施行。需要指出的是,设区的市的立法权仅限于城乡建设与管理、环境保护、历史文化保护等方面的事项制定地方性法规。三是自治州的人民代表大会及其常务委员会可以行使设区的市制定地方性法规的职权。

五、自治区、自治州、自治县的人大行使自治权,制定自治条例和单行条例

自治区、自治州、自治县的人大有权依照当地民族的政治、经济和文化的特点,制定自治条例和单行条例。自治区的自治条例和单行条例报全国人大常委会批准后生效,自治州、自治县的自治条例和单行条例报省、自治区、直辖市的人大常委会批准后生效。

六、规章

国务院各部委、中国人民银行、审计署和具有行政管理职能的直属机构,可以根据法律和国务院的行政法规、决定、命令,在本部门的权限范围内,制定规章。部门规章规定的事项应当属于执行法律或者国务院的行政法规、决定、命令的事项。没有法律或者国务院的行政法规、决定、命令的依据,部门规章不得设定减损公民、法人和其他组织权利或者增加其义务的规范,不得增加本部门的权力或者减少本部门的法定职责。

省、自治区、直辖市和设区的市、自治州的人民政府,可以根据法律、行政法规和本省、自治区、直辖市的地方性法规,制定规章。没有法律、行政法规、地方性法规的依据,地方政府规章不得设定减损公民、法人和其他组织权利或者增加其义务的规范。省、自治区的人民政府制定的规章的效力高于本行政区域内的设区的市、自治州的人民政府制定的规章。

部门规章之间、部门规章与地方政府规章之间具有同等效力,在各自的权限范围内施行。

人大常委会有关工作机构立法服务制度

一般是指法制工作机构立法服务制度,有时也指人大常委会其他工作机构,如人大常委会研究室的立法服务制度。很多地方的立法条例都规定,人大常委会法制工作机构在人大常委会审议法规案过程中,应当做好下列工作:及时、准确、全面地汇总、整理常委会组成人员和有关专门委员会的意见;与有关方面研究、修改法规案,起草关于法规修改情况的汇报;根据常委会组成人员的意见,就法规案中的重要问题,可以会同有关的专门委员会开展调查研究、考察论证；向社会公布法规草案、组织召开立法听证会等立法的具体服务工作。

地方立法听证制度

立法听证是立法主体在立法过程中，通过公开举行会议的方式，听取与立法有关的信息和公众意见，为立法主体制定规范性文件提供依据和参考的一种制度。我国法律第一次规定听证制度是1996年3月17日第八届全国人大常委会第四次会议通过的《中华人民共和国行政处罚法》，1997年通过的《中华人民共和国价格法》，又规定了有关听证的内容，确定了听证制度。2000年3月15日九届全国人大常委会第三次会议通过的《中华人民共和国立法法》在总结了行政处罚听证、价格听证实践的基础上，又把听证制度引入了立法程序。立法法第三十六条规定："列入常务委员会会议议程的法律案，法律委员会、有关的专门委员会和常务委员会工作机构应当听取各方面的意见。听取意见可以采取座谈会、论证会、听证会等多种形式。"这一规定意义重大，它向人们展示了我国立法制度的不断进步、不断走向民主化。作为立法听证制度主要表现形式的立法听证会，不同于主要用于立法论证的立法座谈会、论证会。立法座谈会、论证会，是就法案中专业性、技术性比较强的问题，邀请有关方面的专家从科学性、可行性角度进行研究、提出意见，主要用于解决立法的科学性问题；而立法听证会则主要用于解决立法的民主性问题。

一、立法听证会的特征

（一）公开性。听证会的公开性主要体现在以下几个方面：一是会议参加者邀请程序的公开。立法座谈会和立法论证会，是立法主体按自己的意见邀请召开的，参加者多为内定，这就有可能带有邀请者的随意或者偏好，就难免会出现只邀请支持某一观点或反对某一观点的人参加，因而可能出现征求意见有倾向性、片面性、不真实的问题。而听证会则不同，立法主体要将举行听证会的时间、地点、听证内容提前向社会发出公告，允许公众自愿报名参加，也可以由单位推荐参加。公民参与听证会处于一个主动的地位，公民想参与就可以报名参与，而不是由立法机关工作人员想请谁就请谁。二是会议举行的公开。座谈会、论证会不但邀请程序不公开，会议举行也不是公开的。但听证会则不同，除非有必须秘密进行的理由（如国家安全问题），立法听证会必须公开进行，并允许公民报名参加，允许公民旁听和新闻媒体采访报道。三是听证结果的公开。对于论证会、座谈会上提出的意见，一般由立法主体或者工作机构内部掌握，对其中的合理意见是否采纳缺乏公众的监督。而对于举行听证的时间、地点、内容，举行立法听证会的立法主体应当事先向社会公布。立法听证会的这一特点，对于克服地方立法中的部门利益倾向具有十分重要的意义。

（二）抗辩性。立法座谈会和立法论证会的参加者一般是受立法主体的邀请而参加的，这就常常不会使支持和反对法规案观点的人同时参加会议。特别是座谈会和论证会的邀请与被邀请者一般都比较熟悉，使得参加者容易对法规案多报以恭维之词，而难以真实地批评；有的熟人专家由于比较了解邀请者，也就知道哪些意见可以提，哪些意见不可以提。被邀请的专家有时也只能代表某些专业人士的意见，难以代表广泛民众、各种利益群体的意见。而立法听证会是自愿选择参加的，参加听证会的人必然是那些特别支持和特别反对某法规案的人。由于听证会在程序上往往采取支持与反对者交替出庭作证，这就使得听证会具有很大程度的辩论性质，使正反方面的意见得到充分展示。这样法案中的矛盾必定会暴露得更加充分，意见就会更加全面。一项法案之所以要进行听证，是因为人们对立法内容存在着不同的看法。在听证会上，不同意见可以陈述，相互之间可以进行质疑、辩论。从某种意义上说，立法辩论是听证会的灵魂。不同的意见和不同的观点，如果不通过一定程度的对抗，不让其充分展开，是难以见真伪的。要做到这一点，立法机关在听证会举行前，必须事先进行认真的听证审查，审查双方不同的观点，合理选择正方与反方的人数，合理确定人员结构。在听证会上，主持人要善于引导当事人进行辩论，善于控制节奏、把握大局，把立法听证会引向深入。

（三）程序性。立法听证程序不同于一般的座谈会、论证会的工作程序，而是具有一定的法定性。在举行听证会前，都要制定听证规则，规定听证参加人和旁听人的组成及权利，并对听证内容、方式、听证报告书等作出规定，以保证听证会依法有序地进行。

（四）公正性。立法听证的公正性表现在，一是支持与反对法规案的人都有平等的参与听证会的机会；二是参与听证的人无论是处于何种阶层，都是各种不同意见的代表，他们都有平等、独立地发表自己意见的权利，都可以按照自己的意见如实发表意见，不受他人影响。

（五）选择性。立法法规定听证会是听取意见可以采取的一种形式，既不是必须采取的形式,也不是唯一可以采取的形式。在立法过程中,立法主体可以举行听证会,也可以不举行听证会,这主要根据所制定的规范性文件的内容而定。也就是说,立法听证是立法过程中的一个特殊程序,而并非一个必经的阶段。从我国各地举行立法听证会的实践情况看,各地在确定实行立法听证的内容时,主要选择那些对本行政区域经济和社会发展有重大影响,对公民、法人和其他组织切身利益有重大影响的法规草案。这主要是考虑立法听证的成本和效益的关系问题。与任何事务都有其局限性一样,立法听证也是有其副作用的,比如有意地、排他性地邀请那些只会以肯定的态度来作证的个人或集团,会使听证流于形式;立法听证会的举行,会迟延立法过程;立法听证会的费用较大,会加大立法成本。因此,举行听证会应当选择那些重大的确实需要听证的事项。

二、立法听证的作用

(一)有利于克服地方立法中的部门利益倾向。立法听证有利于法规科学合理地规定公民、法人和其他组织的权利与义务、国家机关的权力与责任。一些部门在立法活动中"掺杂私货""借法扩权""借法逐利",谋求地方或者部门利益的问题,是地方立法中的一个通病。解决这一顽疾,立法听证会是一副有效的良药。公民参与是民主政治的基石,公民参与也是防止权力滥用的重要制约措施。立法听证会公开进行,透明度很高,各种意见得到充分阐述和质辩,提供给常委会会议的听证报告如实记载,再加上社会舆论的宣传、广大人民群众的普遍关注,这就将地方立法工作置于了广大人民群众的监督之下,十分有利于克服立法中存在的随意性、片面性,防止或避免部门利益倾向。

(二)扩大人民参与立法活动的渠道。人民群众参与立法,是我国政治民主的重要体现,是人民群众依法参与管理国家、社会事务,向立法机关反映民意的重要途径。人民群众可以通过参与立法听证活动,充分有效地表达自己的愿望和意志,对立法内容、形式等提出意见和建议,供立法机关参考。这对于增强人民群众的法律意识、法治观念、主人翁责任感,以及提高公民参政意识和参政能力都具有重要意义。

(三)广泛集中民智,提高地方立法的科学性。立法的科学性需要立法民主性来保证。采取公开举行听证会的方式,集中民智,尊重民意,直接听取人民群众意见,使立法机关获得更多的社会信息资源,弥补了立法机关对实际情况与现实需要了解的不足,使立法赢得人民群众的理解和支持。这是完善立法程序,发扬立法民主,提高立法质量的重要举措,也是立法反映广大人民群众意志,代表广大人民群众利益的具体体现,从而形成民主立法的有效机制。

三、确定立法听证范围的原则

(一)要考虑到各方面利益的均衡。任何一部立法,一般说来都涉及利益关系的调整。比如国家利益与个人利益、政府各部门之间的权益、中央利益与地方利益、一个集团与另一个集团的利益、一个群体同另一个群体的利益,等等。设立立法听证程序虽然有时可以有效地保护个人利益或者集体利益,但有时也可能损害公共利益或政府利益。有些国家在国家安全、军事、外交领域及紧急情况下不适用听证程序,其原因就在于此。面对各种利益的冲突,立法者必须作出恰当的选择,而立法主体均衡各种利益关系最恰当的方式,就是在某种情况下,让利益冲突的各方在立法机关陈述意见。

(二)要考虑立法听证成本和效益的关系。虽然听证程序在很大程度上保护了立法相对人的利益,但它毕竟也是一项耗费颇大的程序制度,如果仅仅考虑程序带来的社会经济效益,而忽视其耗费的成本,实际上也是很难行得通的。同样,如果为了避免人力财力的耗费而拒不适用听证程序,则可能会给立法目的和社会效益、个人利益带来严重的损害。因此,立法听证应当在成本不大于效益的原则下进行。

(三)听证的事项属于重大事项。听证的事项要属于本地重大的、人民群众普遍关心的立法事项。一是从性质上说,应该是关系改革发展稳定大局和群众切身利益、社会普遍关注的事项;二是从空间范围上来说,应该是涉及面较广、事关全局的事项;三是从结果来说,应当是影响巨大而深远的事项;四是从时间上说,应该是急需解决,而又能够解决的事项。

(四)听证的内容要具有一定的可参与性和可辩性。从各地已经进行了的立法听证的立法事项来看,基本上都体现了这一原则,如《上海市中小学生伤害事故处理条例》《浙江省实施〈消费者权益保护法〉办法》《石家庄市民心河管理条例》等。在主要听证内容的确定方面,主要应当针对法规、规章中有较大争议的事项和法规、规章中涉及的不同利益群体之间有明显利益冲突的事项。如海南省人大常委会法规室在报送省人大常委会主任会议审定的海南省《医疗保险条例(修订草案)听证会方案》中,就把听证的主要内容进行了以下列举:(1)是否可以建立参保人员享受基本医疗保险待遇与其缴费年限挂钩的机制,在企业未能缴费的情况下,根据自愿的原则,允许已参保人员向共济账户缴纳原由企业为职工个人缴纳的部分,在其因病住院时,能够享受医疗保险待遇。(2)退休人员享受基本医疗保险待遇是否可以不与原单位的缴费挂钩。(3)单位终止或者改制,其退休人员实际缴费不足10年的,从其清算财产中一次性征收医疗保险基本补偿金的主要依据;该部分退休人员的医疗保险待遇与该补偿金的征收挂钩的主要依据和理由。(4)异地就医问题。参保人员在异地居住1年以上的,其医疗费用如何管理;在国外和中国港、澳、台的医疗费用是否应由基本医疗保险基金支付,还是应由其所属单位或者本人负担。

地方性法规新闻发布会制度

所谓地方性法规新闻发布会,可以是在地方性法规制定的各个阶段,就地方性法规制定的相关事项,邀请新闻单位与会,向其介绍地方性法规制定的相关情况,通过新闻媒体广为宣传,晓喻社会,以达到宣传地方性法规的目的。目前的地方性法规新闻发布会,一般是指地方性法规刚刚通过以后,为宣传新通过的地方性法规而召开的新闻发布会。召开这种新闻发布会的目的主要是向社会各界宣传该地方性法规制定的背景、目的、制定过程、主要内容和特点等,以便为该地方性法规的执行奠定良好的基础。这种新闻发布会一般都是由制定该法规的人大常委会组织并以该人大常委会的名义进行,该地方性法规的执法部门参与。召开的时间,一般都是在该地方性法规实施前,或者实施的当日举行,这样一是有利于该法规的遵守和执行,二是可以增加该法规的纪念意义。新闻发布会的内容一般是:人大常委会有关领导就制定该法规的必要性、背景、意义以及实施该法规的要求等发表讲话;人大常委会负责统一审议的机构或者法制工作机构的负责人,就该地方性法规的主要内容和特点等作简要介绍;地方性法规实施机关的领导就实施该法规的打算作表态发言;人大常委会有关机构负责人答记者问等。参加新闻发布会的新闻机构一般有:当地的电视台、电台、主要报刊、网络、有关专业报刊等。

立法权限

省、自治区、直辖市人大及其常委会立法权限

立法权，是指国家机关制定、认可、修改、废止法律的权力。立法权限，是指享有立法权的国家机关制定、认可、修改、废止法律的范围。进一步说，就是享有立法权的国家机关各自可以就哪些事项行使立法权。根据立法法的规定，我国的立法机关或具有立法职能的国家机关有：全国人大及其常委会，国务院，国家监察委员会，省、自治区、直辖市和自治州、设区的市的人大及其常委会，民族自治地方的人民代表大会，特别行政区立法机关，国务院各部门，省、自治区、直辖市人民政府和自治州、设区的市的人民政府。

根据宪法、地方组织法和立法法的规定，省、自治区、直辖市人大及其常委会根据本行政区域内的具体情况和实际需要，在不同宪法、法律、行政法规相抵触的前提下，可以制定地方性法规。所谓地方性法规，是指省、自治区、直辖市人大及其常委会和自治州、设区的市人大及其常委会依照法定的权限，在不同宪法、法律、行政法规相抵触的前提下（自治州、设区的市的地方性法规还不得同本省、自治区的地方性法规相抵触），制定、修改、废止的在本行政区域内实施的规范性文件。具体地说，省、自治区、直辖市人大及其常委会的立法权限包括：

一是为执行法律、行政法规的规定，根据本行政区域的实际情况作具体规定的事项。

我国疆域广阔、各地情况千差万别，国家法律、行政法规只能就全国的一般情况作出规定，各地还应当根据本地的实际情况，在有上位法的前提下，制定实施国家法律、行政法规的具体办法。如监督法第二十九条规定：

“县级以上地方各级人民代表大会常务委员会审查、撤销下一级人民代表大会及其常务委员会作出的不适当的决议、决定和本级人民政府发布的不适当的决定、命令的程序,由省、自治区、直辖市的人民代表大会常务委员会参照立法法的有关规定,作出具体规定。”第四十七条规定:“省、自治区、直辖市的人民代表大会常务委员会可以根据本法和有关法律,结合本地实际情况,制定实施办法。”地方制定执行性的、具体化的规定,但不能同上位法相抵触。

二是属于地方性事务需要制定地方性法规的事项。

地方性事务是指具有地方特色的事务,一般不需要或在一定时期不需要由上位法统一规范而地方又需要立法加以调整的事务。如湖南省为属于本行政区域管辖的风景名胜立法,制定了《湖南省武陵源世界自然遗产保护条例》。

三是国家专属立法权以外,中央尚未立法的事项。

省、自治区、直辖市和设区的市、自治州人大或其常委会根据本地方的具体情况和实际需要,对于专属立法权以外、国家尚未制定法律或者行政法规的事项,可以先制定地方性法规。对同一事项,在国家制定法律或者行政法规后,地方性法规同法律或者行政法规相抵触的规定无效,制定机关应当及时予以修改或废止。如未成年人保护立法,就是在国家尚未立法的情况下,先由地方的省级人大常委会立法,制定未成年人保护条例,待地方性法规实施一段时间取得经验后,再由国家制定未成年人保护法。在未成年人保护法生效实施后,地方又对地方性法规中与国家未成年人保护法相抵触的部分内容进行了修改或废止。

四是批准设区的市、自治州的人大及其常委会制定的地方性法规。

省、自治区、直辖市人大常委会批准设区的市、自治州的人大及其常委会制定的地方性法规。自治州、自治县人大制定的自治条例和单行条例。依据法律规定,省、自治区人大常委会在批准本行政区域内的设区的市的地方性法规之前,先要对报请批准的地方性法规进行审查,审查的内容是看其是否与宪法、法律、行政法规,是否与本省、自治区的地方性法规相抵触,如果不相抵触,则应当在四个月内予以批准。

五是省、自治区、直辖市人大常委会批准自治州、自治县人大制定的自治条例和单行条例。

六是省、自治区、直辖市的人大有权撤销它的常委会制定和批准的不适当的地方性法规。地方人大常委会有权撤销本级人民政府制定的不适当的规章。

七是规定本行政区域内特别重大的事项的地方性法规,应当由本级人大通过。

实践中,存在一些地方人民代表大会的立法权被虚置的问题。有的地方人大甚至从未制定过地方性法规。按照立法原意,凡涉及本地区全局的重要事项或者涉及较多群众切身利益或较多群众关心的事项,都属于重大事项,应当由人大立法。有的地方的义务教育条例、立法条例、预算监督条例等由本级人大通过,而非由本级人大常委会通过,是符合立法法规定的。

除了上述的法定的立法权限以外,实际工作中还经常会遇到立法调整范围问题。所谓立法调整范围问题,是指哪些事项需要并且可以用立法来调整,哪些事项不宜或不应当用立法来调整的问题。例如,禁止燃放烟花爆竹、城市限制养犬等事项是否适宜用立法来规定?曾经有一段时间,全国各地纷纷立法禁止或限制燃放烟花爆竹,立法禁止或限制养犬。但这两种立法在多数地方执行得不尽如人意。近年来一些地方又废止关于禁止或限制燃放烟花爆竹的地方性法规;有一个设区的市,在禁止或限制养犬条例通过后的几年时间里,能够按照法规规定到管理部门办理养犬登记手续、交纳管理费的人寥寥无几。还有的地方立法规定,当保姆也要经过审批,等等。这些问题的存在,向我们提出了一个严肃的问题:立法不是万能的,不能什么问题都靠立法解决。根据实践经验可以考虑这样几个因素,作为纳入地方立法范围的参考:(1)纯粹道德调整的问题,不宜立法调整。但也不绝对,随着时代的变迁,情况的变化,法律也可能对这类问题予以调整。如证人是否有作证的义务,就经历了这样一个过程。起初,在有的国家认为证人是否应当作证,是一个道德问题,法律不应予以干涉,但随着社会的发展,人们观念的变化,现在有的国家已经用法律的形式规定了证人作证的义务。(2)纯粹属于公民之间自治范围的私事,公民自己能够自主解决的,不宜用立法调整。如关于家庭雇用清洁员临时打扫卫生、临时请人帮厨等事项就不必用立法调整。(3)属于人们情趣习俗的事项,立法不宜调整。如节日探亲访友是民族传统习俗,立法不宜去强制禁止或限制。(4)纯粹属于工作方法的事项,不宜用立法来调整。如关于行政执法责任制的内容,就不应当用立法来加以规定。(5)社会普遍不同意用立法调整的事项,不宜用立法来调整。如一些学术团体内部的会员管理、领导机构产生办法等,不需要用法律来具体规范。

设区的市和自治州的人大及其常委会立法权限

所谓设区的市，是指省、自治区的人民政府所在地的市，经济特区所在地的市，经国务院批准的较大的市，其他设区的市。目前，我国共有27个省、自治区的人民政府所在地的市；4个经济特区所在地的市，包括深圳市、厦门市、珠海市、汕头市；18个经国务院批准的较大的市，包括唐山市、大同市、包头市、大连市、鞍山市、抚顺市、吉林市、齐齐哈尔市、无锡市、淮南市、青岛市、洛阳市、宁波市、淄博市、邯郸市、本溪市、徐州市、苏州市。235个其他设区的市。根据宪法、地方组织法和立法法的规定，设区的市和自治州的人大及其常委会，根据本地的具体情况和实际需要，在不同宪法、法律、行政法规和本省、自治区的地方性法规相抵触的前提下，可以制定地方性法规，报省、自治区的人大常委会批准后实施，并由省、自治区的人大常委会报全国人大常委会和国务院备案。设区的市和自治州的人大及其常委会的立法权限有：

一是为执行法律、行政法规的规定，需要根据本行政区域的实际情况作具体规定的事项。

二是属于地方性事务需要制定地方性法规的事项。

设区的市的人民代表大会及其常务委员会根据本市的具体情况和实际需要，在不同宪法、法律、行政法规和本省、自治区的地方性法规相抵触的前提下，可以对城乡建设与管理、环境保护、历史文化保护等方面的事项制定地方性法规。城乡建设与管理，包括城乡规划、基础设施建设、市政管理等；环境保护，包括大气、水、海洋、土地、矿藏、森林、草原、湿地、野生生物等；历史文化保护包括自然遗迹、人文遗迹等。在此范围内，国家专属立法权以外的事项尚未制定法律或者行政法规的，设区的市根据本地方的具体情况和实际需要，可以先制定地方性法规。在国家制定的法律、行政法规生效后，地方性法规同法律、行政法规相抵触的无效，制定机关应当予以修改或废止。

三是设区的市和自治州的人大及其常委会有权撤销本级人民政府制定的不适当的规章。

四是规定本行政区域特别重大事项的地方性法规，应当由人民代表大会通过。

所谓“特别重大事项”，立法法没有明确规定，根据立法实践的需要，可以考虑这样定义：是指对本行政区域具有根本性、普遍性、长远性影响的、属于地方人大职权范围内的事项。如人大及其常委会行使职权的程序、预算、国民经济计划、教育、医疗卫生、社会保障等事项。

需要注意的是，设区的市和自治州的地方性法规与所在省、自治区的地方性法规的关系问题。二者都叫“地方性法规”，但二者的立法权限是有区别的。根据赋予设区的市以地方立法权的背景和目的看，主要着重于赋予设区的市和自治州对城乡建设与管理、环境保护、历史文化保护等方面的事项制定地方性法规的权限。其立法权限限定在这一范围内，而省、自治区的立法权限就没有这方面的限制。再一点是设区的市和自治州的地方性法规不但有不同宪法、法律、行政法规相抵触的前提，还有不同本省、自治区的地方性法规相抵触的前提。一般本省、自治区已制定了地方性法规，设区的市和自治州一般执行省或者自治区的地方性法规即可，不再就同一事项制定自己的法规。因为省或自治区的地方性法规与法律、行政法规比较起来，就是针对本省、自治区各地的情况而制定的，已经很具体了，一般情况下设区的市没有必要再就同一事项制定自己的地方性法规了，这样可以节约立法资源，把精力用到急需的立法项目上去。但在实际工作中，设区的市重复省、自治区地方立法的情况很常见，大都没有明显的必要性和优越性，所以当前应当解决设区的市与所在的省、自治区重复立法的问题。

全国人大及其常委会授权的省市人大及其常委会立法权限

根据立法法的规定，经济特区所在地的省、市的人大及其常委会根据全国人大的授权决定，制定在经济特区范围内实施的法规。一般称经济特区法规。全国人大及其常委会授权的省、市人大及其常委会的立法权限由全国人大或者其常委会在其授权决议或决定中规定。如全国人大常委会关于授权广东省、福建省人大及其常委会制定所属经济特区的各项单行经济法规的决议中规定：授权广东省、福建省人大及其常委会，根据有关的法律、法令、政策规定的原则，按照各该省经济特区的具体情况和实际需要，制定经济特区的各项单行经济法规，并报全国人大常委会和国务院备案。再如，全国人大关于授权厦门市人大及其常委会和厦门市人民政府分别制定法规和规章在厦门经济特区实施的决定中规定：授权厦门市人大及其常委会根据经济特区的具体情况和实际需要，遵循宪法的规定以及法律和行政法规的基本原则,制定法规在厦门经济特区实施,并报全国人大常委会、国务院和福建省人大常委会备案;授权厦门市人民政府制定规章并在厦门经济特区实施。经济特区法规按照授权,可以对法律、行政法规进行变通。还有,全国人大决定授权海南省人大及其常委会制定经济特区法规;全国人大常委会授权深圳市人大及其常委会制定经济特区法规等。在全面深化改革中,经济特区仍然有其特殊性,还可以继续遵循立法法的规定,在经济体制改革和对外开放等方面作出变通规定。

地方性法规的立法授权

地方性法规授予特定主体行使应当由相应国家机关行使的权力的行为。这里的"特定主体",是指在被授予权力之前,依法不享有该被授予的权力的主体。该主体既可以是行政机关,也可以是具有行政管理职能的组织。如某省食品卫生管理条例规定:"省卫生行政部门主管全省食品卫生监督管理工作,并组织实施本条例。农垦、森工主管部门负责垦区、林区内食品卫生监督管理工作,业务上接受省卫生行政部门的监督和指导。"在本条规定中,"农垦、森工主管部门负责垦区、林区内食品卫生监督管理工作"就是授权。因为农垦和森工系统不是纯国家机关,没有规范意义上的行政管理权。但是由于种种原因,地方性法规授予其行政管理权。这种授权,有的具有法律上的依据。如行政处罚法第十七条规定:"法律、法规授权的具有管理公共事务职能的组织可以在法定授权范围内实施行政处罚。"有的则没有法律依据,是地方性法规根据实际需要作出规定的。如有的地方性法规规定,特定企业的消防组织,行使政府消防行政主管部门的职权。

根据立法工作实践,地方性法规在进行立法授权时,应当遵循以下几项条件:一是授权应当具有法律依据。所谓法律依据,就是法律要求,或者法律许可授权。二是授予的权力除法律允许的以外,应当是授权机关依法拥有的权力。对于不属于自己的权力,立法机关无权授权。如某省人大常委会地区工作委员会工作条例规定:"省人大常委会设立地区工作委员会。地区工作委员会是省人大常委会的工作机构,受省人大常委会领导,监督地区行政公署、地区中级人民法院、省人民检察院地区分院执行宪法、法律、法规以及全国人大及其常委会和省人大及其常委会的决议、决定的情况,向省人大常委会报告。"这一授权即是错误的。因为根据宪法和地方组织法等法律的规定,人民代表大会及其常委会有权监督本级人民政府、监察委员会、人民法院、人民检察院，而人大常委会的工作机构不是一级人民代表大会和人大常委会，没有自己的人大代表，所以没有监督地区行政公署、地区中级人民法院和省人民检察院地区分院的权力。立法法等法律明确规定，各级人民代表大会、人民政府、监察委员会、人民法院和人民检察院的产生、组织和职权，属于全国人大及其常委会的专属立法权，其他机关无权行使。该省人大常委会把依法不属于自己的权力授予了地区人大工作委员会，属于无权授权，是越权的，也是无效的。三是对授权应有一定的限制。如时间限制，不能无限期授权。范围限制，一般不宜笼统地授权，应当明确授权范围等。行使权力的限制，对被授权主体行使授予的权力规定一定的原则和程序等。被授权机关不得将被授予的权力转授给其他机关。四是对被授权者行使权力的情况进行必要的监督。被授权机关应当严格按照授权决定行使被授予的权力。对违法行使权力或不当行使权力的，应当责令改正或者收回授权。

民族自治地方人大立法权限

根据民族区域自治法的规定，所谓民族区域自治，是指在国家统一领导下，各少数民族聚居的地方实行区域自治，设立自治机关，行使自治权。所谓民族自治地方，分为自治区、自治州、自治县。

根据宪法、民族区域自治法、立法法的有关规定，自治区、自治州的人大既可以制定地方性法规，也可以制定自治条例和单行条例；自治县的人大则没有制定地方性法规的权力。自治区、自治州、自治县人大制定自治条例的权限是：依照当地民族的政治、经济和文化的特点，制定自治条例和单行条例。自治区的自治条例和单行条例，报全国人大常委会批准后生效。自治州、自治县的自治条例和单行条例，报省、自治区、直辖市的人大常委会批准后生效，并报全国人大常委会备案。此外，根据立法法第七十五条的规定，民族自治地方的自治条例和单行条例可以依照当地民族的特点，对法律和行政法规的规定作出变通规定，但不得违背法律或者行政法规的基本原则，不得对宪法和民族区域自治法的规定以及其他有关法律、行政法规专门就民族区域自治地方所作的规定作出变通。

所谓变通，是指依据不同情况，作出非原则性的变动。一般在两个方面作变通规定。一是国家法律明确授权变通的事项。如婚姻法等明确规定民族自治地方可以根据该法的基本原则制定变通或补充规定。二是法律和行政法规的不完全适合本民族自治地方实际情况的有关规定。国家立法面向全国,不能完全照顾到民族自治地方的特殊情况,事实上存在不完全适合民族自治地方的问题。对这方面的问题,民族自治地方的自治条例和单行条例可以依法对有关规定予以变通。

自治条例和单行条例不能作变通规定的事项范围包括:一是不得违背法律或者行政法规的基本原则作出变通规定。一部法律或者行政法规的基本原则是核心内容,体现其基本精神。如果对基本原则作出变通规定,那就从根本上否定了整部法律或者行政法规,也就无法保证宪法、法律、行政法规在本行政区域内的遵守和执行。如变通婚姻法,就不能对婚姻法确定的男女平等、婚姻自由、一夫一妻等基本原则进行变通。需要注意的是,有的法律、行政法规没有明确的、形式上的基本原则条款,需要立法工作者从整部法律、行政法规中发现、抽象、概括、归纳、总结。这种发现、抽象、概括、归纳、总结需要根据该法律、行政法规制定的背景、立法目的、针对的问题等要素来进行。如某自治县的单行条例突破省地方性法规关于农村居民宅基地面积上限的规定,就不符合贯穿于土地管理法始终的珍惜、保护、节约土地(耕地)资源的基本原则。这种变通就属于违背了法律的基本原则。二是不得对宪法和民族区域自治法作出变通规定。宪法是根本大法,具有最高的法律效力和权威,是国家统一和各民族团结的基础。依法治国首先是依宪治国,宪法不能变通,必须得到全面的遵守和执行。民族区域自治法是实施宪法规定的民族区域自治制度的基本法律,是各民族自治地方立法的法律依据。变通这一基本法律,就否定了自治条例和单行条例立法的法律依据。因而也不可以变通。三是不得对有关法律、行政法规专门就民族区域自治地方所作的规定作出变通。

省、自治区、直辖市、设区的市人民政府制定规章权限

立法法规定,省、自治区、直辖市和设区的市、自治州的人民政府,可以根据法律、行政法规和本省、自治区、直辖市的地方性法规,制定规章。地方政府规章应当经政府常务会议或者全体会议决定。

地方政府规章可以就下列事项作出规定:一是为执行法律、行政法规、地方性法规的规定需要制定规章的事项;二是属于本行政区域的具体行政管理事项。

设区的市、自治州的人民政府制定地方政府规章,限于城乡建设与管理、环境保护、历史文化保护等方面的事项。

应当制定地方性法规但条件尚不成熟的，因行政管理迫切需要，可以先制定地方政府规章。规章实施满两年需要继续实施规章所规定的行政措施的，应当提请本级人民代表大会或者其常务委员会制定地方性法规。

没有法律、行政法规、地方性法规的依据，地方政府规章不得设定减损公民、法人和其他组织权利或者增加其义务的规范。

在行政处罚方面的立法权限。行政处罚法第十三条规定："省、自治区、直辖市人民政府和省、自治区人民政府所在地的市人民政府以及经国务院批准的较大的市人民政府制定的规章可以在法律、法规规定的给予行政处罚的行为、种类和幅度的范围内作出具体规定。尚未制定法律、法规的，前款规定的人民政府制定的规章对违反行政管理秩序的行为，可以设定警告或者一定数量罚款的行政处罚。罚款的限额由省、自治区、直辖市人民代表大会常务委员会规定。"

在行政许可方面的立法权限。行政许可法规定，对于"（一）直接涉及国家安全、公共安全、经济宏观调控、生态环境保护以及直接关系人身健康、生命财产安全等特定活动，需要按照法定条件予以批准的事项；（二）有限自然资源开发利用、公共资源配置以及直接关系公共利益的特定行业的市场准入等，需要赋予特定权利的事项；（三）提供公众服务并且直接关系公共利益的职业、行业，需要确定具备特殊信誉、特殊条件或者特殊技能等资格、资质的事项；（四）直接关系公共安全、人身健康、生命财产安全的重要设备、设施、产品、物品，需要按照技术标准、技术规范，通过检验、监测、检疫等方式进行审定的事项；（五）企业或者其他组织的设立等，需要确定主体资格的事项；（六）法律、行政法规规定可以设定行政许可的其他事项""尚未制定法律、行政法规和地方性法规的，因行政管理的需要，确须立即实施行政许可的，省、自治区、直辖市人民政府规章可以设定临时性的行政许可。临时性的行政许可实施满一年需要继续实施的，应当提请本级人民代表大会常务委员会制定地方性法规"。

立法程序

所谓立法程序，是指国家立法机关制定、修改、废止法律的步骤和方法。狭义的立法程序一般分为法案的提出、法案被列入立法机关的议事日程、法案的审议、法案的表决通过、法的公布等阶段。广义的立法程序还包括立法预测、立法规划、立法工作计划、立法调研、法案起草、立法论证、立法听证等阶段或环节。本书所指的立法程序是指广义上的立法程序。

地方人民代表大会立法程序

一、立法准备

有立法权的地方人民代表大会的立法程序大同小异。所谓大同，是指立法法明确规定地方人民代表大会立法程序应当参照立法法第二章第二节的规定，而第二章第二节已经就法案列入人民代表大会会议议程的程序、审议主体、审议程序、表决程序、公布等作出了明确的规定，关于这些程序的基本原则、基本精神、基本环节和方式方法，地方人民代表大会必须参照执行，所以说大的方面各地基本相同。所谓小异，是指在立法程序的小环节和方式方法上，各地存在一些差异。本书只就相同的方面加以介绍。

关于地方人民代表大会的立法准备。主要包括本级人大常委会审议和法规案的提前向人大代表印发两个方面。本级人大常委会审议，是指拟提交地方人民代表大会审议的法规案，在提交地方人民代表大会之前，先由本级人大常委会审议，然后再提交代表大会会议审议。在立法法颁布之前，许多地方人民代表大会立法不经过常委会审议阶段，而是直接提交人民代表大会审议。这样由于代表大会会议会期短，用于审议法规案的时间也就很短，如果遇上重大复杂的问题，很难在一个会期内解决好，不利于提高代表大会立法的质量。立法法颁布后，各地都对代表大会的立法程序进行了规范和改革，规定向地方人民代表大会提出的法规案，在本级人民代表大会闭会期间，可以先向常务委员会提出，经常务委员会会议依照有关程序审议后，决定提请本级人民代表大会审议。常务委员会审议法规案，应当通过多种形式征求本级人民代表大会代表的意见，并将有关情况予以反馈；专门委员会和常务委员会工作机构进行立法调研，可以邀请有关的本级人民代表大会代表参加。实际操作中，一个法规案往往经本级人大常委会审议两次后，才向人民代表大会提出，这样就基本能够保证人民代表大会的立法质量。提前向代表印发，是指将拟提交人民代表大会审议的法规案，在人民代表大会会议召开之前，即将法规案印发给人大代表，以便人大代表提前知晓法规案的内容，进行必要的调研和论证，保证立法质量。实践中，各地一般都规定向人民代表大会提出的法规案，应当在人民代表大会会议举行的一个月前，由有关办事机构将法规案发给人大代表。如《内蒙古自治区人民代表大会及其常务委员会立法条例》第十八条规定："常务委员会决定提请自治区人民代表大会会议审议的地方性法规案，应当在会议举行的一个月前将地方性法规案印发代表。"

二、法规案的提出和列入会议议程

关于地方性法规案的提出。根据有关法律法规的规定，有权向地方人民代表大会提出法规案的主体有：代表大会主席团、本级人大常委会、本级人民政府、人民代表大会各专门委员会、本级人大代表10人以上联名。应当注意的是，根据地方组织法、立法法等有关法律法规的规定，地方各级人民法院、人民检察院没有向本级人民代表大会及其常委会提出法规案的权力。因为立法法明确规定，有关诉讼制度的事项属于中央专属立法权的范围，地方无权作出规定，所以，有的地方规定地方人民法院、人民检察院可以向本级人民代表大会提出法规案的规定是违反法律规定的。根据有关法律法规的规定，人民代表大会主席团向人民代表大会提出的法规案，直接列入人民代表大会会议议程，由人民代表大会进行审议。本级人大常委会、人民政府、人民代表大会各专门委员会向人民代表大会提出的法规案，由主席团决定列入人民代表大会会议议程。本级人民代表大会代表10人以上联名向人民代表大会提出的法规案，由主席团决定是否列入人民代表大会会议议程，或者先交有关的专门委员会审议，提出是否列入人民代表大会会议议程的意见，再由主席团决定是否列入人民代表大会会议议程。

三、审议法规案

列入人民代表大会会议议程的法规案，需要经过大会全体会议、主席团、代表团、有关专门委员会和法制委员会的审议。

大会全体会议审议法规案。一是听取提案人的说明。在大会全体会议上，法规案的提案人应当向大会作关于法规案的说明，该说明的主要内容是：制定该法规的必要性、制定该法规的事实依据和法律依据、该法规案的起草过程、该法规案的主要内容等。二是在大会全体会议上表决前的审议，如果人大代表对法规案有不同意见可以发言，提出自己的意见。一般情况下，经过了各有关主体和阶段的审议，在这次会议上很少有人再提出新的意见。

各代表团审议法规案。大会全体会议听取法规案提案人的说明后，由各代表团进行审议。一般采用小组会议和代表团全团会议的方式进行。所谓小组会议，就是将一个代表团的人大代表分成若干个小组举行会议，这样有利于使法规案得到充分审议。所谓代表团全团会议，是指一个代表团的全体代表都参加的会议，这样审议的好处是，为各种意见的交锋和辩论提供合适的场所和条件，有利于听取各方面的意见。各代表团审议法规案时，提案人应当派人听取意见，回答询问。根据代表团的要求，有关机关、组织应当派人介绍情况。

有关专门委员会审议。列入人民代表大会会议议程的法规案，由有关专门委员会审议，向主席团提出审议意见，并印发会议。这里的“有关专门委员会”是指与法规案内容相关的专门委员会，如与教育法规案有关的是教育科学文化卫生委员会，与土地管理法规案有关的是农林委员会等。有关专门委员会审议后，需要提出本委员会关于该法规案的审议意见，审议意见的主要内容是制定该法规的必要性、是否同意列入代表大会的会议议程、法规的可行性、对有关条文的修改意见等。该审议意见经主席团会议审议后，印发人民代表大会会议。

法制委员会审议。列入人民代表大会会议议程的法规案，由法制委员会根据各代表团和有关的专门委员会的审议意见对法规案进行统一审议，向主席团提出审议结果报告和法规草案修改稿，经主席团审议通过后提请人民代表大会会议审议。法制委员会审议法规案时，采用委员会全体会议的形式，一般是由主持人协调各位组成人员的意见，以求达成一致。如果达不成一致意见，也可以采取表决的方式作出决定。法制委员会开会审议法规案都会邀请有关的专门委员会派员列席会议，听取其意见。审议结果的报告一般包括：各代表团和有关专门委员会审议法规案的基本情况、对法规案的总体评价、对法规案的重要的不同意见及修改情况、修改的根据和理由等。

代表大会审议法规案过程中，主席团常务主席可以召开代表团团长会议，就法规案中的重大问题听取各代表团的意见，进行讨论，并将讨论情况和意见向主席团报告。在审议过程中，如果遇到重大问题，出现意见分歧，为慎重起见，主席团常务主席可以召开各代表团团长会议听取意见，并进行讨论，以便全面了解各代表团对法规案中的重大问题的意见，有助于民主决策和科学决策，听取意见和讨论结束后，将情况和意见向主席团报告。

代表大会审议法规案的过程中，如果有重大问题，在本次会议期间难以解决、需要进一步研究的，经主席团提出，大会全体会议决定，可以授权本级人大常委会根据人大代表的意见进一步审议，作出决定，并将决定情况向人民代表大会下次会议报告。也可以授权本级人大常委会根据人大代表的意见进一步审议，提出修改方案，提请人民代表大会下次会议审议决定。

四、法规案表决

法规草案修改稿经各代表团审议后，由法制委员会根据各代表团的审议意见进行修改，提出法规草案表决稿，由主席团提请大会全体会议表决，由全体代表的过半数通过。

五、法规公布

省、自治区、直辖市的人民代表大会制定的地方性法规由大会主席团发布公告予以公布。

设区的市、自治州的人民代表大会制定的地方性法规报经批准后，由设区的市、自治州的人民代表大会常务委员会发布公告予以公布。

地方性法规公布后，及时在本级人民代表大会常务委员会公报和中国人大网、本地方人民代表大会网站以及在本行政区域范围内发行的报纸上刊载。

在常务委员会公报上刊登的地方性法规文本为标准文本。

自治条例和单行条例的制定程序

自治条例和单行条例的制定程序同地方性法规的制定程序基本相同。不同点是：(1)自治条例和单行条例只能由民族自治地方的人民代表大会制定，常委会不能制定。常委会可以提出自治条例和单行条例案；其他提案人也可向常委会提出自治条例和单行条例案，经常委会审议后，再提请代表大会会议审议。(2)自治区的自治条例和单行条例，报全国人民代表大会常务委员会批准后生效。自治州、自治县的自治条例和单行条例，报省、自治区、直辖市的人民代表大会常务委员会批准后生效。(3)自治条例和单行条例报经批准后，分别由自治区、自治州、自治县的人民代表大会常务委员会发布公告予以公布。自治区的自治条例和单行条例公布后，应及时在本级人民代表大会常务委员会公报和中国人大网、本地方人民代表大会网站以及在本行政区域范围内发行的报纸上刊载。在常务委员会公报上刊登的自治条例和单行条例文本为标准文本。自治州、自治县的自治条例和单行条例可从本地的实际情况出发，采取适当方式公布。可将自治条例和单行条例的文本在所属的省、自治区的报纸上发表，可发给公民和组织，可在公共场所张贴，让公民和组织知道条例的内容。

地方人大常委会立法程序

一、立法准备

地方立法准备广义上包括地方立法规划、地方立法工作计划、确定起草单位和起草人员、组织调查研究、起草条文、广泛征求意见、法规案定稿等环节。

(一)制定立法规划。一般由人大常委会法制工作机构拟订。法制工作机构拟订人大常委会立法规划前，都要征求本级人民政府、本级监察委员会、本级人民法院、本级人民检察院、人民代表大会各专门委员会和人大常委会工作机构及办事机构的意见，有的地方还要通过新闻媒体向社会各界征求意见和建议。立法规划的主要内容：制定立法规划的指导思想、制定立法规划坚持的基本原则、主要立法任务、为完成立法任务而提出的各项措施等，其中立法任务又根据立法准备的成熟程度和轻重缓急，分为正式项目、预备项目和调研项目。由于立法规划一般都是依据党和政府关于经济社会中长期发展规划拟订的，所以，很多地方的人大常委会都要将其立法规划草案呈送同级党委审查批准。立法规划经同级党委审查批准后，由人大常委会主任会议通过并向社会公布。

(二)制定立法工作计划。一般也是由人大常委会法制工作机构拟订。法制工作机构拟订人大常委会立法工作计划前，都要征求本级人民政府、本级监察委员会、本级人民法院、本级人民检察院、人民代表大会各专门委员会和人大常委会工作机构及办事机构的意见,有的地方还要通过新闻媒体向社会各界征求意见和建议。立法工作计划的主要内容包括:制定立法工作计划的指导思想、立法项目、工作要求,其中立法项目又包括正式项目、预备项目和调研项目,每个正式项目的后面都附有提案人向人大常委会提案的时间要求。立法计划草案经人大常委会主任会议讨论通过后公布实施。对于正式项目,如无特殊情况,要求必须按计划要求及时向人大常委会提出法规案;对于预备项目,如果成熟的话,也可以变为正式项目列入人大常委会会议议程;对于调研项目,主要是为以后几年的立法计划储备立法题目,但也不绝对排除上升为正式项目的可能。正式项目遇特殊情况,也可不列入人大常委会会议议程。条件成熟的预备项目和调研项目可以上升为正式项目,这种情况属于年度立法工作计划的变更和调整。年度立法工作计划的变更和调整一般由人大常委会法制工作机构提请主任会议决定。另外,有的地方的省人大常委会还规定,设区的市、民族自治地方的人大常委会编制的立法规划和年度立法工作计划,应当报省人大常委会备案。这样规定,一定程度上有助于解决重复立法的问题。

(三)确定起草单位和人员。立法工作计划确定以后,就要全力以赴保证立法工作计划的实现。需要采取具体的实施措施,实际中采取的主要措施是:定单位、定任务、定时间、定人员。(1)定单位,是指确定起草法规案的单位。一部法规的最终质量如何,很大程度上取决于它的起草单位。目前一些法规的立法质量不高,一个很重要的原因是法规案由将来负责执行该法规的部门起草,这就难免不夹带部门利益在其中。所以,确定法规案的起草单位是一件非常重要的事情,一定要慎重。理想的做法是:法规案由超脱于法规执行者和管理相对人的主体起草。但是受诸多条件的限制,这一理想很难实现。通常的做法是:一般的法规案由提案人组织起草;综合性、全局性、基础性的重要法律草案,可以由有关的专门委员会或者常务委员会工作机构组织起草;专业性较强的法规案委托有关科研机构、社会组织或专家起草。当然,如果人大常委会认为哪部法规案应当由自己组织起草,它有权组织起草。人大常委会组织起草法规案,一般是由主任会议指定有关专门委员会或者人大常委会有关工作机构进行。(2)定任务,是指明确起草任务,主要包括明确起草法规草案要解决的主要问题,法规草案的体例、结构和表述风格等。法规草案要解决的主要问题是实体任务,法规草案的体例、结构和表述风格是形式任务，实体任务是前提，形式任务是实体任务的保证。这两项任务必须在确定任务之初即应明确，否则容易影响起草进度。(3)定时间，是指明确完成起草任务的时限。立法工作计划是年度计划，人大常委会一般每两个月举行一次会议，一个立法年度一般只能召开6次会议审议法规案，立法工作计划中的法规案最晚不能晚于每年的10月向人大常委会提案，如果晚于10月提案，按照人大常委会审议法规案至少实行两次会议审议制度，则当年的立法工作计划就完不成。所以，必须严格按照计划操作。一是定出完成总体法规案的完成时间，二是定出每一个阶段起草任务的时间节点。(4)定人员，是指确定起草法规案的具体人员。起草人员应当具备这样几个主要条件：一是思想政治条件。即政治素质好，思想觉悟高。有强烈的国家意识、责任意识、民主意识、科学意识，廉洁公正，不会利用参与起草法规案的机会而谋求私利。二是业务素质条件。参加起草法规案的人员必须精通业务。如起草电力法草案，必须精通电力业务。这里的业务，既包括电力知识、技能、经验等，也包括熟悉与电力业务有关的法律法规政策等规范性文件。三是法律素质条件。即精通法律。包括法治信念、法律素养、法律知识、法律技术等。另外，定人员中确定领导人员非常关键。起草班子中的领导人员往往决定着法规案起草的方向、法规案的内容、法规案的质量。从经验上来说，起草班子的领导人员，应当具有高度的责任心，较强的业务水平，敢于坚持原则，善于发扬民主等素质。起草人员主要由立法机关的有关人员（法制工作机构和有关专门委员会的有关人员）和提案机关的有关人员组成。总之，定起草单位、定起草任务、定完成时限、定起草人员，是完成法规案起草的组织保证。

（四）组织调查研究。就是日常所说的立法调研的一部分，因为整个法规案起草过程都要进行立法调研，所以，起草前的调研也是立法调研的一个非常重要的方面。法规案的起草前调研非常重要，它不仅关系到法规案起草的质量，也关系到法规案起草的效率。有的法规案起草人员先起草、后调研，往往是对实际存在的问题不清，对解决问题的措施的合法性和可行性了解不够，而走了弯路，到头来还得从头补上调查研究这一课。起草前调研的主要任务是：全面了解法规所要调整的社会关系的基本情况、取得的经验和存在的主要问题，法规所要解决的主要问题，法规案应当规定的解决问题的措施。起草调研的方式，主要有开座谈会、走访调查、问卷统计、论证会、听证会等。上述每一种方式都有其特点：座谈会是最常用的一种立法调研方式。优点是成本低、方便,缺点是不容易得到真实的情况。走访调查的优点是调查者与被调查者面对面,使调查者得到直接的感官印象,真实、直接、客观,但缺点是不全面。问卷统计适合于面上的调查,优点是成本低、得到的资料全面。缺点是不能保证真实和详细。论证会只适用于特定问题的论证,就法规案中涉及的专门性问题难以解决时,组织有关方面的专家等进行论证,论证的问题有概念问题、范围问题、标准问题等,这种方式是其他方式不能替代的。听证会,既适用于解决面上的问题,也适用于解决特定问题。它的主要优点是能够听到不同方面、特别是对立面之间的声音,了解不同方面的意见,而且这些意见都相当深入,各方论证的也相当有说服力,是一种立法调研的好方式,但其不足是成本高、程序复杂。现在的立法调研中,应当大力提倡的是调查走访和立法听证会,因为这是保证立法真实的最有效方式。立法调研的重点应当是基层。现在立法调研中存在的一个突出问题是,调研不能深入基层。往往局限于上层,局限于管理部门,习惯于听取管理部门的情况汇报和介绍,即使听基层的意见,也是由管理部门选择有关的基层人员汇报介绍情况,导致起草人员了解不到真实、全面的情况。为克服这种现象,起草人员应当到最基层调研,到农村的村屯、农户家里、田间地头,到厂矿企业生产一线,到学校的现场、教室等,直接听取管理者、相对人等利益相关人的意见。了解他们关心的问题,研究他们提出的意见,采纳他们提出的有益的建议,为起草高质量的法规案打下坚实的基础。

(五)起草法规条文草稿。是法规案起草的核心。要起草出合格的法规案条文,取决于很多因素,以下几点是至关重要的:一是起草人员。这里的起草人员,主要是指起草法规案的执笔人。成立起草班子,确定起草人员以后,首要任务是确定法规案的具体执笔人。执笔人应当具备以下条件:各方面素质较好,尤其是文字水平较高,驾驭文字的能力较强。精力充沛,能够全程参与法规案起草的所有活动,了解与法规案起草有关的所有情况。执笔人一旦确定,没有极特殊情况不要更换。二是牢记起草任务。围绕起草任务这个核心,组织法规案的结构和条文。用起草任务这个标准,来衡量、取舍哪些内容可以纳入条文中,哪些内容不应写入条文中。实际工作中,会存在大量与法规案有关的意见和建议,各有关方面都要求或希望将其纳入法规中,这些意见和建议五花八门,出发点和动机也各不相同,如果全部采纳,会使法规案变得面目全非。如何来取舍呢?就是要用起草任务来衡量确定。三是准确领会领导意图。对于起草法规案,领导一般都会有相应的想法、思路或要求。如法规要重点解决哪几个问题,规定几项具体的措施,法规案采用什么样的体例等。作为起草人员,明确起草任务后,首先要请示领导指示,准确领会领导的意图,这样就会避免走弯路。起草人员在起草初稿时,应当把握住主要的一点:把所掌握的、能够解决的问题全面地反映在草稿中,而且要措施到位,也就是按最理想的状态起草。草拟条文。初稿好比胚胎,以后的增补、修改都要在此基础上进行。初稿的质量决定着法规案的质量,如果初稿写得不全面、不具体、不到位,以后再想弥补就会很难。

(六)征求意见。法规案初稿起草完毕以后,还要经过广泛征求意见的阶段。征求意见的作用,主要是检验初稿的质量,通过征求到的意见,分析初稿是否体现了起草任务的要求,是否体现了领导的意图,是否反映了实际情况,规定的措施是否符合实际、切实可行,是否符合法制统一的原则(即是否与宪法、法律、行政法规相抵触,是否与同位阶的其他法规相矛盾),等等。征求意见的范围,包括本级有关的国家机关,如本级政府的有关部门、本级监察委员会、本级人民法院、本级人民检察院等;包括下级有关国家机关,如市县人大常委会、人民政府、监察委员会、人民法院、人民检察院等;包括有时向社会公布法规案初稿,广泛征求社会各界的意见;包括有时就一些重要、复杂的问题,或者争论较大、地方难以解决的问题,向中央有关国家机关请示汇报,请求指示等。征求意见的文件,一般包括征求意见函、法规案初稿、关于法规案初稿的说明等。除了书面征求有关方面的意见之外,一般还有法规案起草成员带着法规案初稿,实地到有关方面和基层,听取有关部门和基层的意见和建议。这种征求意见,主要采取开座谈会的形式进行。征求意见结束后,法规案起草成员要全面、认真研究、分析征求到的意见和建议,决定取舍,充实、完善法规案初稿。需要指出的是,实际工作中,法规案初稿形成以后,大多数不是经过一次征求意见就正式变成向人大常委会提出的议案了,而是要经过多次的征求意见、补充修改的过程,有的甚至是推翻原来的初稿,重新起草新的条文,有的尽管不是重新起草,但也是进行重大的调整。法规案初稿经过反复的修改以后,才能最终定稿,变为法规议案形式,向人大常委会提出。

(七)政府协调。起草法规案,往往涉及政府部门之间的职权划分。对于相关的事项,有时可能与两个以上政府部门的职权有关,而且这种情况在国家层面可能也暂时没有明确的规定,在起草法规案过程中又不能回避,这就为法规案的起草增加了难度。如在国务院关于生产安全事故调查处理条例出台之前，对生产安全事故的调查处理主体问题，因涉及多个部门的职权，多年来一直没有得到有效解决，相关部门之间意见不是完全统一，有时甚至分歧较大。涉及政府部门职权的问题，可看作是政府内部的职权分工问题。因为，我国组织法一般只规定政府的职权，而不规定政府部门的具体职权。具体部门的职权分工，一般应当由政府内部协调解决。根据这种情况，实际工作中，遇到这种情况一般都要求政府来解决，不必交由人大常委会审议决定。所以，有的地方的立法条例明确规定：起草地方性法规草案，草案涉及两个以上行政部门权限的，政府作为提案人在提请人大常委会审议前，应当做好协调工作。这样规定的目的是尊重政府的职权，把矛盾解决在政府向人大常委会提出法规案之前。

二、法规案的提出

启动人大常委会正式立法程序的第一个环节是向人大常委会提出法规案。根据有关的法律、法规的规定，有权向人大常委会提出法规案的主体是：人大常委会主任会议、本级人民政府、本级人民代表大会有关专门委员会、人大常委会组成人员5人以上联名。

人大常委会主任会议提出的法规案，直接列入人大常委会会议议程。本级人民政府、本级人民代表大会有关专门委员会提出的法规案，由主任会议决定列入人大常委会会议议程，或者先交有关的专门委员会审议，提出审议意见，再决定列入人大常委会会议议程。有的地方的立法条例规定，本级人民代表大会有关专门委员会提出的法规案，由主任会议决定列入人大常委会会议议程，而无须再交有关的专门委员会审议。人大常委会组成人员5人以上联名提出的法规案，由主任会议决定是否列入人大常委会会议议程，或者先交有关的专门委员会审议，提出审议意见，再决定是否列入人大常委会会议议程。

有的地方的立法条例对提出法规案的问题，还作出了相关的规定：一是对于本级人民政府、本级人民代表大会有关专门委员会提出的法规案，人大常委会主任会议如果认为有重大问题，需要进一步研究，可以建议提案人修改完善后，再向人大常委会提出。这里的“重大问题”，主要是指法规案的内容方面，如法规案的调整范围不合适，法规案的条文缺乏实际内容，法规案的内容不切合实际，法规案的职权划分不清等等都可以成为“重大问题”。如某省政府向本级人大常委会提出的关于信息化建设的法规案，就因为存在“重大问题”，被人大常委会退回，建议再作修改完善后，向省人大常委会提出。二是本级人民政府向人大常委会提出的法规案,应当经其全体会议或者常务会议讨论通过,并于人大常委会举行会议的若干日之前,提交人大常委会。要求本级人民政府全体会议或者常务会议讨论通过后,再向人大常委会提出是依法作出的规定。地方组织法规定,县级以上人民政府会议分为全体会议和常务会议。全体会议由本级人民政府全体组成人员组成。省、自治区、直辖市、自治州、设区的市的人民政府常务会议,分别由省长、副省长,自治区主席、副主席,市长、副市长,州长、副州长和秘书长组成。县、自治县、不设区的市、市辖区的人民政府常务会议,分别由县长、副县长,市长、副市长,区长、副区长组成。省长、自治区主席、市长、州长、县长、区长主持本级人民政府全体会议和常务会议。政府工作中的重大问题,须经政府常务会议或者全体会议讨论通过。要求本级人民政府在人大常委会会议举行前的若干日之前,向人大常委会提交法规案,是为了保证人大常委会组成人员能够提前了解法规案的内容,做些必要的调研工作,以便提高审议法规案的质量。对于未按期限提交的法规案,一般不列入该次人大常委会会议的议程。三是列入人大常委会会议议程的法规案,人大常委会办事部门一般应当在人大常委会会议举行的若干日前,将法规案和相关材料发给人大常委会组成人员。四是向人大常委会提出的法规案,同时应当提出法规草案文本和说明,并提供相关的资料,法规草案的说明应当包括制定该法规的必要性、依据和主要内容。

三、法规案的审议

法规案被列入人大常委会的会议议程以后,就进入了法规案的审议阶段。地方性法规案根据不同的种类,适用的审议程序不完全相同。综合各地的情况,对于法规的修正案、解释案和废止案,一般都是经一次人大常委会会议审议即交付表决。对新制定法规的议案,主要有两种审议程序:一种是经两次人大常委会会议审议后再交付表决;另一种是经三次人大常委会会议审议再交付表决。

(一)地方人大常委会审议法规修正案的程序。在人大常委会会议的第一次全体会议上,人大常委会组成人员听取提案人关于法规修正案草案的说明。全体会议结束后,由分组会议进行审议。有关专门委员会提出审议意见书面印发会议。分组会议审议结束后,由人大常委会全体会议审议。法制委员会向人大常委会全体会议提出审议结果的报告和草案表决稿,由人大常委会全体会议进行表决。以人大常委会全体组成人员的过半数赞成通过。

（二）地方人大常委会审议地方性法规废止案的程序。在人大常委会会议第一次全体会议上，人大常委会组成人员听取提案人关于废止法规案的说明。全体会议结束后，由分组会议继续审议，有关专门委员会的审议意见书面印发会议。分组会议结束后，由人大常委会全体会议继续审议。由法制委员会向人大常委会全体会议提出审议结果的报告和废止该法规的决定草案，由全体会议表决。以人大常委会全体组成人员的过半数赞成通过。

（三）地方人大常委会审议地方性法规解释案的程序。在人大常委会会议的第一次全体会议上，人大常委会组成人员听取提案人关于法规解释案的说明。全体会议结束后，由分组会议进行审议。分组会议审议结束后，由人大常委会全体会议审议。法制委员会向全体会议提出关于解释案审议结果的报告和解释草案表决稿，由全体会议进行表决。以人大常委会全体组成人员的过半数赞成通过。

（四）地方人大常委会审议新制定法规案实行两审制的程序。人大常委会会议第一次审议法规案时，由提案人向人大常委会全体会议作关于法规案的说明，有关专门委员会提出审议意见书面印发会议。人大常委会会议结束后，由法制委员会根据人大常委会组成人员、有关专门委员会的审议意见和各方面提出的意见，对法规案进行统一审议。人大常委会会议第二次审议法规案时，在人大常委会会议第一次全体会议上，由法制委员会作关于法规案审议结果的报告，并提出法规草案修改稿印发会议。全体会议结束后，由分组会议审议。分组会议审议结束后，由人大常委会全体会议审议，由法制委员会向全体会议作关于法规草案修改稿修改情况的汇报，并提出法规草案表决稿，由全体会议进行表决。以人大常委会全体组成人员的过半数赞成通过。

（五）地方人大常委会审议新制定法规案实行三审制的程序。(1)人大常委会会议第一次审议法规案。由提案人向人大常委会全体会议作关于法规案的说明，有关专门委员会提出审议意见书面印发会议，由分组会议进行初步审议。人大常委会会议结束后，由法制委员会根据人大常委会组成人员、有关专门委员会的审议意见和各方面提出的意见，对法规案进行统一审议。(2)人大常委会会议第二次审议法规案。在人大常委会会议第一次全体会议上，由法制委员会作关于法规案修改情况的汇报，并提出法规草案修改稿印发会议，由分组会议进一步审议。本次人大常委会会议结束后，由法制委员会根据人大常委会组成人员、有关专门委员会和各方面的意见，对法规案继续进行统一审议。(3)人大常委会会议第三次审议法规案。在人大常委会会议第一次全体会议上，由法制委员会作关于法规案审议结果的报告，并提出法规草案第二次修改稿。全体会议结束后，由分组会议审议。分组会议审议结束后，由人大常委会全体会议审议，由法制委员会向全体会议作关于法规草案第二次修改稿修改情况的汇报，并提出法规草案表决稿，由全体会议进行表决。以人大常委会全体组成人员的过半数赞成通过。法规案经常规的审议程序审议后，仍有重大问题需要进一步研究的，由主任会议决定（或者由主任会议提出，全体会议同意）可以暂不交付表决，交法制委员会或者有关的专门委员会进一步审议。法制委员会或者有关专门委员会审议后，向主任会议（全体会议）提出审议意见。

四、法规案表决

法规案经过审议程序后就进入表决程序。表决是常委会组成人员对法规案是赞成、反对或弃权进行表态的行为。一般都采取整体表决的方式表决，即表决者对整个法规案文本表示最终的态度，一次性决定法规案的命运。也有采取先部分表决后整体表决的方式。如某省的立法条例规定："对于法规草案中意见分歧较大的条款，常务委员会会议可以就此条款先行单独表决。"表决一般采取电子表决器、投票等无记名方法，方便每个常委会组成人员按自己的意愿表决。每个常委会组成人员，对于同一事项只有一个表决权。如果有的常委会组成人员不能参加表决，不能委托其他组成人员代为投票。表决的结果是通过法规案或不通过法规案。只有超过常委会全体组成人员半数的常委会组成人员在表决时投了赞成票，该法规案才能通过而成为地方性法规。反之，如果半数或超过半数的常委会组成人员表决时投了反对票和弃权票，则该法规案未被通过。需要明确的是，常委会全体组成人员数是指现任的常委会全体组成人员数，不是指出席会议的常委会组成人员数。因为表决的结果有两种可能，因此会议程序文件及主持人用语不宜用"下一项议程，通过《××条例（草案表决稿）》"之类的字样，而应当用"下一项议程，表决《××条例（草案表决稿）》"之类的字样。经表决未获通过的法规案，该法规案的立法程序终止。如果提案人认为必须制定地方性法规的，可以重新提出议案，按正常程序办理。

五、法规的公布

省、自治区、直辖市的人民代表大会常务委员会制定的地方性法规由常务委员会发布公告予以公布。

设区的市、自治州的人民代表大会常务委员会制定的地方性法规报经批准后，由设区的市、自治州的人民代表大会常务委员会发布公告予以公布。

地方性法规公布后，及时在本级人民代表大会常务委员会公报和中国人大网、本地方人民代表大会网站以及在本行政区域范围内发行的报纸上刊载。官方网站作为新兴的信息载体，具有传播速度快、范围广、易于查询的特点，有利于公众检索。在本行政区域范围内发行的报纸是一种传统的传播媒体，具有可以反复阅读和长期收藏的特点，有利于公众和组织了解收藏。

在常务委员会公报上刊登的地方性法规文本为标准文本。这里所说的标准文本，是指凡是发现同一地方性法规的各种文本不一致时，均以常委会公报刊登的地方性法规文本为标准。这有利于维护法规的严肃性和权威性，确保法规的正确理解和实施。

法规被修改的，应当公布新的法规文本。法规被废止的，除由其他法规规定废止该法规的以外，由人民代表大会常务委员会发布公告予以公布。

法规案的撤回和法规案的搁置

列入人大常委会会议议程的法规案，在交付表决前提案人要求撤回的，提案人应当说明理由，经主任会议同意，并向人大常委会报告，对该法规案的审议即行终止。所谓法规案的搁置，是指人大常委会会议审议法规案，各方面对该法规的必要性、可行性等重大问题存在重大分歧时，可以搁置审议。搁置审议满两年而没有再次被列入人大常委会会议议程的，由主任会议向人大常委会报告，对该法规案的审议即行终止。

法制委员会和有关专门委员会审议法规案程序

法制委员会或者有关的专门委员会审议法规案应当召开全体组成人员会议，意见不一致时，依据少数服从多数原则进行表决。法制委员会或者有关专门委员会审议法规案时，根据需要，可以要求有关机关、组织派人说明情况。有关的专门委员会在审议法规案时，可以邀请其他专门委员会和法制工作委员会的成员列席会议。法制委员会统一审议法规案时，可以邀请有关的专门委员会成员列席会议，认真研究有关的专门委员会的意见。对有关的专门委员会的重要意见没有采纳的，应当向有关的专门委员会反馈，并向主任会议报告。

地方立法解释程序

所谓法规解释，是指对法规的含义作出说明和阐释。从法规解释主体方面说，可以分为有权解释和无权解释。有权解释又可以分为立法解释、司法解释、行政解释。无权解释是指公民、法人和其他组织对法规含义所作的说明和阐释。由于事物的复杂性，立法不可能穷尽所有的情况，又由于事物在不断发展变化，法规的规定总是跟不上客观情况的变化，所以就需要法规解释，以此满足经济社会发展对法律的需求。但是启动法规的解释需要一定的条件和程序，各地对地方性法规解释程序启动的规定主要有两种：一是人大常委会的本级人民政府、监察委员会、人民法院、人民检察院、人民代表大会专门委员会，有权向本级人大常委会提出地方性法规解释要求。二是人大常委会的本级人民政府、监察委员会、人民法院、人民检察院、人大专门委员会、设区的市的人大常委会和人大常委会派出机构可以向人大常委会提出地方性法规解释的要求。对于以上主体提出的解释要求，人大常委会应当由其主任会议决定是否列入人大常委会会议议程。

公民、法人和其他组织可以向人大常委会提出地方性法规解释的要求，由人大常委会法制工作机构研究处理。公民、法人和其他组织向人大常委会提出地方性法规解释的要求，不是必须列入人大常委会的会议议程。

地方性法规解释草案，一般由人大常委会法制工作机构拟订，由主任会议决定列入人大常委会会议议程。

省级人大常委会会议审议地方性法规解释案的程序。在人大常委会会议第一次的全体会议上，由人大常委会法制工作机构的负责人，或者主任会议委托的其他人员向人大常委会组成人员作关于地方性法规解释案的说明。全体会议结束后，由分组会议审议。分组会议结束后，由省级人民代表大会法制委员会根据人大常委会组成人员的意见进行审议和修改，然后由人大常委会全体会议进行审议，法制委员会向全体会议提出法规解释案修改情况的汇报和地方性法规解释草案表决稿，该草案表决稿由人大常委会组成人员的过半数通过。地方性法规解释与地方性法规具有同等效力。

批准自治条例和单行条例程序

立法法规定,民族自治地方的人民代表大会有权依照当地民族的政治、经济和文化特点,制定自治条例和单行条例。自治区的自治条例和单行条例,报全国人大常委会批准后生效。自治州、自治县的自治条例和单行条例,报省、自治区、直辖市的人大常委会批准后生效。

省(自治区、直辖市)人大常委会审查批准自治州、自治县的自治条例和单行条例,一般适用下列程序:

一、准备程序

很多地方的立法条例规定:民族自治地方的人大常委会在自治条例和单行条例提交人民代表大会审议之前,应当征求省、自治区、直辖市法制委员会、法制工作机构,或者民族侨务外事委员会的意见。有的地方规定,需要同时征求法制委员会、民族侨务外事委员会的意见。

二、列入省、自治区、直辖市人大常委会会议议程程序

各地一般都规定:民族自治地方的自治条例和单行条例,由省、自治区、直辖市人大常委会主任会议决定列入省、自治区、直辖市人大常委会会议议程。

三、省、自治区、直辖市人大常委会审查批准程序

省、自治区、直辖市人大常委会审查批准民族自治地方的自治条例和单行条例,一般由民族自治地方的人大常委会负责人在全体会议上作关于自治条例和单行条例的说明,省、自治区、直辖市人大民族委员会或法制委员会向会议提出关于报批的自治条例或者单行条例的审议意见的报告。全体会议结束后,由分组会议审查。分组会议审查时,民族自治地方的人大常委会等机关应当派人到会听取意见,回答询问。分组会议审查结束后,法制委员会根据人大常委会组成人员的意见,向全体会议提出审查结果的报告和是否批准的决定草案。

省、自治区、直辖市人大常委会在审查民族自治地方的自治条例和单行条例时,应当遵循立法法关于民族自治地方的自治条例和单行条例对法律和行政法规作出变通的规定。这一规定是:民族自治地方的自治条例和单行条例可以依照当地民族的特点,对法律和行政法规的规定作出变通规定,但不得违背法律或者行政法规的基本原则,不得对宪法和民族区域自治法的规定以及其他有关法律、行政法规专门就民族自治地方所作的规定作出变通规定。

批准地方性法规程序

立法法规定，设区的市的人民代表大会及其常务委员会根据本市的具体情况和实际需要，在不同宪法、法律、行政法规和本省、自治区的地方性法规相抵触的前提下，可以对城乡建设与管理、环境保护、历史文化保护等方面的事项制定地方性法规，法律对设区的市制定地方性法规的事项另有规定的，从其规定。设区的市的地方性法规须报省、自治区的人民代表大会常务委员会批准后实施。省、自治区的人民代表大会常务委员会对报请批准的地方性法规，应当对其合法性进行审查，同宪法、法律、行政法规和本省、自治区的地方性法规不抵触的，应当在四个月内予以批准。省、自治区的人民代表大会常务委员会在对报请批准的设区的市的地方性法规进行审查时，发现其同本省、自治区的人民政府的规章相抵触的，应当作出处理决定。

一、准备程序

为保证省级人大常委会审查设区的市的地方性法规时，能够掌握足够的信息，有的地方的立法条例规定：一是设区的市的人民政府有关部门在起草地方性法规草案时，应当在法规草案提交市人大常委会审议之前，征求省、自治区人民政府有关部门的意见。比如，设区的市的人民政府的商业部门在起草生猪饲养屠宰检疫销售管理条例草案时，即应当征求省、自治区人民政府商业主管部门的意见，以达到政令统一和行政顺畅的目的。二是设区的市的地方性法规草案经其人大常委会会议第一次审议后，设区的市的人大常委会法制工作机构应当向省人大常委会法制工作机构及时通报情况。人大常委会法制工作机构是人大常委会专职从事立法服务工作的机构，为法制委员会和人大常委会审议法规案提供服务。立法的具体组织和服务工作大都是由其完成的，他们应当及时、全面地了解和掌握立法的全部过程和遇到的问题，以便为法制委员会和人大常委会审议法规案提供相应的服务。设区的市的人大常委会法制工作机构向省、自治区人大常委会法制工作机构及时通报情况，有助于省、自治区人大常委会法制工作机构了解设区的市的地方性法规在制定过程中存在的重点和难点问题，尤其是有助于提前发现合法性问题，以便把问题解决在提请省、自治区人大常委会审查之前。

二、列入省、自治区人大常委会会议议程程序

设区的市的地方性法规经设区的市的人民代表大会或其常委会审议通过后，提请省、自治区人大常委会审查批准，由省、自治区人大常委会主任会

议决定列入省、自治区人大常委会会议议程。

三、省、自治区人大常委会审查批准程序

省、自治区人大常委会审查批准设区的市的地方性法规，一般由设区的市人大常委会负责人在全体会议上作关于地方性法规的说明，省人大法制委员会向会议提出关于报批的地方性法规的审议意见的报告。全体会议结束后，由分组会议审查。分组会议审查时，设区的市的人大常委会等机关应当派人到会听取意见，回答询问。分组会议审查结束后，省人大法制委员会根据人大常委会组成人员的意见，向全体会议提出审查结果的报告和是否批准的决定草案。应当注意的是，省、自治区人大常委会批准地方性法规，一般经一次常委会审查即交付表决。

省、自治区人大常委会对报请批准的地方性法规，应当对其合法性进行审查，同宪法、法律、行政法规和本省、自治区的地方性法规不抵触的，应当在4个月内予以批准。就是说，只要报请批准的地方性法规同宪法、法律、行政法规和本省、自治区的地方性法规不抵触的就必须批准。只有抵触的才可以作出不批准的决定。如某市报请批准的一部地方性法规中有“家庭暴力受害人应当积极主动与有关部门配合，依法维护自身合法权益”的规定，同刑法有关暴力干涉他人婚姻自由罪、虐待家庭成员罪属于告诉才处理的犯罪的规定抵触，则不能批准该条例。

实践中时常会出现这样的情况，省、自治区人大常委会在对报请批准的地方性法规进行审查时，发现其同省、自治区人民政府规章相抵触。遇到这样的情况，省、自治区人大常委会应当作出处理决定：如果省、自治区人民政府规章违反上位法的规定，则省、自治区人大常委会责令省、自治区人民政府修改规章；如果设区的市的地方性法规违反上位法的规定，则省、自治区人大常委会建议设区的市人大常委会修改地方性法规，如果设区的市人大常委会不修改地方性法规，省、自治区人大常委会可以不批准该地方性法规；如果设区的市的地方性法规和省、自治区人民政府规章都不违反上位法的规定，则由省、自治区人大常委会决定。

实践中还经常遇到报请批准的地方性法规的大部分条款同宪法、法律、行政法规和本省、自治区的地方性法规不抵触，仅有个别条款不一致。对此类情况，如果采取不批准的处理办法，就全部否决了该法规。一些地方采取了附修改意见的方式来批准处理，即对抵触的条款作出修改，保证同上位法相一致，然后批准修改过的该条例。

地方立法听证会程序

一、决定举行听证会

作出举行听证会的决定，标志着立法听证会的正式启动。立法听证会有的在法规、规章的起草阶段提起，有的在法规、规章的审议阶段提起。有的由政府部门提起，有的则由人大常委会的主任会议或者专门委员会、常委会法制工作机构提起。关于举行立法听证会的建议。由人大专门委员会和常委会工作机构举行的立法听证会，应当征得人大常委会主任会议的同意。而征得人大常委会主任会议同意的具体表现形式，就是由人大专门委员会或常委会工作机构向人大常委会主任会议提出的关于举行立法听证会的方案。这个方案主要包括两个方面的内容：一是举行听证会的理由，也就是为什么要举行立法听证会；二是听证会的具体的开法，如：什么时间举行，举行多长时间，由哪个单位主办，谁来主持，参加者都是谁，听证的主要问题是什么，等等。如果听证会的提起者已经形成了举行听证会的具体工作方案，可以将方案作为附件附在建议之后，而建议只需将听证会的具体开法简要说明即可。

二、发布举行听证会的公告

在作出举行立法听证会的决定之后，听证机构应当在听证会举行前发布公告，发动公民和组织积极参与，征集听证参加人报名。公告的发布方式应当便于公众，特别是有关利害关系人及时地获知召开听证会的信息。一般是在当地最广泛传播的媒体上发布。

三、决定并通知听证陈述人

选择听证陈述人是听证准备中最重要的事项之一，也是关系立法听证公正、平等与否的关键程序。公民和组织在指定的时间和地点，通过电话或者信函方式报名。报名参加听证会的公民和组织都要在报名时表达自己对听证的全部或者部分主要内容的基本观点、理由。为了从参加者中选择有利害关系的人或者人数相当的不同观点的人，也可以在听证会前召开若干次座谈会进行遴选。听证陈述人员名单由听证组织单位根据公正、合理、平等的原则确定。如沈阳市的立法听证会方案中规定：参加者根据“报名举证的主要内容和报名的先后顺序，以及不同意见的发言者大致对等的原则确定。”广东省建设工程招标投标管理条例的听证程序规定：“听证参加人通过公开登报征集，限定人数为20名，根据报名的先后顺序及支持、反对意见对等的原则遴选。城建环资委可以根据报名情况特邀有关单位或个人作为听证参加人。”听证组织者主要选择与立法事项利益密切相关的公民和组织，相关的专家、学者，相关政府部门的负责人或者代表参加听证会，观点相对的双方代表人数基本相当。主持单位在确定听证陈述人之后，一般以书面方式通知，同时也可以在媒体上公告听证陈述人的名单。正式通知发出之前或在听证过程中，听证机构的工作人员可以约见持有重要意见的听证陈述候选人或者利益关系人，如果发现合适的陈述人，可以通知其开会。浙江省举行修改消费者权益保护法实施办法听证会时，共有 257 人报名要求参加，其中要求发言的达 124 人。根据报名发言的主要观点、内容和报名的先后顺序，以及支持、反对意见人数基本相当的原则，最后确定了 24 人作为听证会陈述人。这 24 人中有经营者代表、消费者代表，有医生、律师，有法学教授、高级工程师，有政府官员和个体户，其中也有单位的代表。

四、举行听证会

听证的程序安排大致是：一是听证主持人宣布开始，然后由工作人员向听证人报告听证参加人到会情况，并宣布听证会规则和会场纪律。二是听证主持人向听证人、陈述人介绍听证事项、听证会的目的和主要辩题。三是听证陈述人发言。听证陈述人发言的顺序由听证主持人确定。对各种不同意见的陈述人都应有平等的发言机会。发言顺序一般应按照以下方法确定：先提出法规、规章案及支持方的陈述人发言，再由反方或持有其他意见的听证陈述人发言。持有相同意见的听证人可以按照下列顺序发言：提出或直接反对法规、规章案的陈述人发言，与听证事项有利害关系的陈述人发言，了解听证事项的相关人发言，专家陈述人发言，其他陈述人发言。如果同一意见的陈述人数量较多，主持人可以要求各方推选代表发言，或者提交书面陈述材料。听证人可以要求陈述人提交书面材料或摘要。旁听人员可以向听证机构送交书面意见。除非听证主持人特别同意，旁听人员在听证会上没有发言的权利。四是听证人询问。在听证陈述人发言中或发言结束后，听证人可以对陈述人进行询问。五是听证辩论。各方听证陈述人发言并回答听证人所提问题后，可以在主持人的主持下进行辩论。经主持人同意，一方陈述人可以向对方陈述人提问和进行反驳。六是主持人进行小结，宣布听证会结束。在听证过程中，一般宜逐个问题进行听证，不宜交叉。主持人只负责听取意见，一般不直接参加讨论和辩论。听证会工作人员应当就听证会的全过程制作听证记录，听证记录由主持人、记录人员签名。听证会应当公开进行，并允许新闻媒体对听证过程进行公开采访报道。

五、撰写听证报告

听证会结束后，工作机构应当认真研究听证意见并制作听证报告，对听证会上的各种意见作出客观、真实的反映，提供给立法机关作为重要的立法参考依据。听证会中获得的信息和公众意见，应当作为立法的重要依据。听证报告应当作为审议法规、规章的附件材料，印发法规、规章的制定机关的组织人员参阅。对听证会中公众反映强烈的、重要的意见，法规、规章案没有采纳的应当作出说明。听证报告应当向社会公开。但需要注意的是，听证会听取的意见、建议并非立法的唯一依据。有些内容不准确，有些则不具代表性。因此，要科学、实事求是地运用这些依据。一是要辩证分析，去伪存真，透过现象看本质。二是要科学判断，从立法指导思想和立法宗旨出发，分析错综复杂的利益冲突关系，抓住立法要解决的主要矛盾，科学、合理地划分权利、义务，规范各主体的行为。三是不能以听证会代替其他听取意见的方式，综合、系统地发挥各种听取意见方式的优点，使制定的法规、规章更具科学性、合理性和可操作性，从而保证立法质量。

地方性法规具体问题答复程序

所谓地方性法规答复，是指人大常委会法制工作机构根据有关方面的要求，对地方性法规中的有关具体问题进行研究，予以答复的活动。对于请求答复的主体，有的地方人大常委会规定只限于有关国家机关。实际工作中，提出对地方性法规具体问题进行答复要求的，不限于有关国家机关，还包括公民和法人。

一、人大常委会法制工作机构答复程序

（一）受理答复请求。要求对地方性法规予以答复，一般是国家机关以该机关正式文件的形式或公民、法人以书面形式向人大常委会法制工作机构提出对有关具体问题的询问的事项。人大常委会法制工作机构的办事机构收到该请求后进行研究，认为不属于答复范围的，不予受理，并通知请求机关或公民、法人。认为属于答复范围的，正式受理。

（二）调查研究。人大常委会法制工作机构的办事机构受理答复请求后，对与答复问题有关的事实和法律、法规、政策进行调查研究。对事实的调查研究，一定要深入实际，深入基层，深入群众，深入生活。对事实的调查研究的目的是确定事实的真实性、性质、数量、发生时间、产生背景、对相关

事项的影响等。对法规、政策的研究，包括事实涉及的法规、政策和实施将要作出的答复涉及的法规、政策。

(三)拟定答复意见草稿。法制工作机构在对答复事项进行的调查研究结束后，着手草拟答复意见。该答复意见必须符合立法原意，这里的“立法原意”，可以从立法背景、立法目的、立法指导思想、立法坚持的基本原则、法规条文等方面寻找。不能违背立法目的、指导思想、基本原则、具体规定。

(四)提交法制工作机构集体讨论决定。答复的草稿需要经法制工作机构集体讨论决定。讨论决定的机构各地不尽相同，有的地方是法制工作机构主任会议，有的地方是法制工作机构主任办公会议等。讨论的程序是：首先，由拟定答复草稿的办事机构负责人汇报情况和答复意见、依据、理由。其次，与会者分别发言讨论，有时甚至是辩论。最后，按照民主集中制原则作出决定。决定分为书面答复和口头答复两种，选择哪一种方式，主要根据需要。

(五)通知请求答复机关。答复结束后，由答复机构将答复意见报所在人大常委会备案。

二、答复询问的注意事项

(一)要高度重视。对询问的答复实际上类似于立法解释，这种答复虽然不具有立法解释的效力，但其所起的作用却相似于立法解释，而且这种答复是可以反复适用的，对相关的社会关系有至关重要的影响，所以，不可不重视答复的问题。

(二)要弄清实际情况。也就是弄清请示所涉及的事实的真相。由于请示答复的问题，大都是具体的问题，涉及具体的人或事，涉及具体的利害关系和利益，所以，请示所涉及的事实极易存在瑕疵。法制工作机构一定要进行必要的调查研究，从实际工作经验看，事实的瑕疵主要表现在：其一，主体的瑕疵，即请示的主体与事实上的主体不一致。有的公民、法人或组织冒用机关的名义向人大常委会请示答复。其二，事实瑕疵，即请示中所涉及的事实与实际中的事实不同。对上述情况，人大常委会法制工作机构，只有深入实际调查研究、走访核实，才能不被表象所迷惑；只有亲自调查核实，才能了解真实情况；只有了解真实情况，才能为正确的答复奠定基础。

(三)要征求相关方面的意见。一部法规往往涉及不同的立法参与者、不同的执法主体、不同的利益相关者，研究答复意见，实际上是在进行立法调研，必须征求相关方面的意见和建议。征求相关方面的意见和建议，一方面可以帮助法制工作机构了解事实真相,另一方面也为法制工作机构拟定答复提供了参考。征求意见的对象,主要是人民代表大会有关专门委员会、本级人民政府有关部门、本级人民政府法制工作机构等,如果请示涉及政府其他有关部门,还应当征求该部门的意见。

(四)法制工作机构人员要有高度的责任心和原则性。很多的请示都涉及利益关系,有时甚至是重大的利益关系。当事人往往想方设法影响法制工作机构的决定,期望作出对自己有利的答复。这就要求法制工作机构的人员从党和国家前途命运出发,从人民群众的根本利益出发,坚持原则,不歪曲法律、不徇私枉法,在大是大非面前,保持正确的政治方向。

(五)要民主决策。答复请示,实际上也是一种立法决策。与民主立法、科学立法的要求一样,研究答复意见也需要广泛征求意见,倾听各种声音。尤其是答复的程序一定要民主。按照民主集中制的原则,建立保障倾听各种意见,研究各种意见,采纳正确意见,作出正确决定的体制和机制。

(六)不要越权答复。请求答复事项涉及立法的实体内容,超过地方性法规询问答复范围的,应当依照法定程序进行立法解释。法制工作机构不能越权答复。

相关链接

全国人大及其常委会的国家专属立法权

专属立法权指一定范围内规范社会关系的事项只能由特定的国家机关制定法律的权力。国家立法权具有最高性、主权性、独立性的特点。对属于国家专属立法权限的事项,其他任何机关非经授权,不得进行立法。如果其他机关未经授权又认为必须立法,只能向专属立法机关提出立法动议,而不得自行立法。确立全国人大及其常委会的专属立法权,体现了宪法原则、民主原则、维护国家法制统一原则。根据宪法规定,立法法对只能由全国人大及其常委会制定法律的专属立法权范围明确规定。

一、国家主权的事项

国家主权是指一个国家独立自主地行使内政和外交的最高权力。国家主权主要包括:政治主权,指一个国家自主选择和建立本国的政治和社会制度,任何外国、国家组织、国家集团不得侵犯和干涉。经济主权,指国家在经济上独立自主,维护本国经济利益、经济安全的权利。领土主权,指国家维护本国领陆、领水、领空的完整和安全,不受任何外来侵犯的权利。对外主权,指国家在国际上具有独立的法律人格、自主地制定和执行对外政策、与其他国家平等交往的权利。与此相关的领海及毗连区法、国防法、预备役军官法、国籍法、国旗法、国徽法等,都属于国家主权事项的立法。

二、各级人大、政府、监察委员会、法院和检察院的产生、组织和职权

根据宪法规定,权力机关、行政机关、监察机关、审判机关和检察机关是国家机构的重要组成部分,是行使国家权力,实现国家职能的核心力量。其产生方式、组织原则、职权范围和行使职权的具体程序直接反映国家机构的本质，表明国家机构是否掌握在人民手中。全国人大及其常委会已根据宪法制定了选举法、代表法、全国人大组织法、国务院组织法、监察法、人民法院组织法、人民检察院组织法、地方组织法、全国人大议事规则、全国人大常委会议事规则等法律。

三、民族区域自治制度、特别行政区制度、基层群众自治制度

民族区域自治制度是国家的一项重要政治制度，是在国家统一领导下，各少数民族聚居的地方实行区域自治，设立自治机关，行使自治权的制度。在我国，各民族自治地方都是中华人民共和国不可分离的部分。实行民族区域自治，体现了国家充分尊重和保障各少数民族管理本民族内部事务的权利的精神，体现了国家坚持实行各民族平等、团结和共同繁荣的原则。民族区域自治制度涉及保护少数民族的权利和国家的统一，必须由法律规定。1984 年 5 月 31 日，六届全国人大二次会议通过了民族区域自治法。

特别行政区制度是体现我国“一国两制”基本方针的重要制度，适用于香港、澳门和未来的台湾地区，即在维护中华人民共和国主权统一和领土完整的前提下，在大陆实行社会主义制度，在香港、澳门和台湾地区设立特别行政区并实行资本主义制度。特别行政区的基本法，由全国人民代表大会制定。1990 年 4 月 4 日，七届全国人大三次会议通过了香港特别行政区基本法。1993 年 3 月 31 日，八届全国人大一次会议通过了澳门特别行政区基本法。特别行政区的立法机关可以根据基本法规定、按既定程序制定法律，但须报全国人民代表大会备案。

基层群众自治制度是中国特色社会主义民主制度的重要内容，是社会主义民主的直接体现，是人民当家作主的有效途径。将基层群众自治制度具体化，直接涉及亿万人民的政治权利，必须由法律规定。1989 年 12 月 26 日七届全国人大常委会十一次会议通过了城市居民委员会组织法。1998 年 11 月 4 日，九届全国人大常委会五次会议通过了村民委员会组织法。

四、犯罪和刑罚

判断社会成员的行为是否为犯罪，涉及对国家政治、经济、文化制度和社会秩序保持最低限度的稳定和安全的标准的认定，涉及对每个社会成员的行为最大限度自由标准的认定。因此，何种行为是犯罪只能由法律规定，即实行罪刑法定原则。刑罚是统治阶级以国家名义惩罚犯罪的强制方法，以公民的基本权利为直接指向，涉及对公民或者法人财产权、自由权、生命权的限制和剥夺,是以国家强制力为后盾的最严厉的处罚行为。惩罚犯罪是国家行为和国家权力,只能由国家法律规定。我国的现行刑法规定了对犯罪行为的刑罚方法,分为主刑和附加刑。主刑包括管制、拘役、有期徒刑、无期徒刑和死刑,附加刑包括罚金、剥夺政治权利、没收财产和驱逐出境。

五、对公民政治权利的剥夺、限制人身自由的强制措施和处罚

公民政治权利和人身自由是宪法直接保护的基本权利。公民政治权利是公民依照宪法和法律享有的参加国家管理、进行政治活动和表达个人意见的权利。公民政治权利包括选举权和被选举权,担任国家机关职务的权利,担任国有公司、企业、事业单位和人民团体领导职务的权利,言论、出版、集会、结社、游行、示威的权利。公民的这些政治权利,只能由法律来规定。

公民的人身自由是行使其他一切权利和自由的基础。宪法保护的公民的人身自由包括人身自由不受侵犯,人格尊严不受侵犯,住宅不受侵犯,合法的通信自由和通信秘密不受侵犯。限制公民人身自由的强制措施和处罚必须由法律规定。只有违反了法律规定,并且依照法律明确规定的程序,公民的人身自由才受到限制。任何行政法规和地方性法规,都不得对公民的人身自由作出惩罚性规定。

六、税种的设立、税率的确定和税收征收管理等税收基本制度

税收是财政收入的基本形式,是国家治理体系的物质保障。税收直接关系纳税人的切身利益,关系人民的福祉,事关重大,因此应当由法律来规范。税收法定也是我国立法的一项基本原则。无法律规定,无权征税;无法律规定,无纳税义务。税收的基本制度由法律规定,包括税种的设立、税率的确定和税收征收管理等。

七、对非国有财产的征收、征用

财产权是公民的一项基本权利,没有法律依据不得侵犯。征收一般是在紧急情况和特殊需要时,为国家利益的需要而采用的一种特殊措施。对非国有财产的征收是指为了公共利益的需要,国家将私人所有的强制征归国有,改变了财产的所有权。特点:一是国有化必须是纯粹的国家行为;二是征收必须是出于公共利益的需要;三是征收必须以国家制定的法律为依据;四是征收的对象通常是有形财产而不是货币;五是征收具有强制性特点;六是征收机关必须对被征收人实行合理的补偿。对非国有财产的征收必须慎重,一般只能为适应国家出现的紧急情况和特殊需要而采取。如国家处于战争、戒严状态,发生严重的自然灾害,需要修建大型工程项目等,为保护公共利益,才可以对非国有财产进行征收。征用是指为了公共利益的需要,国家强制性地使用公民的财产,改变了财产的使用权,但不改变财产的所有权。一旦征用的紧急情况结束,征用的财产应当返还原权利人。为把这种征收、征用限制在非常必要的情况下,立法法把对非国有财产的征收、征用立法列为全国人大及其常委会的专属立法权。

八、民事基本制度

指民事活动中最主要的民事行为准则。民事基本制度包括:一是有关民事主体资格的制度,如有关自然人、法人以及合伙的制度;二是有关物权方面的制度,如财产所有权、共有权、相邻权、担保权、抵押权、留置权、国有企业经营权、土地使用权、房地产权等制度;三是有关知识产权的制度,如著作权、专利权、商标权等制度;四是有关债权的制度,如各类合同制度;五是有关婚姻、家庭、收养、继承等制度。民事基本制度事关全体社会成员利益和国内市场统一,必须由最高国家权力机关统一立法。

九、基本经济制度以及财政、海关、金融和外贸的基本制度

基本经济制度是指一定历史阶段占统治地位的生产关系的总和。基本经济制度是经济制度中占统治地位、对经济基础的性质起决定作用的部分,包括公有制为主体、多种所有制经济共同发展,按劳分配为主体、多种分配方式并存,社会主义市场经济体制等社会主义基本经济制度。基本经济制度直接影响和决定着国家的政治制度等上层建筑,影响和决定着国家和社会的性质。各个国家都把基本经济制度立法纳入国家立法的权限。财政、海关、金融和外贸的制度属于国家宏观调控的基本制度。为有效地组织、领导和管理经济活动,保证国民经济可持续发展,不断改善人民生活,国家必须使用各种经济杠杆对经济的运行进行宏观调控。有关宏观调控方面的基本制度,必须由国家统一立法。

财政是国家凭借政治权利,直接、强制和无偿地参与社会产品和国民收入的分配和再分配的手段。它直接涉及中央与地方,国家与企业事业单位、国家与公民个人的分配关系。

海关是代表国家对进出关境活动实施监督管理的机关,在国境线上依法统一行使海关职权,维护国家主权和利益,促进对外经济贸易和科技文化交往。

金融是各种金融机构以及它们与公民、个人或者其他组织从事的货币发行、信贷、结算、信托、票据贴现、保险、汇兑往来、证券交易等活动。对金融的统一和有效管理，涉及巩固基本经济制度，协调经济发展，保持社会稳定，改善人民生活，促进对外金融交往的大事。

外贸是在国家的统一管理下组织货物进出口、技术进口和国际服务贸易的活动。外贸是保证国家经济健康发展，促进和发展同其他国家和地区贸易关系的重要条件。

十、诉讼和仲裁制度

诉讼是指司法机关在当事人和其他诉讼参与人参加下，依照法定程序，为解决当事人的权利和义务而进行的活动。诉讼包括刑事诉讼、民事诉讼和行政诉讼三种。诉讼制度是国家关于诉讼程序和诉讼方式的统一规定。诉讼特点：一是以解决普遍性的公民权利和义务为直接指向；二是必须有人民法院或者人民检察院的参与；三是必须依照法定的程序和方式进行；四是当事人的权利和义务的最后确定权都属于人民法院；五是公安、司法机关在诉讼中以国家的名义行使立案、侦查、审判或者监督的职能，以国家的名义解决诉讼当事人的权利和义务。诉讼活动是国家活动，要解决的是公民的基本权利和义务，因而解决的程序和方式都要由国家法律规定。

仲裁是指专门的仲裁机构对平等主体的公民、法人和其他组织之间发生的经济纠纷进行公证裁决的行为。仲裁制度是指对有关仲裁机构、仲裁协议、仲裁程序等仲裁事项的统一规定。仲裁要体现国家与社会的公道与正义，因此，要由国家立法解决。

十一、必须由全国人大及其常委会制定法律的其他事项

这是兜底性规定，依据是宪法列举的全国人大行使职权的范围包括“应当由最高国家权力机关行使的其他职权”。全国人大常委会的职权范围包括“全国人民代表大会授予的其他职权”。其他职权包括立法权。其他事项包括宪法明确规定的由法律规定的事项，有关法律明确规定的由法律规定的事项。

全国人大及其常委会的专属立法权的事项，是指只能由法律规定的事项，法规不能规定，但不是指全国人大及其常委会只能对这些事项制定法律。其他事项如教育、环境保护等，同样可以制定法律。实际上，不论宪法是否规定属于应当由全国人大行使的职权，只要宪法没有规定属于其他机关的职权，而全国人大认为应当由自己行使的，全国人大都有权行使，其中需要制定法律的，全国人大都有权立法或授权全国人大常委会立法。法律可以规定的事项是列举不尽的，凡是全国人大及其常委会认为应当制定法律的,都可以制定法律。这就是其他事项的基本含义。

特别行政区立法权限

香港特别行政区立法权限。根据香港特别行政区基本法的规定,香港特别行政区享有立法权。其立法权限为除国防、外交和其他依照基本法规定不属于香港特别行政区自治范围的事项以外的事项,均可立法调整。有关国籍、国都、纪年、国歌、国旗、国庆日、领海等事项不属于自治事项。全国性法律(指列于中华人民共和国香港特别行政区基本法附件三之法律)在香港特别行政区实施,需由特别行政区在当地公布或立法实施。香港特别行政区立法机关制定的任何法律,不得同香港特别行政区基本法相抵触。香港特别行政区立法机关制定的法律须报全国人大常委会备案,备案不影响该法律的生效。

澳门特别行政区立法权限。根据澳门特别行政区基本法的规定,澳门特别行政区立法机关可以制定除有关国防、外交和其他依照澳门特别行政区基本法的规定不属于本特别行政区自治范围以外的事项的法律。澳门特别行政区立法机关制定的法律须报全国人大常委会备案,备案不影响该法律的生效。在澳门特别行政区实施的全国性法律即列于基本法附件三的法律,由澳门特别行政区在当地公布或立法实施。

地方政府部门的无授权立法

地方性法规制定后,该法规规定的实施该法规的部门,未经授权擅自制定该法规的所谓“实施细则”或者“实施办法”,并且依据该自行制定的实施细则或者实施办法从事行政管理的行为。这是一种违法的行为。一是根据我国的法律规定,地方人民政府所属部门没有立法权,而制定地方性法规的实施细则,性质上是一种越权立法行为。二是地方人民政府所属部门在特殊情况下行使立法权,必须有法规的明确授权,而法规没有授权其立法,就无权制定地方性法规的实施细则或者实施办法。三是在实际工作中,多数政府部门擅自制定的实施细则或者实施办法,缺乏立法机关的监督,制定程序又简化粗劣,不能保证该实施细则或者实施办法反映地方性法规的立法原意,不能保证其符合地方性法规的立法目的、原则、精神和具体规定。四是政府部门只执行其制定的实施细则或者实施办法,而架空了地方性法规,使地方性法规的权威受到了损害。政府部门擅自制定并实施地方性法规的实施细则或者实施办法的行为是违法的、有害的,立法机关应当依法予以制止,维护法制统一原则,维护立法的严肃性。

全国人大常委会法工委拟制的立法技术规范

立法技术规范(试行)(一)

目　录

一、法律结构规范

1. 目录

1·1 法律设章、节的,在正文前须列“目录”将各章、节的名称按序排列表述,各章下的节单独排序。条、款、项、目不列入目录中。附则单列为一章。

示例:

第一章……

　　第一节……

　　第二节……

第二章……

　　第一节……

　　第二节……

　　……

第×章　附则

1·2 法律设编、章、节的,各章连续排序。附则不单列为一编或者一章。

示例:

第一编　总则

　　第一章……

　　第二章……

第二编　分则

　　第三章……

　　　　第一节……

第二节……

第四章……

第一节……

第二节……

……

附则

2. 定义条款

2·1 贯穿法律始终的基本概念，在总则中或者法律第一条立法目的之后规定。如果规定适用范围的，定义条款在适用范围之后规定。

2·2 涉及多个法律条款的专业术语，一般在附则中规定。

2·3 概念、术语只涉及某章节的内容时，可以在该章节的开头、结尾或者有关条文中规定。

2·4 定义条款表述为："本法（本章、本节、本条）所称，××，是指（包括）……"

2·5 一个定义条款中规定多个概念、术语的，应当分项表述。

示例：本法中下列用语的含义：

（一）××，是指（包括）……。

（二）××，是指（包括）……。

……

3. 过渡性条款

3·1 过渡性条款内容一般包括：对新法施行（颁布）前相关法律行为、法律关系效力的确定；新法对某种特殊情形所作出的特别生效时间或者依法特别办理的规定；对依据旧法获得的权利、资格、资质效力的承认或者处理等。

示例：本法公布前已经批准设立的企业，依照当时的税收法律、行政法规规定，享受低税率优惠的，按照国务院规定，可以在本法施行后五年内，逐步过渡到本法规定的税率；享受定期减免税优惠的，按照国务院规定，可以在本法施行后继续享受到期满为止，但因未获利而尚未享受优惠的，优惠期限从本法施行年度起计算。

法律设置的发展对外经济合作和技术交流的特定地区内，以及国务院已规定执行上述地区特殊政策的地区内新设立的国家需要重点扶持的高新技术企业，可以享受过渡性税收优惠，具体办法由国务院规定。

国家已确定的其他鼓励类企业，可以按照国务院规定享受减免税优惠。

3·2 过渡性条款一般在附则中规定。但是,只涉及某章节或者某条文的,可以在相应的章节或者条文中规定。

4. 法律适用关系条款

新法颁布后,涉及相关法律有关规定的适用问题时,一般采用具体列举的方式;难以全部列举的,在具体列举之后,再作概括表述。

示例1:《中华人民共和国××法》《中华人民共和国××法》《中华人民共和国××法》与本法的规定不一致的,适用本法。

示例2:《中华人民共和国××法》《中华人民共和国××法》和其他在本法施行前公布的法律与本法的规定不一致的,适用本法。

二、法律条文表述规范

5. 立法目的与立法依据的表述

5·1 法律一般需要明示立法目的,表述为:"为了……,制定本法",用"为了",不用"为"。立法目的的内容表述应当直接、具体、明确,一般按照由直接到间接、由具体到抽象、由微观到宏观的顺序排列。

5·2 法律一般不明示某部具体的法律为立法依据。但是,宪法或者其他法律对制定该法律有明确规定的,应当明示宪法或者该法律为立法依据。表述为:"……根据宪法,制定本法。"或者"……根据《中华人民共和国××法》的规定,制定本法。"

5·3 立法目的与立法依据(需要规定立法依据时)一般在第一条一并表述,先表述立法目的,再表述立法依据。

6. 引用法律名称的表述

6·1 引用本法时,表述为:"本法……"。

6·2 引用其他法律时,在特指具体法律时,所引法律的名称用全称加书名号。

示例:商业银行的组织形式、组织机构适用《中华人民共和国公司法》。

6·3 引用《中华人民共和国宪法》时,不用全称,也不加书名号,直接表述为"宪法"。

7. 适用法律的表述

7·1 具体指明适用某部法律的,表述为:"……适用《中华人民共和国××法》的规定"或者"……适用《中华人民共和国××法》……的规定"。为了避免以后法律修改可能出现的条文不对应问题,一般不出现具体条文的序号。

7·2 概括适用其他法律、法规的，表述为："……适用《中华人民共和国××法》和其他法律（法规）的规定"，或者"……适用有关法律（法规）的规定。"

7·3 优先适用其他法律、法规的，表述为："……适用本法，《中华人民共和国××法》另有规定的，适用其规定。"或者"……适用本法，《中华人民共和国××法》和其他法律（法规）另有规定的，适用其规定。"

7·4 优先适用本法的，表述为："……与本法规定不一致的，适用本法。"

8."有下列情形之一的"与"有下列行为之一的"表述

8·1"情形"用于表示事物所表现出来的外在形态和状况。

8·2"行为"用于表示人的活动。

8·3 如果列举的内容既包括"情形"又包括"行为"时，统一用"情形"。

8·4"有下列情形之一的，……"和"有下列行为之一的，……"中的"的"字不能省略，其所列各项末尾是否用"的"字，根据下列三种情况确定：

8·4·1 所列项是名词时，不用"的"。

示例：本章有关规定中，有下列情形的，可以保留或使用繁体字、异体字：

（一）文物古迹；

（二）姓氏中的异体字；

（三）书法、篆刻等艺术作品；

……

8·4·2 所列项是主谓结构时，视为名词性短语，不用"的"。

示例：有下列情形之一的，委托代理终止：

（一）代理期间届满或者代理事务完成；

（二）被代理人取消委托或者代理人辞去委托；

（三）代理人死亡；

……

8·4·3 所列项是动宾结构时，应当用"的"。

示例：企业法人有下列情形之一的，除法人承担责任外，对法定代表人可以给予行政处分、罚款，构成犯罪的，依法追究刑事责任：

（一）超出登记机关核准登记的经营范围从事非法经营的；

（二）向登记机关、税务机关隐瞒真实情况、弄虚作假的；

（三）抽逃资金、隐匿财产逃避债务的；

(四)解散、被撤销、被宣告破产后,擅自处理财产的;

……

9.引用法律条文中第×项的表述

9·1 引用某项时,该项的序号不加括号,表述为:“第×项”,不表述为:“第(×)项”。

9·2 引用某条的某项时,表述为“第×条第×项”或者“第×条第×款第×项”。

9·3 引用两项时,表述为“第×条第×项、第×项”。

9·4 引用三项以上的,对连续的项表述为:“第×条第×项至第×项”;对不连续的项,列出具体各项的序号,表述为:“第×条第×项、第×项和第×项”。

10.部门的表述

10·1 法律中一般不写部门的具体名称。

10·2 法律中行政机关的表述,一般使用“××主管部门”。

示例:国务院城乡规划主管部门负责全国的城乡规划管理工作。

10·3 对某些部门,实践中已有固定表述的,如“公安机关”、“工商行政管理部门”、“海关”等,仍保留原来的表述方式。

示例:县级以上地方人民政府公安机关对本行政区域内的消防工作实施监督管理,并由本级人民政府公安机关消防机构负责实施。

10·4 对少数情况特殊的部门,应当表述准确,如司法部就不能表述为“司法部门”,而应当表述为“司法行政部门”。这里“行政”与“主管”不能并用。

示例:司法行政部门依照本法对律师、律师事务所和律师协会进行监督、指导。

10·5 法律授权履行监督管理职能的组织机构,表述为:“××机构”。

示例:国务院保险监督管理机构依法对保险业实施监督管理。

国务院保险监督管理机构根据履行职责的需要设立派出机构。派出机构按照国务院保险监督管理机构的授权履行监督管理职责。

11.数字的使用

11·1 序数词、比例、分数、百分比、倍数、时间段、年龄、人数、金额,以及表示重量、长度、面积等计量数值的数字,均用汉字数字表述。

示例:宪法的修改,由全国人民代表大会常务委员会或者五分之一以上的全国人民代表大会代表提议，并由全国人民代表大会以全体代表的三分之二以上的多数通过。

11·2 公历年、月、日，统计表中的数字，需要精确到小数点后的数字，法律条文中“目”的序号等，均用阿拉伯数字表述。

示例1：承运人对货物的灭失或者损坏的赔偿限额，按照货物件数或者其他货运单位数计算，每件或者每个其他货运单位为666.67计算单位……

示例2：本章下列用语的含义：

……

（三）“托运人”，是指：

1. 本人或者委托他人以本人名义或者委托他人为本人与承运人订立海上货物运输合同的人；

2. 本人或者委托他人以本人名义或者委托他人为本人将货物交给与海上货物运输合同有关的承运人的人。

……

12. 标点符号的使用

12·1 主语和谓语都比较长时，主语和谓语之间加逗号。

示例：全国人民代表大会常务委员会、国务院、中央军事委员会、国家监察委员会、最高人民法院、最高人民检察院、全国人民代表大会各专门委员会，可以向全国人民代表大会提出法律案，由主席团决定列入会议议程。

12·2 一个句子内部有多个并列词语的，各个词语之间用顿号，用“和”或者“以及”连接最后两个并列词语。

示例：国家保护公民的合法的收入、储蓄、房屋和其他合法财产的所有权。

12·3 一个句子存在两个层次以上的并列关系时，在有内在联系的两个并列层次之间用顿号，没有内在联系的两个并列层次之间用逗号。

示例：全国人民代表大会常务委员会1957年10月23日批准、国务院1957年10月26日公布的《国务院关于国家行政机关工作人员的奖惩暂行规定》，1993年8月14日国务院公布的《国家公务员暂行条例》同时废止。

12·4 在多重复句中，各并列分句内已使用逗号的，并列分句之间用分号。

示例：……人员，有……行为之一的，依法给予行政处分；情节严重的，依法开除公职或者吊销其从业资格；构成犯罪的，依法追究刑事责任。

12·5 在修正案、修改决定中，使用引号时，根据下列情况确定：

12·5·1 引用内容是完整的条、款的，条、款末尾的标点符号标在引号里边。

示例：将刑法第一百五十一条第三款修改为："走私珍稀植物及其制品等国家禁止进出口的其他货物、物品的，处五年以下有期徒刑或者拘役，并处或者单处罚金；情节严重的，处五年以上有期徒刑，并处罚金。"

12·5·2 引用内容是条文中的局部或者是名词、短语的，在引号内引用部分的末尾不加标点符号，但是在引号外的句末，应当加注标点符号。

示例：将本法其他各条款中的"全民所有"改为"国家所有"，"国营"改为"国有"。

12·5·3 引用内容是分款（项）的条文，每款（项）的前面用前引号，后面不用后引号，但是在最后一款（项）的后面，应当用后引号。

示例：第一百七十九条第一款改为第一百七十九条，修改为："当事人的申请符合下列情形之一的，人民法院应当再审：

"（一）有新的证据，足以推翻原判决、裁定的；

"（二）原裁决、裁定认定的基本事实缺乏证据证明的；

"（三）原判决、裁定认定事实的主要证据是伪造的；

……

"（十三）据以作出原判决、裁定的法律文书被撤销或者变更的。

"对违反法定程序可能影响案件正确判决、裁定的情形，或者审判人员在审理该案件时有贪污受贿，徇私舞弊，枉法裁判行为的，人民法院应当再审。"

三、法律常用词语规范

13. 和，以及，或者

13·1"和"连接的并列句子成分，其前后成分无主次之分，互换位置后在语法意义上不会发生意思变化，但是在法律表述中应当根据句子成分的重要性、逻辑关系或者用语习惯排序。

示例1：一切法律、行政法规和地方性法规都不得同宪法相抵触。

示例2：较大的车站、机场、港口、高等院校和宾馆应当设置提供邮政普遍服务的邮政营业场所。

13·2"以及"连接的并列句子成分，其前后成分有主次之分，前者为主，后者为次，前后位置不宜互换。

示例1:开庭应当公开,但涉及国家秘密、商业秘密和个人隐私以及当事人约定不公开的除外。

示例2:国务院和省、自治区、直辖市人民政府根据水环境保护的需要,可以规定在饮用水水源保护区内,采取禁止或者限制使用含磷洗涤剂、化肥、农药以及限制种植养殖等措施。

13·3“或者”表示一种选择关系,一般只指其所连接的成分中的某一部分。

示例:任何组织或者个人不得侵占、买卖或者以其他形式非法转让土地。土地的使用权可以依照法律的规定转让。

14.应当,必须

“应当”与“必须”的含义没有实质区别。法律在表述义务性规范时,一般用“应当”,不用“必须”。

示例:仲裁庭对农村土地承包经营纠纷应当进行调解。调解达成协议的,仲裁庭应当制作调解书;调解不成的,应当及时作出裁决。

15.不得,禁止

“不得”、“禁止”都用于禁止性规范的情形。“不得”一般用于有主语或者有明确的被规范对象的句子中,“禁止”一般用于无主语的祈使句中。

示例1:任何组织或者个人都不得有超越宪法和法律的特权。

示例2:禁止非法拘禁和以其他方法非法剥夺或者限制公民的人身自由,禁止非法搜查公民的身体。

不再使用“不准”“不应”“不能”“严禁”等与“不得”和“禁止”相近的词语。

16.但是,但

“但是”、“但”二者的含义相同,只是运用习惯的不同。法律中的但书,一般用“但是”,不用单音节词“但”。“但是”后一般加逗号,在简单句中也可以不加。

17.除……外,除……以外

“除……外”和“除……以外”搭配的句式用于对条文内容作排除、例外或者扩充规定的表述。对条文内容作排除、例外表达的,置于句首或者条文中间,表述为“除……外,……”或者“……除……以外,……”;对条文内容作扩充表达的,置于条文中间,表述为“……除……以外,还……”。

示例1:除法律另有规定外,任何组织或者个人不得检查、扣留邮件、汇款。

示例2:农村和城市郊区的土地,除由法律规定属于国家所有的以外,属于集体所有;宅基地和自留地、自留山,也属于集体所有。

示例3:买卖合同内容除依照本法第十二条的规定以外,还可以包括包装方式、检验标准和方法、结算方式、合同使用的文字及其效力等条款。

18.依照,按照,参照

18·1 规定以法律法规作为依据的,一般用“依照”。

示例:国务院和地方人民政府依照法律、行政法规的规定,分别代表国家对国家出资企业履行出资人职责,享有出资人权益。

18·2“按照”一般用于对约定、章程、规定、份额、比例等的表述。

示例1:投保人可以按照合同约定向保险人一次支付全部保险费或者分期支付保险费。

示例2:履行出资人职责的机构应当按照国家有关规定,定期向本级人民政府报告有关国有资产总量、结构、变动、收益等汇总分析的情况。

18·3“参照”一般用于没有直接纳入法律调整范围,但是又属于该范围逻辑内涵自然延伸的事项。

示例:本法第二条规定的用人单位以外的单位,产生职业病危害的,其职业病防治活动可以参照本法执行。

19.制定,规定

19·1 表述创设法律、法规等规范性文件时,用“制定”;表述就具体事项作出决定时,用“规定”。

示例1:省、直辖市的人民代表大会和它们的常务委员会,在不同宪法、法律、行政法规相抵触的前提下,可以制定地方性法规,报全国人民代表大会常务委员会备案。

示例2:全国人民代表大会代表名额和代表产生办法由法律规定。

19·2 在表述制定或者规定的语境下,与“规定”、“制定”相近似的用语“确定”、“核定”、“另订”等,今后立法中一般不再使用,统一代之以“规定”、“制定”或者“另行制定”、“另行规定”。

20.会同,商

20·1“会同”用于法律主体之间共同作出某种行为的情况。“会同”前面的主体是牵头者,“会同”后面的主体是参与者,双方需协商一致,共同制定、发布规范性文件或者作出其他行为。

示例:具体办法由国务院证券监督管理机构会同有关主管部门制定。

20·2“商”用于前面的主体是事情的主办者,后面的主体是提供意见的一方,在协商的前提下,由前面的主体单独制定并发布规范性文件。

示例:司法鉴定的收费项目和收费标准由国务院司法行政部门商国务院价格主管部门确定。

21. 缴纳,交纳

“交纳”较“缴纳”的含义更广,涵盖面更宽。法律中规定当事人自己向法定机关交付款项时,一般使用“交纳”。但是在规定包含有强制性意思时,可以用“缴纳”。

示例1:当事人进行民事诉讼,应当按照规定交纳案件受理费。财产案件除交纳案件受理费外,并按照规定交纳其他诉讼费用。

示例2:违反本法规定,应当承担民事赔偿责任和缴纳罚款、罚金,其财产不足以同时支付时,先承担民事赔偿责任。

22. 抵销,抵消

“抵消”用于表述两种事物的作用因相反而互相消除,“抵销”用于表述账的冲抵。法律中表述债权债务的相互冲销抵免情形时,用“抵销”,不用“抵消”。

示例:合伙人发生与合伙企业无关的债务,相关债权人不得以其债权抵销其对合伙企业的债务;也不得代位行使合伙人在合伙企业中的权利。

23. 账,帐

表述货币、货物出入的记载、账簿以及债等意思时,用“账”,不用“帐”。

示例:保险代理机构、保险经纪人应当有自己的经营场所,设立专门账簿记载保险代理业务、经纪业务的收支情况。

24. 以上,以下,以内,不满,超过

规范年龄、期限、尺度、重量等数量关系,涉及以上、以下、以内、不满、超过的规定时,“以上、以下、以内”均含本数,“不满、超过”均不含本数。

示例1:盗窃、诈骗、哄抢、抢夺、敲诈勒索或者故意损毁公私财物的,处五日以上十日以下拘留,可以并处五百元以下罚款;情节较重的,处十日以上十五日以下拘留,可以并处一千元以下罚款。

示例2:公安机关对吸毒成瘾人员决定予以强制隔离戒毒的,应当制作强制隔离戒毒决定书,在执行强制隔离戒毒前送达被决定人,并在送达后二十四小时以内通知被决定人的家属、所在单位和户籍所在地公安派出所;被决定人不讲真实姓名、住址，身份不明的，公安机关应当自查清其身份后通知。

示例3：劳动合同期限三个月以上不满一年的，试用期不得超过一个月；劳动合同期限一年以上不满三年的，试用期不得超过二个月；三年以上固定期限和无固定期限的劳动合同，试用期不得超过六个月。

25. 日，工作日

“日”和“工作日”在法律时限中的区别是：“日”包含节假日，“工作日”不包含节假日。对于限制公民人身自由或者行使权力可能严重影响公民、法人和其他组织的其他权利的，应当用“日”，不用“工作日”。

示例1：公安机关对被拘留的人，认为需要逮捕的，应当在拘留后的三日以内，提请人民检察院审查批准。在特殊情况下，提请审查批准的时间可以延长一日至四日。

对于流窜作案、多次作案、结伙作案的重大嫌疑分子，提请审查批准的时间可以延长至三十日。

示例2：人民法院对当事人提出的回避申请，应当在申请提出的三日内，以口头或者书面形式作出决定。

四、法律修改形式规范

26. 法律修正

法律修正有两种形式，一种是法律修正案，一种是法律修改决定。

26·1 采用修正案形式的，修正案单独公布。公布修正案，一般不重新公布原法律文本。

在表述方式上，按照通过时间先后标明序号，表述为：《中华人民共和国××法修正案》，《中华人民共和国××法修正案（二）》，每修改原法律一条内容，在修正案中就列为一条。

修正案增加或者删除法律条文，不改变原法律条文的序号。增加的条文排序在内容最相关的条文之后，表述为：“第×条之一”，“第×条之二”。

26·2 采用修改决定形式的，根据修改决定，重新公布修改后的法律文本。在表述修改的内容时，表述为：将第×条修改为：“……”

增加条文的，表述为：“增加一条（一款或一项），作为第×条（第×条第×款或第×项）”。

删除某条、款、项的，单列一条表述。

示例：×、删去第×条第×款第×项。

删除两条以上的，被删除条文为连续排列或者虽然不是连续排列，但是被删除条文之间的其他条文没有被修改的，汇总表述为一条。

示例：×、删去第×条（至第×条）、第×条。

26·3 对多部法律或者一部法律的多处文字作相同修改的，对修改的文字单列一条，集中表述。

示例：×、将××法、××法、……（本法）相关条文中的“……”修改为“……”，“……”修改为“……”。

27. 法律修订

采用法律修订形式的，公布新的法律文本，法律实施日期为修订后的实施日期。

修订的法律需要明确规定原相关法律停止施行，表述为：“本法自×年×月×日起施行。×年×月×日第×届全国人民代表大会（常务委员会）第×次会议通过的《中华人民共和国××法》同时废止。”

五、法律废止形式规范

28. 法律废止

28·1 制定法律时，在法律条文中规定废止相关法律的，表述为：“本法自×年×月×日起施行。×年×月×日第×届全国人民代表大会（常务委员会）第×次会议通过的《中华人民共和国××法》同时废止。”

28·2 单独通过一个决定废止法律的，表述为：“×年×月×日第×届全国人民代表大会（常务委员会）第×次会议通过的《中华人民共和国××法》自×年×月×日起废止。”废止法律的决定由主席令公布。

立法技术规范（试行）（二）

目 录

7. 公布，发布，公告

8. 违法，非法

9. 设定，设立

10. 执业人员，从业人员

11. 批准，核准

12. 注销，吊销，撤销

13. 根据，依据

14. 谋取，牟取

一、法律条文表述规范

1. 部门（机构）职责的表述

1·1 涉及一个职能部门（机构）的职责的，表述为：××部门（机构）主管（负责）全国××工作。

示例1：国家保密行政管理部门主管全国的保密工作。县级以上地方各级保密行政管理部门主管本行政区域的保密工作。（保守国家秘密法第五条）

示例2：国务院公安部门负责全国道路交通安全管理工作。县级以上地方各级人民政府公安机关交通管理部门负责本行政区域内的道路交通安全管理工作。（道路交通安全法第五条）

示例3：国务院银行业监督管理机构负责对全国银行业金融机构及其业务活动监督管理的工作。（银行业监督管理法第二条第一款）

1·2 涉及多个职能部门（机构），需要明确各自职责的，分别表述为：××部门（机构）主管（负责）全国××工作，××部门（机构）负责××工作，××部门（机构）负责××工作。

示例1：国务院农业行政主管部门主管全国农业和农村经济发展工作，国务院林业行政主管部门和其他有关部门在各自的职责范围内，负责有关的农业和农村经济发展工作。（农业法第九条第二款）

示例2：国务院环境保护行政主管部门……负责全国防治陆源污染物和海岸工程建设项目对海洋污染损害的环境保护工作。

国家海洋行政主管部门负责海洋环境的监督管理，组织海洋环境的调查、监测、监视、评价和科学研究，负责全国防治海洋工程建设项目和海洋倾倒废弃物对海洋污染损害的环境保护工作。

国家海事行政主管部门负责所辖港区水域内非军事船舶和港区水域外非渔业、非军事船舶污染海洋环境的监督管理，并负责污染事故的调查处理；对在中华人民共和国管辖海域航行、停泊和作业的外国籍船舶造成的污染事故登轮检查处理。船舶污染事故给渔业造成损害的，应当吸收渔业行政主管部门参与调查处理。

国家渔业行政主管部门负责渔港水域内非军事船舶和渔港水域外渔业船舶污染海洋环境的监督管理，负责保护渔业水域生态环境工作，并调查处理前款规定的污染事故以外的渔业污染事故。

军队环境保护部门负责军事船舶污染海洋环境的监督管理及污染事故的调查处理。

沿海县级以上地方人民政府行使海洋环境监督管理权的部门的职责，由省、自治区、直辖市人民政府根据本法及国务院有关规定确定。（海洋环境保护法第五条）

1·3 涉及多个职能部门（机构），需要明确主管部门（机构）及其职责，但不必明确其他部门（机构）及其具体职责的，表述为：××部门（机构）主管（负责）全国××工作，其他有关部门（机构）负责××工作。

示例1：国务院能源主管部门依照本法规定主管全国管道保护工作，负责组织编制并实施全国管道发展规划，统筹协调全国管道发展规划与其他专项规划的衔接，协调跨省、自治区、直辖市管道保护的重大问题。国务院其他有关部门依照有关法律、行政法规的规定，在各自职责范围内负责管道保护的相关工作。（石油天然气管道保护法第四条）

示例2：国务院社会保险行政部门负责全国的社会保险管理工作，国务院其他有关部门在各自的职责范围内负责有关的社会保险工作。（社会保险法第七条第一款）

2. 制定行政法规或者部门规章的表述

2·1 为确保法律规定的制度、有关事项的实施，需要国务院制定行政法规的，表述为：×××，由国务院制定。

示例1：民间统计调查活动的管理办法，由国务院制定。（统计法第四十九条）

示例2：保险保障基金筹集、管理和使用的具体办法，由国务院制定。（保险法第一百条第二款）

2·2 为确保法律规定的专业性、技术性规定的实施，需要国务院有关部门（机构）制定部门规章的，表述为：×××，由国务院××部门（机构）制定。

示例1：使用空调采暖、制冷的公共建筑应当实行室内温度控制制度。具体办法由国务院建设主管部门制定。（节约能源法第三十七条）

示例2：保险公司提取和结转责任准备金的具体办法，由国务院保险监督管理机构制定。（保险法第九十八条）

3. 制定地方性法规或者地方政府规章的表述

3·1需要由省级人大或其常委会制定地方性法规的，表述为：×××，由省、自治区、直辖市人民代表大会或者其常务委员会制定。

示例1：食品生产加工小作坊和食品摊贩从事食品生产经营活动，应当符合本法规定的与其生产经营规模、条件相适应的食品安全要求，保证所生产经营的食品卫生、无毒、无害，有关部门应当对其加强监督管理，具体管理办法由省、自治区、直辖市人民代表大会常务委员会依照本法制定。（食品安全法第二十九条第三款）

示例2：地方重点保护野生动物和其他非国家重点保护野生动物的管理办法，由省、自治区、直辖市人民代表大会常务委员会制定。（野生动物保护法第三十条）

3·2需要由省级人大或其常委会或者较大的市人大或其常委会制定地方性法规的，表述为：×××，由地方性法规规定。

示例：农村生活垃圾污染环境防治的具体办法，由地方性法规规定。（固体废物污染环境防治法第四十九条）

3·3需要由省级人民政府制定规章的，表述为：×××，由省、自治区、直辖市人民政府制定（规定）。

示例1：临时建设和临时用地规划管理的具体办法，由省、自治区、直辖市人民政府制定。（城乡规划法第四十四条第三款）

示例2：预备役军官参加军事训练、执行军事勤务期间，其工作单位是国家机关、社会团体、企业事业单位的，由其所在单位照发工资和奖金，其享受的福利待遇不变。

前款规定以外的其他预备役军官参加军事训练、执行军事勤务期间，应当给予误工补贴，具体办法和标准由省、自治区、直辖市人民政府规定。（预备役军官法第五十三条）

3·4可以由省级人大或其常委会制定地方性法规，也可以由省级人民政府制定规章的，表述为：×××，由省、自治区、直辖市制定（规定）。

示例1:在乡、村庄规划区内使用原有宅基地进行农村村民住宅建设的规划管理办法,由省、自治区、直辖市制定。(城乡规划法第四十一条第二款)

示例2:父母或者其他法定监护人在非户籍所在地工作或者居住的适龄儿童、少年,在其父母或者其他法定监护人工作或者居住地接受义务教育的,当地人民政府应当为其提供平等接受义务教育的条件。具体办法由省、自治区、直辖市规定。(义务教育法第十二条第二款)

4.罚款规定的表述

罚款是行政处罚的一种方式,对当事人有惩戒教育作用。罚款可以是警示性的,也可以是经济性的。设定罚款应当根据违法行为的主观恶性、造成的损失、社会危害程度确定。

4·1 罚款规定一般应明确罚款的数额或者幅度。

4·2 对违法行为能够以违法数额、违法所得数额、造成的实际损失等作为参考系数确定罚款数额的,可以使用处以该系数的倍数或者比例罚款的表述。

示例1:机动车所有人、管理人未按照国家规定投保机动车第三者责任强制保险的,由公安机关交通管理部门扣留车辆至依照规定投保后,并处依照规定投保最低责任限额应缴纳的保险费的二倍罚款。(道路交通安全法第九十八条)

示例2:对造成一般或者较大水污染事故的,按照水污染事故造成的直接损失的百分之二十计算罚款;对造成重大或者特大水污染事故的,按照水污染事故造成的直接损失的百分之三十计算罚款。(水污染防治法第八十三条)

示例3:违反本法第五十三条的规定,在煤炭产品中掺杂、掺假,以次充好的,责令停止销售,没收违法所得,并处违法所得一倍以上五倍以下的罚款,可以依法吊销煤炭生产许可证或者取消煤炭经营资格;构成犯罪的,由司法机关依法追究刑事责任。(煤炭法第七十二条)

4·3 对违法行为难以用违法数额、违法所得数额、造成的实际损失等作为参考系数确定罚款数额的,可以使用确定数额以内或者一定幅度以内罚款的表述。

示例1:冒充国家机关工作人员或者以其他虚假身份招摇撞骗的,处五日以上十日以下拘留,可以并处五百元以下罚款;情节较轻的,处五日以下

拘留或者五百元以下罚款。（治安管理处罚法第五十一条）

示例2：发行人、上市公司或者其他信息披露义务人未按照规定披露信息，或者所披露的信息有虚假记载、误导性陈述或者重大遗漏的，责令改正，给予警告，并处以三十万元以上六十万元以下的罚款。对直接负责的主管人员和其他直接责任人员给予警告，并处以三万元以上三十万元以下的罚款。（证券法第一百九十三条）

4·4 在规定处以一定幅度的数额罚款时，最低数额与最高数额之间一般不超过十倍。

示例1：违反本法规定，有下列情形之一的，由有关主管部门按照各自职责分工，责令改正，给予警告；拒不改正的，处二千元以上二万元以下罚款；情节严重的，责令停产停业，直至吊销许可证：……。（食品安全法第八十七条）

示例2：非法安装警报器、标志灯具的，由公安机关交通管理部门强制拆除，予以收缴，并处二百元以上二千元以下罚款。（道路交通安全法第九十七条）

4·5 规定罚款数额上限不规定下限的，表述为：可以处××元以下罚款。规定确定罚款数额或者数额幅度的，“处”之前不加“可以”。

示例1：违反本法规定，采集发菜，或者在水土流失重点预防区和重点治理区铲草皮、挖树兜、滥挖虫草、甘草、麻黄等的，由县级以上地方人民政府水行政主管部门责令停止违法行为，采取补救措施，没收违法所得，并处违法所得一倍以上五倍以下的罚款；没有违法所得的，可以处五万元以下的罚款。（水土保持法第五十一条）

示例2：违反本法规定，在崩塌、滑坡危险区或者泥石流易发区从事取土、挖砂、采石等可能造成水土流失的活动的，由县级以上地方人民政府水行政主管部门责令停止违法行为，没收违法所得，对个人处一千元以上一万元以下的罚款，对单位处二万元以上二十万元以下的罚款。（水土保持法第四十八条）

5. 刑法以外的法律中刑事责任规定的表述

5·1 只有个别条文涉及追究刑事责任的，一般在该条文中直接表述：“构成犯罪的，依法追究刑事责任”。

示例1：仲裁员有索贿受贿、徇私舞弊、枉法裁决以及接受当事人请客送礼等违法违纪行为的，农村土地承包仲裁委员会应当将其除名；构成犯罪

的,依法追究刑事责任。(农村土地承包经营纠纷调解仲裁法第十七条第二款)

示例2:弄虚作假骗取护照的,由护照签发机关收缴护照或者宣布护照作废;由公安机关处二千元以上五千元以下罚款;构成犯罪的,依法追究刑事责任。(护照法第十七条)

5·2有多个条文内容涉及追究刑事责任的,可在法律责任部分最后单设一条,表述为:违反本法规定,构成犯罪的,依法追究刑事责任。

示例1:违反本法规定,构成犯罪的,依法追究刑事责任。(社会保险法第九十四条)

示例2:违反本法规定,构成犯罪的,依法追究刑事责任。(石油天然气管道保护法第五十七条)

二、法律常用词语规范

6.作出,做出

6·1"作出"多与决定、解释等词语搭配使用。

示例1:农村土地承包仲裁委员会对回避申请应当及时作出决定,以口头或者书面方式通知当事人,并说明理由。(农村土地承包经营纠纷调解仲裁法第二十九条)

示例2:最高人民法院、最高人民检察院作出的属于审判、检察工作中具体应用法律的解释,应当自公布之日起三十日内报全国人民代表大会常务委员会备案。(监督法第三十一条)

6·2"做出"多与名词词语搭配使用。

示例1:对在社会主义建设中做出显著成绩的残疾人,对维护残疾人合法权益、发展残疾人事业、为残疾人服务做出显著成绩的单位和个人,各级人民政府和有关部门给予表彰和奖励。(残疾人保障法第十三条)

示例2:国务院和沿海地方各级人民政府应当加强对海岛保护的宣传教育工作,增强公民的海岛保护意识,并对在海岛保护以及有关科学研究工作中做出显著成绩的单位和个人予以奖励。(海岛保护法第七条)

7.公布,发布,公告

7·1"公布"用于公布法律、行政法规、结果、标准等。

示例1:本法自公布之日起施行。(村民委员会组织法第四十一条)

示例2:统计调查项目的审批机关应当对调查项目的必要性、可行性、科学性进行审查,对符合法定条件的,作出予以批准的书面决定,并公布;对不

符合法定条件的，作出不予批准的书面决定，并说明理由。（统计法第十三条）

示例3：食品安全国家标准由国务院卫生行政部门负责制定、公布，国务院标准化行政部门提供国家标准编号。（食品安全法第二十一条）

7·2“发布”用于公开发出新闻、信息、命令、指示等。

示例1：履行统一领导职责或者组织处置突发事件的人民政府，应当按照有关规定统一、准确、及时发布有关突发事件事态发展和应急处置工作的信息。（突发事件应对法第五十三条）

示例2：突发事件发生地的其他单位应当服从人民政府发布的决定、命令，配合人民政府采取的应急处置措施，做好本单位的应急救援工作，并积极组织人员参加所在地的应急救援和处置工作。（突发事件应对法第五十六条第二款）

7·3“公告”用于向公众发出告知事项。

示例1：遇有大型群众性活动、大范围施工等情况，需要采取限制交通的措施，或者作出与公众的道路交通活动直接有关的决定，应当提前向社会公告。（道路交通安全法第三十九条）

示例2：专利复审委员会对宣告专利权无效的请求应当及时审查和作出决定，并通知请求人和专利权人。宣告专利权无效的决定，由国务院专利行政部门登记和公告。（专利法第四十六条）

8.违法，非法

8·1“违法”一般用于违反法律强制性规范的行为。

示例1：被检查单位或者个人拒不停止违法行为，造成严重水土流失的，报经水行政主管部门批准，可以查封、扣押实施违法行为的工具及施工机械、设备等。（水土保持法第四十三条）

示例2：村民委员会不及时公布应当公布的事项或者公布的事项不真实的，村民有权向乡、民族乡、镇的人民政府或者县级人民政府及其有关主管部门反映，有关人民政府或者主管部门应当负责调查核实，责令依法公布；经查证确有违法行为的，有关人员应当依法承担责任。（村民委员会组织法第三十一条）

8·2“非法”通常情况下也是违法，但主要强调缺乏法律依据的行为。

示例1：任何组织和个人不得侵占、挪用义务教育经费，不得向学校非法收取或者摊派费用。（义务教育法第四十九条）

示例2:非法占有高度危险物造成他人损害的,由非法占有人承担侵权责任。所有人、管理人不能证明对防止他人非法占有尽到高度注意义务的,与非法占有人承担连带责任。(侵权责任法第七十五条)

9. 设定,设立

“设定”和“设立”都可以用于权利、义务、条件等的设置。“设立”还可以用于成立或者开办组织、机构、项目等。

示例1:行政机关和法律、法规授权的具有管理公共事务职能的组织不得滥用行政权力,以设定歧视性资质要求、评审标准或者不依法发布信息等方式,排斥或者限制外地经营者参加本地的招标投标活动。(反垄断法第三十四条)

示例2:不动产物权的设立、变更、转让和消灭,应当依照法律规定登记。动产物权的设立和转让,应当依照法律规定交付。(物权法第六条)

示例3:国务院设立食品安全委员会,其工作职责由国务院规定。(食品安全法第四条)

示例4:国务院和县级以上地方人民政府根据实际需要,设立专项资金,扶持农村地区、民族地区实施义务教育。(义务教育法第四十七条)

10. 执业人员,从业人员

10·1“执业人员”用于表述符合法律规定的条件,依法取得相应执业证书,并从事为社会公众提供服务的人员。

示例1:本法所称律师,是指依法取得律师执业证书,接受委托或者指定,为当事人提供法律服务的执业人员。(律师法第二条)

示例2:注册会计师是依法取得注册会计师证书并接受委托从事审计和会计咨询、会计服务业务的执业人员。(注册会计师法第二条)

10·1“从业人员”用于表述在一般性行业就业的人员。

示例1:无雇工的个体工商户、未在用人单位参加基本养老保险的非全日制从业人员以及其他灵活就业人员可以参加基本养老保险,由个人缴纳基本养老保险费。(社会保险法第十条第二款)

示例2:从业人员有依法接受职业培训和继续教育的权利和义务。(教育法第四十条第一款)

11. 批准,核准

11·1“批准”用于有权机关依据法定权限和法定条件,对当事人提出的申请、呈报的事项等进行审查,并决定是否予以准许。

示例1:进行下列施工作业,施工单位应当向管道所在地县级人民政府主管管道保护工作的部门提出申请:……

县级人民政府主管管道保护工作的部门接到申请后,应当组织施工单位与管道企业协商确定施工作业方案,并签订安全防护协议;协商不成的,主管管道保护工作的部门应当组织进行安全评审,作出是否批准作业的决定。(石油天然气管道保护法第三十五条)

示例2:从事考古发掘的单位,为了科学研究进行考古发掘,应当提出发掘计划,报国务院文物行政部门批准;对全国重点文物保护单位的考古发掘计划,应当经国务院文物行政部门审核后报国务院批准。(文物保护法第二十八条)

11·2“核准”用于有权机关依据法定权限和法定条件进行审核,对符合法定条件的予以准许。

示例1:公开发行证券,必须符合法律、行政法规规定的条件,并依法报经国务院证券监督管理机构或者国务院授权的部门核准;未经依法核准,任何单位和个人不得公开发行证券。(证券法第十条)

示例2:公证机构的负责人应当在有三年以上执业经历的公证员中推选产生,由所在地的司法行政部门核准,报省、自治区、直辖市人民政府司法行政部门备案。(公证法第十条)

12.注销,吊销,撤销

12·1“注销”用于因一些法定事实出现而导致的取消登记在册的事项或者已经批准的行政许可等。

示例1:建设用地使用权消灭的,出让人应当及时办理注销登记。(物权法第一百五十条)

示例2:有下列情形之一的,行政机关应当依法办理有关行政许可的注销手续:

(一)行政许可有效期届满未延续的;

(二)赋予公民特定资格的行政许可,该公民死亡或者丧失行为能力的;

(三)法人或者其他组织依法终止的;

(四)行政许可依法被撤销、撤回,或者行政许可证件依法被吊销的;

(五)因不可抗力导致行政许可事项无法实施的;

(六)法律、法规规定的应当注销行政许可的其他情形。

(行政许可法第七十条)

12·2“吊销”作为一种行政处罚，用于有权机关针对违法行为，通过注销证件或者公开废止证件效力的方式，取消违法者先前已经取得的许可证件。

示例1：邮政企业、快递企业不建立或者不执行收件验视制度，或者违反法律、行政法规以及国务院和国务院有关部门关于禁止寄递或者限制寄递物品的规定收寄邮件、快件的，对邮政企业直接负责的主管人员和其他直接责任人员给予处分；对快递企业，邮政管理部门可以责令停业整顿直至吊销其快递业务经营许可证。（邮政法第七十五条）

示例2：城乡规划编制单位取得资质证书后，不再符合相应的资质条件的，由原发证机关责令限期改正；逾期不改正的，降低资质等级或者吊销资质证书。（城乡规划法第六十三条）

12·3“撤销”用于有权机关取消依法不应颁发的行政许可或者发出的文件、设立的组织机构，也可以用于取消资质、资格等。

示例1：城乡规划主管部门违反本法规定作出行政许可的，上级人民政府城乡规划主管部门有权责令其撤销或者直接撤销该行政许可。（城乡规划法第五十七条）

示例2：违反本法规定，食品检验机构、食品检验人员出具虚假检验报告的，由授予其资质的主管部门或者机构撤销该检验机构的检验资格；依法对检验机构直接负责的主管人员和食品检验人员给予撤职或者开除的处分。（食品安全法第九十三条第一款）

13. 根据，依据

13·1 引用宪法、法律作为立法依据时，用“根据”。

示例1：为了加强国防建设，完善国防动员制度，保障国防动员工作的顺利进行，维护国家的主权、统一、领土完整和安全，根据宪法，制定本法。（国防动员法第一条）

示例2：省、自治区、直辖市的人民代表大会常务委员会根据本法，结合本行政区域的实际情况，制定实施办法。（村民委员会组织法第四十条）

13·2 适用其他法律或者本法的其他条款时，用“依据”。

示例1：提供的统计资料不能满足需要时，国防动员委员会办事机构可以依据《中华人民共和国统计法》和国家有关规定组织开展国防动员潜力专项统计调查。（国防动员法第十九条）

示例2：对反垄断执法机构依据本法第二十八条、第二十九条作出的决

定不服的，可以先依法申请行政复议；对行政复议决定不服的，可以依法提起行政诉讼。（反垄断法第五十三条）

14. 谋取，牟取

“谋取”是中性词，可以谋取合法利益，也可以谋取非法利益。“牟取”是贬义词，表示通过违法行为追求利益。

示例1：学校以向学生推销或者变相推销商品、服务等方式谋取利益的，由县级人民政府教育行政部门给予通报批评；有违法所得的，没收违法所得；对直接负责的主管人员和其他直接责任人员依法给予处分。（义务教育法第五十六条第二款）

示例2：采购代理机构不得以向采购人行贿或者采取其他不正当手段谋取非法利益。（政府采购法第二十五条第三款）

示例3：人民调解员在调解工作中有下列行为之一的，由其所在的人民调解委员会给予批评教育、责令改正，情节严重的，由推选或者聘任单位予以罢免或者解聘：……（三）索取、收受财物或者牟取其他不正当利益的；……（人民调解法第十五条）

示例4：国务院证券监督管理机构工作人员应当忠于职守，依法办事，公正廉洁，接受监督，不得利用职务牟取私利。（证券投资基金法第七十九条）

监督篇

监督制度

人大及其常委会的监督权

人民代表大会及其常务委员会的监督权是宪法和法律规定的职权。宪法第六十七条规定，全国人民代表大会有权监督国务院、中央军事委员会、国家监察委员会、最高人民法院和最高人民检察院的工作；宪法第一百零四条和地方组织法第五十条规定，县级以上的地方各级人民代表大会常务委员会监督本级人民政府、监察委员会、人民法院和人民检察院的工作。监督法等法律规定，各级人民代表大会常务委员会对本级人民政府、监察委员会、人民法院和人民检察院的工作实施监督，促进依法行政、依法监察、公正司法。人大及其常委会的监督权基本含义：一是监督主体人民代表大会及其常务委员会相对于监督对象"一府一委两院"来说，法律地位不是平等的，是国家权力机关对由它产生的国家执行机关的监督。二是由于人民代表大会是代表人民行使国家权力的机关，"一府一委两院"由人民代表大会产生并向其负责。"一府一委两院"的行政、监察、审判和检察权力都是人民代表大会赋予的，因此，人民代表大会的监督具有管理的性质，是一种间接管理国家事务的行为。三是人民代表大会监督的目的是监察、督促"一府一委两院"依照法律和人民的意志进行工作。四是"一府一委两院"对于人民代表大会的监督必须自觉地接受和服从，否则就要承担相应的法律后果。

人大及其常委会监督的特点

我国人民代表大会及其常委会的监督是国家权力机关实施的行为，同政党监督、社会监督、舆论监督、政协监督等监督相比,具有自己的特点。

一、主体地位的至高性

人民代表大会是国家权力机关,其他国家机关都由它产生,对它负责,在整个国家机关系统中,其法律地位最高。

二、监督范围的广泛性

对于全国人大及其常委会来说,要监督宪法的实施,监督国务院、中央军事委员会、国家监察委员会、最高人民法院和最高人民检察院的工作;就地方人大及其常委会来说,要保证宪法、法律、法规在本行政区域内的遵守和执行,保证上级和本级国家权力机关的决议和决定的遵守和执行,要监督本级"一府一委两院"的工作。人大及其常委会监督范围的广泛性表现在,一是对一切法律的实施和执行都有监督权;二是对所有国家行政机关、监察机关、审判机关、检察机关的工作都有监督权。

三、监督内容的规范性

人大常委会的监督范围广泛,但不是没有限制。监督内容都有法律规范,主要体现在法律监督和工作监督两方面。法律监督指对规范性文件是否符合宪法和法律规定所进行的监督。工作监督指对"一府一委两院"专项工作的监督,对计划、预算执行情况的监督,对法律法规实施情况的监督。

四、监督方式的多样性

从宪法、法律的规定看,人民代表大会及其常委会的监督包括听取和审议"一府一委两院"的专项工作报告;审查和批准决算,听取和审议国民经济和社会发展计划、预算的执行情况报告,听取和审议审计工作报告;对法律法规实施情况的检查;对规范性文件的备案审查;询问和质询;特定问题调查;撤职案的审议和决定等。

五、监督效力的权威性

人民代表大会及其常委会的监督权,是国家权力的体现。人民代表大会及其常委会实施的监督行为,是实现国家统治权的过程。人民代表大会及其常委会在监督过程中形成的决议、决定,具有法律效力,有关机关和个人必须执行,否则就会引起相应的法律后果。

坚持党的领导原则

坚持党的领导是地方人大常委会行使监督权应当遵循的首要原则。中国共产党领导是中国特色社会主义最本质的特征,中国特色社会主义制度的最大优势是中国共产党领导。习近平总书记指出:“党政军民学,东西南北中,党是领导一切的,是最高的政治领导力量。”

坚持党的领导是我国现行宪法确定的一项基本原则,是人民当家作主和依法治国的政治保证。中国共产党的领导地位,是在长期斗争的实践中逐步形成的,是历史的选择、人民的选择,也是明确载入中国宪法的。各级人民代表大会及其常务委员会都要自觉接受党的领导。国家政权机关领导人员要经过人民代表大会的法定程序选举和任命,并接受人民代表大会及其常务委员会监督。要充分发挥国家政权机关中党组织和党员的作用,贯彻党的理论和路线方针政策,实现党对国家事务的领导。这样做,有利于把党的主张与人民的意志统一起来,有利于把党的决策和决策的贯彻执行统一起来,有利于国家政权机关及其领导人员把对党负责与对人民负责统一起来,保证我们党始终站在时代前列带领人民前进。这一原则要求各级人大及其常委会在对“一府一委两院”进行工作监督和法律监督的过程中,必须坚定不移地坚持党的领导,准确把握人大监督的特点,发挥人大监督的优势,从而增强人大监督的实效。实践中,党主要是通过人大党的组织和在人大工作的共产党员,实施对人大工作的领导。这就要求各级人大及其常委会党组要自觉地接受同级党委的领导,遇到重大问题应及时向同级党委请示报告,在取得党委同意后按照法定程序办理。在人大工作的党员,要牢固树立加强党的领导与依法行使职权是统一的观念,模范贯彻党的路线方针政策,用自己的实际行动维护党的领导,加强党的领导。

依法监督原则

国家机关严格依法办事,是依法治国的内在要求。现行宪法和地方组织法明确规定了人大及其常委会对“一府一委两院”的监督职权,人大常委会应当依法行使这些监督职权。对此,监督法第二条明确规定:“各级人民代表大会常务委员会依据宪法和有关法律的规定,行使监督职权。”实践中,人大常委会依法行使监督权,主要表现在监督主体合法、对象合法、内容和范围合法、形式合法和程序合法。

一、行使监督权的主体合法

根据宪法和地方组织法的规定,国家权力机关的监督权,只能由各级人大及其常委会行使,其他任何组织和个人均无权行使。做到主体合法,就要明确以下三点:(1)人大常委会主任会议不是行使监督权的主体。在人民代表大会闭会期间,地方各级人大常委会的主任会议负责处理人大常委会的重要日常工作,其职权是程序性而不是实体性的。由于主任会议不是一级权力机关,它不能代替人大常委会作出具有法律效力的决议或决定,因此,它不是人大行使监督权的主体。(2)人大各专门委员会不是行使监督权的主体。人大各专门委员会是人民代表大会的常设工作机构。在人民代表大会闭会期间,其主要职权是在人大常委会的领导下研究、审议和提出有关问题的议案,参与或承担人民代表大会及其常委会交办的有关具体工作。虽然专门委员会在人大监督工作中发挥着极其重要的作用,但它不是一级权力机关,只是协助人大常委会行使监督权,不是法律上的监督主体。(3)各级人大代表和常委会组成人员个人不是行使监督权的主体。法律同时规定了各级人大及其常委会的决策实行民主集中制,集体行使职权。就是说,开会才能行使权力,集体才能行使权力。各级人大代表和常委会组成人员有权持证视察、参加视察和执法检查活动,提出建议、批评和意见,但个人不能成为行使监督权的主体。

二、监督的对象合法

监督法等法律规定,各级人民代表大会常务委员会对本级人民政府、监察委员会、人民法院和人民检察院的工作实施监督,促进依法行政、依法监察、公正司法。监督法第三十条规定:“县级以上地方各级人民代表大会常务委员会对下一级人民代表大会及其常务委员会作出的决议、决定和本级人民政府发布的决定、命令,经审查,认为有下列不适当的情形之一的,有权予以撤销:……。”根据这些规定,人大常委会监督的对象是法律规定的,主要包括以下三个方面:一是本级人民政府及其组成部门、监察委员会、人民法院、人民检察院。二是由人大及其常委会选举或任命的国家公务员。包括本级政府正、副职领导人员和政府各组成部门的领导人员,监察委员会主任、副主任、委员,人民法院院长、副院长、庭长、副庭长、审判委员会委员、审判员,人民检察院检察长、副检察长、检察委员会委员、检察员。三是下级人大及其常委会。

三、监督的内容和范围合法

各级人大及其常委会的监督内容主要包括法律监督和工作监督。法律监督指对制定机关作出并发布的规范性文件是否符合宪法和法律规定所作的监督。例如常委会有权撤销同宪法、法律、法规相抵触的规范性文件,依据立法法和监督法建立的法规、规章和法律规范性文件的备案审查制度等。工作监督指对“一府一委两院”的工作是否符合宪法和法律,是否符合人民的根本利益,是否正确贯彻人大常委会的决议和决定,是否正确行使职权等所进行的监督。例如听取和审议“一府一委两院”的专项工作报告,进行执法检查等。各级人大及其常委会监督的范围应当是国家和地方事务中带有根本性、长远性的重大事项,这是由国家权力机关的性质和地位决定的。

四、监督的形式合法

监督法从第二章至第八章对各级人大常委会可采取的监督形式作了明确、具体的规定,主要包括以下七种:一是听取和审议“一府一委两院”专项工作报告;二是审查和批准决算,听取和审议政府关于国民经济和社会发展计划、预算的执行情况报告,听取和审议审计工作报告;三是法律、法规实施情况的检查;四是规范性文件的备案审查;五是询问和质询;六是特定问题调查;七是撤职案的审议和决定。实践中,各级人大常委会应当严格依照监督法规定的上述形式开展监督工作。

五、监督的程序合法

监督法第二条第二款规定:“各级人民代表大会常务委员会行使监督职权的程序,适用本法;本法没有规定的,适用有关法律的规定。”同时,监督法从第二章至第八章,分别规定了不同监督形式行使监督权应遵循的法定程序,使人大常委会的监督程序有了明确的法律规范。可以说,现行监督法主要是从程序方面对各级人大常委会行使监督权进行规范。人大常委会行使监督权的程序主要包括监督权行使的方式、步骤、时限和顺序等。

集体行使监督权原则

各级人大及其常委会在行使监督权的过程中,实行集体负责制。由全体组成人员集体讨论问题,按照少数服从多数的原则,集体作出决定或决议,集体承担责任。简单地说,人大是集体有权,个人无权。各级人大及其常委会必须召开会议才能讨论决定问题,不召开会议不能决定问题。地方人大常委会和本级政府的任务不同,因此其工作制度、工作方法也不完全相同。宪法规定,政府机关实行首长负责制,而人大及其常委会实行集体负责制。人大代表、常委会组成人员的权力是由集体来行使的,决定是集体作出的。包括常委会主任在内,无论哪个议案,都不是个人说了就可以决定的。

本行政区域内的重大问题需要集思广益,实事求是,按照民主集中制作决定。宪法第三条第一款规定:“中华人民共和国的国家机构实行民主集中制的原则。”监督法第四条规定:“各级人民代表大会常务委员会按照民主集中制的原则,集体行使监督职权。”民主集中制是指民主基础上的集中和集中指导下的民主相结合。实践中,民主集中制既是中国共产党的组织原则,又是我国国家机构的组织和活动原则。作为国家权力机关,各级人大及其常委会在行使职权的过程中也应当遵循这一原则。人民代表大会作为国家权力机关统一行使国家权力,实行民主集中制,集体行使职权,集体决定问题。这一原则要求各级人大常委会在对“一府一委两院”进行监督的过程中,监督的形式必须以决定或决议的方式作出。而这些决定或决议都要按照法定程序,经过集体讨论,通过会议表决,得到全体组成人员过半数的赞成才能获得通过。常委会组成人员个人,均无权作出任何决定或决议。根据我国代表法及相关法律的规定,人大代表及常委会组成人员个人,在参加视察、专题调研和执法检查等活动中,如果发现“一府一委两院”的工作存在问题,不能直接处理。应当通过法定程序,向有关部门提出建议、批评和意见,由同级人大常委会或主管部门督促有关单位解决问题,改进工作。集体行使监督权是保证各级人大常委会更好地集中人民的共同意志、更好地维护最广大人民根本利益的客观要求。它有利于防止少数人说了算,防止个人专断,遏制人治倾向,保证国家政权的人民性,真正体现人民当家作主。

促进依法行政、依法监察、公正司法原则

监督法等法律规定,各级人民代表大会常务委员会对本级人民政府、监察委员会、人民法院和人民检察院的工作实施监督,促进依法行政、依法监察、公正司法。我国的政体是人民代表大会制度,不实行西方国家的“三权分立”制度。根据宪法规定,人民代表大会是国家权力机关,国家行政机关、监察机关、审判机关、检察机关都由人大选举产生,对人大负责,受人大监督。在人大统一行使国家权力的前提下,宪法和法律又对国家的行政权、监察权、审判权、检察权作了明确的划分。其中,各级人民政府作为国家权力机关的执行机关,它组织、领导和管理经济、城乡建设、教育、科学、文化、卫生、体育、计划生育、民政、公安、司法行政、对外事务、国防建设事业和民族事务等工作。监察委员会是国家的监察机关,依法独立行使监察权,不受行政机关、社会团体和个人的干涉。人民法院是国家的审判机关,依照法律规

定独立行使审判权，不受行政机关、社会团体和个人的干涉。人民检察院是国家的法律监督机关，人民检察院依照法律规定独立行使检察权，不受行政机关、社会团体和个人的干涉。根据宪法、地方组织法和监督法的规定，各级人大常委会对同级政府的监督主要是通过听取和审议专项工作报告、执法检查、听取和审议国民经济和社会发展计划执行情况报告、预算执行情况报告等形式，不直接处理具体问题，其目的是促进行政机关依法行政。同样，各级人大常委会对本级监察委员会、人民法院、人民检察院的监督主要通过以下几种形式进行：一是对监察法规、司法解释进行备案审查；二是听取和审议“一委两院”的专项工作报告；三是执法检查。各级人大常委会不能代替监察委员会、人民法院和人民检察院办理具体案件，人大常委会对“一委两院”监督的目的就是促进依法监察、公正司法。至于各级人大代表和人民群众向各级人大常委会反映的涉法涉诉问题，即个案监督问题，从各地的实际做法来看，有些由各级人民代表大会专门委员会或者各级人大常委会工作机构，有些由主任会议或者分管副主任转交“一委两院”依法处理，作为启动“一委两院”内部监督机制的一个重要渠道，这不属于各级人大常委会集体行使对“一委两院”工作的监督职权，而是属于信访工作问题。对此，现行监督法没有规定。

常委会接受人民代表大会监督原则

监督法第六条明确规定：“各级人民代表大会常务委员会行使监督职权的情况，应当向本级人民代表大会报告，接受监督。”第十四条、第二十条和第二十七条明确规定，各级人大常委会在具体监督工作中的有关报告及处理情况，应当向本级人民代表大会的代表通报。根据宪法、地方组织法的规定，县级以上地方各级人大常委会，是本级人民代表大会的常设机关，是本级人民代表大会闭会期间行使国家权力的机关，对本级人民代表大会负责并报告工作。人民代表大会设立常务委员会，是我国人民代表大会制度区别于西方议会制度的一个重要特征。西方国家议会有的实行一院制，有的实行两院制，议会还设有各种常设委员会。无论是一院制还是两院制，其权力都是统一的，只有全院会议才能作出具有法律效力的决定。我国的各级人大常委会在人民代表大会闭会期间依法行使职权。监督权是宪法和法律赋予各级人大常委会的一项重要职权，各级人大常委会行使监督权的情况，与其行使其他法定职权一样，应当向本级人民代表大会报告，接受人民代表大会的监督。对此,这既有利于保障人大代表对人大工作的知情权,又有利于人民代表大会监督常委会的工作。

监督公开原则

监督法第七条规定:“各级人民代表大会常务委员会行使监督职权的情况,向社会公开。”进一步提高人大监督工作的透明度。常委会组成人员在执法检查、审议专题工作报告中提出的重要意见和建议,有关问题的整改情况等要采取多种方式向社会公开,进一步发挥舆论监督和群众监督的作用。(1)监督公开是由我国人民代表大会政体的性质和地位决定的。我国宪法规定,中华人民共和国的一切权力属于人民。人民行使国家权力的机关是全国人民代表大会和地方各级人民代表大会。为了保证人民代表大会体现人民的意志和人民主体地位,按照人民的意志决定问题,人大常委会在对“一府一委两院”进行监督时,应当将其行使监督权的具体情况向社会公开,使人民群众了解和知悉人大常委会的监督工作。(2)监督公开是我国国家机构接受人民监督原则的重要体现。宪法规定,一切国家机关和国家工作人员必须依靠人民的支持,经常保持同人民的密切联系,倾听人民的意见和建议,接受人民的监督,努力为人民服务。这是我国国家机构的组织和活动的基本原则。各级人大常委会作为国家权力机关的常设机关,是我国国家机构的重要组成部分。其行使职权的情况,包括依法行使监督权的情况,必须向社会公开,接受人民群众的监督。(3)监督公开是我国全面推进依法治国基本要求。我国要健全民主制度,丰富民主形式,扩大公民有序的政治参与,保证人民依法实行民主选举、民主决策、民主管理和民主监督,享有广泛的权利和自由,尊重和保障人权。各级人大常委会将其行使监督权的情况向社会公开,正是全面推进依法治国的重要内容。公开原则在现行监督法规定的主要制度中有多处体现。监督法第八条第二款规定:“常务委员会听取和审议专项工作报告的年度计划,经委员长会议或者主任会议通过,印发常务委员会组成人员并向社会公布。”监督法等法律规定,常务委员会听取的专项工作报告及审议意见,人民政府、监察委员会、人民法院或者人民检察院对审议意见研究处理情况或者执行决议情况的报告,向本级人民代表大会代表通报并向社会公布。监督法第二十条第二款规定:“常务委员会听取的国民经济和社会发展计划执行情况报告、预算执行情况报告和审计工作报告及审议意见,人民政府对审议意见研究处理情况或者执行决议情况的报告,向本级人民代表大会代表通报并向社会公布。”监督法第二十三条第一款规定:“常务委员会年度执法检查计划,经委员长会议或者主任会议通过,印发常务委员会组成人员并向社会公布。”监督法等法律规定:常务委员会的执法检查报告及审议意见,人民政府、监察委员会、人民法院或者人民检察院对其研究处理情况的报告,向本级人民代表大会代表通报并向社会公布。这些规定都是监督公开原则的组成部分。

听取和审议“一府一委两院”专项工作报告

听取和审议“一府一委两院”专项工作报告的定位

听取和审议“一府一委两院”专项工作报告又称工作评议，是指各级人大常委会每年从自身执法检查、人大代表及常委会组成人员集中反映的问题、人民群众来信来访集中反映的问题中筛选出若干关系改革发展稳定大局和群众切身利益、社会普遍关注的重大问题，有计划地安排听取和审议本级人民政府、监察委员会、人民法院和人民检察院的专项工作报告的一种监督活动。它既是各级人大常委会对“一府一委两院”行使监督权的主要内容之一，又是主要形式之一。

根据宪法和法律的规定，各级人民代表大会及其常务委员会有权对“一府一委两院”的工作实施监督，但人民代表大会与人大常委会的具体监督职权是不同的。其中，全国人民代表大会有权听取国务院的政府工作报告、最高人民法院工作报告和最高人民检察院工作报告，审查和批准国民经济和社会发展计划及计划执行情况的报告，审查和批准中央预算及预算执行情况的报告；县级以上地方各级人民代表大会有权听取和审议本级人民政府工作报告、人民法院工作报告和人民检察院工作报告，审查和批准本行政区域内的国民经济和社会发展计划及计划执行情况的报告，审查和批准本行政区域内的预算及预算执行情况的报告。这是各级人民代表大会对本级“一府两院”全面工作的宏观性、整体性的监督。但是，各级人民代表大会通常每年只召开一次大会，不可能对“一府一委两院”的所有工作实施经常性的监督。根据宪法的规定，在人民代表大会闭会期间，对“一府一委两院”工作实施经常性监督的职权是由各级人大常委会行使的。人大常委会安排听取和审议本级“一府一委两院”的专项工作报告，是对“一府一委两院”实施经常性监督权。依据宪法规定，监察委员会、人民法院、人民检察院依法独立行使监察权、审判权和检察权，人大常委会监督的是“一委两院”工作，不能代替监察委员会、法院、检察院办理具体案件。否则，与我国现行宪法确定的监察体制、司法体制相悖。因此，监督法等法律突出了人大常委会对“一委两院”的工作实施监督，主要是通过听取和审议“一委两院”专项工作报告和执法检查等形式，督促监察机关、司法机关完善内部监督机制，重点解决监察工作、审判工作、检察工作中人民群众反映强烈的带有共性的问题，如告状难、执行难、赔偿难、刑讯逼供、超期羁押、错案不纠、司法不公等问题，促进依法监察、司法公正。人大常委会听取和审议“一府一委两院”专项工作报告，具有以下特点。

一、经常性

根据全国人民代表大会组织法的规定，全国人大常委会每年至少召开六次以上的会议；根据地方组织法的规定，县级以上人大常委会每年都要举行六次以上的会议。这与人民代表大会每年一般举行一次会议相比较，各级人大常委会每年举行的会议次数多，人大常委会有更多的时间和机会对“一府一委两院”的工作进行监督。采取在常委会会议上听取“一府一委两院”专项工作报告的监督形式，能有更多机会了解“一府一委两院”的工作情况，有利于加强人大常委会的监督力度。

二、针对性

“一府一委两院”的工作职责相当宽泛，国家的行政管理工作、监察工作、审判工作、检察工作涉及社会生活的方方面面，人大常委会对“一府一委两院”工作实施经常性监督，不可能面面俱到。只能针对人民群众迫切要求解决的倾向性、普遍性的重大问题实施监督，督促政府严格执法，促进监察机关依法监察，促进人民法院、人民检察院公正司法。

三、实效性

根据监督法等法律的规定，各级人大常委会听取和审议“一府一委两院”的专项工作报告，要围绕关系改革发展稳定大局和群众切身利益，社会普遍关注的重大问题，有计划地选择和安排。这样集中监督解决“一府一委两院”工作中带有倾向性、普遍性的问题，目标集中，在常委会召开会议时可以审议得更加具体，提出更具有针对性的意见和建议，有利于问题的解决。而且对同一个问题，常委会可以事先组织力量进行专题视察或调研，还可以事后跟踪监督，一本经念到底，一件事抓出头，直到纠正错误为止。这种监督，具有很强的时效性。

四、问责性

这种监督可以把对工作的监督和对人的监督有机地统一起来。人大常委会经常性地听取“一府一委两院”的专项工作报告，开展对“一府一委两院”专项工作的评议，把对主管领导干部的工作业绩和存在的问题寓于其中，有利于对相关领导履行职责情况的监督。

五、全面性

根据宪法和相关法律的规定，地方各级人大及其常委会负有保证宪法、法律、法规和上级人大常委会决议在本行政区内遵守和执行的职责。据此，人大常委会有权安排听取和审议主要领导人不由本级人大常委会选举任命的政府直属机构和在本行政区域内的上级垂直领导机构的专项工作报告。例如，目前我国的国土资源管理部门是由省级国土资源管理部门垂直领导的，但国土资源管理这项工作亦是县级人民政府的工作职能。因此，县级人大常委会可以安排听取和审议本县国土资源管理的专项工作报告。

确定专项工作报告议题的途径

根据监督法等法律规定，常务委员会听取和审议本级人民政府、监察委员会、人民法院和人民检察院的专项工作报告的议题，根据下列途径反映的问题确定。

一、本级人大常委会执法检查中发现的突出问题

执法检查是各级人大常委会对“一府一委两院”实施监督的法定形式。多年以来，全国人大常委会和地方各级人大常委会在实践中把通过执法检查的方式发现的问题，要求政府作为专项工作报告是很常见的。如把在建筑法执法检查中发现建筑公司拖欠农民工工资问题确定为人大常委会听取和审议政府专项工作报告的议题等。

二、本级人大代表对“一府一委两院”工作提出的建议、批评和意见集中反映的问题

人大代表作为本级国家权力机关的组成人员，随时有权对本级“一府一委两院”的工作提出建议、批评和意见。若多个代表对“一府一委两院”的某项工作同时提出建议、批评和意见，比较集中反映的某一问题，人大常委会可以考虑将其列入专项工作报告的议题。

三、本级人大常委会组成人员提出的比较集中的问题

根据宪法、代表法和有关组织法的规定，全国人大常委会组成人员十人以上可以向常委会提出属于常委会职权范围内的议案。在常委会会议期间，常委会组成人员十人以上可以向常委会书面提出对国务院和国务院各部、委的质询案；省、自治区、直辖市、自治州、设区的市的人大常委会组成人员五人以上联名，县级人大常委会组成人员三人以上联名，可以向本级人大常委会提出属于常委会职权范围内的议案。在常委会会议期间，省、自治区、直辖市、自治州、设区的市的人大常委会组成人员五人以上联名，县级人大常委会组成人员三人以上联名，可以向本级人大常委会书面提出对本级人民政府、监察委员会、人民法院、人民检察院的质询案。根据监督法的要求，实践中人大常委会组成人员通过上述形式提出的比较集中的问题，人大常委会应当予以重视，将其列入专项工作报告的议题。

四、本级人大专门委员会、常委会工作机构调查研究中发现的突出问题

人大各专门委员会受本级人民代表大会领导，在大会闭会期间受本级人大常委会领导。各专门委员会在本级人大常委会的领导下，研究、审议和拟订有关议案。对属于本级人大及其常委会职权范围内同本委员会有关的问题，进行调查研究，提出建议。本级人民代表大会各专门委员会、常务委员会工作机构在调查研究中发现的突出问题，常委会可以将其作为听取和审议“一府一委两院”专项工作报告的议题。

五、人民来信、来访集中反映的问题

人民来信、来访是指公民、法人或其他组织采用书信、电子邮件、传真、电话、走访等形式向各级人大常委会反映情况，提出建议、意见或者投书请求，依法由有关机关进行处理的活动。在构建和谐社会的今天，人大及其常委会作为国家权力机关，应当做好信访工作，认真处理来信，接待来访，倾听人民群众的意见、建议和要求。对于人民群众来信来访中反映比较集中和强烈的问题，人大常委会可以将其列入听取和审议专项工作报告的议题。

六、社会普遍关注的其他问题

针对某一时期人民群众和社会各界及媒体普遍关注的问题，人大常委会认为有必要，亦可将其列入听取和审议“一府一委两院”专项工作报告的议题。例如某省针对土地整治面积大、任务重的实际情况，要求省政府将“全省土地整治工作情况”作为一项专题向省人大常委会报告。

七、“一府一委两院”要求报告的专项工作

“一府一委两院”依法接受本级人大常委会的监督，既可以按照本级人大常委会确定的议题作专项工作报告，也可以主动提出作专项工作报告的议题。本级人大常委会可以接受“一府一委两院”的要求，确定该项报告要求。

听取和审议专项工作报告程序

一、制订听取和审议专项工作报告的计划

根据监督法第八条的规定，各级人大常委会按照确定听取和审议专项工作报告的原则与途径制订年度计划。地方各级人大常委会经主任会议通过，印发常委会组成人员。

二、公布听取和审议专项工作报告的计划

根据监督法第八条第二款的规定，常委会听取和审议专项工作报告的年度计划经委员长会议或主任会议同意后，应当向社会公布，以便征求人民群众和社会各界的意见，使常委会更深入、更具体地对“一府一委两院”专项工作中存在的问题实施监督。公布是指对全社会公开发布，而不是仅在国家权力机关内部发布。因此，被公布的听取和审议专项工作报告的计划应当在相应的载体上刊登。一般来说，地方各级人大常委会制定的年度听取和审议专项工作报告的计划应当在地方各级人大常委会公报、本机关网站、在本行政区域范围内发行的主要报纸上刊登。

三、组织常委会组成人员和人大代表开展视察和专题调研

监督法第十条第一款明确规定：“常务委员会听取和审议专项工作报告前，委员长会议或者主任会议可以组织本级人民代表大会常务委员会组成人员和本级人民代表大会代表，对有关工作进行视察或者专题调查研究。”召开地方人大常委会会议审议专项工作报告之前，经主任会议同意，常委会可组织常委会组成人员或本级人大代表事先对该专项工作的相关情况进行视察或调研。便于详尽、充分地了解“一府一委两院”相关工作的实际情况、存在的问题和主要原因，利于人大常委会在听取和审议该项工作报告时，有针对性地提出意见和改进措施，提高审议质量。

四、常委会办事机构汇总各方面意见，提供相关文件资料

监督法等法律规定，常务委员会听取和审议专项工作报告前，常务委员会办事机构应当将各方面对该项工作的意见汇总，交由本级人民政府、监察委员会、人民法院或者人民检察院研究,并在专项工作报告中作出回应。人民政府、监察委员会、人民法院或者人民检察院应当在常务委员会举行会议的二十日前,由其办事机构将专项工作报告送交本级人民代表大会有关专门委员会或者常务委员会有关工作机构征求意见;人民政府、监察委员会、人民法院或者人民检察院对报告修改后,在常务委员会举行会议的十日前送交常务委员会。常务委员会办事机构应当在常务委员会举行会议的七日前,将专项工作报告发给常务委员会组成人员。这样,把人大常委会组成人员和人大代表对有关工作进行视察或专项调研中提出的问题,以及社会公众提出的问题,提前送交拟作专项工作报告的国家机关,并要求其认真研究后在报告中作出回应,使报告机关主动检查自身工作中的不足,以便更好地解决问题和改进工作。要求报告机关在人大常委会举行会议的二十天前将专项报告送交人大有关专门委员会或常委会工作机构征求意见,其目的是事先由有关专门委员会或工作机构对报告的内容进行初步审查,向主任会议提出意见,确保提到常委会会议上的专项工作报告达到基本要求。人大有关专门委员会或常委会工作机构提出意见后,报告机关应当对专项工作报告的内容进行修改,并在常委会举行会议的十日前提交给人大常委会。常委会办事机构应当在举行会议的七日前,将专项工作报告发给常委会组成人员,让各位组成人员能够提前阅读报告,做好审议准备。

五、常委会举行会议听取和审议专项工作报告

(一)听取“一府一委两院”的主要负责人的专项工作报告。监督法等法律规定,专项工作报告应当由人民政府、监察委员会、人民法院或者人民检察院的负责人向本级人大常委会报告,人民政府也可以委托有关部门负责人向本级人大常委会报告。必须注意的是,政府委托有关部门向人大常委会作的专题工作报告,仍然代表本级人民政府,不是该部门向人大常委会作工作报告。这里的监察委员会、人民法院、人民检察院的负责人可以是监察委员会主任、副主任,人民法院院长、副院长或人民检察院检察长、副检察长。

(二)常委会组成人员分组审议。大会听取了“一府一委两院”有关专项工作报告后,应当进行分组审议。分组审议时,“一府一委两院”应当派有关负责人到会听取人大常委会组成人员的审议意见。监督法等法律规定,各级人民代表大会常务委员会会议审议议案和有关报告时,本级人民政府或者有关部门、监察委员会、人民法院或者人民检察院应当派有关负责人员到会，听取意见，回答询问。

（三）向大会报告常委会组成人员审议意见。常委会组成人员听取和审议专项工作报告，提出审议意见，由相关专门委员会和人大常委会工作机构在常委会会议上报告。根据监督法第十条第二款的规定，常委会可以安排参加视察或者专题调查研究的人大代表列席常委会会议，听取专项工作报告，提出意见。实践中，对“一府一委两院”的专项工作报告，常委会组成人员经过分组审议后，有关专门委员会或人大常委会的工作机构应当对组成人员审议中所提意见和建议进行综合整理，并向大会报告。人大常委会有权将组成人员的审议意见交由“一府一委两院”研究处理。

（四）对专项工作报告作出决议。根据监督法第十四条第一款的规定，常务委员会认为必要时，可以对专项工作报告作出决议。

六、“一府一委两院”对审议结果的研究处理

审议结果有两种情况：一种是提出综合审议意见，另一种是作出有明确的意见的决议。第一种情况，是人大常委会将组成人员对专项工作报告的审议意见交由本级“一府一委两院”研究处理。人民政府、监察委员会、人民法院或者人民检察院应当将研究处理情况由其办事机构送交本级人民代表大会有关专门委员会或者常务委员会有关工作机构征求意见后，向常务委员会提出书面报告。第二种情况，是“一府一委两院”收到人大常委会对专项工作报告的决议后，应当在决议规定的期限内，将执行决议的情况向常务委员会作出书面报告。

七、向社会公布听取和审议专项工作报告情况

人大常委会作为国家权力机关的常设机关，其履行监督职责的情况，“一府一委两院”接受监督的情况，都应接受人民群众的监督。监督法等法律规定，常务委员会听取的专项工作报告及审议意见，人民政府、监察委员会、人民法院或者人民检察院对审议意见研究处理情况或者执行决议情况的报告，应当由常委会向本级人民代表大会代表通报并向社会公布。实践中，对人大常委会听取和审议的专项工作报告及审议意见，一般在会议结束后一周内，由人大常委会的代表工作机构向本级人大代表通报，并由人大常委会办事机构安排在当地媒体上公布。同时，“一府一委两院”对审议意见研究处理情况或者执行决议情况的报告，也应当及时由人大常委会的代表工作机构向本级人大代表通报，由人大常委会办事机构安排在当地媒体上公布。

专门委员会在人大常委会听取和审议专项工作报告中的工作

一、听取和审议专项工作报告前的工作

根据监督法等法律有关规定,“一府一委两院”应当在人大常委会举行会议的二十日前,由其办事机构将专项工作报告先送交本级人大有关专门委员会或常委会有关工作机构征求意见。这一规定是要求由有关的专门委员会或工作机构对报告的内容进行初步的考察,提出意见,“一府一委两院”根据有关专门委员会或工作机构的意见,对报告的内容进行修改,以便保证提到常委会会议上的专项工作报告符合基本要求。根据监督法等法律的相关规定,有关专门委员会要认真做好以下几项工作:

(一)召开专门委员会全体会议初察。收到“一府一委两院”专项工作报告稿后,及时召开专门委员会全体会议,对专项工作报告进行初察,提出意见。

(二)初察的内容是:专项工作报告的格式是否符合基本要求;专项工作报告的内容所涉及的问题是否属于本级人大及其常委会的职权范围;报告机关对该项工作的报告是否实事求是,符合实际;对工作成绩的自我评价是否准确;对存在的问题是否找的准确、全面;对存在问题的原因分析是否准确;对提出的整改措施是否具体、明确等。初察可以邀请人大代表列席会议,发表意见。初察可以通知专项工作报告机关负责人或有关部门负责人到会,回答询问,听取意见。

(三)专门委员会办事机构对专门委员会组成人员提出的意见进行整理,起草专门委员会对专项工作报告的初察意见,交专项工作报告机关。

二、听取和审议专项工作报告后的工作

根据监督法等法律的有关规定,常委会组成人员听取和审议专项工作报告后,提出审议意见,审议意见交“一府一委两院”研究处理。“一府一委两院”对审议意见研究处理后,将研究处理情况由其办事机构送交本级人大有关专门委员会或常委会工作机构征求意见,有关专门委员会对报告机关的研究处理情况提出意见。报告机关根据专门委员会的意见,将研究处理情况向常务委员会提出书面报告。根据这一要求,有关专门委员会要认真做好“一府一委两院”对常委会组成人员专项工作报告审议意见的研究处理工作报告的初察工作。

(一)召开专门委员会全体会议初察。有关的专门委员会在收到“一府

一委两院”对常委会组成人员专项工作报告审议意见的研究处理情况的报告稿后，要及时召开专门委员会全体会议，针对“一府一委两院”对常委会组成人员专项工作报告审议意见的研究处理情况的报告稿进行初察，提出意见。

（二）初察的内容是：专项工作报告审议意见研究处理情况的报告稿的格式是否符合基本要求；对常委会组成人员听取和审议“一府一委两院”专项工作报告时，提出的审议意见，专项报告机关是否进行了认真研究；提出的处理意见是否符合实际、是否具有可操作性、是否能够达到审议意见提出的要求；提出的整改措施是否具体、明确等。初察可以邀请人大代表列席会议，发表意见。可以通知专项工作报告机关负责人或有关部门负责人到会，回答询问，听取意见。

（三）专门委员会办事机构对专门委员会组成人员提出的意见进行整理，起草专门委员会对专项工作报告审议意见研究处理情况的报告稿的初察意见，交专项工作报告机关。

审查和批准决算，听取和审议政府关于国民经济和社会发展计划、预算执行情况及审计工作报告

国民经济和社会发展计划监督的定位

国民经济和社会发展计划是指关于国家或某一行政区域内经济社会发展的目标、任务、措施和工作部署的总体安排，它是国家宏观管理的重要手段。从时间上来划分，计划可分为年度计划和中长期计划；从内容上来划分，计划可分为综合计划和专项计划；从级次上来划分，计划可分为国家计划和地方计划。监督法的计划监督，是指各级人大常委会为了确保国家和本行政区域经济和社会发展实现预定的目标，对本级人大在人代会上依法审查和批准的政府关于国民经济和社会发展计划的实施情况所进行的监督。从目前我国宪法、法律的相关规定来看，人大常委会对政府制定的国民经济和社会发展计划进行监督的法律依据充分，具体包括：(1)宪法第六十七条规定，全国人大常委会在全国人民代表大会闭会期间，审查和批准国民经济和社会发展计划、国家预算在执行过程中所必须作的部分调整方案。第九十九条规定，县级以上的地方各级人民代表大会审查和批准本行政区域内的国民经济和社会发展计划、预算以及执行情况的报告。(2)地方组织法第四十四条规定，县级以上地方各级人大常委会根据本级人民政府的建议，决定对本行政区域内的国民经济和社会发展计划、预算的部分变更。(3)全国人民代表大会常务委员会关于加强经济工作监督的决定规定，全国人大常委会有权依法对国务院经济工作行使监督权。(4)监督法第三章对各级人大常委会开展计划监督作了较为具体、集中、系统的规定。监督中应当注意：

一、围绕本级人大批准的国民经济和社会发展计划进行监督

本级人大批准的国民经济和社会发展计划是本行政区一个时期经济社会发展的总部署、总安排。无论是具体工作任务还是发展目标，无论是硬指标还是软指标，都必须在实际工作中加以落实。实践中，各级人大常委会计划监督的目的就是督促各级政府及其职能部门认真贯彻执行已经人民代表大会批准的计划，确保国家和本行政区域经济和社会发展实现预定的目标。

二、树立全局观念，保持综合平衡

国民经济和社会发展计划的安排，涉及方方面面的关系，遍布政府的每一项工作。既要突出重点，又要凝聚共识，统筹谋划，协同推进。经济社会发展的重大关系和比例是一个有机的整体和复杂的系统，客观上要求实现平衡协调。因此，各级人大常委会在开展计划监督工作中，需要树立全局观念和整体意识，注重改革的系统性、整体性、协同性，坚持社会主义市场经济改革方向。

三、保证国民经济和社会的发展具有连续性

计划的编制、审批和执行是一个连续不断的过程。实践中，许多工作具有长期性，许多具体项目是跨届或者跨任期的。各级人大常委会计划监督工作的一个重要目标就是监督政府及其职能部门在发展经济过程中要克服“短期行为”，避免“头脑发热”，抑制“急功近利”和“好大喜功”的行为发生。

四、适应市场经济的要求，注重计划的导向性

在市场经济条件下，计划工作已经转变成为经济社会发展的宏观性工作。它不仅包括具体的、直接的审批和管理工作，还包括宏观的调控、协调和指导职能。实践要求各级人大常委会在开展计划监督过程中，提出和解决具体问题时应当更加突出政策性和方向性，妥善处理预期性指标和约束性指标二者的关系，努力推动经济更有效率、更加公平、更可持续发展。

国民经济和社会发展计划监督的内容和程序

一、听取和审议半年度国民经济和社会发展计划执行情况报告

监督法第十六条规定，国务院和县级以上地方各级人民政府应当在每年六月至九月期间，向本级人民代表大会常务委员会报告本年度上一阶段国民经济和社会发展计划的执行情况。实践中，地方人大常委会听取和审议政府半年度计划执行情况的报告，一般按照下列程序进行：

（一）人大专门委员会进行前期调研。人大财政经济委员会在听取报告之前,应当到政府有关经济综合部门和相关部门了解情况,获取信息,听取意见。在调研基础上,形成若干简报、背景资料或经济形势分析报告,为常委会审议提供必要的参考。

(二)听取计划执行情况的报告。人大常委会听取政府关于本行政区域上半年国民经济和社会发展计划执行情况的报告。人大常委会举行全体会议,听取政府国民经济和社会发展计划主管部门负责人受政府委托所作的上半年国民经济和社会发展计划执行情况的报告。

(三)审议计划执行情况的报告。常委会采取分组会议的形式,必要时也可以采取联组会议的形式对政府上半年国民经济和社会发展计划执行情况的报告进行审议。常委会审议该报告时,政府相关部门和工作机构应当派熟悉情况的有关负责人员到会,听取意见,并根据常委会组成人员的要求说明情况,回答询问。常委会组成人员审议报告的发言,由工作人员如实记录,经发言人校核后编发简报。审议中的重要动态和审议意见,编印专报,报常委会领导。

(四)向常委会报告审议的综合情况。由人大负责财经工作的专门委员会对常委会组成人员的审议情况和提出的意见进行汇总,并向常委会全体会议报告。

(五)处理常委会组成人员对报告的审议意见。将常委会组成人员对报告的审议意见,由人大常委会交政府研究处理。政府应当在指定的时间内将研究处理情况书面报告人大常委会。

(六)公布国民经济和社会发展计划执行情况报告的审议情况。根据监督法第二十条第二款的规定,人大常委会听取的国民经济和社会发展计划执行情况报告的审议意见,人民政府对审议意见研究处理情况的报告,应当向本级人民代表大会代表通报并向社会公布。

二、审查和批准计划调整方案

监督法第十七条第一款明确规定,国民经济和社会发展计划经人民代表大会批准后,在执行过程中需要作部分调整的,国务院和县级以上地方各级人民政府应当将调整方案提请本级人民代表大会常务委员会审查和批准。根据全国人大常委会作出的《关于加强经济工作监督的决定》的有关规定,在经济运行过程中,全国人民代表大会批准的年度计划、五年计划和长远规划必须作的部分调整,由国务院提请全国人大常委会审查批准。除特殊情况外,国务院应当在全国人大常委会举行会议一个月前,将调整方案的议案报送全国人大常委会。实践中，在人大常委会召开会议之前，政府有关部门应当及时向人大财经委通报有关情况，由人大财经委对调整方案进行初步审查，并提出初审意见。

改革开放以来，国家计划在执行过程中的部分调整，曾经发生过两次。第一次是：1981 年 2 月 25 日，五届全国人大常委会第十七次会议听取和审议了时任国务院副总理兼国家计划委员会主任姚依林作的《关于调整 1981 年国民经济计划和国家财政收支的报告》，会议经讨论和审查，于 3 月 6 日通过了《关于批准国务院调整 1981 年国民经济计划和国家财政收支的报告的决议》；第二次是：1992 年 4 月 3 日，七届全国人大第五次会议审议了国务院《关于提请审议兴建长江三峡工程议案》，并根据全国人大财政经济委员会的审查报告，决定批准将兴建长江三峡工程列入国民经济和社会发展十年规划。

三、听取和审议中长期规划的中期评估报告

根据监督法第二十一条的规定，国民经济和社会发展五年规划经人民代表大会批准后，在实施的中期阶段，人民政府应当将规划实施情况的中期评估报告提请本级人民代表大会常务委员会审议。规划经中期评估需要调整的，人民政府应当将调整方案提请本级人民代表大会常务委员会审查和批准。

四、对重大建设项目的监督

根据全国人大常委会通过的《关于加强经济工作监督的决定》和《关于加强中央预算审查监督的决定》的有关规定，全国人大常委会可以对计划安排的国家重点建设项目进行监督，可以根据需要听取和审议国务院的专项工作报告。地方人大常委会可以参照全国人大常委会的做法，加强对重大建设项目的监督。

财政经济委员会对计划的初步审查

一、初步审查的任务

专门委员会对计划的初步审查即计划初审，是指人民代表大会会议举行前，由人民代表大会的有关专门机构或人大常委会对政府准备提请人民代表大会审议的计划草案或编制中的计划的主要内容所做的审查工作。

全国人民代表大会议事规则第三十一条规定，全国人民代表大会会议举行的一个月前，国务院有关主管部门应当就国民经济和社会发展计划及计划执行情况、国家预算及预算执行情况的主要内容，向全国人民代表大会财政经济委员会和有关的专门委员会汇报，由财政经济委员会进行初步审查。全国人民代表大会常务委员会关于加强经济工作的决定进一步规定："国务院编制的国民经济和社会发展年度计划草案、五年计划草案以及长远规划草案，应当在全国人民代表大会举行的一个月前，报送全国人民代表大会常务委员会。"地方人大参照全国人大的做法，也对财政经济委员会对计划初审进行了规定。如吉林省规定，省人民代表大会会议举行的一个月前，财政经济委员会和有关的专门委员会，听取省人民政府有关主管部门关于本年度全省国民经济和社会发展计划及上年度计划执行情况的汇报，由财政经济委员会进行初步审查。同时，有关的专门委员会也应当分别对有关部分进行初步审查。财政经济委员会综合审查意见，经省人民代表大会常务委员会主任会议同意后，交省人民政府。省人民代表大会举行会议的时候，财政经济委员会和有关的专门委员会对省人民政府提出的关于本年度全省国民经济和社会发展计划及上年度计划执行情况的报告进行审查。财政经济委员会根据各代表团和有关专门委员会的审查意见，向主席团提出审查结果报告。省人民代表大会常务委员会审议省人民政府关于全省国民经济和社会发展计划部分变更之前，财政经济委员会应当对报告进行审查，向常务委员会提出审查意见。计划初审是为人民代表大会审查和批准计划草案所做的重要准备工作之一。

二、对计划初审的内容、程序和方式

（一）对计划初审的内容。财政经济委员会对年度计划草案和计划报告的审查重点是：编制的指导方针要符合全国人民代表大会批准的国民经济和社会发展五年计划以及长远规划；主要目标和指标要符合持续、稳定发展国民经济的要求；主要措施要符合加强宏观调控，优化经济结构，安排好国家重点建设，切实改善人民生活，解决促进就业，做好社会保障工作和可持续发展等要求。

（二）对计划初审的程序和方式。许多地方人大常委会参照全国人大常委会关于加强经济工作监督的决定的基本精神，对计划初步审查的时间、程序、方式和重点等都作了具体规定。各地的一般做法是：(1)政府有关部门在计划编制初步完成后，向同级人大财政经济委员会或者人大常委会有关工作机构通报计划编制情况，并提交相关资料。(2)人民代表大会会议召开的一个月前，政府有关部门将拟提交人民代表大会审议的年度计划草案提交人大财政经济委员会或者人大常委会有关工作机构进行初步审查；五年计划及长远规划草案在人民代表大会会议召开的两个月前提交。政府在提交计划草案的同时，一般还应提交下列材料：上级政府关于编制计划的要求；有财政性资金投资的计划项目明细表；对本行政区域经济社会发展、生态环境有重大影响或者特别重大的新建项目的汇总表及其说明；初步审查计划草案需要的其他材料。(3)初步审查采取的方式主要有：组织人大代表和常委会组成人员进行视察或者调查；听取政府有关部门的情况报告；征求有关专门委员会、人大常委会有关工作机构和部分人大代表的意见；邀请有关专家学者论证等。(4)初步审查的重点是：编制计划的指导思想是否符合国家法律、法规和宏观经济政策，是否符合国家、本级人民代表大会批准的国民经济和社会发展五年计划以及长远规划，是否符合发展社会主义市场经济的要求，是否符合国民经济和社会发展需要的实际情况及本行政区域经济发展战略；主要目标和指标是否科学合理、依据充分、积极可行；主要措施是否符合发展社会主义市场经济、加强宏观调控和优化经济结构的要求，是否与确定的目标和任务相衔接，是否符合保证重点、统筹兼顾、改革开放和可持续发展等要求，是否体现国家和本行政区域国民经济和社会发展的实际需要；解决人民群众关心的经济发展方面的热点问题的措施是否可行。

三、提出审查结果报告或审查意见

根据有关法律、法规的规定，财政经济委员会对计划初审以后，应当提出审查结果报告或者审查意见。(1)人民代表大会会议举行的一个月前，财政经济委员会或者人大常委会有关工作机构听取人民政府有关主管部门关于本年度本行政区域国民经济和社会发展计划及上年度计划执行情况的汇报，对计划草案初步审查后，由财政经济委员会综合审查意见，写出初审报告，报主任会议讨论。经主任会议讨论的初审意见转政府研究处理，并将结果报告人大常委会。初审报告的内容一般应当包括：对上年度或上个五年计划执行情况和本年度或本五年计划安排的总体评价；对计划草案的意见和实现计划的建议；对计划草案提出是否批准的建议；其他应予报告的内容。财政经济委员会的初审报告，于人民代表大会会议举行前由人大常委会发给全体人大代表。(2)代表大会举行会议的时候，财政经济委员会和有关的专门委员会对本级人民政府提出的关于本年度本行政区域国民经济和社会发展计划及上年度计划执行情况的报告进行审查，根据各代表团和有关的专门委员会的审查意见，向主席团提出审查结果报告。

预算监督的定位

预算是指关于中央或某一地方行政区域内财政收入和支出活动的基本计划，是全面地、集中地反映政府收支运作过程的情况以及整个国家机构活动的窗口。预算监督，是指各级人大常委会为了确保国家和本行政区域经济和社会发展实现预定的目标，对本级人大在人代会上依法审查和批准的政府关于预算和预算执行情况所进行的监督。人大常委会对政府的预算进行监督的法律依据包括：(1)宪法规定，全国人大常委会在全国人民代表大会闭会期间，审查和批准国家预算在执行过程中所必须作的部分调整方案。县级以上的地方各级人民代表大会审查和批准本行政区域内的预算以及其执行情况的报告。(2)地方组织法规定，县级以上地方各级人大常委会根据本级人民政府的建议，决定对本行政区域内的预算的部分变更。(3)全国人大议事规则、全国人大常委会议事规则及地方各级人大和常委会议事规则均明确规定了全国人大及其常委会、地方各级人大及其常委会、全国人大财经委及地方各级人大财经委和有关专门委员会在预算审查监督中的职责、审查方法和程序。(4)预算法规定，全国人大常委会监督中央和地方预算的执行，审查和批准中央预算的调整方案，审查和批准中央决算，撤销国务院制定的同宪法、法律相抵触的关于预算、决算的行政法规、决定和命令，撤销省、自治区、直辖市人大及其常委会制定的同宪法、法律和行政法规相抵触的关于预算、决算的地方性法规和决议；县级以上地方各级人大常委会监督本级总预算的执行，审查和批准本级预算的调整方案，审查和批准本级决算，撤销本级政府和下一级人大及其常委会关于预算、决算的不适当的决定、命令和决议。(5)监督法对各级人大常委会开展预算监督的具体、集中、系统的规定。

人大常委会的预算监督活动要求：(1)反映国家机关特别是政府及其职能部门的工作和活动状况。在现代社会，政府做任何事情都离不开成本。其中，支出是政府工作和活动的成本，收入则是满足这一需要的来源。通过预算监督，人们可以较全面地了解、审视和评价政府的工作。(2)有效地监督政府收支运作过程。由于政府的财政收入均来源于纳税人，所以政府的财政支出应当用于向社会成员提供公共物品和公共服务。通过预算监督，人们可以较全面客观地评价政府财政收支活动，考核政府各项工作的绩效。

(3)控制政府财政支出。各级人大对政府预算的批准,具有法定效力。政府只有在预算范围内的支出,才是合法有效的。各级人大常委会通过预算监督,可以对政府支出的方向、规模、形式等进行有效的约束。

预算审查监督重点向支出预算和政策拓展

按照党中央改革部署要求和预算法、监督法规定,人大对支出预算和政策开展全口径审查和全过程监管。主要内容包括:

1.支出预算的总量与结构。审查支出预算总量,重点审查预算安排是否符合党中央确定的年度经济社会发展目标、国家宏观调控总体要求、国民经济和社会发展相关规划、中期财政规划,审查支出政策的可持续性,更好发挥政府职能作用。审查支出预算结构,重点审查支出预算和政策是否体现党中央就各重要领域提出的重大方针政策和决策部署要求,切实提高财政资金配置效率。

2.重点支出与重大投资项目。加强对重点支出与重大投资项目的审查,保障党中央重大方针政策和决策部署确定的重点支出与重大投资项目。推动政府健全重点支出与重大投资项目决策机制,合理确定重点支出与重大投资项目范围。加强对重点支出与重大投资项目执行情况的监督,督促实现支出绩效和政策目标。

3.部门预算。重点审查监督部门预算贯彻落实党中央重大方针政策和决策部署情况;部门预算编制的完整性情况;项目库建设、项目支出预算与支出政策衔接匹配情况;部门重大项目支出绩效目标设定、实现及评价结果应用情况;审计查出问题整改落实情况等。

4.财政转移支付。重点审查监督贯彻党中央重大方针政策和决策部署情况,转移支付与财政事权和支出责任划分的匹配情况;转移支付对促进实现各地区财政平衡及基本公共服务均等化情况;专项转移支付的清理整合情况;专项转移支付的整体绩效情况。监督转移支付预算执行和政策实施,重点是预算批准后在法律规定时间内批复下达,以及资金使用绩效与政策实施效果情况等。

5.政府债务。硬化地方政府预算约束,坚决制止无序举债搞建设,规范举债融资行为。结合地方政府债务规模、全国经济发展水平等情况,合理评估全国政府债务风险水平。地方政府债务审查监督要重点审查地方政府债务纳入预算管理的情况;要根据各地的债务率、利息负担率、新增债务率等风险评估指标体系，结合债务资金安排使用和偿还计划，评价地方政府举债规模的合理性。积极稳妥化解累积的地方政府债务风险，坚决遏制隐性债务增量，决不允许新增各类隐性债务。

加强对政府预算收入编制的审查。政府预算收入编制要与经济社会发展水平相适应，与财政政策相衔接，根据经济政策调整等因素科学预测。强化对政府预算收入执行情况的监督，推动严格依法征收，不收“过头税”，防止财政收入虚增、空转。推动依法规范非税收入管理。

预算监督的主要形式和程序

一、审查和批准决算

监督法第十五条规定：“国务院应当在每年六月，将上一年度的中央决算草案提请全国人民代表大会常务委员会审查和批准。县级以上地方各级人民政府应当在每年六月至九月期间，将上一年度的本级决算草案提请本级人民代表大会常务委员会审查和批准。决算草案应当按照本级人民代表大会批准的预算所列科目编制，按预算数、调整数或者变更数以及实际执行数分别列出，并作出说明。”决算指一年来国民经济和社会发展计划执行结果在财政收支上的集中反映。中央决算由全国人大常委会审查和批准；地方各级政府决算由县级以上地方各级人大常委会审查和批准。实践中，各级人大常委会举行会议审查和批准决算草案，一般按照以下程序进行：

（一）政府财政部门的主要负责人代表本级政府向常委会报告国家和本地上一年度财政决算执行情况。

（二）人大财政经济委员会提出关于前一年度决算的审查报告。内容包括：(1)总的评价；(2)预算执行中存在的主要问题；(3)做好财政预算工作的建议。

（三）常委会对政府决算报告及财经委的审查报告一并进行审议并作出相应的决议。

二、听取和审议半年度预算执行情况报告

根据监督法的规定，国务院和县级以上地方各级人民政府应当在每年六月至九月期间，向本级人民代表大会常务委员会报告本年度上一阶段预算的执行情况。主要程序：

（一）前期调研。在政府向人大常委会作报告之前，人大财经委和预算工委应当向政府的财政、税务、海关等部门了解情况，听取意见，取得第一手

资料。必要时,可以召开座谈会或专家论证会,分析研究当前经济社会发展中预算收支面临的形势和问题。在进行充分调研的基础上,形成简报或调研报告,供常委会组成人员审议时参考。

(二)常委会举行全体会议,听取政府财政部门主要负责人代表本级政府作上半年度预算执行情况报告。政府财政部门负责人一般同时向人大常委会报告本级政府去年财政决算和今年上半年预算执行情况。

(三)人大财政经济委员会书面向常委会全体会议提出关于上半年预算执行情况的审查报告。一般应包括以下内容:(1)总的评价;(2)预算执行中存在的主要问题;(3)做好财政预算工作的建议。

(四)常委会组成人员对政府关于上半年预算执行情况的报告以及财经委的审查报告一并进行审议。由财经委汇总常委会组成人员对报告的审议意见的相关情况,并向常委会全体会议汇报。

(五)由常委会根据审议情况作出相应的决议,或者通过适当形式将常委会组成人员对报告的审议意见,交由政府研究处理。常务委员会听取预算执行情况报告及审议意见,人民政府对审议意见研究处理情况或者执行决议情况的报告,应向本级人民代表大会代表通报并向社会公布。

三、审查和批准预算调整方案

预算调整指经全国人民代表大会批准的中央预算和经地方各级人民代表大会批准的本级预算,在执行中因特殊情况需要增加支出或者减少收入,使原批准的收支平衡的预算的总支出超过总收入,或者使原批准的预算中举借债务的数额增加的部分变更。按照预算法的规定,各级政府对于必须进行的预算调整,应当编制预算调整方案。预算调整方案的审批权在本级人大常委会。未经批准,各级政府不得调整预算,不得作出任何使原批准的收支平衡的预算的总支出超过总收入或者使原批准的预算中举借债务的数额增加的决定。主要程序:

(一)提报调整初步方案。国务院和县级以上地方各级人民政府有关主管部门应当在本级人民代表大会常务委员会举行会议审查和批准预算调整方案的一个月前,将预算调整初步方案送交本级人民代表大会财政经济委员会进行初步审查,或者送交常务委员会有关工作机构征求意见。

(二)提报调整方案。预算经人民代表大会批准后,在执行过程中需要作部分调整的,国务院和县级以上地方各级人民政府应当将调整方案提请本级人民代表大会常务委员会审查和批准。

（三）常委会审查和批准。预算安排的农业、教育、科技、文化、卫生、社会保障等资金需要调减的，国务院和县级以上地方各级人民政府应当提请本级人民代表大会常务委员会审查和批准。

财政经济委员会在预算监督中的工作

一、对预算的初步审查

专门委员会对预算的初步审查即预算初审，是指人民代表大会会议举行前，依法对预算进行的初步审查活动。预算法第四十四条规定，国务院财政部门应当在每年全国人民代表大会会议举行的四十五日前，将中央预算草案的初步方案提交全国人民代表大会财政经济委员会进行初步审查。省、自治区、直辖市、设区的市、自治州政府财政部门应当在本级人民代表大会会议举行的三十日前，将本级预算草案的初步方案提交本级人民代表大会有关的专门委员会或者根据本级人民代表大会常务委员会主任会议的决定提交本级人民代表大会常务委员会有关的工作委员会进行初步审查。

二、对预算初审的内容和程序

地方预算初审的一般做法是：（1）在预算编制阶段，人民代表大会由财政经济委员会或人民代表大会常务委员会有关工作机构同财政部门沟通，通报有关情况，交换预算编制方面的意见；（2）预算初审前，人大财经委员会或人大常委会有关工作机构组织人大代表和人大常委会组成人员对重点收支项目进行视察和调查；（3）人民代表大会会议举行的一个月前，财政部门将拟提交人民代表大会的预算草案报告和有关资料报送人大财经委员会或人大常委会有关机构。

三、提出审查结果报告或审查意见

财政经济委员会对预算初审以后，应当提出审查报告或者审查意见，报人大常委会主任会议，由主任会议决定提交人民代表大会预算审查委员会审议。经主任会议审定的初审意见转给政府，对不予采纳的意见，政府应作出说明。预算草案初审的重点是：预算收支平衡情况；预算收入增长与经济发展速度相协调的情况；预算支出的结构和法定比例、顺序确定、确保重点情况。人大财经委员会的预算初审报告，一般应当包括下列内容：（1）对上年预算执行情况的评价；（2）对当年预算安排是否妥当的分析；（3）对本级预算是否批准的建议，对总预算的审议意见；（4）对所提措施的审查意见；（5）针对实现预算存在的问题提出建议。

听取和审议审计工作报告

审计指独立检查会计账目,监督财政、财务收支真实、合法、效益的行为。以审计主体为分类标准,审计可分为国家审计、内部审计和社会审计三种。国家审计又称政府审计,是指由国家审计机关代表国家所实施的审计。1982 年宪法明确规定我国实行审计监督制度,确立了国家审计的法律地位。根据宪法和审计法的规定,我国国家审计的监督主体包括国家审计署和县级以上地方人民政府设立的审计机关;审计的对象包括国务院各部门、地方人民政府及其工作部门,国有的金融机构,国有企业和国有资产占控股地位或者主导地位的企业,国家事业单位,其他应当接受审计的部门和单位,以及上述部门和单位的有关人员。国家审计的目的是通过审计财政、财务收支真实、合法和效益,最终达到维护国家财政经济秩序、促进廉政建设、保障国民经济健康发展的目的。内部审计,是指由部门和单位内部设置的审计机构和专职审计人员对本部门、本单位及下属单位所进行的审计,包括部门内部审计和单位内部审计。社会审计又称民间审计,是指由会计师事务所的注册会计师依法执行的独立审计。本书所指的审计是特指国家审计。

人大常委会通过听取和审议审计工作报告,对本级政府工作进行监督的法律依据包括:

(1)宪法规定,国务院设立审计机关,对国务院各部门和地方各级政府的财政收支,对国家的财政金融机构和企业事业组织的财务收支,进行审计监督。审计机关在国务院总理领导下,依照法律规定独立行使审计监督权,不受其他行政机关、社会团体和个人的干涉。县级以上的地方各级人民政府设立审计机关。地方各级审计机关依照法律规定独立行使审计监督权,对本级人民政府和上一级审计机关负责。(2)审计法对我国审计监督制度作了较为全面和具体的规定。规定国务院和县级以上地方人民政府应当每年向本级人大常委会提出审计机关对预算执行和其他财政收支的审计工作报告。审计工作报告应当重点报告对预算执行的审计情况。必要时,人大常委会可以对审计工作报告作出决议。国务院和县级以上地方人民政府应当将审计工作报告中指出的问题的纠正情况和处理结果向本级人大常委会报告。(3)监督法规定,常务委员会每年审查和批准决算的同时,听取和审议本级人民政府提出的审计机关关于上一年度预算执行和其他财政收支的审计工作报告。常务委员会组成人员对审计工作报告的审议意见交由本级人民政府研究处理。人民政府应当将研究处理情况向常务委员会提出书面报告。常务委员会认为必要时，可以对审计工作报告作出决议；本级人民政府应当在决议规定的期限内，将执行决议的情况向常务委员会报告。常务委员会听取的审计工作报告及审议意见，人民政府对审议意见研究处理情况或者执行决议情况的报告，向本级人民代表大会代表通报并向社会公布。

听取和审议审计工作报告往往与审批决算、半年度预算执行情况报告安排在一次常委会会议上进行审议。主要程序：

一、前期调研

在政府向人大常委会作审计工作报告之前，人大财经委和预算工委应当向政府的财政、税务、审计及其他相关部门了解情况，听取意见，开展调查研究，取得第一手资料。必要时，可以召开座谈会或专家论证会，分析研究当前经济社会发展中预算收支和审计中存在的问题。在进行充分调研的基础上，形成简报或调研报告，报告一般应包括以下主要内容：(1)基本情况；(2)存在的主要问题；(3)工作建议。供常委会组成人员审议时参考。

二、常委会举行全体会议

听取政府审计部门主要负责人代表本级政府向人大常委会作本级预算执行和其他财政收支的审计工作报告。

由常委会组成人员对政府关于上年度本级预算执行和其他财政收支的审计工作报告进行审议。常委会组成人员对报告的审议意见的相关情况，由财经委汇总，并向常委会大会汇报。由常委会根据审议情况作出相应的决议，或者通过适当形式将常委会组成人员对报告的审议意见，交由政府研究处理。

三、政府反馈处理情况

政府应当按照常委会所作决议或者常委会办事机构转来的函件，认真研究处理常委会组成人员对报告的审议意见，并在当年年底前将研究处理情况及时书面报告常委会，供常委会组成人员审议。

四、常委会再次举行全体会议

常委会会议对政府关于《上年度本级预算执行情况和其他财政收支审计有关问题整改情况的报告》进行审议，常委会组成人员对报告的审议意见的相关情况，由财经委汇总，并向常委会大会汇报。

五、公布相关文件

审计工作报告、审议意见、人民政府对审议意见研究处理情况或者执行决议情况的报告，应当向本级人民代表大会代表通报并向社会公布。

2014 年修正的预算法增加了第四十六条、第四十八条、第一百条等多项与人大预算监督密切相关的重要规定。省级人大及其常委会需要根据预算法、监督法及时制定关于实施预算决算审查监督的决定或地方性法规，结合本地实际，切实贯彻预算法、监督法的有关规定，增强监督的实效。

法律、法规实施情况的检查

执法检查的定位

法律法规实施情况的检查一般简称执法检查，是指各级人民代表大会常务委员会对本级人民政府及其有关部门、监察委员会、人民法院和人民检察院执行宪法、法律、行政法规、监察法规、地方性法规以及人民代表大会及其常务委员会的决议、决定的情况进行检验、核查，发现并纠正违法现象、违法行为的活动。改革开放以来，全国人大及其常委会已经制定了现行有效270多件法律，国务院制定了700多件行政法规，地方各级人民代表大会及其常委会制定了12000多件地方性法规。在政治、经济、文化和社会生活的诸多方面都有法可依，已经形成了中国特色社会主义法律体系。毋庸讳言，现实生活中一些法律、法规并没有得到很好的贯彻、实施。有法不依的问题大量存在。为了保障法律法规的有效实施，对法律法规的实施进行监督检查是必要的。执法不到位的问题，是块短板。坚持有效的执法检查，是解决这一短板的有效形式。执法检查的意义在于：通过执法检查，保证宪法和法律、法规的实施，维护法律、法规的权威和国家法制的统一；促进行政机关依法行政、监察机关依法监察和司法机关公正司法；促进一些关系广大人民群众切身利益的热点问题和倾向性问题的逐步解决，维护人民群众的根本利益；对广大干部、群众进行生动实际的法制教育，使执法检查的过程同时也成为对法律宣传普及的过程，形成良好的执法环境。与此同时，通过执法检查，还可以发现现行法律、法规本身的缺陷和不足，提出修订和完善有关法律法规的建议和意见，提高立法质量。

各级人大常委会是执法检查的主体，有关专门委员会不是执法检查的主体。本级人民代表大会有关专门委员会或者常务委员会有关工作机构不是以自己的名义,独立地开展执法检查工作的执法检查主体,而是执法检查具体工作的组织实施者,是根据常务委员会的授权,以常务委员会的名义具体组织实施执法检查工作。这说明,在常务委员会的领导下,组织实施执法检查,是专门委员会的法定职责。

本级"一府一委两院"是执法检查监督的对象,公民和法人不是执法检查监督的对象。各级人大常委会的执法监督与各级人民检察院的法律监督性质不同:它不直接处理案件,也不从事个案监督,主要通过听取报告、对执法活动进行检查等形式督促执法机关开展工作,以使法律、行政法规、监察法规、地方性法规等得以公正实施。

确定执法检查监督内容的途径

监督法第二十二条规定:"各级人民代表大会常务委员会参照本法第九条规定的途径,每年选择若干关系改革发展稳定大局和群众切身利益、社会普遍关注的重大问题,有计划地对有关法律、法规实施情况组织执法检查。"

确定执法检查内容要考虑的因素:一是要把握好执法检查的正确方向,围绕党和国家"五位一体"总体布局和"四个全面"的战略布局,围绕常委会的年度工作重点确定。二是围绕法律法规实施过程中普遍存在的倾向性问题,抓住关系人民群众切身利益、群众普遍关注、反映强烈的热点难点问题。三是要考虑在一定客观条件下能否取得预期的效果。要集中力量,突出重点,抓住关键,取得党和人民满意的效果。避免过多过滥。四是要检查的法律、法规已实施一定时间,有必要检查执法情况,总结经验,改进工作。

根据监督法等法律规定,符合下列情形之一的即可视为"重大问题":一是本级人大常委会在执法检查中发现的突出问题;二是本级人民代表大会代表对人民政府、监察委员会、人民法院和人民检察院工作提出的建议、批评和意见集中反映的问题;三是本级人大常委会组成人员提出的比较集中的问题;四是本级人民代表大会专门委员会、常务委员会工作机构在调查研究中发现的突出问题;五是人民来信来访集中反映的问题;六是社会普遍关注的其他问题。对于上述这些"重大问题",各级人大常委会可以组织力量进行专项执法检查。

执法检查监督的主要程序

执法检查是人大常委会对本级“一府一委两院”执行宪法、法律、行政法规、监察法规、地方性法规及权力机关的决议、决定的情况进行检验、核查，发现并纠正违法现象、违法行为的活动。开展执法检查是各级人大及其常委会经常采取的行使监督职权的一种有效方式。与视察或对一般工作进行检查相比，执法检查的内容更集中、更侧重于研究、发现执法中存在的问题和监督纠正这些问题。执法检查是一种国家权力机关的监督，各级人民代表大会常务委员会严格按照监督法规定的途径，每年选择若干关系改革发展稳定大局和群众切身利益、社会普遍关注的重大问题，有计划地对有关法律、法规实施情况组织执法检查。

一、执法检查计划的制定程序

监督法第二十三条第一款规定：“常务委员会年度执法检查计划，经委员长会议或者主任会议通过，印发常务委员会组成人员并向社会公布。”地方各级人大常委会的年度执法检查计划的制定程序一般是：

（一）常委会办公厅和有关专门委员会共同研究拟订执法检查计划草案。通常每年年初办公厅开始注意收集和听取各有关方面包括“一府一委两院”的意见。各专门委员会在拟订各自的年度工作计划时，也会对常委会的执法检查工作提出建议。办公厅和专门委员会经过反复协商，提出常委会当年的执法检查计划草案。

（二）执法检查年度计划稿报主任会议通过。

（三）主任会议通过后印发常委会会议的组成人员，并由人大常委会办公厅书面通知“一府一委两院”以及有关的下级人大常委会。印发各专门委员会、常委会工作机构和办事机构。

二、执法检查监督的实施程序

（一）制定执法检查方案。常务委员会执法检查工作由本级人民代表大会有关专门委员会或者常务委员会有关工作机构具体组织实施。人大相关专门委员会或者工作机构应当根据执法检查年度计划，就其负责的执法检查项目，制订出执法检查的具体方案。执法检查方案应包括以下内容：执法检查的指导思想、执法检查的组织、执法检查的具体时间和地点、执法检查的步骤和方式、执法检查的具体要求等。执法检查方案的制订，要从实际出发，确定好执法检查的重点内容。每次检查的内容不宜过多，一般应集中在一两部法律法规的执行情况和其中的几个问题上。也可以把国家的法律和相同内容的地方性法规结合起来进行检查。为使执法检查方案更加符合实际,有关专门委员会根据工作需要,可以进行前期调研。执法检查方案经审批后,由常务委员会办事机构书面通知法律法规实施主管机关及有关下一级人大常委会,并由有关专门委员会通知执法检查组全体成员。

(二)发布执法检查通知。上级人大常委会办事机构向下级人大常委会发出关于组织实施执法检查工作的告知性文书。其主要内容包括:开展执法检查的时间、地点;执法检查的项目和内容;执法检查步骤安排;执法检查的形式;请下级人大常委会对开展执法检查工作给予配合、协助的具体事宜;执法检查方案。

(三)组织执法检查组。地方执法检查组组长一般由本级人大常委会副主任担任,随着社会各界对执法检查的重视,人大常委会主任有时也担任执法检查组组长。从全国人大常委会看,从十二届开始,委员长也担任执法检查组组长,十三届全国人大常委会坚持了这一做法。副组长由有关专门委员会主任委员或者副主任委员担任。根据监督法第二十四条的规定,执法检查组的其他组成人员,由负责该项执法检查工作的有关专门委员会从本级人民代表大会常务委员会组成人员和本级人民代表大会有关专门委员会组成人员中确定。执法检查组赴地方进行执法检查时,根据工作需要可以分成若干执法检查小组。执法检查小组组长一般由有关专门委员会负责人或者其他组成人员担任,组员由常委会和专门委员会组成人员担任。执法检查组可以邀请本级人民代表大会代表参加。在实践中,有的地方开展执法检查时,还吸收有关专家、民主党派和群团组织负责人、被检查部门的领导和检查对象所在地的人大常委会负责人参加。执法检查组的工作人员由人大常委会有关部门的工作人员担任。检查对象不能作为执法检查组成员,更不能担任执法检查组组长、副组长。

执法检查组组成后,工作人员要制定执法检查的具体安排,与执法检查通知和方案一并发出。

(四)组织实施执法检查。(1)组织执法检查组全体成员集中学习,熟悉和掌握所检查的有关法律、法规和政策,收集有关法律法规实施情况的材料,做好执法检查的准备。(2)召开执法检查工作协调会议。执法检查通知下发后,有关专门委员会要及时召开执法检查协调会议,参加会议的应有,有关专门委员会负责人、法律法规实施主管机关负责人、有关地方人大常委会负责人和执法检查组工作人员。其主要内容是,研究部署执法检查组的具体工作,确定法律法规实施主管机关汇报材料的写作。会后,法律法规实施主管机关应当根据人大常委会执法检查方案和执法检查协调会议的要求,在同级政府的领导下,认真准备有关法律法规实施情况的汇报,并提前报送有关专门委员会征求意见。有关专门委员会应做好初审工作,提出意见和建议。法律法规实施主管机关应认真听取有关专门委员会的初审意见和建议,做好修改工作,并于执法检查开始前,将法律法规实施情况的汇报材料按照执法检查组的要求印制若干份,送至执法检查组。法律法规实施主管机关应当做好执法检查的有关配合工作,如,准备汇报材料,提供参考资料,安排实地查看地点,组织参加座谈会人员,安排好执法检查组成员的食宿等。(3)召开执法检查组全体会议。内容包括:常务委员会有关领导作执法检查动员讲话,阐述开展执法检查工作的意义,对执法检查工作提出具体要求;执法检查组组长宣布执法检查方案,部署执法检查工作;听取法律法规实施主管机关关于法律法规实施情况的汇报,了解法律法规实施情况。确定执法检查的内容,如:法律法规的宣传、普及情况;执行法律法规采取了哪些实际步骤、措施,效果如何;执法工作中存在的问题、差距及产生的原因;法律法规有哪些不完善、不合理或规定不具体的情况;对下一步贯彻执行法律法规的意见和建议等。确定执法检查方式,如听取汇报,询问,查阅有关资料,召开各级人大代表、被检查单位或有关单位人员、人民群众参加的座谈会,个别走访,抽样调查,调阅案卷,到基层单位实地考察等。(4)反馈法律法规实施情况。执法检查组的执法检查活动结束后,根据工作需要,可以向接受执法检查的当地人大常委会和法律法规实施的相关部门反馈所了解的当地法律法规实施情况,但不宜对当地法律法规实施的工作提出结论性的意见。(5)召开执法检查结束后的执法检查组全体会议,听取各执法检查小组的汇报;执法检查组成员对所检查法律法规实施情况作全面评价,对法律法规实施情况存在的问题及原因进行分析,提出改进执法工作的建议,研究向常委会汇报的执法检查报告稿,并就执法检查中发现的问题与法律法规实施情况主管机关交换意见。(6)发布执法检查的新闻。重点是对法律实施主管机关的汇报会、赴地方检查的重要情况和常委会会议审议执法检查报告的情况进行报道。对于检查中发现的好的典型、重大违法事件,根据具体情况,可以组织记者进行专题采访和报道。

由于执法检查工作涉及面广,执法检查组不可能对每一个地方都进行检查。为了发挥下级人大常委会在执法检查过程中的作用,可以根据需要进行委托执法检查。委托下级人大常委会对上级人大常委会检查的法律、法规在当地的实施情况进行检查。受委托的人大常委会应当将了解到的法律、法规实施的真实情况书面报送上一级人大常委会。

人大常委会进行执法检查时应注意:一是要注重实效,力戒形式主义。二是切实做到轻车简从。三是执法检查中不直接处理具体案件。执法检查中发现的具体案件和收到的群众来信,执法检查组应转交常委会办公厅,由办公厅统一转交有关部门依法处理。执法检查组不直接处理执法检查中发现的具体案件和收到的群众来信。四是充分发挥舆论监督的作用。凡是有条件的地方,请媒体记者参加,既报道公正执法、廉洁奉公的典型,也要对发现的重大典型违法事件及其处理结果,公之于众,并追踪报道。

(五)提出执法检查报告。执法检查结束后,执法检查组召开全体会议,交流总结实地了解的情况,讨论分析法律实施中存在的问题,提出执法检查报告。执法检查报告由主任会议决定提请常务委员会审议。执法检查报告应当包括下列内容:一是对所检查的法律法规实施情况的总体评价;二是法律法规实施中存在的主要问题及主要原因;三是改进执法工作的主要建议;四是对法律法规本身需要修改、补充、解释的建议等。2006 年 9 月,湖南省溆浦县人大常委会在执法检查中发现法律法规“打架”现象,提出《关于对〈婚姻登记条例〉进行审查的建议》,“建议全国人大常委会对《婚姻登记条例》进行审查,早日解决婚姻登记条例与母婴保健法相冲突的问题”。

(六)对执法检查报告的审议和处理。监督法第二十七条规定了常务委员会组成人员对执法检查报告进行审议的程序及对审议意见的处理。常务委员会全体会议听取执法检查报告时,由执法检查组组长向全体会议报告。常务委员会分组审议执法检查报告时,有关专门委员会和有关法律法规实施主管机关应当派人到会听取意见、回答询问。按照法定程序,地方各级人大常委会的执法检查结束后,执法检查组撰写的执法检查报告应当提交主任会议审议,并由主任会议决定是否提请常委会会议审议。在常委会全体会议和分组会议审议执法检查报告时,执法检查组可以向常委会会议提供文字、视听等形式的参阅资料,由常委会办事机构统一印发会议。本级人民政府、监察委员会、人民法院或者人民检察院的负责人应到会听取意见,回答询问。常委会组成人员可以就法律实施中存在的重要问题提出询问。必要时,常委会可作出有关决议。未列入常委会会议议程的专门委员会的执法检查报告,可由专门委员会审议。

地方各级人大常委会会议审议的执法检查报告和审议决定,由常委会办公室负责以书面形式交本级人民政府、监察委员会、人民法院或者人民检察院研究处理。有关机关应当将研究处理情况送交本级人民代表大会有关专门委员会或者常务委员会有关机构征求意见后,向常务委员会提出报告。

执法检查的跟踪检查

监督法等法律规定,常务委员会组成人员对执法检查报告的审议意见连同执法检查报告,一并交由本级人民政府、监察委员会、人民法院或者人民检察院研究处理。人民政府、监察委员会、人民法院或者人民检察院应当将研究处理情况由其办事机构送交本级人民代表大会有关专门委员会或者常务委员会有关工作机构征求意见后,向常务委员会提出报告。必要时,由委员长会议或者主任会议决定提请常务委员会审议,或者由常务委员会组织跟踪检查;常务委员会也可以委托本级人民代表大会有关专门委员会或者常务委员会有关工作机构组织跟踪检查。执法检查的跟踪检查是执法检查工作的重要组成部分。常委会会议结束后的规定期间内,常委会办事机构应当将常委会会议对执法检查报告的审议意见,汇总整理成常委会会议审议意见,由常委会办事机构将执法检查报告和审议意见,函送“一府一委两院”,同时抄送相关专门委员会。

法律法规实施主管机关在收到执法检查报告和审议意见后,应当认真进行研究,制订整改方案,采取整改措施,认真改进工作。同时将研究处理情况送交本级人民代表大会有关专门委员会或者常务委员会有关工作机构征求意见,一般在收到执法检查报告和审议意见后6个月内向人大常委会提出整改情况的书面报告。相关专门委员会或者常务委员会有关工作机构一般应当在执法检查报告送交“一府一委两院”的3个月内,就整改情况听取相关部门汇报,进行跟踪督查,并督促法律法规实施主管机关在规定期间内向常委会会议提出整改情况的书面报告。

常务委员会的执法检查报告及审议意见,人民政府、监察委员会、人民法院或者人民检察院对其研究处理情况的报告,向本级人民代表大会代表通报并向社会公布。

监督法所说的“必要时”,主要指两种情况:一是法律法规实施主管机关对整改工作认识不到位,措施不得力,成效不明显,常务委员会组成人员不满意;二是法律法规实施主管机关虽已采取措施,但整改目标的实现需要一个不断推进的过程,因而需要继续进行审议或者跟踪检查。不论是继续进行审议或者组织跟踪检查,都需要主任会议作出决定。对于关系党和国家工作大局和改革发展稳定全局的重大问题,对于法律法规实施过程中普遍存在的倾向性问题,对于关系人民群众切身利益、群众普遍关注、反映强烈的突出问题,各级人大常委会要跟踪检查,抓住不放,一查到底,一直查到问题基本解决。

规范性文件的备案审查

规范性文件备案审查定位

规范性文件指除宪法以外的法律、行政法规、监察法规、地方性法规、自治条例和单行条例、国务院部门规章、地方政府规章以及其他由国家机关制定的决议、决定、命令和司法解释等。即凡是由国家机关通过或者发布的涉及公民、法人或者其他组织权利和义务,并在其管辖范围内具有普遍约束力的文件。

备案审查指上述规范性文件生效后要按法定期限报法定的机关备案,由接受备案的机关进行分类、存档,在规范性文件的有效期间,依法对其监督审查。

对规范性文件的备案审查是各级人大常委会为了保证国家法制的统一,对依法享有一定立法权限的主体的立法行为所进行的监督。“立法监督”是各级人大常委会监督权的一项重要内容。在立法法基础上为维护法制统一和尊严,监督法设专章“规范性文件的备案审查”对立法监督制度作了进一步完善和规范。

立法法规定:

宪法具有最高的法律效力,一切法律、行政法规、地方性法规、自治条例和单行条例、规章都不得同宪法相抵触。

法律的效力高于行政法规、地方性法规、规章。

行政法规的效力高于地方性法规、规章。

地方性法规的效力高于本级和下级地方政府规章。

省、自治区的人民政府制定的规章的效力高于本行政区域内的设区的市、自治州的人民政府制定的规章。

自治条例和单行条例依法对法律、行政法规、地方性法规作变通规定的，在本自治地方适用自治条例和单行条例的规定。

经济特区法规根据授权对法律、行政法规、地方性法规作变通规定的，在本经济特区适用经济特区法规的规定。

部门规章之间、部门规章与地方政府规章之间具有同等效力，在各自的权限范围内施行。

同一机关制定的法律、行政法规、地方性法规、自治条例和单行条例、规章，特别规定与一般规定不一致的，适用特别规定；新的规定与旧的规定不一致的，适用新的规定。

法律、行政法规、地方性法规、自治条例和单行条例、规章不溯及既往，但为了更好地保护公民、法人和其他组织的权利和利益而作的特别规定除外。

不同的立法主体由于其所处法律地位不同，其所制定的规范性文件的效力不一样。每一个立法主体都应遵循下位法与上位法不抵触的原则在自己的立法权限范围内进行相应立法。但实际上由于立法理念的差异、立法技术水平的限制，特别是不适当的部门利益、地方利益驱动等诸多因素，导致不同位阶法律规范之间冲突，下位法违反上位法的现象屡屡发生。

这些冲突包括规章和规范性文件之间的冲突、规章和行政法规及法律相抵触、地方性法规与法律相抵触、行政法规和宪法法律相抵触等。对不同位阶的规范性文件进行备案审查，从源头上防止不具有合法性、合宪性的法律规范的产生和实施，对从总体上保证我国以宪法为核心的社会主义法律体系内部的和谐和统一，完善立法体制，有效防止部门利益和地方保护主义法律化，推进依宪治国、依法治国，发挥着重要作用。

报送备案机关

报送备案机关指将规范性文件报送备案机关备案的机关。具有完整立法权的制定机关、批准机关，可以依法向其上一级国家权力机关和行政机关报送备案。报送备案机关包括：国务院；国家监察委员会；最高人民法院；最高人民检察院；省级人大常委会；省级人民政府；依据授权立法的市人大常委会；制定规章的国务院部门；设区的市和自治州的人民政府；等等。

接受备案机关

接受备案机关指接受规范性文件备案的机关。接受备案机关包括:全国人大常委会、国务院、省级人大常委会及人民政府、设区的市和自治州人大常委会。具体接受备案的职责范围:(1)全国人民代表大会常务委员会接受行政法规、监察法规、地方性法规、自治条例和单行条例的备案,由全国人大常委会办公厅秘书局负责接收,专门委员会、常委会法制工作委员会负责审查研究工作。(2)国务院接受地方性法规、自治条例和单行条例、规章的备案,由国务院法制机构负责办理。(3)省、自治区、直辖市的人民代表大会常务委员会接受本级人民政府规章,设区的市、自治州的人民政府制定的规章,由省级人大常委会办公厅负责办理。(4)省级人民政府接受设区的市和自治州人民政府规章的备案,由政府办公厅负责办理。(5)设区的市和自治州人大常委会接受本级人民政府规章的备案,由人大常委会办公厅负责办理。(6)按照授权决定的规定,全国人大常委会、国务院接受海南省人大常委会及深圳、汕头、珠海、厦门市人大常委会制定的经济特区法规备案,由全国人大常委会办公厅秘书局负责办理;广东省人大常委会接受深圳、汕头、珠海市人大常委会制定的经济特区法规备案,由广东省人大常委会办公厅负责办理;福建省人大常委会接受厦门市人大常委会制定的经济特区法规备案,由福建省人大常委会办公厅负责办理。

改变或撤销规范性文件

有关的专门委员会和常务委员会工作机构对规范性文件进行审查,发现同上位法规定不一致等问题,并没有改变或撤销规范性文件的权力。改变或撤销规范性文件需要接受备案机关依法实施。

一、改变或撤销规范性文件的底线

根据立法法第九十六条的规定,规范性文件有下列情形之一的,由有关机关依法予以改变或者撤销:

(一)超越权限的。制定机关超越权限的立法属于无效立法。

(二)下位法违反上位法规定的。下位法违反上位法的规定,同上位法冲突,不能适用。

(三)规章之间对同一事项的规定不一致,经裁决应当改变或者撤销一方的规定的。

(四)规章的规定被认为不适当,应当予以改变或者撤销的。规章不合法、与上位法冲突或者不合理、不符合客观规律，不能适用。

（五）违背法定程序的。程序合法是规范性文件有效的一个前提条件。违背法定程序同样是违法。不论其规范的内容如何，都应依法撤销。

二、改变或撤销规范性文件的权限

改变或者撤销规范性文件，要由有改变或撤销规范性文件权的有关机关依法实施。根据立法法第九十七条的规定，改变或者撤销规范性文件的权限是：

（一）全国人民代表大会有权改变或者撤销它的常务委员会制定的不适当的法律，有权撤销全国人民代表大会常务委员会批准的违背宪法和本法第七十五条第二款规定的自治条例和单行条例；

（二）全国人民代表大会常务委员会有权撤销同宪法和法律相抵触的行政法规，有权撤销同宪法、法律和行政法规相抵触的地方性法规，有权撤销省、自治区、直辖市的人民代表大会常务委员会批准的违背宪法和本法第七十五条第二款规定的自治条例和单行条例；

（三）国务院有权改变或者撤销不适当的部门规章和地方政府规章；

（四）省、自治区、直辖市的人民代表大会有权改变或者撤销它的常务委员会制定的和批准的不适当的地方性法规；

（五）地方人民代表大会常务委员会有权撤销本级人民政府制定的不适当的规章；

（六）省、自治区的人民政府有权改变或者撤销下一级人民政府制定的不适当的规章；

（七）授权机关有权撤销被授权机关制定的超越授权范围或者违背授权目的的法规，必要时可以撤销授权。

三、准确把握相抵触和不适当

规范性文件同上位法相抵触一般指下列情况：(1)与上位法的规定完全相反的。(2)事实上抵消上位法规定的。(3)违背上位法的立法目的和立法精神的。(4)超越立法权限规定的。

规范性文件内容不适当一般是指下列情况：(1)要求公民、法人和其他组织执行的标准或者遵守的措施严重脱离实际无法操作的。(2)要求公民、法人和其他组织履行的义务与其享有的权利明显不平衡的。(3)赋予国家机关的权力与要求承担的义务明显不平衡的。(4)对某种行为的处罚与该行为所应承担的责任明显不公正的，违反比例原则的。

四、注意改变和撤销的区别

改变指改变规范性文件的部分条款内容，不改变文件全部。撤销指撤销规范性文件的全部。主要是把握报备机关和备案审查机关的关系。如果二者之间有领导关系，备案审查机关既可以改变相关规定，也可以撤销整个规范性文件。如人大对其常委会，国务院对其所属部门，上级政府对下级政府，都可以做这样的处理。如果二者之间没有领导关系，备案审查机关只能撤销整个规范性文件，不能改变相关规定。如人大常委会对本级政府、授权机关对被授权机关，可以行使撤销的权力。

地方性法规、规章之间不一致的裁决权限

依据立法法第九十五条的规定，地方性法规、规章之间不一致时，由有关机关依照下列规定的权限作出裁决：(1)同一机关制定的新的一般规定与旧的特别规定不一致时，由制定机关裁决。(2)地方性法规与部门规章之间对同一事项的规定不一致，不能确定如何适用时，由国务院提出意见，国务院认为应当适用地方性法规的，应当决定在该地方适用地方性法规的规定；认为应当适用部门规章的，应当提请全国人民代表大会常务委员会裁决。(3)部门规章之间、部门规章与地方政府规章之间对同一事项的规定不一致时，由国务院裁决。(4)根据授权制定的经济特区法规与法律规定不一致，不能确定如何适用时，由全国人民代表大会常务委员会裁决。

规范性文件备案程序

依据立法法等法律规章规定，行政法规、监察法规、地方性法规、自治条例和单行条例、规章、司法解释应当在公布后的三十日内依照下列规定报有关机关备案：(1)行政法规、监察法规报全国人民代表大会常务委员会备案。(2)省、自治区、直辖市的人民代表大会及其常务委员会制定的地方性法规，报全国人民代表大会常务委员会和国务院备案；设区的市、自治州的人民代表大会及其常务委员会制定的地方性法规，由省、自治区的人民代表大会常务委员会报全国人民代表大会常务委员会和国务院备案。(3)自治州、自治县的人民代表大会制定的自治条例和单行条例，由省、自治区、直辖市的人民代表大会常务委员会报全国人民代表大会常务委员会和国务院备案；自治条例、单行条例报送备案时，应当说明对法律、行政法规、地方性法规作出

变通的情况。(4)司法解释分别由最高人民法院和最高人民检察院报送。(5)部门规章和地方政府规章报国务院备案;地方政府规章应当同时报本级人民代表大会常务委员会备案;设区的市、自治州的人民政府制定的规章应当同时报省、自治区的人民代表大会常务委员会和人民政府备案。(6)根据授权制定的法规应当报授权决定规定的机关备案;经济特区法规报送备案时,应当说明对法律、行政法规、地方性法规作出变通的情况。

规范性文件审查程序

规范性文件备案审查制度是一项重要的宪法监督制度,是宪法监督的重要形式。审查是立法监督的核心环节。即备案机关要对这些法规、规章、司法解释进行合法性或者合宪性审查。依据立法法、监督法,规范性文件审查程序包括:

一、提出审查研究意见

按照审查启动的形式分为依申请审查、依职权审查、移送审查和专项审查。

(一)依申请审查。国务院、中央军事委员会、国家监察委员会、最高人民法院、最高人民检察院和各省、自治区、直辖市的人民代表大会常务委员会认为行政法规、监察法规、地方性法规、自治条例和单行条例同宪法或者法律相抵触的,可以向全国人民代表大会常务委员会书面提出进行审查的要求,由常务委员会工作机构分送有关的专门委员会或者法制工作委员会进行审查、提出意见。其他国家机关和社会团体、企业事业组织以及公民认为行政法规、监察法规、地方性法规、自治条例和单行条例同宪法或者法律相抵触的,可以向全国人民代表大会常务委员会书面提出进行审查的建议,由常务委员会工作机构进行研究,必要时,送有关的专门委员会进行审查、提出意见。以上审查的启动,是备案机关接到审查"要求"或"建议"后才进行审查的,就属于被动审查。对审查要求,送有关的专门委员会审查并提出处理意见。对审查建议,先由常委会工作机构审查研究,如认为确有必要再送有关专门委员会审查并提出处理意见。

(二)依职权审查。有关的专门委员会和常务委员会工作机构可以对报送备案的规范性文件进行主动审查。对法规、司法解释及其他有关规范性文件中涉及宪法的问题,由专门委员会或者法制工作委员会主动进行合宪性审查,提出书面审查意见,并及时反馈给制定机关。

（三）移送审查。法制工作委员会对有关机关通过备案审查衔接联动机制移送过来的法规、司法解释进行审查。

（四）专项审查。法制工作委员会结合贯彻党中央决策部署和落实常委会工作重点，对事关重大改革和政策调整、涉及法律重要修改、关系公众切身利益、引发社会广泛关注等方面的法规、司法解释进行专项审查。

二、向制定机关提出审查意见

全国人民代表大会有关的专门委员会、常务委员会法制工作委员会在审查研究中发现法规、司法解释可能存在问题的，可以与制定机关沟通，或者采取书面形式对制定机关进行询问。经审查研究，认为法规、司法解释存在需要纠正情形的，在提出书面审查研究意见前，可以与制定机关沟通，要求制定机关及时修改或者废止。经沟通，制定机关同意对法规、司法解释予以修改或者废止，并书面提出明确处理计划和时限的，可以不再向其提出书面审查研究意见，审查中止。

全国人民代表大会有关的专门委员会、常务委员会法制工作委员会根据规定，向制定机关提出审查研究意见，制定机关按照所提意见对行政法规、监察法规、地方性法规、自治条例和单行条例进行修改或者废止的，审查终止。

三、提出撤销的议案或建议

制定机关未按照提出的书面审查研究意见对法规予以修改、废止的，全国人民代表大会专门委员会、常务委员会法制工作委员会可以依法向委员长会议提出予以撤销的议案、建议，由委员长会议决定提请常务委员会会议审议决定。地方人大常委会参照办理。

制定机关未按照书面审查研究意见对司法解释予以修改、废止的，全国人民代表大会专门委员会、常务委员会法制工作委员会可以依法向委员长会议提出予以修改、废止的议案、建议，或者提出由全国人大常委会作出法律解释的议案、建议，由委员长会议决定提请常务委员会会议审议决定。

四、常委会会议审议、表决议案

本级人大常委会召开会议，经过分组会议对撤销规范性文件议案进行审议，由有关专门委员会综合整理审议意见并作审议结果的报告，由人大常委会全体会议对议案进行表决。

五、审查处理后的告知和公布

国家机关对法规、司法解释提出审查要求的，在审查工作结束后，由常委会办公厅向提出审查要求的机关进行反馈。

国家机关、社会团体、企业事业组织以及公民对法规、司法解释提出审查建议的，在审查法规审查工作结束后，由法制工作委员会向提出审查建议的公民、组织进行反馈。

对地方决议、决定和命令的审查

“决议”是各级人大及其常委会使用频率较高的一种公文文件。它是指各级人大及其常委会通过召开会议的形式，对按照多数决议原则通过的重要事项、商定的重大问题、研究作出的重大决策、要求贯彻执行的意见、对工作作出的部署安排的意思表示。各级人大及其常委会的决议一般具有法律效力。

决定是特定机关针对某一方面问题作出的意思表示。

命令是各级人民政府及政府部门对被管理的对象作出的要求其“为”或“不为”一定行为的意思表示。其中，要求为一定行为的意思表示为“令”，要求不为一定行为的意思表示为“禁令”。

实践中，地方各级人大常委会和地方各级人民政府行使组织法规定的权力主要是通过决议、决定或者行政命令的形式，而这些决议、决定、命令一般属于规范性文件，在所辖行政区域内具有拘束力，其实施对公民、法人和其他组织的权利、义务会产生影响。这些决议、决定、命令在权限、内容上应当受到合法性、合宪性的严格审查。

根据监督法第三十条的规定，县级以上地方各级人大常委会对下一级人大及其常委会作出的决议、决定和本级人民政府发布的决定、命令进行审查的内容，主要包括：

一、审查是否超越法定立法权限

限制或者剥夺公民、法人和其他组织的合法权利，或者增加公民、法人和其他组织的义务。限制或者剥夺公民、法人和其他组织的合法权利，多数属于行政处罚的内容。按照行政处罚法的规定，法律可以设定各种行政处罚，限制人身自由的行政处罚，只能由法律设定；行政法规可以设定除限制人身自由以外的行政处罚，法律对违法行为已经作出行政处罚规定，行政法规需要作出具体规定的，必须在法律规定的给予行政处罚的行为、种类和幅度的范围内规定；地方性法规可以设定除限制人身自由、吊销企业营业执照以外的行政处罚，法律、行政法规对违法行为已经作出行政处罚规定，地方性法规需要作出具体规定的，必须在法律、行政法规规定的给予行政处罚的行为、种类和幅度的范围内规定；国务院部、委员会制定的规章，省、自治区、直辖市人民政府和设区的市、自治州人民政府制定的规章只能设定警告或者一定数量罚款的行政处罚。罚款的限额，如果是部门规章，则由国务院规定；如果是地方政府规章，则由省、自治区、直辖市人大常委会规定。除了上述规范性文件，其他规范性文件不得设定行政处罚。

决议、决定、命令增加公民、法人和其他组织义务的方式，除了违反行政处罚法的规定滥设行政处罚之外，还通过滥设行政许可的方式。行政许可法规定，对应该设定行政许可的事项，法律可以设定；尚未制定法律的，行政法规可以设定；尚未制定法律、行政法规的，地方性法规可以设定；尚未制定法律、行政法规和地方性法规的，因行政管理的需要，确需立即实施行政许可的，省、自治区、直辖市人民政府规章可以设定临时性的行政许可。临时性的行政许可实施满一年需要继续实施的，应当提请本级人大及其常委会制定地方性法规。地方性法规和省、自治区、直辖市人民政府规章，设定行政许可时要受到严格的限制，包括不得设定应当由国家统一确定的公民、法人或者其他组织的资格、资质的行政许可；不得设定企业或者其他组织的设立登记及其前置性行政许可。其设定的行政许可，不得限制其他地区的个人或者企业到本地区从事生产经营和提供服务，不得限制其他地区的商品进入本地区市场。行政许可法还明确规定，法规、规章对实施上位法设定的行政许可作出的具体规定，不得增设行政许可；对行政许可条件作出的具体规定，不得增设违反上位法的其他条件。因为增设行政许可的事项或者对行政许可条件作出具体规定时增设违反上位法的其他条件都会增加公民、法人和其他组织的义务。该法除了上述规范性文件外，其他规范性文件一律不得设定行政许可。实践中，地方各级人大常委会的决议、决定和地方各级人民政府的决定、命令往往不是以行政许可的名义而是以其他名义违法进行的，一是违反行政许可法第十六条的规定，在决议、决定、命令中设定行政许可。二是把行政许可法第十三条规定的“（一）公民、法人或者其他组织能够自主决定的；（二）市场竞争机制能够有效调节的；（三）行业组织或者中介机构能够自律管理的；（四）行政机关采用事后监督等其他行政管理方式能够解决的”事项设定为行政许可项目。通过这些方式增加了公民、法人和其他组织的义务。

二、审查是否同法律、法规规定相抵触

一般包括三种情形:(1)超越法定权限,限制或者剥夺公民、法人和其他组织的合法权利,或者增加公民、法人和其他组织的义务的,属于越权同法律、法规相抵触的情形。(2)违反法定程序。通常表现为决议、决定、命令的制定没有遵循法定的步骤、顺序,即作出决议或决定的行为。(3)内容上的违法。主要表现为决议、决定、命令的规定和法律、法规的规定不一致。

三、审查其他不适当的情形,应当予以撤销的

监督法除强调规定对规范性文件的越权和违法行为予以审查、撤销外,还规定“有其他不适当的情形,应当予以撤销的”。按照这一规定,不是所有不适当都要予以撤销,而是不适当达到一定程度,应当予以撤销的,才给予撤销。这些规范性文件未必越权和违法,但严重脱离实际,或显失公平,有损人民的利益和国家机关的宗旨。

几种监督方式的运用

人大常委会的监督方式包括听取和审议“一府一委两院”的专项工作报告;审查和批准决算、听取和审议国民经济和社会发展计划、预算的执行情况报告,听取和审议审计工作报告;对法律法规实施情况的检查;对规范性文件的备案审查;询问和质询;特定问题调查;撤职案的审议和决定。

询问

监督法等法律规定,各级人民代表大会常务委员会会议审议议案和有关报告时,本级人民政府或者有关部门、监察委员会、人民法院或者人民检察院应当派有关负责人员到会,听取意见,回答询问。询问是常委会组成人员在审议讨论议案和有关报告时,就议案、报告中不清楚、不理解等事项向有关机关提出问题,要求答复;询问是宪法、法律赋予各级人大常委会组成人员的一项重要权力,也是人大常委会行使对“一府一委两院”监督权的一项重要形式。询问的功能,主要是获取情况,同时也有批评的功能。询问对于实现人大常委会组成人员的知情权、督促“一府一委两院”改进工作、促进常委会组成人员与“一府一委两院”的相互沟通和理解,具有重要意义。

一、询问的特点

(一)简便性。询问是常委会组成人员的个体行为,提出和处理程序简单,随问随答。一般情况下,当次会议提出,当次会议就可以由有关机关与会人员答复;询问可以个人或者几个人联合口头提出,或者书面提出;询问可以口头答复,也可以书面答复,简便易行。询问可以由被询问机关的负责人答复,也可以由被询问机关下属机构的有关负责人答复。

(二)常态性。询问可以经常、反复运用,没有次数限制。不同常委会组成人员可以对同一机关分别提出询问；一个常委会组成人员可以对不同机关同时提出询问；对同一问题可以反复询问，直至达到询问目的为止。

（三）针对性。询问一般是在审议议案和报告过程中针对特定问题提出，有关机关的答复也必须针对常委会组成人员所提出的问题答复。

（四）互动性。询问通过一问一答，有利于促进常委会组成人员与“一府一委两院”工作人员的相互沟通和理解，具有很强的互动性。

（五）监督性。提出询问的主体是常委会组成人员，是参与行使监督权力的行为，“一府一委两院”必须认真对待，及时答复。

二、询问的内容和程序

（一）询问时间。应当是常委会会议期间。在常委会闭会期间提出问题、要求有关机关答复，可以采取提出建议、批评和意见的形式，由常委会办事机构交有关机关作出答复。

（二）询问内容。应当与正在审议的议案和报告有关的问题。

（三）询问对象。应当是正在审议的议案和报告所涉及的工作的相关机关负责人员，比如常委会审议义务教育问题专项工作报告时，可以向义务教育主管部门和相关的其他部门提出询问。

（四）询问答复。常委会审议议案和有关报告时，“一府一委两院”应当派有关负责人员到会参加。询问提出后，通常由有关机关当场口头答复；不能当场答复的，比如所提问题不是该机关的职责范围或者所提问题比较复杂需要进行必要的材料准备工作，经说明原因后，可以在下次会议上答复或者书面答复。“有关负责人员”可以是“一府一委两院”正副职领导人，也可以是其所属机构的正副职领导人等。

（六）跟进询问。询问经有关机关答复后，提出询问的常委会组成人员和其他人员如果仍有不清楚的问题，可以当场跟进提出询问，由有关机关答复。

质询

询问权和质询权，是一种由人大常委会组成人员个体行使的职权，而不是由人大常委会集体行使的职权。各级人大常委会组成人员从事询问和质询活动的法律依据是宪法和有关法律的授权；而常委会组成人员享有询问和质询权的基础，是人大常委会对“一府一委两院”享有监督权。询问和质询的目的，是获知“一府一委两院”的工作情况和其他有关情况，或者对“一府一委两院”的工作提出批评，以督促“一府一委两院”改正工作中的缺点和错误，提高工作效率和坚持依法办事。所以，询问和质询虽然是人大常委会组成人员的个体行为，但其性质是人大常委会行使监督职权的方式之一，是人大常委会监督权的一种独特运行方式。质询是常委会组成人员对有关机关工作中不理解、不满意、有疑问、要批评的问题，提出疑问和质疑，要求答复。质询和询问都是人大常委会监督权的运行方式，有很多相同点。都是常委会组成人员提出具体问题，要求有关机关作出答复，以达到了解情况，督促“一府一委两院”改进工作之目的；都可以口头答复和书面答复。但质询具有批评性，程序严格，是刚性监督方式，监督力度大，实践中使用的频率较低。

一、质询的特点

（一）批评性。质询的侧重点是批评，同时也有获取情况的要求。

（二）程序性。质询只能由法定人数的常委会组成人员书面联名提出，不能口头提出。是否质询、如何质询，都要依法定程序办理。

（三）广泛性。质询的内容可以与正在审议的议案和报告有关，也可以没有关系，只要是人大及其常委会职权范围内的事项，都可以提出。

（四）严肃性。质询必须由受质询机关的负责人在常委会会议上或者有关专门委员会会议上口头答复，或受质询机关的正式文件答复。需要时受质询机关应再次、多次答复。

二、质询的程序

（一）提出质询案。在常委会会议期间提出质询案应当符合以下要求：(1)提出质询案的主体必须是常委会组成人员依法联名。不是常委会组成人员则不是质询案提出主体。如人大代表可以在人民代表大会期间依法提出质询案，但代表在列席常委会会议时，不能提出质询案，也不能与常委会组成人员共同联名提出质询案。(2)质询案必须符合法定人数，即：全国人大常委会组成人员10人以上联名，省级和设区的市、自治州人大常委会组成人员5人以上联名，县级人大常委会组成人员3人以上联名，可以提出质询案。不符合法定人数不能作为质询案提出，可以作为询问提出。(3)质询案必须以书面的形式提出，并且要有符合法定人数的代表亲自签名。不能以口头形式提出，如果以口头形式提出，应当按照询问处理。(4)质询案必须明确所要质询的对象。对所要解决的问题和质询的对象互相对应起来，防止出现张冠李戴的现象。质询案必须写明向谁提出，要求谁做答复。一个质询案，应当只针对一个质询对象，不能同时针对多个质询对象，以便明确答复机关。如果对多个质询对象提出质询，应当用多个质询案分别提出。质询对象的范围为本级人民政府及其部门和监察委员会、人民法院、人民检察院。其下属机构的行为由其统一向人大常委会负责，本级政府机关及部门和监察委员会、法院、检察院的下属机构，人大常委会、专门委员会、上级或者下级机关，社会团体、企业事业单位，均不作质询对象。常委会组成人员可以提出意见，但不采取提出质询案的方式。(5)质询案必须明确所要质询的问题。质询案必须写明质询什么问题，并且一个质询案只提出一个问题。质询案的提出理由要充分，并提供该事项必要的有关情况，以便受质询机关准确把握常委会组成人员质询的意图，希望了解的情况范围或者不满意的事项，作出有针对性的答复。

(二)决定答复。质询案由委员长会议或者主任会议决定交由受质询的机关答复。决定内容包括，一是答复的形式，即是口头答复还是书面答复。二是答复的场所，即决定口头答复的，应明确在常委会会议上答复，还是在有关的专门委员会会议上答复。三是答复的时间，即是在常委会会议期间答复，还是闭会期间答复，以及具体的答复日期。质询案通常应当在本次常委会会议期间答复，如因提出质询的问题比较复杂，确实无法在本次常委会会议期间答复的，经委员长会议或者主任会议决定，并征求提质询案的常委会组成人员的意见，也可以在闭会期间提出书面答复或者在有关的专门委员会会议上答复。

委员长会议或者主任会议可以决定由受质询机关在常务委员会会议上或者有关专门委员会会议上口头答复，或者由受质询机关书面答复。在专门委员会会议上答复的，提质询案的常务委员会组成人员有权列席会议，发表意见。委员长会议或者主任会议认为必要时，可以将答复质询案的情况报告印发常务委员会会议。质询案以口头答复的，由受质询机关的负责人到会答复。质询案以书面答复的，由受质询机关的负责人签署。

(三)受质询机关答复。受质询机关按照委员长会议或者主任会议决定作出答复。要求口头答复的，必须由受质询的机关负责人到会答复。书面答复的，必须由受质询机关负责人签署。这里的“负责人”，包括受质询机关的正职领导人和副职领导人，不包括其下属机构的领导人。受质询机关应该针对质询案中提出的问题进行答复。在专门委员会会议上口头答复的，提出质询案的常委会组成人员有权列席会议，发表意见。这里的“发表意见”,通常应针对受质询机关的答复中不清楚的问题,提出要求进一步答复的意见,或者对答复是否满意发表意见,一般不宜提出质询案没有涉及的新问题要求答复。如果提出新的问题,实际是提出新的质询,应当依法提出新的质询案。

(四)报告材料的印发。质询案答复后,委员长会议或者主任会议认为必要时,将答复质询案的情况报告印发常委会会议。答复质询案的情况报告,通常由常委会工作机构或者有关专门委员会工作机构负责起草。

三、对质询案答复不满意的处理

监督法第三十七条规定:“提质询案的常务委员会组成人员的过半数对受质询机关的答复不满意的,可以提出要求,经委员长会议或者主任会议决定,由受质询机关再作答复。”该条规定了对答复不满意的处理程序。(1)受质询机关没有针对所质询的问题或者没有完全针对所质询的问题答复,或者没有向常委会组成人员提供全部实际情况。属于这种情况的,常委会组成人员可以要求进一步答复,经委员长会议或者主任会议决定,由受质询机关再作答复。如果对再作答复仍然不满意,提质询案的常务委员会组成人员可以要求委员长会议或者主任会议依法组织关于特定问题的调查委员会进行调查,并依调查结果作出决定。认为受质询者的职业道德、业务水平不适合所任职务的,可以依法向常委会提出罢免案。(2)受质询机关在答复质询时态度不够端正,不接受常委会组成人员的批评,坚持自己原来的做法。在这种情况下,提质询案的常务委员会组成人员可以依法采取其他行动,包括可以向常委会提出要求有关机关就所质询的事项作专项工作报告的建议或者要求组织执法检查的建议,等等。(3)常委会组成人员对受质询机关的某项工作意见有分歧,或者部分常委会组成人员的意见并不正确,或者不属于多数意见,或者受质询机关的做法虽有错误但已无法改变。在以上情况下,不管受质询机关如何答复,常委会组成人员都不可能满意。此时,常委会组成人员如果认为必要,也可以依法采取其他行动,包括向常委会提出要求有关机关就所质询的事项作专项工作报告的建议或者要求组织执法检查的建议,等等。

特定问题调查

特定问题是各级人民代表大会常务委员会在作出决议、决定过程中,就有关重大事实不清的事项,组织调查委员会进行调查的活动,是国家权力机关行使监督权的一项刚性措施。宪法规定，全国人大和其常委会认为必要的时候，可以组织关于特定问题的调查委员会。代表法规定，县级以上的各级人大代表有权依法提议组织关于特定问题的调查委员会。特定问题调查委员会是县级以上各级人大及其常委会为查清本行政区域内的某个特别重大问题而组成的临时性机构，它的主要职责就是对出现的特定问题进行调查。监督法总结实践经验，设专章对各级人大常委会组织特定问题调查委员会的范围、调查委员会的组成和权限、调查报告的提出和审议等，作了全面的、统一的规定。

一、特定问题调查委员会的调查权

依据监督法第四十二条规定，特定问题调查委员会有两项权力：

（一）材料获取权。为了保证调查委员会获得全面、真实、准确的材料，有关国家机关、社会团体、企业事业组织和公民都有义务向其提供必要的材料。这里的“有关国家机关”，是指本级“一府一委两院”和下级人大及其常委会、“一府一委两院”。

（二）保密权。为了保障公民的合法权益，避免因提供材料而受到不必要的干扰、打击报复等，如果公民要求对材料来源保密的，调查委员会应当采取必要措施予以保密。为了保证调查委员会调查工作的顺利进行，避免来自不同方面的干预、干扰，调查委员会在调查过程中，可以不公布调查情况和材料。

二、特定问题调查委员会的调查事项

在一般情况下，人大常委会在行使职权中，遇有事实不清需要调查的，首先应由人大专门委员会或者常委会工作机构进行调查，向常委会提出调查报告，不需要组织特定问题调查委员会。只有在问题特别重大，由人大专门委员会或者常委会工作机构进行调查无法完成时，才需要组织特定问题调查委员会进行调查。调查事项包括：(1)本辖区内发生的违反宪法、法律、法规和上级或者本级人民代表大会及其常委会决议、决定的重大事件；(2)本辖区内的国家机关工作人员的重大违法、渎职、失职事件；(3)本辖区内有重大影响的冤案、假案、错案，以及公民和法人的重大控告、申诉案件；(4)对本辖区内具有重大影响的突发性事件；等等。同时具备两个条件：一是该特定问题属于人大常委会职权范围内的事项。二是该特定问题的重大事实，人大常委会尚不清楚，会直接影响作出正确的决议、决定。

三、特定问题调查委员会的组织程序

特定问题调查委员会是临时设立的组织,不是常设机构,是一问题一设立,此特定问题调查结束,调查委员会即自行解散,无须专门作出撤销调查委员会的决定。以后有新的问题,需要设立调查委员会时,再根据法律规定的程序重新组织。

(一)提议组织特定问题调查委员会。一是委员长会议或者主任会议提议。二是常委会组成人员联名提议。委员长会议或者主任会议可以向本级人民代表大会常务委员会提议组织关于特定问题的调查委员会,提请常务委员会审议。五分之一以上常务委员会组成人员书面联名,可以向本级人民代表大会常务委员会提议组织关于特定问题的调查委员会,由委员长会议或者主任会议决定提请常务委员会审议,或者先交有关的专门委员会审议、提出报告,再决定提请常务委员会审议。三是在全国人大会议上,主席团、三个以上的代表团或者十分之一以上的代表联名,可以提议组织特定问题调查委员会,由主席团提请大会全体会议决定。在县级以上的地方各级人大会议上,则须由主席团或者十分之一以上代表书面联名提议,并经主席团提请全体会议决定才能成立。

(二)人大常委会表决。常委会会议在审议之后,由委员长会议或者主任会议提出关于组织特定问题调查委员会的决定草案,提请常委会全体会议进行表决。决定草案由常委会全体组成人员的过半数通过。委员长会议或者主任会议提出组织关于特定问题调查委员会的决定草案,应当同时提出调查委员会的组成人员名单,交付表决。调查委员会由主任委员、副主任委员和委员组成,在本级人民代表大会常务委员会组成人员和本级人民代表大会代表中提名。调查委员会可以聘请有关专家参加调查工作。与调查的问题有利害关系的常务委员会组成人员和其他人员不得参加调查委员会。

四、特定问题调查委员会的工作程序

(一)特定问题调查委员会进行调查。

(二)提出特定问题调查委员会报告。

特定问题调查委员会是人大常委会决定设立的,向人大常委会负责和报告调查工作及其调查结果。调查委员会的任务就是通过调查查明事实真相,调查委员会应当向产生它的常务委员会提出调查报告。调查报告可以作为相应的决议、决定的重要依据。

（三）对调查委员会调查报告的处理。一是由委员长会议或者主任会议决定将调查委员会的报告列入常委会会议议程；二是常委会全体会议听取调查委员会作调查情况的报告；三是常委会会议对调查委员会的报告进行审议，提出意见，调查委员会成员可以对常委会组成人员审议中提出的问题，作必要的解释、说明；四是常委会根据情况，可以对有关特定问题作出决议、决定。

撤职案

撤职是对有违法、违纪或者失职、渎职行为的国家机关工作人员，在其任期届满或者正常卸任之前，依法撤销其所任职务的一种行为。监督法第八章专章规定了县级以上地方各级人大常委会审议和决定撤职案的范围、撤职案提起主体、撤职案的形式要件以及撤职案的处理程序方面的内容。确立县级以上地方各级人大常委会的撤职权，有利于促进其他各项监督工作的开展，克服官僚主义，防止权力腐败，完善监督机制，健全监督国家机关工作人员的手段。

一、地方人大常委会撤职权的定位

撤职不同于因工作变动、离退休等原因的正常免职，撤职是对有违法、违纪或者失职、渎职行为的国家机关工作人员，在其任期届满或者正常卸任之前，依法撤销其所任职务的一种行为。撤职同罢免一样，具有惩戒性质，但不是行政处分。根据地方组织法和监督法规定，县级以上地方各级人大常委会有权撤销由其决定、任命的国家机关工作人员。正确理解和把握地方人大常委会撤职的内涵，要注意与以下几种解职行为相区别：

（一）监督法中的“撤职”与公务员法中的“撤职”的区别。人大常委会决定撤职与公务员纪律处分中“撤职”是有区别的。公务员是依法履行公职、纳入国家行政编制、由国家财政负担工资福利的工作人员，包括由人大及其常委会选举、决定任命的人员。根据公务员法规定，公务员因违法违纪应当承担纪律责任的，依照公务员法给予处分。处分分为：警告、记过、记大过、降级、撤职、开除六种。其中撤职是指撤销公务员所担任的职务的纪律制裁方式，一般由公务员所任职务的任免机关批准。人大常委会决定撤职与纪律处分中的撤职相比，后果都是解除公务员所担任的职务。二者区别在于：一是性质不同。人大常委会决定撤职是一种监督权的体现，是外部监督，是对所决定任命公务员的政治监督，包含了对公务员的纪律监督，但不限于纪律监督，主要侧重于其履行职务的能力、态度、行为等等。撤职处分属于纪律监督，是系统内部监督，按纪律处分的条件和标准对违纪人员给予的处理。二是行使权力的机关不同。监督法中的“撤职”主要是由人大常委会行使。行政处分中的“撤职”一般是由该工作人员所任职务的任免机关批准。三是处理程序不同。人大常委会决定撤职，在程序上，不存在被撤职人员进行申诉和申请复议的问题。行政处分中的“撤职”，被处分人员有权申诉和申请复议。当人大常委会决定、任命的人员，存在依法给予撤职纪律处分的问题时，一般先提请人大常委会撤销或者免去其所任职务，然后再执行纪律处分。

（二）撤职与免职的区别。人大常委会既有撤职权，也有免职权，但撤职与免职不同。

一是性质不同。撤职具有惩戒性，体现了人大常委会对有关国家机关工作人员的监督；免职是正常工作变动的结果。二是原因不同。撤职是因为被撤职人员有过错，如违反纪律、工作严重失误，甚至有违法犯罪行为等；而免职可以适用于包括因调任其他工作、轮岗交流、任职期满、退休等因素而引起的免除其所任职务的行为。三是程序不同。撤职的程序复杂、严格；免职程序简单。四是实施的范围不同。全国人大常委会以及地方各级人大常委会可以行使免职权；但撤职权却只有地方各级人大常委会才享有。

（三）撤职与罢免的区别。一是提出的主体不同。撤职案的提出主体包括县级以上地方各级人民政府、监察委员会、人民法院、人民检察院以及县级以上地方各级人民代表大会常务委员会主任会议，他们可以向常务委员会提出对监督法第四十四条所列国家机关工作人员的撤职案。提出罢免案的主体一种是人大会议期间的主席团、常委会或者十分之一（乡、民族乡、镇的人民代表大会为五分之一）的代表联名，可以提出对本级人民代表大会常务委员会组成人员、人民政府组成人员、监察委员会主任、人民法院院长、人民检察院检察长的罢免案，由主席团提请大会审议；另一种是人民代表大会闭会期间的人大常委会主任会议、人大常委会五分之一以上的组成人员联名，可以向人大常委会提出由该级人大选出的上一级人大代表的罢免案。二是通过的机关不同。撤职主要是由人大常委会行使的权力，罢免主要是由人民代表大会行使的权力，闭会期间常委会也可以罢免个别由该级人大选举产生的上一级人大代表。三是对象范围上不同。撤职的对象不包括本级人大常委会组成人员和人大代表。罢免的对象主要是人民代表大会选举产生的人员或者人大常委会任命的部分人员，还包括本级人大常委会组成人员和人大代表。

我国地方各级人民代表大会是每年举行一次会议，而且会期也比较短。在人大闭会期间，对人大及其常委会所选举、任命的国家机关工作人员也需要有一定的监督手段。法律赋予人大常委会撤职权就直接源于这一需要。1986年修改地方组织法，对增加规定地方人大常委会的撤职权作了解释说明："地方组织法规定人大有权罢免地方国家机关领导人员，对人大常委会只规定了有权免职，没有规定可以罢免或者撤职。在实际工作中，还存在因犯错误需要由人大常委会决定撤职的，这同正常的免职不同，草案补充规定，人大常委会有权撤销个别政府副职领导人员和由它任命的其他组成人员以及法院审判人员、检察院检察人员的职务。"赋予县级以上地方各级人大常委会撤职权并完善其行使程序，完善了人大会议闭会期间的监督机制，有利于区分不同情况，及时查处有违法违纪、失职渎职行为的国家机关工作人员。

二、撤职适用的对象范围

监督法等法律规定，县级以上地方各级人大常委会在本级人大闭会期间，可以决定撤销本级人民政府个别副省长、自治区副主席、副市长、副州长、副县长、副区长的职务；可以撤销由它任命的本级人民政府其他组成人员和监察委员会副主任、委员，人民法院副院长、庭长、副庭长、审判委员会委员、审判员，人民检察院副检察长、检察委员会委员、检察员，中级人民法院院长，人民检察院分院检察长的职务。根据上述规定，人大常委会决定撤职适用的对象范围包括：

（一）个别政府副职领导人。撤职的对象包括个别副省长、自治区副主席、副市长、副州长、副县长、副区长。政府副职领导人的任用决定权，原则上属于人民代表大会，但在大会闭会期间，也有个别需要调整的，因此，作为例外，法律授权常委会也可以任免、撤销政府副职领导人，但应限于"个别"。

这和个别任免政府副职领导人员是相对应的。对于政府副职领导人员，本级人大常委会可以个别任免，因而也可以个别撤职。需要明确的是，个别撤职并不只限于本级人大常委会所个别任命产生的政府副职领导人，对于由人代会选举产生的政府副职领导人，本级人大常委会也是可以决定"个别"撤职。参照对"个别任免"的解释，"个别撤职"可以理解为：在两次人大会议之间，人大常委会可以个别撤销政府的副职领导人，人大常委会个别撤销政府的副职领导人数额应控制在一二名内。

(二)人大常委会决定任命的本级人民政府其他组成人员。根据地方组织法的规定,政府正、副职领导人以外的其他组成人员包括:秘书长、厅长、局长、委员会主任、科长等。

(三)各级监察委员会主任、人民法院院长、人民检察院检察长以外的由人大常委会任命的监察委员、审判人员、检察人员。根据人民法院组织法、人民检察院组织法、监察法等法律规定,监察委员会主任、人民法院院长、人民检察院检察长由本级人大选举、罢免。在本级人大闭会期间,如果本级人大常委会认为人民法院院长需要撤换,须报请上级人民法院报经该级人大常委会批准。全国和省级人大常委会根据本级人民检察院检察长的建议,可以撤换下级人民检察院检察长。法律对人民法院院长、人民检察院检察长的监督程序作了专门规定。因此,县级以上地方各级人大常委会决定撤职的对象范围不包括本级人民法院院长和人民检察院检察长。

省级人大常委会对其任命的中级人民法院院长、人民检察院分院检察长,有权决定撤销其职务。我国的人民法院分为基层、中级、高级和最高四级,人民检察院的设立与人民法院的设立相对应,其中在省、自治区内按地区设立和在直辖市内设立中级人民法院和人民检察院分院,其院长和检察长由所在省、自治区、直辖市人大常委会主任会议提名,人大常委会任免。因此,省级人大常委会同时对他们享有撤职权。这里的中级人民法院和人民检察院分院不包括设区的市和自治州的中级人民法院和人民检察院。

(一)省级人大常委会对司法机关行使撤职权的范围:

1. 高级人民法院副院长、审判委员会委员、庭长、副庭长、审判员。

2. 省、自治区内按地区设立的和在直辖市内设立的中级人民法院院长。

3. 省一级人民检察院副检察长、检察委员会委员和检察员。

4. 省、自治区内按地区设立的和在直辖市内设立的人民检察院分院检察长。

5. 根据省一级检察院检察长的建议,可以撤换下级人民检察院检察长、副检察长和检察委员会委员。

(二)设区的市、自治州的人大常委会行使撤职权的范围:

1. 中级人民法院副院长、审判委员会委员、庭长、副庭长、审判员。

2. 本级人民检察院副检察长、检察委员会委员和检察员。

（三）县、自治县、不设区的市、市辖区人大常委会行使撤职权的范围：

1. 基层人民法院副院长、审判委员会委员、庭长、副庭长、审判员。

2. 本级人民检察院副检察长、检察委员会委员和检察员。

三、撤职案的提出主体

根据监督法规定，可以向本级人大常委会提出撤职案的主体有三类：

（一）常委会组成人员五分之一以上联名提出。常委会组成人员在集体行使监督职权的过程中，发现本级人大常委会决定任命的国家机关工作人员有需要撤职情形的，可以联名提出撤职案，启动撤职程序。联名提出撤职案的法定人数是常委会全体组成人员的五分之一。

（二）县级以上地方各级人民政府、监察委员会、人民法院和人民检察院向本级人大常委会提出撤职案。地方各级人民政府、监察委员会、人民法院和人民检察院提出撤职案，应由本级人民政府正职首长、监察委员会主任、人民法院院长和人民检察院检察长签署提出。行政机关实行首长负责制，人民政府各组成部门的正职负责人，由人民政府正职首长提请本级人大常委会任免。人民法院、人民检察院虽然并不实行首长负责制，但人大常委会任免审判、检察人员，也都由人民法院院长、人民检察院检察长提请。因此，人民政府正职首长、监察委员会主任、人民法院院长和人民检察院检察长可以代表本机关签署向本级人大常委会提出的撤职案。

（三）县级以上地方各级人大常委会主任会议。主任会议可以提出撤职案，是法律赋予的又一项重要职责，也是党监督管理干部的重要渠道。对于常委会决定任命的国家机关工作人员，有关部门经调查核实，发现有违法违纪、失职渎职等情况而需要撤销其职务的，可通过主任会议向本级人大常委会提出。主任会议采取会议的方式决定问题，在充分讨论、广泛听取意见的基础上作出决策。因此，主任会议提出撤职案，应经主任会议成员集体讨论，以少数服从多数通过。

四、撤职案的内容要件

（一）撤职案应当写明撤职对象。撤职对象就是被要求撤销职务人员的姓名和所任职务。这是撤职案所直接指向的目标，一定要明确无误。

（二）撤职案应当写明撤职理由。撤职理由就是提出撤职案所依据的事实和法律根据。对于在什么情况下或者对于什么样的行为可以提出撤职案，法律没有规定，但是提出撤职案必须有充分的理由。一是认为有违法违纪行为，如贪污、行贿、受贿，利用职务之便为自己或者他人谋取私利等；二是认为有失职渎职行为，如玩忽职守，贻误工作，漠视人民的生命和财产损失等。

（三）同时提供撤职案的证据等有关材料。主要是有关违法违纪、失职渎职的事实、证据等。事实是决定是否撤职的客观依据，应当做到事实清楚，要对所指控行为的时间、地点、情节、危害及后果等有明确说明。证据是证明案件真实情况的所有事实，应当真实可靠并且能相互印证。有关材料作为撤职案的附件，一并提交。

五、撤职案的处理程序

根据监督法规定，县级以上地方各级人民政府、监察委员会、人民法院和人民检察院，可以向本级人民代表大会常务委员会提出对本法第四十四条所列国家机关工作人员的撤职案。县级以上地方各级人民代表大会常务委员会主任会议，可以向本级人民代表大会常务委员会提出对本法第四十四条所列国家机关工作人员的撤职案。县级以上地方各级人民代表大会常务委员会五分之一以上的组成人员书面联名，可以向常务委员会提出对本法第四十四条所列国家机关工作人员的撤职案。由主任会议决定是否提请常务委员会会议审议；或者由主任会议提议，经全体会议决定，组织调查委员会。由以后的常务委员会会议根据调查委员会的报告审议决定。依据撤职案提出的主体不同，具体的处理程序也不相同。

（一）直接提请常委会会议审议程序。“一府一委两院”和主任会议提出的撤职案，通常直接提请常委会会议审议。对于事实清楚、证据确凿的撤职案，由本级人大常委会主任会议直接提请本级人大常委会会议进行审议。“一府一委两院”和主任会议提出的撤职案，有关部门事先进行了大量的调查取证工作，一般符合事实清楚、证据确凿的要求。因此，一般情况下应直接提请常委会会议审议。

（二）暂不提请常委会会议审议程序。对于撤职案指控的事实是否成立，证据和事实尚不清楚的，由主任会议决定暂不提请常委会会议审议，而是向常委会提议组织特定问题的调查委员会，由以后的常委会会议根据调查委员会的报告审议决定。这实际上是为撤职设计了“冷处理”程序，以便有一个缓冲的时间，避免在有关事实尚未搞清楚的情况下草率作出决定。

（三）常委会组成人员联名提出的撤职案处理程序。由五分之一以上常委会组成人员联名提出的撤职案，通常还需要经过一定程序后才能进入审议程序，即由主任会议决定是否提请常委会会议审议；或者由主任会议提议，经全体会议决定，组织调查委员会，由以后的常委会会议根据调查委员会的报告审议决定。

六、撤职案的审议和决定程序

（一）常委会审议。列入常委会议程的撤职案，由常委会全体会议和分组会议审议。常委会组成人员可以就撤职案的事实是否清楚，证据是否确凿，理由是否充分，适用法律是否正确，处理是否恰当等发表意见和看法。

（二）被撤职对象申辩。在撤职案提请表决前，被提出撤职的人员有权在常委会会议上申辩，就撤职案所提出的事实、证据和理由等提出反驳意见，为自己申诉和辩护。或者书面提出申辩意见，由主任会议决定印发常务委员会会议。

（三）表决。撤职案经常委会组成人员审议，如果没有对撤职案提出相反的事实和证据，意见比较一致，主任会议应当将撤职案提请常委会全体会议表决。撤职案的表决采用无记名投票的方式，由常务委员会全体组成人员的过半数通过。

相关链接

人大常委会听取和审议专项工作报告的计划

××省人大常委会××××年听取和审议省人民政府、省监察委员会、省高级人民法院、省人民检察院的专项工作报告计划

（××××年×月××日××省第××届人民代表大会常务委员会第×××次主任会议通过）

根据《中华人民共和国各级人民代表大会常务委员会监督法》等法律的规定，为加强省人大常委会对省人民政府、省监察委员会、省高级人民法院、省人民检察院工作的监督，围绕我省改革发展稳定大局和群众切身利益社会普遍关注的重大问题，省人大常委会2020年安排听取和审议6个专项工作报告。

一、听取和审议省政府关于发展循环经济情况的报告。

重点听取关于全省循环经济发展情况的报告。主要了解我省循环经济发展的基本情况和贯彻落实《国务院关于加快发展循环经济的若干意见》的实施方案的具体措施。发展循环经济中存在的主要问题及根本原因，针对存在的问题提出促进我省循环经济尽快发展的突破性政策。工作报告拟安排在4月召开的省十届人大常委会第二十六次会议上听取和审议。

二、听取和审议省政府关于社会主义新农村建设，搞好“百乡千村”试点工作进展情况的报告。重点听取试点乡（村）公路建设、人畜饮水、环境整治、就医、上学、农业增产、农民增收等方面情况的报告。工作报告拟安排在

4月召开的省十届人大常委会第二十六次会议上听取和审议。

三、听取和审议省政府关于某某市2020年世界大学生冬季运动会筹备工作进展情况的报告。重点听取大冬会筹备总体进展、大冬会基础设施建设、竞赛组织、市场开发、工作人员安排等情况的报告。工作报告拟安排在10月召开的省某某届人大常委会第某某次会议上听取和审议。

四、听取和审议省监察委员会关全省监察工作情况的报告。重点是听取监察机构设置及内部监督制约机制,与人民检察院、人民法院相互配合情况。工作报告拟安排在10月召开的省十届人大常委会第二十九次会议上听取和审议。

五、听取和审议省高级人民法院关于全省法院审判监督工作情况的报告。重点听取审判机关开展审判监督工作情况,贯彻实施审判监督制度,启动内部监督制约机制,解决审判中社会关注及人民群众反映诉讼难、司法不公的问题等情况的报告。工作报告拟安排在10月召开的省十届人大常委会第二十九次会议上听取和审议。

六、听取和审议省人民检察院关于全省检察机关法律监督工作情况的报告。重点听取检察机关开展法律监督工作情况,贯彻实施检查监督制度,启动司法机关监督制约机制,解决检察工作中社会关注和人民群众反映法律监督薄弱和司法不公的问题等情况的报告。工作报告拟安排在10月召开的省十届人大常委会第二十九次会议上听取和审议。

地方人大专门委员会关于计划的审查报告

××省第×届人民代表大会财政经济委员会关于××省××××年国民经济和社会发展计划执行情况与××××年国民经济和社会发展计划草案的审查报告

(××××年×月×日××省第×届人民代表大会财政经济委员会第×次会议通过)

××省人民代表大会财政经济委员会主任委员　×××

大会主席团:

××省第×届人民代表大会第一次会议听取了省发展计划委员会主任

×××受省人民政府委托所作的《关于××省2002年国民经济和社会发展计划执行情况与2003年国民经济和社会发展计划草案的报告》,各代表团进行了审议。省人大财经委员会根据各代表团和有关专门委员会的意见,对计划草案和报告进行了审查。现将审查结果报告如下:

一、2002年,在省委的领导下,全省各地、各部门以邓小平理论和"三个代表"重要思想为指导,认真贯彻中央的各项方针政策,解放思想,扎实工作,开拓创新,较好地完成了省九届人大五次会议确定的各项任务,全省经济建设和各项事业取得了显著成绩。国民经济保持快速增长势头,经济运行质量和效益进一步提高。国内生产总值实现2243亿元,增长9.5%。农业结构调整取得积极成效,农村经济稳定发展。国企改革不断深化,工业经济保持较快增长。服务业发展较快,消费需求稳步增长。投资拉动成效明显,重点建设进展顺利。财政收支状况较好,金融运行保持平稳。外贸出口保持增长,招商引资力度加大。就业和再就业取得成效,社会保障制度进一步完善。生态省建设深入实施,科教事业进一步发展,各项社会事业全面进步。总的看,2002年我省国民经济和社会发展计划执行情况是比较好的。

在肯定成绩的同时,还要看到我省经济与社会生活中仍然存在一些不容忽视的矛盾和问题。主要是:工业经济增长的基础还不稳固,整体抗风险能力较弱。所有制结构调整步伐较缓,国企改革任务仍很艰巨,民营经济发展滞后,高新技术产业和新兴服务业比重较小。城乡居民收入水平较低,就业和再就业压力很大,社会保障承载能力较弱等等。对这些矛盾和问题,必须高度重视,研究对策,采取积极有效的措施加以解决。

二、财经委员会认为,省人民政府提出的2003年国民经济和社会发展计划草案,体现了党的十六大精神和省委对今年全省经济工作的部署和要求,指导思想明确,经济调节主要目标比较适度,确定的任务和采取的措施可行。财经委员会建议本次大会批准省人民政府提出的2003年国民经济和社会发展计划草案,批准省发展计划委员会主任×××受省人民政府委托所作的《关于××省2002年国民经济和社会发展计划执行情况与2003年国民经济和社会发展计划草案的报告》。在执行过程中,如果情况有重大变化,需要对计划作部分调整时,由省人民政府提请省人民代表大会常务委员会审查和批准。

三、2003年是深入贯彻落实党的十六大精神的第一年,也是全面建设小康社会的起步之年。全省上下必须努力践行"三个代表"重要思想,围绕建设工业省、科教省和生态省，进一步解放思想，实事求是，与时俱进，开拓进取，形成一个聚精会神搞建设，一心一意谋发展的局面，全面完成2003年国民经济和社会发展的各项任务。根据代表们的审议意见，财经委员会提出如下意见和建议：

（一）加快农业和农村经济结构调整，多渠道增加农民收入。要以工业化思维谋划农业发展，大力推进农业产业化，尽快形成具有××特色的农产品加工体系，推动传统农业向现代农业转变、提高农业整体效益。积极调整、优化种植业结构，发展生态农业、特色农业，进一步提高畜牧业比重。继续深化粮食流通体制改革，抓好粮食销售工作。积极运用WTO的相关政策，加大对农业基础设施、农业科技开发的投入和支持，增强"入世"后我省农业的竞争能力。要采取切实可行的措施，减轻农民负担，千方百计增加农民收入。

（二）加大工业结构调整力度，进一步提高企业竞争能力。以信息化带动工业化，以工业化促进信息化，加快工业省建设步伐。要继续壮大支柱产业，培育和发展新的优势产业。进一步深化国有企业改革，加快传统产业的改组改造，提高企业的整体素质和竞争能力。加大股份制企业改造力度，推进国有企业投资主体多元化，大力发展新型合作经济和非公有制经济，积极扶持民营经济发展，提高经济运行的质量和效益。

（三）贯彻扩大内需方针，加快重大项目建设。要抓住国家扩大投资的政策机遇和产业梯次转移的机遇，加快重点项目建设，围绕基础设施、农业产业化、高新技术产业化、生态环保、传统产业改造等重点领域，以项目为载体，进一步扩大投资力度，保持投资对经济增长的有效拉动。继续改善投资环境，努力提高利用外资水平。

（四）努力扩大就业和再就业，不断完善社会保障体系。要进一步安排好社会保障资金，确保国有企业下岗职工基本生活费、离退休人员养老金和失业人员失业保险金按时足额发放，不断扩大城镇各项社会保险的覆盖面。解决好困难群众的生产生活问题，做好城市济困和农村扶贫工作。努力开发就业岗位，改善就业条件，提高城乡居民生活水平，切实维护社会稳定。

（五）按照全面建设小康社会的要求，加快发展各项社会事业。要大力发展生态环保型效益经济，搞好生态环境与生态资源的合理开发，实现经济效益、社会效益和生态效益的和谐统一。深化科技体制改革，加快实现科技成果产业化。优化教育结构，加强素质教育。进一步加强文化市场管理，促进各项文化事业发展。完善旅游基础设施建设,开发特色旅游产品。推进医疗卫生体制改革,努力改善医疗卫生条件,提高服务水平。坚持计划生育的基本国策,不断提高人口素质。

以上报告,请予审议。

规范性文件备案审查工作办法

宁波市人大常委会规范性文件备案审查工作办法

(2012年6月11日宁波市第十四届人民代表大会常务委员会第三次主任会议通过)

第一章 总 则

第一条 为了加强规范性文件备案审查工作,保障规范性文件备案审查工作稳步、有序开展,增强备案审查工作的实际效果,根据《中华人民共和国各级人民代表大会常务委员会监督法》《浙江省各级人民代表大会常务委员会规范性文件备案审查规定》等法律、法规,结合本市实际,制定本办法。

第二条 市人大常委会对各县(市)区人大及其常委会和市人民政府的规范性文件的备案审查工作,适用本办法。

本办法所称规范性文件,是指对本行政区域内公民、法人和其他组织具有普遍约束力的下列文件:

(一)县(市)区人大及其常委会作出的决议、决定;

(二)市人民政府制定的规章;

(三)市人民政府发布的决定、命令以及涉及公民、法人和其他组织权利与义务的其他文件;

(四)市人民政府办公厅发布,经市人民政府批准或同意,涉及公民、法人和其他组织权利与义务的文件;

(五)市人民政府工作部门为贯彻执行本市地方性法规制定的规范性文件;

(六)市人大常委会认为应当报送备案的其他规范性文件。

第三条 规范性文件备案审查工作应当坚持法律监督与工作支持相统一,主动审查与被动审查、全面审查与重点审查相结合,合法性审查与合理性审查兼顾,发挥备案审查机关的主导作用,实现备案审查工作的科学化、民主化。

第四条 市人大法制委员会、有关专门委员会和常委会工作机构(以下简称审查机构)根据本办法规定,对规范性文件进行审查。

市人大常委会法制工作委员会负责规范性文件备案审查的日常工作。

第二章 接收和登记

第五条 规范性文件应当自公布之日起三十日内,报送市人大常委会备案。

规范性文件备案材料包括下列内容:

(一)备案报告;

(二)规范性文件文本、制定的说明及依据;

(三)其他有关材料。

规范性文件备案材料应当按照规定格式装订成册,一式十份,并同时报送电子文本。

规范性文件制定的说明应当包括对规范性文件制定的必要性、合法性、制定过程以及文件主要内容的说明。

第六条 规范性文件制定机关应当于每年一月底前,将上一年度制定的规范性文件目录报送市人大常委会备查。

第七条 报送市人大常委会备案的规范性文件,由市人大常委会法制工作委员会负责接收、登记。

法制工作委员会接收报送备案的规范性文件时,应当对报送备案的材料进行审查,发现材料不齐全或者格式不规范的,应当及时通知报送机关在五个工作日内补送或者改正。材料齐全、格式规范的,应当填写《备案审查工作登记表》,记载文件名称、接收时间、分送审查机构和日期、审查意见反馈期限等。

第八条 市人大常委会法制工作委员会应当通过政府和人大公报、政务信息公开以及其他途径,定期了解制定机关制定规范性文件的情况。发现有未及时报送备案的规范性文件的,应当通知和督促制定机关的有关报送机构限期报送。

报送备案的规范性文件,可以在市人大信息网或者其他适当载体上公布,接受社会监督。

法制工作委员会应当加强与制定机关报送机构的日常联系和沟通,确保报送机构及时将规范性文件报送备案。

第九条 规范性文件制定机关对有关文件是否属于备案范围存在疑义的,应当先报送有关文件并提出疑问;市人大常委会法制工作委员会应当及时研究,提出是否备案的意见。

第三章 审查程序的启动

第十条 法制工作委员会对报送备案的规范性文件接收和登记后,应当根据职责分工及时将规范性文件分送审查机构进行审查。

第十一条 市人民政府、市中级人民法院、市监察委员会、市人民检察院、宁波海事法院、县(市)区人民代表大会及其常务委员会、县(市)区人民政府、乡(镇)人民代表大会认为规范性文件有不适当情形的,可以向市人大常委会书面提出审查要求。

市人大常委会法制工作委员会收到审查要求后,应当根据职责分工及时送审查机构进行审查。

第十二条 前条规定以外的其他国家机关、社会团体、企业事业单位以及公民认为规范性文件有不适当情形的,可以向市人大常委会书面提出审查建议。

市人大常委会法制工作委员会收到审查建议后十五日内,应当将收到情况书面告知提出审查建议的单位和个人,并进行研究。认为确有审查必要的,应当根据职责分工及时送审查机构进行审查。

第十三条 市人大各专门委员会和常委会各工作机构收到规范性文件审查要求或者建议的,应当及时转交市人大常委会法制工作委员会依照规定办理。

第十四条 市人大常委会法制工作委员会应当确定专人对报送备案的规范性文件主动进行初步审查,认为规范性文件有不适当情形的,可以提出进行审查的建议,根据职责分工送审查机构进行审查。

第十五条 市人大常委会法制工作委员会应当建立和完善规范性文件审查要求和建议的受理制度和处理情况反馈制度,提高规范性文件审查工作效率,必要时,可以建立网上受理、反馈工作机制,方便国家机关、社会组织和公民提出审查要求和建议,加强备案审查机关与社会公众的联系和沟通。

第四章　审查的内容和方式

第十六条　对规范性文件进行审查时,应当审查规范性文件及其条款内容是否具有下列情形:

(一)超越法定权限制定规范性文件;

(二)违反法定程序制定规范性文件;

(三)超越法定权限,限制或者剥夺公民、法人和其他组织合法权利,或者增加公民、法人和其他组织义务;

(四)同法律、法规和本级或者上级人民代表大会及其常务委员会的决议、决定相抵触;

(五)对法律、法规进行随意解释,违背法律、法规的目的、精神、原则,妨碍法律、法规的正确实施;

(六)有关制度和措施的设置,不公平、不合理或者不可行;

(七)其他不适当的情形。

规范性文件存在文字表述不规范、条款之间缺乏衔接或者相互矛盾等情形,容易造成歧义的,可以向制定机关提出改进相关工作的意见和建议。

第十七条　审查机构对规范性文件进行审查时,应当突出审查工作重点,着重对涉及限制或者剥夺公民、法人和其他组织的合法权利,增加公民、法人和其他组织的义务,违法或者不合理地设置行政许可、行政处罚、行政强制、行政收费等行政权力,以及与法律、法规和人民代表大会及其常务委员会的决议、决定相抵触的其他内容进行审查。

国家机关、社会组织和公民对规范性文件提出审查要求和建议的,审查机构应当针对反映的问题进行重点审查。

第十八条　市人大法制委员会、有关专门委员会和常委会工作机构可以选择涉及经济社会发展稳定重大问题和群众切身利益以及社会普遍关注的规范性文件,列入监督工作计划,组织进行重点审查。

第十九条　审查机构对规范性文件进行审查时,可以根据实际需要,采取书面审查与专题调研相结合,必要时,可以吸收专家学者和有关专业工作人员参加,并运用座谈会、论证会、听证会、实地考察、走访、书面征求意见、向社会公开征求意见等形式。

第二十条　有关规范性文件审查列入常委会年度监督工作计划的,市人大常委会可以根据需要组织有关专门委员会、人大代表开展对规范性文件相关问题的专题调研、检查。

专题调研、检查的情况和结果应当形成书面报告，提交常委会会议。

第五章　审查意见的处理

第二十一条　市人大法制委员会对报送备案的规范性文件提出审查意见时，应当征询市人大有关专门委员会、常委会工作机构的意见。

市人大有关专门委员会、常委会工作机构对报送备案的规范性文件进行审查时，根据需要可以会同市人大法制委员会进行联合审查。

法制委员会、有关专门委员会和常委会工作机构在规范性文件审查中对有关问题存在不同意见的，应当进行协商；协商不成的，应当向常委会主任会议报告，由主任会议讨论决定。

审查机构应当自收到分送审查的规范性文件之日起一个月内将审查结果书面告知法制工作委员会，有特别情形需要进一步调研的，可以适当延期。法制工作委员会应当将有关审查意见进行汇总。

第二十二条　审查机构对规范性文件进行审查时，可以通知有关制定机关派员说明情况，或者要求制定机关提供书面说明。

第二十三条　审查机构经审查认为规范性文件存在不适当情形，应当予以修改或者废止的，应当提出书面意见并与制定机关沟通，征询意见。

经沟通、征询意见后，制定机关认可被审查的规范性文件存在不适当的问题，同意对规范性文件进行修改或者废止的，应当书面提出处理意见，审查机构应当督促制定机关限期修改或者废止。制定机关认为被审查的规范性文件无须修改或者废止的，应当书面说明理由。

制定机关未在规定的期限内修改或者废止，或者审查机构认为制定机关提出的无须修改或者废止的理由不成立的，可以报经常委会主任会议同意后，由法制委员会向制定机关提出书面审查意见。

第二十四条　制定机关收到书面审查意见后，依法定程序对所制定的规范性文件予以修改或者废止；制定机关不予修改或者废止的，法制委员会可以依职权向市人民代表大会常务委员会提出撤销该规范性文件的议案或者向主任会议提出处理建议。

第二十五条　应国家机关、社会团体、企业事业单位以及公民的要求和建议对有关规范性文件进行审查的，市人大常委会法制工作委员会应当在审查工作结束后十五日内，将审查处理情况告知提出审查要求和建议的单位或者个人。

第六章　联系、报告和公开

第二十六条　市人大常委会法制工作委员会应当定期向规范性文件报送机构以及其他有关部门通报规范性文件备案审查工作情况，并可以提出要求重视和改进规范性文件制定工作的建议。

第二十七条　市人大常委会法制工作委员会应当加强与规范性文件制定机关报送机构以及其他相关办事机构的工作联系和交流，定期举行各方参加的联系会议，总结工作，交流和探讨工作中需要改进的问题。

第二十八条　市人大常委会应当加强对县（市）区人大常委会开展备案审查工作的指导、检查和监督，支持和促进县（市）区人大常委会依法开展备案审查工作。

第二十九条　市人大常委会法制工作委员会应当建立规范性文件备案审查工作通报制度，收集本市开展备案审查工作的典型案例和经验做法，向上级人大常委会、市人大常委会组成人员、市人民政府及其有关部门、各县市区人大常委会通报。

县（市）区人大常委会应当每半年向市人大常委会报送规范性文件备案、审查、处理等工作情况。

第三十条　市人大常委会法制工作委员会应当将备案审查年度工作情况向市人大常委会会议报告。

市人大常委会应当每年向市人民代表大会会议报告上一年度规范性文件备案审查工作情况，并向社会公开。

市人民政府规范性文件报送备案的工作情况和对审查机构提出的审查意见、建议的处理工作情况，列入市人大常委会专题审议政府依法行政工作的内容。

第三十一条　规范性文件审查工作结束后，市人大常委会法制工作委员会应当将有关审查处理的材料归档保存。

第七章　附　则

第三十二条　对市人民政府规章的备案审查工作，法律、法规和《宁波市规章备案审查程序规定》另有规定的，从其规定。

第三十三条　各县（市）区人大常委会可以参照本办法，结合本地实际，开展备案审查工作。

第三十四条　本办法自公布之日起施行。

质询案及办理例文

滨江桥收费站迁移问题质询案

几年来，滨江桥收费站迁移问题已经成为松浦百姓关注的焦点问题。百姓要求收费站北移的呼声一天比一天高涨。仅去年当地百姓多次针对收费站迁移问题上访、封道，要求收费站搬迁。

滨江桥是松浦地区通往市区的主要通道。多年来，它成为制约松浦地区经济发展的瓶颈。松浦镇地处松花江北岸，有人口 45000 人，耕地 24000 亩，人均占有耕地 0.5 亩，企业 450 家，大小车辆 2670 台，全镇车辆过桥费一年就要 1500 万元。近年来，省委省政府提出的“两岸繁荣”的发展规划，无时不在鼓舞着江北岸农民的斗志，他们摆脱了土地的束缚，纷纷发展运输等农村第三产业。然而滨江桥收费站的存在，农民增收的空间被限制，也使得一大批农产品深加工和劳动密集型的工业项目被拒之门外。政府的招商引资成为一纸空谈，间接经济损失不可估量。

作为基层的省人大代表，我们已经多次向省人大常委会提出了《关于滨江桥收费站迁移问题的议案》，在 2000 年终于得到了满意的答复与解决，拆除了收费站，松浦镇的人民感谢政府为人民办实事、办好事，全镇人民乐开怀。本以为从此致富的大门已经被打开，可万没想到 2003 年收费站又在此建了起来，全镇人民不理解，为什么政府已经给予我们答复的事又变了，为什么我们在同一个城区内还要交纳高额的过桥费，这样松浦镇怎能发展，两岸怎能繁荣？

农民要增收，企业要生存、要发展，收费站搬迁是唯一的出路，作为人民选出的代表，我们希望省人大能够协调有关政府职能部门，尽早彻底解决滨江桥收费站迁移问题，为两岸繁荣创造良好的发展环境，为松浦地区经济发展和农民增收创造条件。

为此，我们代表建议，在本次大会期间，请省政府向代表答复彻底解决滨江桥收费站迁移问题。

哈尔滨代表团×××等 10 名代表

××××年×月×日

关于在省十届人大三次会议上万文国等10名代表提出的《滨江桥收费站迁移问题质询案》办理情况的报告(书面)

——2005年1月23日在省十届人大常委会第十三次会议上

黑龙江省人民政府、省人大常委会:

现就滨江桥收费站迁移问题质询案的办理情况报告如下:

1998年我省松花江、嫩江流域发生特大洪水后,为提高哈尔滨市的防洪能力,保障哈尔滨市及周边地区人民群众的生命财产安全,按照国家松辽委关于哈尔滨松花江滨江桥需进行扩孔改造,提高泄洪能力的要求,省政府2002年第三次专题会议确定该工程由黑龙江省交通厅和哈尔滨市政府负责组织实施,省交通厅承担江桥扩孔工程,哈尔滨市承担引道工程。由于哈尔滨市财政无力承担建设费用,市政府2002年第118次市长办公会议决定按照“政府运作、企业投资、收费还贷”的原则,招商引资,最后确定该工程项目由冠洋路桥有限公司采取建设、管理、养护、经营一体化的BOT方式建设经营,该工程于2002年8月开工,2003年9月建设完成,经省财政厅、物价局、交通厅批准收费。目的是保证企业收回滨江桥扩孔改造投资并有合理回报。为减轻松浦镇的负担,对松浦地区的车辆制定了优惠的收费政策:“对从事农田作业以及运送农用物资的农业拖拉机免收通行费,对松浦镇的经营性车辆减半收费,对镇政府及所属单位非经营性车辆暂免征车辆通行费”。

省人民代表大会第三次会议把万文国等10名人大代表提出的“迁移滨江桥收费站”的建议确定为质询案,对此,省政府极为重视,将此质询案列为重点督办事项,责成省交通厅和哈尔滨市政府与冠洋公司进行了多次协调,采取必要的措施予以解决,并委托省政府副秘书长黄先耀向省人大常委会主任会议汇报了阶段性进展情况。

省人大常委会领导同志对此质询案高度重视,2004年11月18日,省人大常委会李希明副主任带队,省人大人事委两位主任、万文国等三位提出质询案的人大代表,省长助理赵杰同志和省交通厅、物价局的负责同志,冠洋公司总经理等对滨江桥工程实地查看后,在松北区召开了座谈会,对收费站降低收费标准、迁址、撤站三种方案的可行性和利弊进行了认真分析,最后的结论是,松花江公路大桥收费站已经撤销,滨江桥降低收费标准、迁址都是很难行得通,只有撤站才是可行的方案。

省政府非常重视这项工作,副省长刘海生同志多次作出批示,要求有关部门认真加以解决。省长助理赵杰同志多次召集省交通厅、哈尔滨市等有关部门负责同志，就哈尔滨市滨江桥收费站撤站和回购问题进行了认真研究和多次协调。这个问题看似简单，但涉及投资者利益、政府的承受能力、群众的利益和撤站后带来的负面影响，情况比较复杂。省政府经过一年来的深入调研、反复论证，兼顾各方利益，最后确定了各方均可接受的方案。

矛盾的焦点开始时主要集中在设站收费的合理合法性上；在合理合法性得到相关部门确认后，矛盾的焦点又转到滨江桥收费站影响当地经济发展环境，要求迁移或撤销收费站上；当决定撤销收费站后，矛盾的焦点最后集中在回购金额的确定和回购资金的筹集上。目前省交通厅的债务负担沉重，负债总额已达330亿元人民币。扣除全省公路正常的小修保养、大中修和管理支出，全省通行费和养路费收入尚不足以支付贷款利息，因此造成我省公路建设项目的资金严重不足，交通部的补贴投资和国债几乎成了项目资本金的唯一来源，所有建设项目都无法满足35%资本金的最低要求。哈尔滨市财政也是捉襟见肘，哈尔滨松花江大桥收费站、黑大公路黎明收费站的撤销，省市每年不但要减少1.3亿元的通行费收入，还要支付6.75亿元的撤站费用，目前省市财力确实无法解决。哈尔滨松花江大桥收费站撤销后，应支付给东北高速的回购资金至今无法落实，黎明收费站撤销后，开发银行的贷款和国债的偿还问题难以落实。虽然面临着前所未有的困难，在省人大的高度重视和省政府的积极协调下，省交通厅和哈尔滨市均表示，认真解决人大代表提出的问题，共同承担回购资金，并在回购资金分摊比例上达成共识。目前，省交通厅和哈尔滨市已组成工作组，正在对工程造价进行核定，对相关费用进行测算，为下一步撤站、回购工作做好充分的准备。

为尽快促使该问题的彻底解决，2005年1月11日，省政府再次召开由哈市政府、省交通厅、省物价局和冠洋公司负责同志参加的专题会议，决定2005年1月15日正式停止收费，并抓紧拆除收费站；回购收费权由省交通厅和哈尔滨市政府联合进行，回购范围包括滨江桥的主桥、引道1.481公里及三级路12.124公里；回购金额依据工程概算及建设期间发生的合理费用确定，回购资金由哈尔滨市政府解决1000万元，其余资金由省交通厅解决。

回顾几年来我省公路建设取得的成绩，是与省人大常委会的领导和广大人大代表关心和大力支持分不开的，我们将从维护广大人民群众根本利益出发，妥善处理好发展、撤站、还贷、稳定的关系，进一步促进我省交通事业的发展，为实现“努力快发展、全面建小康”，全面振兴老工业基地作出积极的贡献。